민중을 위한 그린 뉴딜

민중을 위한 그린 뉴딜
제3세계 생태사회주의론

지은이	맥스 아일
옮긴이	추선영

1판 1쇄 발행	2023년 6월 30일

펴낸곳	두번째테제
펴낸이	장원
등록	2017년 3월 2일 제2017-000034호
주소	(13290) 경기도 성남시 수정구 수정북로 92, 태평동락커뮤니티 301호
전화	031-754-8804
팩스	0303-3441-7392
전자우편	secondthesis@gmail.com
페이스북	facebook.com/thesis2
블로그	blog.naver.com/secondthesis

ISBN	979-11-90186-30-8 03300

민중을 위한 그린 뉴딜

A People's Green New Deal

맥스 아일 지음

추선영 옮김

제3세계 생태사회주의론

녹색

차례

일러두기

1 이 책은 Max Ajl, *A People's Green New Deal*, Pluto, 2021을 우리말로 옮긴 것이다.

2 지은이의 주석은 후주로 처리했으며 본문의 각주는 모두 옮긴이의 것이다. 본문의 이탤릭체는 굵은 글씨체로 처리했다. 도서, 저널, 보고서명의 경우 겹화살괄호로, 언론사 및 논문명은 홑화살괄호로 표기했다.

3 인명 및 단체명 등의 고유명사는 외래어 표기법을 따르되 널리 사용되는 표현이 있는 경우 그에 따랐다. 이해에 필요한 경우 원어나 한자를 병기했다.

한국 독자들에게

《민중을 위한 그린 뉴딜》은 원래 미국의 독자를 염두에 두고 작성되었다. 이 책을 집필할 무렵 미국에서 이루어지고 있던 "녹색 전환"과 관련된 논의들에 대체로 다음과 같은 몇 가지 특징이 있었기 때문이다. 이 논의들은 첫째, 제국주의에 무관심했으며 둘째, 국제주의를 남반구에 제공하는 허울뿐인 보조금이나 채굴이 유발한 환경 피해에 대한 우려로 축소해 버렸다. 셋째, 기본적으로 토지 관리와 농업을 나중에 생각할 문제로 치부했으며 마지막으로 자본주의에 도전하지 않았다.

이런 배경을 바탕으로 나는 세계체계의 본질을 밝히고 지구에서 살아가는 모든 이들이 좋은 삶을 달성할 수 있으려면 해결해야 하는 과제가 무엇인지를 명확히 하고자 했다. 책에서 나는 터무니없이 낮은 가격에 원료를 채굴하고 판매했던 식민지 시대 및 신식민지 시대에 "남반구"를 지칭하는 다른 말인 주변부에서 자행되었던 강탈을 비롯한 전 세계 규모로 이루어진 축적의 역사를 밝혔다. 그런 다음 전 세계 산업자본주의(와 중심부의 발전 및 중심부에 쌓인 부)가 지금까지 거의 언급되지 않았던 본원적 축적과 봉쇄에 기반해 온 방식을 드러냈다. 예를 들어 이산화탄소와 이산화탄소에 필적하는 (메탄과 아산화질소 같은) 온실기체를 안전하게 배출할 대기 중 공간은 은밀하게 봉쇄되어 왔다. 원칙적으로 대기는 공유지다. 따라서 권력을 지닌 북반구와 권력을 지니지 못한 남반구를 가르는 선을 따라 대기가 봉쇄되는 과정은 식민화 과정과 유사하다.

비인간 자연의 질적 저하가 유발한 기후 변화에 가장 불평등하고도 치명적인 방식으로 고스란히 노출되는 일을 비롯한, 생태학적 불균등 교환을 특징으로 하는 식민주의 및 신식민주의는 기나긴 역사를 가지고 있다. 그 결과 매우 불평등한 세계체계가 등장했다. 이와 같이 매우 불평등한 세계체계는 1인당 에너지 및 물질의 사용이라는 측면에서 북반구와 남반구 사이의 격차를 믿을 수 없을 정도로 크게 벌렸다. 특히 아프리카는 그동안 배출해 온 1인당 이산화탄소 배출량이 매우 적음에도 기후 변화로 인한 고통을 더 크게 겪을 것으로 예상된다. 가장 큰 고통을 겪을 것으로 예상되는 아프리카 국가로 에티오피아, 소말리아, 콩고민주공화국을, 그 밖의 지역에서 희생자가 될 것으로 예상되는 국가로 시리아, 예멘, 아프가니스탄을 꼽을 수 있다. 이들 국가 대부분은 자원이 풍부한 지역에 위치해 있으며 미국이 일으킨 혼돈의 불꽃에 휘말려 대리전을 치르면서 불안정한 상태에 처해 있다.

이와 같은 배경을 감안할 때 녹색 전환을 위해 북반구가 조용히 수립한 계획은 단순한 맹점에 그치지 않는다. 북반구가 수립한 계획이 계속해서 논쟁을 지배한다면, 남반구와 북반구 사이에 대화가 불가능해질 것이고, 남반구와 북반구가 단일 전선을 형성하여 자본주의와 제국주의 및 그 생태적 결과에 맞설 수 없을 것이다. 주변부인 남반구, 그중에서도 특히 아프리카를 개발하라는 요구가 계속해서 무시당할 것이기 때문이다. 북반구의 개발과 남반구의 개발을 완전히 수렴하게 만들 현실적인 프로그램을 추구하는 것이 아니라면, 북반구의 녹색 사회주의 프로그램을 본질적으로 공정한 또는 공산주의적인 또는 사회주의적인 것으로 간주할 수 없다. 전 세계의 모든 사람은 보건 의료, 주택, 소비재, 문화를 즐길 수 있는 시간, 좋은 음식, 교통수단에 접근할 자격을 똑같이 갖추고 있다. 그리고 이와 같은 모든 것에 동등하게 접근하려면 에너지 및 전반적인 물질 사용에 거의 동등하게 접근할 수 있어야 한다.

아울러 이러한 계획은 근본적으로 주변부의 민족해방을 적극적으로 지원해야 함을 말해 준다. 주변부의 민족해방은 그저 북반구의 폭력에 맞서는 투쟁만을 의미하는 것이 아니며, 독점자본에 맞서는 투쟁이자 북반구와 결탁한 남반구 국내 부르주아를 비롯해 남반구에 뻗어 있는 신식민지의 촉수에 맞서는 투쟁이다. 주변부의 민족해방은 주변부의 생태사회주의를 위한 투쟁과 동일하다. 해방의 과정에서 산업화를 추진할 주권을 회복하고, 급진적 농업 개혁을 추진하며, 계획과 개발을 생태계획의 틀거리에 포함시키려는 움직임과 더불어 생태적 독립이 한 축을 담당하게 될 것이기 때문이다. 주변부의 민족해방을 위한 투쟁은 제재, 대리전, 직접 개입에 맞서는 투쟁으로 이어질 것이다. 이 투쟁은 전 지구적 생태사회주의에 초점을 맞추지 않고 그저 국내에서의 평등주의에만 초점을 맞추는, 북반구 중심부에서 벌어지는 녹색 전환 계획에서는 무시되거나 또는 악으로 규정되었던 것이다. 예를 들어 많은 북반구 활동가들은 냉전 이후 지구상에서 가장 급진적인 농업 개혁을 추진해 온 베네수엘라와 짐바브웨를 비난하곤 한다.

　　한편 녹색 전환 계획은 국제주의를 가로막는 장애물에 대해서도 재고해야 한다. 바로 자본주의가 만들어 낸 북반구식 "삶의 방식" 말이다. 북반구식 삶의 방식은 낭비적이어서 생태계를 무겁게 짓누르는 데다가 북반구 노동계급을 전 지구로 확장될 수 없는 소비 형태에 연결한다. 게다가 이 방식은 사회적 합리성도 결여되어 있다. 일례로 자동차 회사라는 전염병 제조기가 마구잡이로 퍼뜨리는 자동차라는 전염병을 꼽아 볼 수 있다.

　　따라서 이 책은 독점자본과 그들의 제국주의적 외교 정책에 대해 정치적으로 직접 도전해야 할 뿐 아니라 북반구의 삶의 방식에 대해 재고해 전 세계에 공유할 수 있는 좋은 삶의 방식으로 개선해야 한다고 제안한다. 그것이 바로 이 책의 지향점이다.

감사의 글

이 책을 기획한 순간부터 지원을 아끼지 않은 편집자 데이비드 슐먼 David Shulman에게 감사드린다. 또한 많은 동지들에게도 감사드린다. 개중에는 나를 잘 알지 못하는 사람도 있을 것이다. 그럼에도 그들은 원고를 읽고 의견을 주었고 참고 자료를 제안해 주었다. 이들을 나열하자면 다음과 같다. 제임스 트래포드James Trafford, 네마냐 루키치Nemanja Lukić, 스테파니아 바르카Stefania Barca, 부 뤼브너 한센Bue Rübner Hansen, 코라 룄롭스Cora Roelofs, 맷 하우건Matt Haugen, 알렉스 헤프론Alex Heffron, 윌리엄 톰슨Willliam Thomson, 브랜트 로버츠Brant Roberts, 에릭 홀트히메네스Eric Holt-Giménez, 샘 마크웰Sam Markwell, 제야드 엘 나볼시Zeyad El Nabolsy, 파딜 알리리자Fadil Aliriza, 마브루카 음바렉Mabrouka M'Barek, 저스틴 포두르Justin Podur. 색인 준비는 아니타 스티븐Anitha Stephen이 도와주었다. 생태사회주의와 관련된 논쟁에 지속적으로 참여해 준 롭 월러스Rob Wallace, 마이와 몬테네그로 데 위트 Maywa Montenegro de Wit, 밀리 나라옌Mili Narayen, 아론 반신티얀Aaron Vansintjan, 루스 니암부라Ruth Nyambura, 루트 엘리오트 브롱크비스트Rut Elliot Blomqvist, 존 굴릭John Gulick에게도 감사드린다.

서론

　제프 베조스는 세계 최고 부자 가운데 한 사람이다. 그가 운영하는 기업이 국가였다면 총 이산화탄소 배출량을 기준으로 세계 약 70위를 차지했을 것이다. 기업가들이 으레 그러하듯 베조스는 명료한 태도로 그린 뉴딜에 대한 견해를 밝혔다. "그린 뉴딜의 정체에 대해 말들이 많습니다. 너무 광범위해서 특별히 할 말이 없을 정도죠."[1] 베조스는 기업을 운영한다. 기업은 대차대조표의 세계에 속해 있다. 따라서 다른 대기업 거물들처럼 베조스도 분기별 수익을 극대화해야 한다는 압박에 시달린다. 베조스는 아마존Amazon이라는 기업이 현기증이 날 정도로 복잡한 세계의 일부라는 것을 잘 알고 있다. 그러나 탈산업 경제에 대한 끊임없는 과대 광고, 디지털 세계에서 오가는 온갖 잡담, 인류 또는 자본주의에 대한 여러 가지 환각은 사물things의 세계와 단절되어 있다.

　그러거나 말거나 현실은 여전히 구체적이다. 어찌 보면 이것도 절제된 표현이겠다. 자본주의의 흔적이 점점 더 무겁게 전 세계의 자원을 짓누르고 있다. 그 무게는 이제 지구 자체의 재생 능력을 훨씬 능가하는 수준에 이르렀다. 여기에는 광산들, 막대한 에너지 사용, 물질과는 아무런 관련이 없을 것 같은 천상의 기술 세계 자체가 유발하는 물리적 영향이 포함된다.

　또한 아마존은 계획적 진부화를 토대로 이루어지는 고도소비경제의 일부다. 생존하려면, 아마존은 자신이 판매하는 것을 사람들이 구매하도록 유도해야 한다. 즉, 아마존의 생존은 심혈을 기울여 구축한 소비 문화, 개인 대출, 개인 부채, 막대한 비용을 들여야만 수리할 수 있는 제품 따위에 달려 있다. 한편 소비자용 전자제품을 전 세계로 배송하려면 거대한 주유소망과 공공 자금으로 건설한 도로가 필요하다. 거의 즉각 배달을 해내려면 중심부 국가에서도 필사적으로 배달에 나설 수 있는 피폐해진 인력이 필요하다. 이들은 우체국 배달망이 미치지 않는 지역까지도 선뜻 배달에 나선다. 또한 아마존은 환경과 인간의 관계를 특정한 방식으로 조직한다. 아마존 웹사이트에서 판매되는 각 품목들, 에너지를 마구잡이로 소모하는 "클라우드" 데이터 서버, 거미줄같이 얽혀 당일 배송을 실현하는 물류 체계는 탄소 흡수원과 대기 공간에 백만 갈래로 나뉘어 뻗어 있다. 그리고 이 체계는 대기 공간에다가 이산화탄소를 마구 뿜어낸다.

한데 인류가 이와 같은 행위를 허락한 적은 없지 않은가. 아마존이 오염을 내뿜는 자유를 누리는 사이 특히 남반구에서는 인간의 수명이 줄어들었고 삶의 질이 떨어졌다. 아마존에서 빛 좋은 개살구 같은 수천 가지 장식용 소품이 소비자에게 판매되려면 우리가 사는 세계 곳곳에 있는 원료를 저렴한 가격에 사용할 수 있어야 한다. 그러면 지구에 존재하는 수많은 베조스들의 주머니가 이윤으로 두둑해질 것이다. 대신에 제3세계에서 생활하는 가난한 이들은 빈곤에서 벗어날 수 없다. 그들은 땅과 생활 터전을 잃고 빈민가로 흘러 들어가 아마존에서 판매하는 재화를 생산하는 공장에서 강제로 일할 수밖에 없다.

그린 뉴딜이라는 말을 들으면 석유로 움직이는 배달 차량을 리튬 배터리로 움직이는 배달 차량으로 교체하는 모습이 연상된다. 사용된 금속과 플라스틱을 하나도 빠짐없이 재활용하는 폐쇄형 소비자 경제순환 고리가 생각난다. 천연가스 대신 국가의 지원을 받아 생산되는 원자력 에너지를 사용하는 모습이 떠오른다. 이런 그린 뉴딜은 아마존의 비즈니스 모델뿐 아니라 아마존이 깃들어 있는 자본주의와도 공존할 수 있다. 따라서 적어도 당분간 그린 뉴딜 때문에 베조스가 골머리를 앓을 일은 없을 것이다.

민중을 위한 그린 뉴딜은 앞서 언급한 그린 뉴딜과 다르다. 민중을 위한 그린 뉴딜은 재생에너지에 대한 보편적 접근, 기후 부채 상환, 공적 공간의 탈상품화, 예술 분야에 대한 자금 지원, 24시간 운영되는 공공도서관, 남반부와 북반구를 막론한 각국의 식량주권을 토대로 한다. 따라서 민중을 위한 그린 뉴딜은 아마존의 공급망에 큰 피해를 입힐 것이다. 민중을 위한 그린 뉴딜은 사다리의 아래쪽 가로대를 이루는 노동자들에게 힘을 실어 줄 것이다. 민중을 위한 그린 뉴딜은 개별화된 소비, 부채가 떠받치고 있는 강제 소비를 무너뜨릴 것이다. 민중을 위한 그린 뉴딜은 자본주의적 축적회로에 연결되어 있는 오늘날 민중의 욕구를 상당 부분 차단할 것이다. 민중을 위한 그린 뉴딜은 농생태학으로의 이동 또는 "생태학적 원리와 개념을 적용한 지속 가능한 농생태계의 설계 및 관리"를 통해 아마존 친화적인 세계 구조에 균열을 낼 것이다.[2] 민중을 위한 그린 뉴딜은 정치주권을 요구하는 남반구를 포용할 것이다. 그렇게 하기 위해 전 지구를 공정하게 전환할 계획을 수립할 것이다. 이러한 계획은 제3세계를 쓰레기처리장 겸 노동 공급원으로 활용하면서 과잉 착취하고 있는 자본주의 체계에 파열음을 낼 것이다. 민중을 위한 그린 뉴딜은 생태사회주의를 표방하면서 전 세계에서 사회적 삶을 탈상품화할 것이다. 민중을 위한 그린 뉴딜은 연합된 생산자 또는 혁명적 인류가 비인간 자연과 인간의 관계를 의식적이고 양심적으로 관리하여 수명과 복리를 보장할 것이다.

제프 베조스의 말대로 일반적 수준에서 그린 뉴딜에 대해 이야기하는 것은 큰 의미가 없다. 천사와 악마는 세부 사항에 도사리고 있기 때문이다. 어떤 그린 뉴딜을 선택해야 하고 그 선택의 이유는 무엇인가?

각각의 그린 뉴딜이 중요하게 여기는 것은 무엇인가? 어떤 이가 어떤 그린 뉴딜에 이해관계를 가지고 있는가? 어떤 그린 뉴딜이든 상관없는 사람은 누구인가?

이 책에서는 주로 미국의 그린 뉴딜 논쟁을 다루려고 한다. 그러나 미국이 마치 섬과 같다는 것은 한낱 떠도는 말에 불과하다. 사실상 제국 Imperial States 전역에서 동일한 논쟁이 벌어지고 있기 때문이다. 더 중요한 것은 미국의 정치 엘리트가 하는 일뿐만이 아니라 하지 않는 일까지 모두 지나치게 불균등한 오늘날의 세계에 영향을 미친다는 것이다. 구체적으로 미국 국방부 예산과 오일달러, 비무장화와 탄소 배출 감축 속도 조절, 전기자동차용 배터리에 사용되는 코발트 관련 기술, 미국인을 무료 전기 대중교통, 전기자전거, 지역 일자리로 신속하게 옮겨 놓는 문제 등 온갖 사안에 대해서 내려지는 결정들을 꼽을 수 있겠다. 미국 국방부 예산과 오일달러는 예멘의 소농이 공중폭격을 경험할지 않을지의 여부를 좌우한다. 미국이 탄소 배출 감축 속도 조절을 결정하는 과정에서 세이셸공화국은 물에 잠길 수도, 잠기지 않을 수도 있다. 코발트 관련 기술은 낮은 코발트 가격에 의존한다. 미국은 코발트 가격을 낮게 유지하려는 목적으로 콩고에서 전쟁을 일으켜 그곳이 저개발 상태에서 벗어나지 못하게 유도할 수 있다.

모든 그린 뉴딜은 물리적 생산, 사회적 권력, 인간과 환경의 상호작용 방식을 변경할 것을 목표로 삼는다. 이 목표를 지향하는 모든 그린 뉴딜은 자본주의를 보존, 강화, 개조, 공격 또는 철폐하려는 계획과 관련된다. 탈성장 프로그램이든 녹색자본주의 프로그램이든 관계없이, 모든 그린 뉴딜은 훼손된 자연 세계를 단순히 수정하는 것을 넘어서는 목표, 즉 왱왱대는 내연기관을 리튬 배터리로 교체하고 석탄화력발전소를 풍력터빈으로 교체하는 것을 넘어서는 목표를 지향한다.

한편 그린 뉴딜은 누가, 무엇을, 얼마나 가질 것인지 혹은 누가, 무

민중을 위한 그린 뉴딜

엇을, 얼마나 가지지 못할 것인지를 결정하기 위한 통치 의제이기도 하다. 군대를 동원해 독점을 유지하는 미국 경제는 전 세계 억압받는 국가, 억압받는 계급과 연결되어 있다. 따라서 미국의 그린 뉴딜은 지구상 모든 국가를 통치하기 위한 의제가 될 수 있다. 한편 미국의 그린 뉴딜과는 전혀 다른 그린 뉴딜도 존재할 수 있다. 예를 들면 생태 제국의 건설이 아니라 제국의 종말을 목표로 삼는 그린 뉴딜도 존재할 수 있다. 이와 같은 그린 뉴딜이라면 정착식민주의에 저항하는 피식민 국가를 비롯한 지구상 모든 국가의 자치를 목표로 삼을 수 있을 것이다.

지금까지 그린 뉴딜이라는 용어는 수많은 제안을 포괄하는 용어로 사용되어 왔다. 구체적으로는 유럽연합EU의 유럽을 위한 그린 뉴딜Green New Deal for Europe, 이미 사문死文이 되어 버린 버니 샌더스의 그린 뉴딜, 리스본과 바르셀로나에서 시작된 유럽의 탈성장 지향degrowth-oriented 그린 뉴딜을 꼽을 수 있다. 최첨단 정치생태학의 산실인 리스본과 바르셀로나는 유럽에서도 제3세계를 대표하는 핵심 도시이기도 하다. 그 밖에 하위 호킨스Howie Hawkins와 미국 녹색당의 생태사회주의 계획, 미국의 레드네이션Red Nation이 주창한 레드딜Red Deal 또한 그린 뉴딜에 속한다. 레드네이션은 토착 원주민의 탈식민을 지향하는 단체다. 미군이 토륨과 태양에너지를 연료로 사용하는 세계를 그리는 그린 뉴딜도 있고 미군 없는 세상을 그리는 그린 뉴딜도 있다. 청정 기술을 제3세계로 수출하여 미국을 다시 한번 세계의 작업장으로 우뚝 세우려는 그린 뉴딜도 있고 기후 배상을 통해 제1세계와 제3세계 사이의 경제적 아파르트헤이트를 꾸준히 제거하여 다양한 세계가 공존하는 세계를 창조하려는 그린 뉴딜도 있다. 다른 국가들이 더 청정한 생산 형태로 이행할 수 있도록 지원하려는 그린 뉴딜도 있다. 이러한 그린 뉴딜은 그렇지 않은 그린 뉴딜보다 더 민주적이고 더 인도적이며 더 정의롭다. 다른 국가들의 이행을 "지원"하는 그린 뉴딜이 이윤을 추구한다면 무슨 소용이 있겠는가.

한편 전 세계 농업을 농생태학적인 농업으로 이행하려는 그린 뉴딜은 변혁을 일으킬 수 있다. 이와 같은 그린 뉴딜이 추구하는 농생태학적 농업이 실현되려면 각국의 식량주권이 보장되어야 하고 무역 규모가 대폭 축소되어야 한다. 전 세계 농업을 농생태학적 농업으로 전환하는 그린 뉴딜은 민주적 지역경제를 구축하여 인간의 욕구에 부응해야 한다고 주장한다. 민주적 지역경제를 구축하는 방법으로 적정기술 사용, 각국이 스스로 주도하는 산업화, 지역에서 재생에너지를 통제하는 방법을 꼽을 수 있다. 이런 그린 뉴딜은 자본주의와 양립할 수 없다.

이 책은 서로 다른 그린 뉴딜이 각자 중요하게 여기는 것을 밝히면서 그린 뉴딜을 저마다 수용하고 반영하는 정치세력 및 대자본가들이 특정 그린 뉴딜과 협력하거나 맞서는 방식에 대해 설명한다. 유럽과 미국에서 제시하는 여러 그린 뉴딜의 핵심을 이루는 것은 그린 뉴딜과 자본주의의 관계, 그린 뉴딜과 제국주의의 관계이다. 유럽과 미국에서 제시하는 그린 뉴딜은 자본주의를 관리하기 위한 것인가 파괴하기 위한 것인가? 만일 자본주의를 관리하기 위한 것이라면, 실용주의와 현실주의는 혁명적 희망을 피워내는 불꽃을 필사적으로 진압하는 소방수 역할을 할 것이다. 만일 자본주의를 파괴하기 위한 것이라면, "현실주의"가 제기하는 문제는 기각되어야 한다. 이때 현실주의는 반란 진압용 이데올로기일 따름이기 때문이다. 현실주의는 더 나은 세계를 희망할 뿐만 아니라 더 나은 세계가 꼭 필요한 사람들을 짓밟는다. 진정한 그린 뉴딜이라면 자본주의의 파괴를 목표로 삼는 것이 마땅하다.

바로 지금, 환경 정치를 이야기해야 하는 이유

하필이면 왜 지금인가? 따지고 보면 그린 뉴딜은 새로운 발상이 아니다. 지난 15년 동안 그린 뉴딜은 태어나고, 다시 태어나고, 부활하고, 중간에 도태되고, 쥐 죽은 듯 몸을 사리기를 되풀이해 왔다. 수년 동안 다양한 분야에서 입길에 오르기는 했지만, 이 발상들은 유럽중심적 박테리아를 배양하는 페트리 접시 안에서만 맴돌았다. 그러다가 토머스 프리드먼Thomas Friedman이 〈뉴욕타임스〉에 게재한 칼럼을 통해 처음으로 그린 뉴딜이 공공 영역에 모습을 드러냈다. 프리드먼은 이라크 아이들을 상대로 한 전격전을 제안하다 말고 갑자기 그린 뉴딜을 제안하고 나섰다. 프리드먼은 노골적으로 적었다. 그에게 그린 뉴딜은 "전략적, 지정학적, 지경학적, 자본주의적, 애국적"인 것이다. "생활, 일, 설계, 제조, 기획 등 미국의 모든 분야를 친환경적인 방식으로 바꾸어 21세기를 위한 새로운 통합 정치운동의 기초로 삼을 수 있기" 때문이다.[3] 프리드먼이 제안한 그린 뉴딜은 미국의 권력이라는 구조물의 약점을 보완하여 미국의 산업 부흥을 주도할 한 차원 높은 틀이었다. 프리드먼은 미국이 내세우는 제국주의적 신자유주의라는 종교의 전속 성직자다. 프리드먼은 〈뉴욕타임스〉 독자들에게 무슨 일이 일어나야 하는지 또 누가 혜택을 받게 될 것인지 거침없이 털어놓았다. 그럼에도 2007년만 해도 이런 주장은 시기상조였다. 미국을 위한 그린 뉴딜을 공약으로 내세운 버락 오바마 후보가 대통령에 당선되고 나서야 비로소 2008년에 연방복구예산의 일부가 대체전력공급원 개발에 투입되었다.

2009년 유럽은 지배, 개발, 외교, 닳디 닳은 사회안전망을 각국 내에서 재조직하기 위한 의제로 그린 뉴딜을 추진했다. 한편 유럽의 그린 뉴딜은 신자유주의의 전진을 멈추고 증가하는 이산화탄소 배출량을 제자리에 묶어 둘 방법을 찾으려는 정치 의제이기도 했다. 이와 같은 목적을 달성하기 위해 두 가지 방안이 제시되었다. 하나는 사람에 대한 새로운 재정 지출, 다른 하나는 새롭고 청정한 에너지원을 개발하여 이산화탄소 배출량을 급격하게 줄이기 위한 새로운 투자였다. 유럽의 그린 뉴딜은 "경제적, 사회적, 환경적 연대"의 필요성을 부르짖었다. 또한 유럽이 "산업의 협소한 이해관계"를 대변하는 것이 아니라 "시민을 위해" 행동해야 한다고 요구했다. 이와 더불어 "단기적인 이윤 추구가 아닌 장기적인 번영을 추구하는 새로운 경제"의 구축, 품위를 유지할 수 있는 최소 생활수준의 보장, 개발원조 소폭 확대, 대규모 연구개발의 수행도 요구했다. 마지막 요구는 다음과 같다. "따라서 무역 협력관계에서 사회적 개발 조항과 지속 가능한 개발 조항은 구속력이 있어야 한다."[4] 유럽의 초창기 그린 뉴딜에서 비정치적 사회 관리의 경향, 즉 거버넌스 접근법을 엿볼 수 있다. 유럽은 거버넌스 접근법을 통해서 계급과 식민주의를 둘러싼 모순과 역사적 체계인 자본주의의 무능을 해결하고자 했다. 자본주의는 수십억 인류가 깃들어 살아가기에 적합한 장소인 지구가 연약하고 허약하여 부서지기 쉬운 체계라는 사실을 존중할 능력이 없다. 한편 장기적인 계획이라는 요구와 "품위를 유지할 수 있는 최소 생활수준의 보장"이라는 요구도 모두 모호하기 짝이 없었다. 그러나 그린 뉴딜을 지렛대 삼아 사회체계를 "지속 가능"하게 이행하겠다는 의지를 보여주기에는 이 정도 요구만으로도 충분했다. 이후 지속가능성이라는 용어는 기술적, 관료적, 학술적으로 오용되고 과용되었다. 그러면서 지속가능성 역시 모호한 용어로 전락하고 말았다.

2009년 유럽이 추진한 그린 뉴딜은 오늘날 사회민주주의 진영에서 추진하는 그린 뉴딜의 선구자이다. 그러나 당시 유럽이 추진한 그린 뉴딜은 과거의 식민 세계에 대해서는 언급하지 않았다. 기후 부채에 대한 언급도 없었다. 기후 부채라는 짧고 근사한 핵심 용어에 내포된 보상, 배상, 개발에 대한 권리 역시 언급하지 않았다. 그 대신 2009년의 그린 뉴딜은 남반구와 북반구 사이의 불평등을 관리할 생각이었다. 그건 자유무역을 토대로 성립된 제국이 세계체계를 형성했다는 사실을 인정했기 때문은 아니었다. 그저 세계의 개선을 목적으로 규정한 이러저러한 규제

조항을 근거로 한쪽으로 치우친 교환 구조를 바로잡아 볼 요량이었다.

2008년 이후, 그린 뉴딜은 회복세를 보였다. 비록 소규모에 불과했지만 녹색산업 부문에 대한 국가의 투자도 그린 뉴딜의 회복에 힘을 보탰다. 덕분에 선봉에 서서 새로운 체계를 요구하던 자본가 계급의 목소리도 잠잠해졌다. 선봉에 선 자본가 계급이 요구한 새로운 체계는 평등주의나 생태적인 목표를 지향하는 체계가 아니라 새로운 축적 공간을 열어주는 체계였기 때문이다. 거품, 양적완화, 미국과 중국에서 낮은 수준의 케인스주의적 지출이 이루어졌다. 덕분에 정치적 수준에서 반체계 담론은 수면 아래로 가라앉았다. 적어도 겉으로는 그렇게 보였다.

그러나 수면 아래에서는 일종의 조용한 혁명이 일어나고 있었다. 2008년 일어난 조용한 혁명은 자본주의 구조를 무너뜨리지 못했고 식민지의 부채 문제를 해결하지도 못했다. 대신 자본주의의 일상적 패권을 뒤흔드는 데는 성공했다. 시애틀에서 열린 세계무역기구WTO 회의가 합의를 보지 못하고 무산된 지 채 10년도 지나지 않은 2008년에 월스트리트에서 위기가 시작되었다. 그리고 2008년 위기로 인해 많은 사람들이 자본주의가 정말 역사의 종언인지 의문을 품게 되었다. 2011년 뉴욕 맨해튼 주코티 공원Zuccotti Park 점령과 미국 전역에서 일어난 점령하라 운동은 정치적 지배 방법으로서의 자본주의에 다시금 의문을 제기하면서 적극적으로 이에 도전했다. 상점에서 흔히 볼 수 있는 판유리 진열장처럼 변함없을 것만 같던 자본주의가 산산조각 나고 있었다. 이와 같은 시기를 경험하면서 그 모습을 지켜본 사람들은 스스로 조직하기 시작했고 운동을 이어 나갔다.

정치의 시간

다들 2011년을 기점으로 좌파가 부활했다고 한다. 그러나 이 기간 동안 제국주의도 파죽지세로 전진했다. 제국주의는 아랍 세계에 속한 모든 국가를 산산조각 냈다. 라틴아메리카 각국에서는 쿠데타가 일어나 급진 정부가 밀려나고 보수당 정권이 수립되었다. 민중이 그 일부를 장악하고 있던 급진 정부는 민중의 정치적 요새나 다름없는 곳이었다. 급진 정부가 활동하는 가운데 코차밤바Cochabamba 회의가 소집될 수 있었고 농민운동 조직 비아캄페시나La Via Campesina가 세력을 더 키울 수 있었다. 이런 현실을 감안해 보면 2011년 이후를 급진주의의 부흥기라고 말하는 담론을 쉽게 받아들이기는 어렵다. 차라리 이 시기를 1990년대 후반과 2000년대에 좌파가 달성한 이론적 수준, 실천적 수준, 조직 수준을 모두 복원하려는 지난한 시도가 이어진 시기라고 보는 편이 더 정확할 것이다. 한편 이 시기에 북반구에서 제국주의에 반대하는 것이 옳다고 생각하는 사람들이 등장하기도 했다. 물론 그 성장 속도는 거북이걸음에 불과했지만, 제국주의에 반대하는 것이 옳다는 북반구 사람들의 이해는 훨씬 더 너른 범위의 불안과 더불어 나타났다. 예를 들어 미국의 민주사회주의자들은 자본주의를 지배 체계이자 축적 체계로 인정하면서도 일종의 더 너른 사회주의적 대안을 조직적인 차원에서 수용하는 모습을 보였다.

이와 같은 변화는 북반구가 기후 변화에 대처하는 방법으로 활용해 온 규제-기술 관료적 접근법과 결별로 이어졌다. 북반구가 규제-기술 관료적 접근법과 결별하기 전에는 배출 통제, 탄소배출권 같은 중립을 표방한 정책 잡담이 기후 변화와 관련된 논의의 전부였다. 그러다가 1999년부터 남반구와 북반구가 서로 수렴하기 시작했다. 기후 부채라는 용어가 차츰 모든 활동가의 입길에 오르게 되면서, 이 용어는 더 이상

구호가 아니게 되었다. 이제 기후 부채 상환은 북반구가 남반구로부터 빼앗아 간 역사적 가치를 청산하는 상식적인 방법으로 자리매김하게 되었다. 한편 대안세계화alter-globalization 또는 민중의 세계화라는 새로운 발상은 대체로 자신이 추구하는 것이 무엇인지보다 자신이 반대하는 것이 무엇인지를 더 잘 아는 형편이었다. 주류 세계에서 유래한 발상이든 사미르 아민Samir Amin이 언급한 다양성을 존중하는 가운데 이루어지는 통합이든, 대안세계화는 하나의 단일한 정치운동으로 뭉치지 못했다. 자금 기반의 분산과 세력 약화, 정치적 반란을 진압하고 나선 민주당 엘리트, 수위가 높아진 사법 박해가 한데 어우러지면서, 9/11 이후 미국에서 고조되어 온 국내 탄압 분위기에 발을 맞췄다. 사법 박해는 주로 반제국주의 깃발을 높이 들거나 가자 지구의 어린이들에게 자금을 지원한 사람들을 상대로 수위를 높이고는 했다.[5] 2016년 이후 이론의 위기와 조직의 위기가 찾아왔다. 이와 동시에 위대하지만, 위대한 만큼 흠도 컸던 사회민주주의의 화신 제러미 코빈, 장뤽 멜랑숑, 버니 샌더스가 부상했다가 끝내 패배하고 말았다.

이렇게 사회민주주의가 부침을 거듭하는 까닭은 많은 이들, 심지어 자본주의의 중심부 미국에서 생활하는 이들조차 더 급진적이고 더 변혁적인 주장에 동조할 준비가 되어 있었기 때문이다. 그 구체적인 예로 사회운동의 요구와 남반구에 들어선 좌파 정부의 요구를 무시하지 말고 남반구와 북반구가 함께 새로운 세계를 건설해 나가자는 주장을 꼽을 수 있다. 한편 많은 미국인들은 북반구에서 생활하는 사람들이 전 세계에서 사회변혁을 수행해야 할 부담을 안고 있다는 사실을 인정했다. 특히 미국 정부가 폭력을 동원해 자신들의 정치적 가치를 다른 나라에 강요하는 행위를 그만두어야 한다는 점도 인정했다.

이러한 세력이 등장한 시기와 맞물려 기후 위기가 미국 대중의 시야에 들어오기 시작했다. 그 결과 많은 세력이 기후, 개발, 사회복지를 연동하여 자신들의 의제를 포장하기 위해 애쓰게 되었다. 이와 같은 배경을 등에 업고 새로 선출된 알렉산드리아 오카시오코르테스 하원의원은 에드워드 마키 상원의원과 함께 그린 뉴딜을 요구하는 구속력 없는 결의안을 제출했다. 상당한 홍보와 소셜미디어에 익숙한 밀레니얼 세대들 및 저스티스 데모크랫Justice Democrats*의 은밀한 조직적 지원이 이루어졌다. 저스티스 데모크랫은 버니 샌더스가 대통령 후보 경쟁에 뛰어들었을 때 활동한 단체로 진보적인 인사들을 공직에 진출시키기 위해 노력했다. 이들은 결국 오카시오코르테스를 발굴하여 출마하게 만드는 데 성공했다. 하원의원 후보로 나선 오카시오코르테스가 한 일은 구속력 없는 그린 뉴딜 결의안을 준비한 것이었다. 결의안을 처음 준비했을 당시에는 글머리 기호를 단 핵심 알맹이만 있는 상태였다. 마키 상원의원과 오카시오코르테스 하원의원이 입안한 그린 뉴딜 결의안에 대한 자세한 설명은 차차 하기로 하고** 여기서는 우선 네 가지 사항만 짚어 보려고 한다.

첫째, 마키 상원의원과 오카시오코르테스 하원의원은 기후 위기를 사회 위기와 연결했다. (사회는) 40년 동안 "정체된 임금, 탈산업화, 반노동 정책"이라는 광야를 헤매다 이제서야 비로소 지구의 기온이 섭씨 1.5도 이상 올라가지 못하도록 제어해야 할 필요성을 깨닫게 되었다.[6]

---

* 2017년 1월 23일 설립된 미국의 진보적 정치단체. 2016년 버니 샌더스 대통령 후보 선거본부를 이끈 사이카트 차크라바르티Saikat Chakrabarti와 잭 엑슬리Zack Exley 및 유튜브 채널 The Young Turks의 정치평론가 카일 쿨린스키Kyle Kulinski와 셍크 위구르Cenk Uygur가 설립했다. 단체의 목적은 "새로운 유형의 인물을 발탁하여 민주당을 의회 다수당으로 만드는 것, 부자가 아니라 민중을 위해 일하는 민주주의의 창출, 경제의 번영"이며, 선거자금 개혁(정치에서 돈의 역할 감소)을 옹호하고 기업이 운영하는 정치단체 및 로비스트의 기부를 거부하겠다고 약속한 후보자만 지지하는 것이 특징이다(https://en.wikipedia.org/wiki/Justice_Democrats 참조).

** 4장에서 자세히 다룬다.

사회정책의 녹색화 또는 환경주의의 적색화는 새로운 것이 아니다. 그러나 마키 상원의원과 오카시오코르테스 하원의원이 입안한 그린 뉴딜 결의안 덕분에 사회정책의 녹색화와 환경주의의 적색화는 여러 가지 변혁 정책을 선보일 무대를 설정하는 요소 가운데 하나로 자리 잡았다. 게다가 비상사태에 해당하는 생태 위기를 바탕으로 사회정책을 설정하면 정책의 긴급성이 더 높아질 뿐 아니라 비상사태 해결에도 도움이 된다.

둘째, 마키 상원의원과 오카시오코르테스 하원의원이 입안한 그린 뉴딜 결의안은 제2차 세계대전의 맥락에서 "새로운 국가적, 사회적, 산업적, 경제적 동원"을 요구한다.

셋째, 마키/오카시오코르테스 그린 뉴딜 결의안은 사회주의적인 성격을 띠고 있지 않다. 이 결의안은 민중과 노동계급이 자본과 적대관계에 있다고 주장하지 않는다. 대신 "투명하고 포괄적인 자문을 통해 … 기업과 … 협력관계를 구축"할 것을 요구하고 "그린 뉴딜 동원에 협조하는 기업에 … 적절한 자본"을 지원할 것을 요구한다. 거기다 대중에게 이와 같은 자본 보조금에 대한 "적절한 지분을 소유함으로써 투자수익"을 누리라는 음험한 제안을 던지고 있다.

넷째, 이 결의안은 빈민과 저소득 노동자들이 "유례없는 억압"에 시달리고 있다는 점을 인정하지만 미국의 근본적인 소유 구조를 온전하게 유지한 상태에서 그 억압을 해결할 것을 요구한다.[7]

여기서 주목해야 할 것은 마키/오카시오코르테스 그린 뉴딜 결의안에 언급되지 않은 것이 무엇인지 그리고 이 결의안이 실제로 우리에게 하고 있는 말이 무엇인지 숙고해 보는 사람이 별로 없다는 것이다. 기업에 대한 자본 보조금 지원은 그동안 미국 자본주의가 추진해 왔던 정책과 다를 바 없는 것이다. 녹색화란 자본주의를 녹색으로 세탁하자는 요구다. 이와 같은 정책을 "일선의 공동체" 같은 따뜻하고 포근한 담요로 감싸서 포장하면 결의안의 핵심에 자리 잡은 자본 축적이라는 목표를 감출 수 있을지 모르겠다. 그러나 감춘다고 해서 내용이 바뀌는 건 아니다.

기존 기후 정치의 정치화

이 책은 마키/오카시오코르테스 그린 뉴딜 결의안을 옹호하지 않는다. 이 결의안을 뒷받침하고 있는 배후 세력도 옹호하지 않는다. 마키/오카시오코르테스 그린 뉴딜 결의안의 배후 세력에 대해 허심탄회하게 다룰 필요가 있다. 이 결의안이 대화를 진전시켰는지 여부는 전혀 다른 종류의 질문인데, 이에 분명하게 답하기는 어렵다. 현재 환경 정책을 주도하는 세력이 내세우는 의제는 녹색자본주의적/탈자본주의적 전환 의제인데, 결의안은 지배계급의 의제에는 반대하지만 그 방향이 잘못되었기 때문이다. 따라서 마키/오카시오코르테스 그린 뉴딜 결의안을 "더욱 좌파적인 성격의 결의안"으로 만들고자 하는 사람들이라면 이 결의안을 수용해서는 안 될 것이다. 만일 결의안이 수용된다면 더 너른 지배계급 의제에 저항하는 조직적인 움직임만 와해하고 말 것이다. 반면 레드네이션이 제시하는 레드딜은 반제국주의를 표방하고 민주사회주의자들이 제시하는 그린 뉴딜 원칙보다도 더욱 강하게 반자본주의를 표방하면서 기후 부채 상환에 찬성하는 훨씬 더 급진적인 입장을 분명하게 내세우고 있다.[8] 따라서 이 책에서는 기본적으로 마키/오카시오코르테스 그린 뉴딜 결의안에 명시적으로 언급되어 있는 내용을 검토한 뒤 보다 급진적인 그린 뉴딜의 가능성을 확인할 것이다. 그러려면 결의안 이외에 의제로 올라와 있는 것이 무엇인지 그리고 해당 의제를 제시한 세력이 우리와 동맹을 맺을 수 있는 세력인지 여부를 명확하게 설명할 수 있어야 한다. 그래야만 보다 급진적인 그린 뉴딜의 가능성이 열릴 것이다. 특정한 보편적 가치를 지닌 사람이라면 누구나 앞 문장에서 언급한 "우리"에 속한다. 특정한 보편적 가치란 바로 세계 모든 사람이 전력, 건강, 교육, 문화적으로 적절한 음식, 주택, 합리적이고 소외되지 않은 노동에 자유롭고 대체로 동등하게 접근할 권리를 누릴 자격이 있다는 것을 말한다.

그린 뉴딜과 기후 변화에 대한 기존 논쟁은 몇 가지 탈정치적 접근법, 기회주의적 접근법 또는 개량주의적 분석 접근법 가운데 하나를 따르는 경향이 있다. 개량주의라는 표현을 사용했다고 해서 개혁에 반대하는 입장을 가진 것은 아니라는 점을 이해해 주기 바란다. 생산과 소비의 탈상품화 또는 생산과 소비의 탈상품화 실현은 언제 어디서든 노력을 기울여 볼 만한 바람직한 목표다. 생산과 소비를 탈상품화함으로써 "시장가치"가 강요하는 우선순위와 무관하게 사물을 만들 수 있게 되기 때문이고, 돈을 소유한 덕분이 아니라 공동체에서 생활한 덕분에 우리에게 필요한 것을 자동으로 얻을 수 있게 되기 때문이다. 한편 생산과 소비를 탈상품화하는 과정에서 비인간 환경을 손상시키지 않는다는 목표도 언제든 노력해 볼 만한 바람직한 목표다. 기후 배상의 일환으로 청정 기술에 보조금을 지급하고(청정 기술 관련 지식과 경험까지 포함), 지식재산권을 인류의 공공재로 전환한다는 목표 역시 바람직하다. 즉, 개혁은 개량주의와는 다르다.

우리는 우리가 생활하는 세계를 분석하고 해방시키고자 한다. 분할된 세계는 전 세계에서 계급투쟁을 불러왔고 이는 지금도 계속되고 있다. 그러나 "개량주의적" 분석과 "개량주의적" 정치 프로그램은 우리가 살아가는 세계가 이와 같은 계급투쟁의 역사 속에 존재한다는 사실을 고려하지 않는다.[9] 사나Sana'a* 또는 셰이크 자라Sheikh Jarrah**에 자리 잡

---

* 예멘의 수도.

** 동예루살렘의 팔레스타인인 거주지.

은 빈민가 주민들의 관심사는 "대전환"이 자신을 해방시킬 수 있는지 여부다. 이러한 관심을 고려하지 않는 분석은 결함이 있는 분석이다. 예멘은 애꿎게도 전 세계 차원에서 축적이 이루어진 탓에 파괴되어 버렸다. 한편 전 세계 차원에서 이루어지는 축적은 열대 지역에 자리 잡은 스리랑카가 단작을 통해 일군 부를 빼앗음으로써 성립한다. 이러한 현실을 고려하지 않은 분석 역시 결함이 있는 분석이다.

"개량주의적" 분석과 "개량주의적" 정치 프로그램은 오로지 타협만을 추구하는 개량주의 정치로 이어진다. 이와 같은 차원에서 현실주의라는 침울하고 완고한 실용주의적 관념은 어떤 종류의 고통과 억압은 당장 다룰 필요가 없다고 담담하게 말한다. 바로 이것이 기회주의의 징후일 것이다. 기회주의도 기후 문제를 정치화하지만, 딱 거기까지다. 이런 계획을 생태 사회주의라 할 수는 없다.

기회주의적 접근법, 개량주의적 접근법, 사회민주주의적 접근법의 공통점은 기술에 대한 맹목적인 믿음이다. 이 세 접근법은 기술을 일종의 마법의 촉매제, 즉 현재의 체계 곳곳에 뿌려진 마력으로 인식할 뿐 아니라 기술을 통해 세계를 변혁하여 공정하고 지속 가능한 세계 생태계로 나아갈 수 있다고 생각한다. 이와 관련한 내용을 훨씬 더 깊이 있고 자세하게 검토하는 2장에서는 기후 위기 시대에 통치의 근본 신화이자 정치적 실천인 녹색 근대화를 다룰 것이다. 녹색 근대화 이론은 1장의 주제인 대전환에 관한 대부분의 문헌이 시금석으로 삼고 있는 이론으로, 기후를 파괴하지 않는 방향으로 축적을 수정하는 계획이다.

지금은 녹색 지평을 향해 나아가지 않으면 안 되는 시대다. 기술과 기술 이데올로기는 녹색 지평을 향해 나아가는 행렬의 구성 요소로서 재고되어야 하고 나아가 재적용되어야 한다. 그러나 이러한 시대에 녹색 근대화 이론은 축적을 수정하려는 계획과 유사한 기획을 완수한다. 2장의 주제인 녹색 근대화 이론을 포함하는 소위 근대화 이론은 진보라는 신화를 바탕으로 세워진 사상누각일 따름이다. 모든 것이 전반적으로 개선되었고 앞으로도 계속 개선될 것이라고 주장하는 진보라는 신화가 가장 분명하게 드러나는 부문은 아마 지구공학일 것이다. 빛 좋은 개살구같이 겉만 그럴 듯한 지구공학적 발상이 생태 부채의 신속하고도 즉각적인 상환과 핵심 생활양식의 즉각적이고 선명한 변화를 요구하는 사회주의적 변혁을 대체하고 있다. 이렇게 비혁명적인 그린 뉴딜들은 빈민에게는 제국적인 삶의 방식을 강요하면서 그 비용을 제국에 지불하라고 촉구하는 모습으로 수렴한다.

전 지구적 그린 뉴딜?

지구의 다수를 점하는 사람들의 요구를 수용할 수 있는 전 지구적 그린 뉴딜을 구상해 보려고 할 때, 가장 먼저 해야 할 일은 기존 제안들을 검토해 보는 일이다. 기존 제안은 세계를 구성하는 다수의 사람들이 제안한 것이며 기후 활동가들이 시금석으로 삼고 있는 것이다. 기존 제안이 나오고 기후 활동가들이 거기에 맞춰 행동에 나선 뒤에야 "그린 뉴딜"이 기후 변화의 정치에서 일반적으로 사용하는 친숙한 약칭이 되었다. 기존 제안을 검토하려면 10년도 더 넘게 과거로 돌아가야 한다. 2009년 남반구 민중이 거둔 성공에 힘입어 2010년 열린 코차밤바 민중회의에서 기후 부채에 관련된 논의의 틀이 마련되었기 때문이다.

2009년 열린 유엔기후변화협약United Nations Framework Convention on Climate Change, UNFCCC에서 쿠바, 베네수엘라, 볼리비아 같은 급진적인 국가들의 활약으로 코펜하겐 협정Copenhagen Accord을 채택하는 데 실패했다. 그 대신에 2010년 1월 에보 모랄레스 볼리비아 대통령은 "기후변화에 관한 세계민중투표World People's Referendum on Climate Change를 조직"하자고 제안했다. 더불어 그는 "기후정의재판소Climate Justice Tribunal 설립 추진을 위한 실행 계획을 분석하고 개발"하자고 요청했고, 그럼으로써 "기후 변화로부터 생명을 지키고 어머니 대지의 권리를 수호하기 위한 실행 전략과 동원 전략"을 수립하자고 제안했다.[10] 코차밤바 회의에서는 아래와 같은 합의점이 도출되었다(기후 문제 전문 저술가 나오미 클라인은 코차밤바 회의를 "지금까지 나온 가장 변혁적이고 급진적인 이상"이라고 치켜세웠지만 2021년 현재까지도 그 회의에서 도출된 합의점에 대해서는 침묵하고 있다. 클라인의 생각과 역할은 이 책 후반부(4장_옮긴이)에서 다시 다룰 것이다).[11] 코차밤바 협정은 "어머니 대지의 권리에 관한 세계선언을 위한 기획"을 토대로 만들어진 것이다. 세계선언문은 다음과 같이 천명한다. "어머니 대지와 모든 존재는 (다음을 포함하여) 이 선언에서 인정하는 모든 고유한 권리를 가질 자격이 있다."[12]

- 생존할 권리
- 존중받을 권리
- 생체의 능력을 재생할 권리와 인간의 변경에 노출되지 않으면서 생명주기와 생명과정을 계속해 나갈 권리
- 차별화된 존재, 스스로 규제하는 존재, 상호 관련된 존재로서 자신의 정체성과 온전한 상태를 유지할 권리
- 생명의 근원인 물에 접근할 권리
- 깨끗한 공기를 마실 권리
- 포괄적인 건강을 누릴 권리
- 오염, 유독성 폐기물, 방사성 폐기물에 노출되지 않을 권리
- 유전자의 온전한 상태 또는 중요한 기능의 건강한 상태를 위협하는 방식으로 유전자 구조의 변경 또는 수정에 노출되지 않을 권리
- 이 선언에서 인정한 권리가 인간 활동으로 인해 침해되는 경우 침해된 권리를 신속하고 완전하게 회복할 권리

민중을 위한 그린 뉴딜

저수지에 쓰레기를 버리고 대기에 폐기물과 이산화탄소를 가득 채우는 개발 형태. 원자력, 의도적인 유전자 조작, 문화적 자율성 침해. 그리고 무엇보다도 생물군계의 복원 능력을 넘어서는 산업공정은 금지된다. 세계선언문은 다음과 같이 천명한다.

자본주의 체계에서 대지는 원료raw material의 원천으로 전환된다. 인간은 소비자와 생산수단으로 전환된다. 인간의 가치는 있는 그대로 평가되는 것이 아니라 소유한 것을 토대로 평가된다. 자본주의에는 강력한 군사 산업이 필요하다. 영토와 천연자원을 축적하고 축적한 것을 강제로 통제하기 위해, 민중의 저항을 진압하기 위해 군사력이 필요하기 때문이다. 자본주의는 지구를 식민화하는 제국주의 체계다.

세계선언문은 맞물린 형태의 배상을 주장한다.

- 온실기체로 가득 찬 개발도상국의 대기를 복구하라. 이것은 배출 감소와 흡수를 통한 대기의 탈식민을 의미한다.
- 제한된 대기 공간에서만 생활하느라 개발 기회를 상실했다. 개발도상국에 기술을 이전하여 이 나라들이 상실한 기회비용을 보상하라.
- 특정 국가들이 기후 변화를 일으키는 바람에 강제로 이주하게 될 수억의 사람들에 대해서 책임을 져라. 제한적인 이민 정책을 폐지하여 이민자들이 이주한 국가에서 완전한 인권을 보장받고 양질의 삶을 영위할 수 있도록 보장하라.
- 과도한 배출로 인한 피해를 방지, 최소화, 해결하는 수단을 개발도상국에 제공하라. 그럼으로써 기후 변화의 영향과 관련하여 개발도상국에 진 적응 부채를 상환하라.
- 대지의 권리에 관한 유엔세계선언을 채택하고 이행하라. 그럼으로써 이와 같은 부채가 대지에 진 광범위한 부채의 일부라는 사실을 인정하라.[13]

바로 이것이 남반구의 생태 혁명 강령이다. 남반구의 생태 혁명 강령은 기후를 훌쩍 뛰어넘는다. 이 강령은 거대한 위협에 직면해 있는 곤충을 비롯한 생물과 어머니 대지 전체를 보호하려고 한다.[14] 남반구는 생태 혁명 강령을 통해 정의로운 전환에 앞장서고 있다. 그러나 북반구가 제안하는 대부분의 그린 뉴딜은 남반구의 생태 혁명 강령을 언급하지 않거나 제대로 부각하지 않는다. 만일 그린 뉴딜이 사회통치를 위한 전면적인 의제라면, 그린 뉴딜 강령이 포괄하고 배제하는 대상을 통해 그린 뉴딜이 중요하게 여기는 사람이 누구인지, 누구의 완전한 인간성을 존중하고 있는지 확인할 수 있을 것이다. 생존할 권리는 엄청난 요구다. 이 요구에는 생태 부채 상환에서부터 생존에 필요한 모든 것을 제공받을 권리, 폭탄으로부터의 안전에서 풍족한 식량과 주거지를 누릴 권리에 이르는 광범위한 요구가 포함된다. 그러나 그 폭이 아무리 넓어도 그것이 더 너른 변화 과정을 가로막을 장애물이 될 수는 없다. 코차밤바 협정은 모두가 존중받는 세상을 만들기 위해서는 우리의 시야를 혁명적 지평에 맞춰야 한다는 사실을 상기시켜 준다.

이런 급진적인 요구를 중심부 국가가 추진하는 그린 뉴딜에 연결할 수 있는 방법은 무엇일까? 오늘날의 그린 뉴딜은 엘리트주의, 분리주의, 배제주의에 물들어 있다. 그러나 그린 뉴딜이 꼭 그래야 하는 것은 아니다. 그린 뉴딜은 저개발, 생태적으로 불공평한 교환 또는 탄소 흡수원의 역사적 전유에 얽매일 필요가 없다. 그린 뉴딜은 철조망과 동작감지 센서로 가득 찬 국경에 얽매일 필요가 없다. 그린 뉴딜 문서가 자본주의를 깨뜨리려는 목적이 아니라 자본주의에 굴레를 씌우려는 목적을 수록한 문서일 필요는 없다. 한편 오늘날의 그린 뉴딜 문서에는 진지한 태도로 문제를 회피하는 기술 관료적 정책 조언이 가득하다. 이와 같은 정책 조언은 자본가들이 빠져나갈 수 있는 뒷문이나 다름없다. 빠르게 재생하는 히드라의 머리를 잘라 낼 세력을 지원하는 것이 아니라 히드라가 빠르게 재생하여 새로운 머리를 만들어 낼 수 있도록 지원하는 정책 조언일 따름이다. 그린 뉴딜에 관한 문서가 반드시 이와 같아야 하는 것은 아니다.

안타깝게도 상황에 따라 오락가락하는 현재의 그린 뉴딜 논의 대부분이 실용주의라는 명목 아래 이러한 타협을 받아들이고 있다. 타협을 전부 받아들이는 그린 뉴딜도 있지만 대부분 또는 일부를 받아들이는 그린 뉴딜도 있다. 배상에 대해서는 침묵하는 그린 뉴딜도 있다. 가장 악의적인 그린 뉴딜은 배상을 차차 고려하겠다는 논의다. 그들은 볼리비아 정부가 요구하는 규모의 부채 상환은 "실현 가능"하지 않다는 근거를 내세운다(근거조차 언급하지 않는 그린 뉴딜도 있다). 이런 그린 뉴딜이 따져 보는 "실현가능성"은 그 자체로 반동의 좌우명이자 억압의 부적일 따름이다. 이와 같은 그린 뉴딜에서 따져 보는 실현가능성은 "객관적" 판단과 실용주의로 뒷받침된다는 점에서 흠잡을 데 없는 수사로 보이지만, 실제로는 누군가를 수용할 공간을 확보하기 위해 누군가를 희생시켜야 할 때 희생자를 식별하기 위한 암호로 사용되는 경우가 다반사이다. 이 책은 실현 가능한 것으로 이해되는 범위를 확장하려 한다. 그러기 위해서 네 가지 사실에서 출발할 것이다. 첫째, 기존 그린 뉴딜 제안은 대체로 유럽중심적이었다. 게다가 글로벌 불평등이 유지되는 상황에 의존했다. 둘째, 기존 그린 뉴딜 제안은 더 너른 지구 체계의 위기를 적극적으로 해결하려는 의지가 부족했다. 셋째, 중심부 국가에서 살아가는 많은 사람들은 더 급진적인 제안을 받아들일 준비가 되어 있다. 넷째, 그린 뉴딜과 관련된 정치적 논쟁과 정치적 동원은 특정 법령과 명확하게 구별되어야 한다. 그린 뉴딜은 미래를 통치하고 관리하는 의제로 간주되어야 한다. 그리고 처음 구상할 때부터 가장 억압받고 가장 착취당하는 사람들의 욕구를 충족하도록 설계되어야 한다.

기후 부채의 청산, 생태 부채의 청산, 배상이 배제된 기술 청사진,

토론, 설계위원회, 정책 논쟁은 변혁적인 그린 뉴딜에는 포함되지 않는다. 모두 대동소이하기 때문이다. 농업 연구자 샘 모요Sam Moyo, 파리스 예로스Paris Yeros, 프라빈 즈하Praveen Jha가 지적한 것처럼 "국민/민족 문제를 개발 의제로 되돌리는" 그린 뉴딜 발상은 다양한 피부색을 가진 사람들과 다양한 계급을 위한 해방 투쟁을 진전시킬 수 없다.[15]

(환경적) 불균등 교환

이 책은 이론서다. 이론을 통해 제국주의 중심부에서 집단 해방을 목표로 활동하는 조직에 대해 소개하고자 했다. 이 책에 등장하는 이론은 종속이론에 바탕을 두고 있다. 종속이론의 토대는 세계체계(일반적으로 사용되는 표현으로는 글로벌 자본주의)가 본질적으로 양극화되어 있다는 주장이다. 사미르 아민에 따르면 중심부 국가 또는 부국富國은 "경제활동을 장악하여 소비 대중의 욕구를 충족하고 그 욕구에 따른 재화 생산 수요를 충족함으로써 발전"한다. 나아가 중심부 국가는 사람들이 필요한 것에 특정한 방식으로 접근하게 만든다. "대중의 힘은 '사회계약'에 결부되어 있다. 이와 같은 '사회계약' 덕분에 국가적 수준에서 경제적 생존 가능성을 제한할 수 있다."[16] 게다가 자본주의 또는 전 세계 규모의 역사적 축적 과정은 공간적으로 불균등하고 국가 간에도 불균등하다. 부와 복리는 중심부라고 불리는 국가에 집중되고 빈곤은 주변부와 반半주변부라고 불리는 국가에 집중된다.[17] 이와 같은 현상은 자본주의의 오류가 아니라 특징이다. 부는 소수에게 모여들어 쌓이고 빈곤은 다수 사이에 쌓인다.

이러한 개념들은 역사를 해석하기 위한 것이다. 이 개념들은 다른 관측 장치의 렌즈들이 초점을 맞추지 못하는 역사적 풍경에 초점을 맞쳐 그 특징을 관찰하기 적합한 렌즈와 같다. 이 개념들은 중심부 국가가 이례적인 능력을 갖추고 있기 때문에 부를 생산하는 것이 아니라 주변부 국가에 폭력을 휘두름으로써 부를 생산한다는 사실을 이해할 수 있도록 지원한다. 이 개념들은 주변부의 빈곤을 토대로 중심부의 부를 생각해 보도록 유도한다. 프란츠 파농에 따르면, "유럽은 매우 구체적인 방법을 동원하여 식민지 국가로부터 엄청난 양의 금과 원료를 실어 와 자국 창고에 채웠다. … 수 세기 동안 유럽으로 흘러나간 다이아몬드와 기름, 실크와 면화, 목재와 이국적인 제품은 실로 어마어마하다. 제3세계가 유럽을 창조했다고 해도 과언이 아니다."[18] 자본주의는 식민지에서 제국으로의 가치 이전과 연결되어 있다. 제국은 세계 각지에서 정치적 폭력을 휘둘렀다. 그 결과 포토시의 은광에서 튀니지의 인광석 광산, 콩고의 코발트 채석장, 영국령 인도의 황마 플랜테이션, 아이티의 사탕수수 플랜테이션에 이르는 전 세계 각지의 자본이 제국으로 빠져나갔다.[19]

일반적으로 통용되는 담론에서는 여러 "시장" 세력이 명백하게 공정하거나 자연스러운 것으로 여겨진다. 이러한 시장은 동등한 거래 당사자들이 자유롭게 창출하는 것으로 상정된다. 그리고 바로 그곳에서 가격 체계가 등장한다. 이러한 미화된 이야기 속에는 감춰진 이야기가 있다. 바로 정치적 폭력을 동원해 "합의된" 가격을 창출하여 특정 지역의 권력을 유지하고 특정 지역의 빈곤이 지속되도록 만드는 방법이다. 공정한 가격은 환상이다. 가격이 사회적 권력이 아닌 다른 무언가를 대표한다는 생각은 환상이다. 이런 환상은 가격 그리고 온갖 거시경제지표와 통계라는 우화의 바탕에 견딜 수 없을 만큼 심한 폭력을 동원해 실현한 봉쇄가 자리 잡고 있다는 사실을 잊게 만든다. 온갖 거시경제지표와 통계는 국내총생산GDP에서 성장에 이르는 자본주의적 사회공학에 관련되어 있다. 폭력을 동원하여 봉쇄한 대기는 자본주의적 산업화가 유발한 폐기물을 내다 버리는 쓰레기처리장으로 전락했다. 서구는 지난 수백 년 동안 대기에 이산화탄소를 마구 내뿜었다. 그리고 이제 그 대가를 치를 때가 되자 세계에서 가장 부유한 사람들이 아니라 세계에서 가장 가난한 이들이 그 대가를 대신 치르고 있는 형편이다. 북반구 소비자에게 문명을 과시하는 데 필요한 재화라고 소개되는 모든 상품은 남반구 사람들의 목숨과 바꾼 것이며 남반구의 토지를 깎아서 생산된 것이다. 그럼에도 이윤은 북반구에 쌓인다. 비단 농업에서만 그런 것이 아니다. 북반구가 누리는 이윤의 대부분을 창출하는 제조업에서도 마찬가지다. 1970년대부터는 주변부, 반주변부에 자리 잡은 빈국들도 산업화되었다. 그러나 남반구와 북반구 사이의 소득 격차는 줄어들지 않았다. 불균등 교환 이론은 세계가 생산하는 모든 좋은 것(또는 마르크스주의 용어로 사용가치)에 대한 접근 격차를 설명하는 이론이다. 주변부 국가에서 생활하는 사람들은 중심부 국가에서 생활하는 사람들과 동일한 속도로 동일한 물건을 생산할 수 있다. 그렇지만 훨씬 적은 보상을 받는다. 생산성의 차이를 고려하더라도 남반구의 임금은 북반구보다 지나치게 낮다.

환경적 불균등 교환 이론은 재화와 노동만 불공평하게 교환되는 것이 아니라는 점을 강조한다. 예를 들어 면화를 생산하려면 흙과 노동이 필요하다. 고추를 생산하려면 비료가 필요하다. 기후가 건조한 지중해 남부에서 고추를 생산하려면 지하수가 필요하다. 북반구에서는 기계를 이용해 안전하게 비료를 살포한다(안전하다고 해도 소비자가 여전히 비료를 섭취한다는 사실이 변하는 것은 아니다). 그러나 남반구에서는 사람이 비료를 뿌린다. 따라서 남반구와 북반구 사이에는 자연이 무료로 제공한 선물로 간주되는 자연적 부와 더불어 환경 자체도 불균등하게 소비된다. 북반구는 규제를 도입하여 높은 오염 비용을 부과한다. 덕분에 북반구에서 생활하는 사람들은 깨끗한 식수를 마실 수 있다. 물론 북반구에서도 그렇지 않은 곳이 존재한다. 그 사례로 미국 미시건주 플린트시를 꼽을 수 있겠다. 반면 남반구에는 깨끗한 물이 부족하다. 규제가 강력하지 않기 때문이다. 게다가 남반구 국가는 정부조차 힘이 없다. 강한 정부를 표방하면서 글로벌 자본주의에 불리한 정책을 시행하는 남반구 정부는 쫓겨나기 십상이다. 구체적으로는 2019년 미국이 일으킨 쿠데타로 인해 에보 모랄레스 볼리비아 대통령이 쫓겨난 사례를 꼽을 수 있다. 포토시의 광산에는 광미(광물 찌꺼기)가 남아 있다. 인산염을 생산하고 나면 부산물로 인산석고가 발생한다. 튀니지 남부에 자리 잡은 에메랄드 같은 존재, 숭고한 가베스Gabès 해변 오아시스. 그러나 이곳 주변 마을 사람들은 산업적 농업에 필요한 인산염 생산 과정에서 유발된 암에 걸려 고통에 시달리고 있다. 서구는 가장 더러운 산업에 관련된 공장을 조직적인 방식으로 반주변부와 주변부로 옮겼다. 심지어 중심부 국가 내에서도 가장 더러운 폐기물은 흑인 거주지 인근에서 처리하는 경우가 다반사다. 한편 석탄과 석유에도 주목해야 한다. 석탄과 석유는 문자 그대로 먼 과거에 이루어진 광합성의 산물이 고농축된 물질이다. 시간과 압력이 태양에너지를 검은색 에너지 덩어리와 농축액으로 바꾸어 놓았다. 이와 같은 석유와 석탄 덕분에 저렴한 개발이 가능해지면서 지구 대기에 기가톤의 이산화탄소가 방출되었다. 대기는 오랫동안 인류의 공공재였지만 이제는 봉쇄되어 쓰레기처리장으로 전락했다. 석탄과 석유를 연소하는 과정에서 발생한 부산물은 대기에 버려 버리고서, 석탄과 석유를 연소하는 과정에서 발생하는 이익은 중심부 국가가 가져간다. 한편 (이례적이었던 1945-1973년을 제외한) 자본주의 역사 대부분에서 중심부 국가가 가져간 이윤은 중심부 국가 내에서도 소수의 사람에게만 돌아갔다. 환경적 불균등 교환 이론 덕분에 이와 같은 부정의를 이해하고 파농의 주장을 계속 이어 나갈 수 있게 되었다. "유럽 국가의 수장이 가슴에 손을 얹고 가난한 저개발 국가를 원조하겠다고 맹세할지라도 전혀 고맙지 않다. 오히려 이렇게 말할 것이다. '받아야 할 빚을 받는 것'

일 뿐이라고."[20] 탈식민 기간에는 자본 보조금을 통해 배상이 이뤄졌다. 그러나 기후 변화 시대에는 자본 보조금에 생태 부채와 기후 부채에 대한 배상을 추가해야 한다.

책의 구조

이 책의 구조를 설명하기 전에 먼저 용어에 대해 짧게 짚어 보려고 한다. 그런 다음 이 책이 무엇인지 무엇이 아닌지를 설명하고자 한다. 책에는 자유롭게 바꾸어 써도 무방한 용어 뭉치가 등장한다. 한 뭉치는 글로벌 북반구, 중심부, 제국주의, 부국이라는 용어고 다른 한 뭉치는 글로벌 남반구, 주변부, 예속 국가, 빈국이라는 용어다. 가장 정확한 표현은 중심부와 주변부겠다. 그 이유는 위에서 이미 설명했다. 마찬가지 이유로 호주와 뉴질랜드는 지리적으로 남반구에 속해 있지만 중심부 국가로 분류할 것이다. 그러나 중심부/주변부라는 용어 쌍은 독자들에게 낯설 수 있고, 특정 용어를 반복적으로 사용하면 자칫 지루할 수도 있을 것이다. 따라서 책에서는 앞서 언급한 다양한 용어를 사용할 것이다.

이 책은 무엇이고 무엇이 아닌가? 이 책은 생태사회주의적 전환 계획에 관한 이론을 다루는 논문이 아니다. 물론 누군가 그런 책을 꼭 쓰기를 바란다. 이 책은 미국 50개 주, 제국의 중심부 또는 지구 전체를 아울러 각 지역 수준의 전환을 위해 미리 마련해 놓으려는 지침도 아니다. 물론 이런 지침이 있다면 유용할 것이다. 이 책은 모든 부문과 가능한 모든 개입을 총망라한 비결 또한 아니다. 특히 산업화 정책과 에너지 정책에 관해서는 주된 사고방식에서 나타날 수 있는 문제점이라든가 맹점을 짚고 넘어가는 수준에 그칠 것이다. 무엇보다도 이 책은 오늘날 논의 중인 개입의 내용을 확장할 것이다.

이 책에 수록된 내용은 제3세계와 시골에서 이루어지는 투쟁과 그 투쟁을 이어 가는 사람들의 요구를 토대로 한 것이다. 한편 이 책은 그린 뉴딜 논의가 다른 쟁점에 비해 농업과 기후 부채 쟁점에 대해서는 지나치게 무관심하다는 나의 개인적인 인식에서 출발한 것이다. 코로나19가 산업적 농업에서 비롯된 것이 거의 확실해 보이고, 농생태학이 코로나19와 같은 전염병을 완화할 가능성이 높은 상황이라는 점을 감안할 때, 농업은 그 어느 때보다 시급하게 다뤄져야 할 부문이다. 나아가 농업은 환경 위기에 대한 논의를 확대할 수 있는 발판으로 삼을 수 있다는 점에서 중요하다. 환경 위기는 단순하게 탄소 배출로 환원될 수 없다. 환경 위기에 대한 논의는 이러한 기후환원주의를 넘어 경관landscape의 전반적인 관리에 대한 논의로 나아가야 한다. 모쪼록 이 책이 더 나은 세상에 관심이 있는 조직가, 활동가, 모든 이에게 유용하게 쓰이기를 바란다.

이 책은 I부와 II부로 나뉜다. I부 자본주의적 녹색 전환에서는 이미 제안된 녹색 전환 모델을 다룬다. I부에서는 생태사회주의적 세계를 전혀 지향하지 않는 여러 그린 뉴딜 제안 또는 단순한 녹색 자본가에 대해 논의한다. I부는 4개 장으로 구성했다.

1장에서는 앞서 언급한 대전환 제안을 살펴본다. 대전환 제안은 자연을 금융화·상품화하고 재생 인프라를 토대로 새로운 종류의 투자 수단을 창출하려는 계획이다. 1장에서는 인구통계 공학을 토대로 공포를 조장하는 맬서스주의의 부상에 대해 다룬다. 한편 자본주의적이든 탈자본주의적이든 관계없이 "대전환"이 추구하는 토지 이용 시나리오도 다룰 것이다. 위계질서를 유지하는 가운데 이루어지는 "대전환"은 불순한 의도로 완전채식을 강요하고(본문 163쪽 이하 참조_옮긴이) 토지를 개간하여 나무를 단작하는 플랜테이션을 강제로 조성하려고 시도한다. "대전환"은 바이오연료 사용을 강요하고 이미 황폐화된 시골과 토착 원주민 거주 지역에 생태 근대화와 관련된 쓸모없는 잡동사니를 강제로 밀어넣으려는 시도이기도 하다.

2장에서는 좀 더 이론적, 역사적 측면에서 녹색 근대화를 다룬다. 이때 자원집약적 기술을 통해 문제의 해결 방안을 찾으려는 거대한 열정이 인지적 영역을 잠식하게 된 배경을 설명할 것이다. 2장은 스스로를 사회주의적 흐름으로 규정한 주요 세력이 생태근대주의/생태 근대화 담론을 되풀이하기 시작한 시점으로 거슬러 올라가 자본주의적 의제에 대한 저항이 약화되고 무력화되는 과정을 살펴보려고 한다.

3장에서는 에너지 사용이라는 골치 아픈 쟁점에 초점을 맞춘다. 에너지 사용 쟁점은 탈탄소 사회로 전환하려는 서구 사회가 목적을 달성하기 위한 지렛대로 선택한 방법이다. 3장에서는 에너지 풍요 모델을 탈성장 관점과 녹색 케인스주의 관점을 토대로 논의할 것이다. 나아가 "새로운" 불균등 축적의 가능성을 분석한다. "새로운" 불균등 축적은 에너지 사용을 분할했던 과거의 식민주의와 정확하게 동일한 것으로 좌파 자유주의 녹색 전환 모델에 반영되어 있다. 마지막에는 대부분의 전환 모델에 반영되어 있는 사전 예방 원칙을 활용하여 각 전환 모델이 제시하는 어이없는 가정과 숨어 있는 균열을 파헤칠 것이다.

4장에서는 마키/오카시오코르테스 그린 뉴딜 결의안을 중심으로 그린 뉴딜과 관련된 현재의 대중적 진보 담론을 검토할 것이다. 이 장은 마키/오카시오코르테스 그린 뉴딜 결의안을 냉정하게 탐독하는 기회가 될 것이다. 그래야만 해당 결의안의 내용을 토대로 논의를 진행할 수 있다. 4장에서는 그린 뉴딜 논의를 주도하는 방안 가운데 가장 유명한 몇몇 방안의 장단점을 살펴본다. 기후 부채 상환을 지지하는지 여부, 농업과 토지에 대한 입장, 서구에서 새롭게 등장한 체계 변화에 대한 대중의 지지와 상호작용하는 방법의 측면에서 각각의 방안을 검토할 것이다.

II부 민중을 위한 그린 뉴딜에서는 생태사회주의가 추구하는 목적을 소개하고 생태사회주의가 추진하는 전략 가운데 몇 가지 요소를 개략적으로 설명한다. II부는 3개 장으로 구성했다.

5장에서는 민중을 위한 그린 뉴딜에 중요할 것으로 판단되는 몇 가지 요소를 설명할 것이다. 5장은 북반구를 중심으로 민중을 위한 그린 뉴딜 연합을 구성할 수 있는 정치세력과 사회세력에 초점을 맞춘다. 꼭 북반구만을 대상으로 하는 것은 아니지만, 여기서는 기본적으로 북반구를 중심으로 논의를 진행할 것이다. 그런 다음 결정적인 역할을 수행하는 몇 가지 부문을 상세하게 다룰 것이다. 구체적으로는 산업화 및 제조, 설계 및 건축, 교통 부문을 다룬다. 특히 교통 부문과 관련해서는 전반적인 에너지 사용을 줄이고 즐거움과 효율을 높일 수 있는 대규모 이행에 대해 논의할 것이다.

6장은 농업, 탄소 감축, 토지 이용에 주목한다. 이 장에서는 농생태학적 생산 방식을 바탕으로 하는 식량주권이 민중을 위한 그린 뉴딜의 중심에 자리 잡아야 한다고 주장한다. 이 주장은 농업 개발이 민중 개발로 이어지기 쉬운 남반구뿐 아니라 북반구에도 유효하다. 6장은 식민지 이전 시대의 농업체계에 대한 설명에서 시작하여 미국과 전 세계 농업체계가 산업화된 바람에 유발된 비용에 이르는 다양한 내용을 다룬다. 이 비용은 농업체계의 산업화가 건강, 사회적 재생산, 정치적 자유, 질적 개발에 미친 영향으로 인해 유발된 것이다. 그런 다음 농업이 토지를 약간 더 노동집약적인 방식으로 이용한다면 글로벌 이산화탄소 수준을 빠르게 낮출 수 있는 이유에 대해 설명할 것이다. 한편 이와 같은 농업은 농민과 민중의 복리를 향상시키는 동시에 북반구뿐 아니라 남반구에서 소비하는 식량의 품질을 높일 수 있다. 6장에서 그 이유도 함께 살펴볼 것이다. 또한 지금은 또 다른 전염병이 도래하기 전에 예방하는 일이 그 어느 때보다 시급한 시기다. 이 시기에 토지를 약간 더 노동집약적인 방식으로 이용한다면, 농업은 동물 매개 바이러스가 인간에 전염되지 않도록 방어할 보호 제방으로도 기능할 수 있다.

7장에서는 주권, 기후 부채, 탈식민, 비무장화 같은 다양한 측면에서 국가의 문제를 살펴보려고 한다. 여기서는 북반구가 추진하는 그린 뉴딜의 핵심 요소에 남반구 각국의 주권을 진정으로 존중하고 남반구에 평화 경제가 유지되도록 보장한다는 내용을 넣어야 한다고 주장할 것이다. 나아가 탈식민과 토지반환Land Back 운동의 정치적 근거와 경제적 근거를 제시하려고 한다. 이 근거들은 아직 남아 있는 "제3세계" 또는 해외의 정착식민지 또는 탈식민 이후에도 남아프리카공화국이나 팔레스타인에 잔존하고 있는 경제적 아파르트헤이트 모델에만 국한하여 적용되는 것이 아니다. 제국의 중심부, 특히 미국에도 적용할 수 있는 것이다.

결론에서는 앞선 장들의 정치적 맥락을 연결하고, 변화를 일으킬 수 있는 방법에 대한 발상을 제안하며, 환경정의 운동을 처음 조직할 때부터 국제주의를 포괄할 수 있는 방법을 명확하게 밝히려고 한다.

계곡 사람들은 그들의 세계에서 똑똑히 보고 느낀 결과를 유발한 행위가 의도적인 행위가 아니었다고는 꿈에도 생각하지 못했다. 방사성 물질이나 유독성 물질을 방출해 방대한 지역을 황량하게 만들고 그들 자신도 영구적인 유전적 손상을 입어 불임, 사산, 선천성 질환 등으로 고통에 시달린 일이 고의가 아니었을 리 없었다. 계곡 사람들은 인간이 무슨 일을 우연히 저지른다고 생각하지 않았다. 사고는 막을 수 없는 노릇이지만 자기가 한 일에는 책임을 져야 마땅했다. 따라서 인간이 세계를 상대로 저지른 일은 그릇된 이해, 공포, 탐욕이라는 사악한 목적에 부응하는 의도적이고 의식적인 행위임에 틀림없었다. 이런 행동을 한 사람들은 분명 나쁜 마음을 먹고 잘못된 생각을 행동으로 옮겼을 것이다.

《귀향》*Always Coming Home*, 어슐러 K. 르 귄

I

자본주의적 녹색 전환

I부에서는 지배계급의 의제를 분석한다. 특히 대전환에 관한 문헌을 살펴보고 그 이론적 기초와 역사적 기초를 분석할 것이다. 또한 대전환을 뒷받침하는 특정 논거에 대해서도 상세히 파헤칠 것이다. 한편 진보적인 프로그램은 여러 측면에서 대전환 의제와는 상당히 다르다. 그러나 개중에는 진보적이지 않은 의제에 저항할 만한 힘을 충분히 갖추지 못한 것도 있다. I부에서는 이와 같은 프로그램을 동반하는 정치 전략에 대한 논평도 상세히 다룰 것이다.

어떤 지향점이 있는데 우리보다 더 큰 힘을 가진 사람들이 우리가 그곳에 도달하기를 바라지 않는다면, 그리고 우리를 자기들이 원하는 곳으로 보내려는 계획을 세운다면, 우리는 그들이 세운 계획의 본질을 최대한 빨리 이해해야 한다. 그래야만 정치적 전장의 지형도를 그려 볼 수 있고 우리 반대편에 서 있는 상대방의 목표와 수단을 명확하게 파악할 수 있기 때문이다. 이와 같은 이유로 첫 번째 장을 모두 할애하여 지배계급이 무엇을 하려고 하는지, 지배계급이 계획한 일을 실행에 옮기는 데 얼마나 많은 비용이 소요되는지, 누가 그 비용을 지불할 것인지, 지배계급이 수립한 계획에 시골countryside과 시골에 사는 사람들에 대한 계획이 포함되어 있는지 확인할 것이다. 시골에 사는 사람들이야말로 사회변혁을 이끄는 핵심 주체이자 가치를 창출하는 화수분 같은 존재이기 때문이다.

토지는 자본주의적 전환, 녹색자본주의적 전환, 녹색사회민주주의적 전환, 이따금 생태사회주의적 전환을 다루는 문헌에서 일반적으로 무시되는 주제다. 그러나 이 책에서는 토지에 주목한다. 토지에 주목하는 것 그 자체가 의미 있는 일이기 때문이다. 한편 토지는 시골과 관련된 계획이 얼마나 기술적인 측면에만 치우쳐 있는지를 확인할 때도 결정적인 역할을 한다. 자본주의적 대전환을 표방하는 문헌과 자칭 사회주의적 생태근대주의를 표방하는 문헌, 일부 사회민주주의적 그린 뉴딜이 타협한 내용을 보면 이러한 사실을 확인할 수 있다. 사회민주주의적 그린 뉴딜을 추진하는 사상가들은 농촌의 사회관계의 본질에 대해 서로 다른 입장을 보이는 경우가 많다. 예를 들면 목축업을 없애자는 사람도 있고 농민 계층을 없애자는 사람도 있다. 그럼에도 불구하고 사회민주주의적 그린 뉴딜을 추진하는 이들은 하나같이 자본주의적 기술 의제를 포용한다. 그럼으로써 사회민주주의적 그린 뉴딜 계획의 매력을 크게 떨어뜨린다. 시골과 관련하여 사회민주주의적 그린 뉴딜은 산업화의 심화, 점점 더 사라지는 농촌 일자리, 바이오연료의 생산 장소 혹은 자연보호구역 용도로의 토지 이용, 인구 감소라는 주제를 공통적으로 다룬다. 그리고 이 네 가지 주제 모두 인간을 자연으로부터 급격하게 분리하는 결과로 이어진다.

한편 사회민주주의적 그린 뉴딜 계획의 중심에는 기술이 자리 잡고 있다. 따라서 기술에 독립된 1개 장을 할애했다. 기술을 다루는 장에서는 사회민주주의적 그린 뉴딜 계획에서 서로 다른 기술 개념이 차지하는 비중에 대해 살펴본 뒤, 모든 기술이 절대적으로 중립적이라는 믿지 못할 이야기에 반론을 제기할 것이다.

마지막으로, 이 책은 사회민주주의적 그린 뉴딜을 자본주의적 대전환에 포함된 흐름으로 분류한다. 이와 같은 분류에 고개를 갸우뚱하는 독자가 있을지도 모르겠다. 굳이 이유를 설명하자면, 우선 사회민주주의적 그린 뉴딜을 어느 범주에든 포함시켜야 했다. 보다 실질적인 이유로는 사회민주주의적 그린 뉴딜을 설명한 장에서 제시하듯이 사회민주주의적 그린 뉴딜이 자국 내 사회민주주의는 옹호하지만 식민주의의 유산과 현존하는 신식민제국주의의 현실에 대해서는 진지하고 심각하게 관여하지 않는다는 사실을 꼽을 수 있겠다. 식민주의의 유산과 현존하는 신식민제국주의의 현실은 오늘날 그리고 앞으로도 꾸준히 의제에 올라야 하는 문제다. 그런 점에서, 사회민주주의적 그린 뉴딜은 자본주의에 공간을 내어주어 자본주의가 지속될 수 있도록 지원한다. 왜냐하면 어디서든 이윤을 창출해야 하기 때문이다. 이러한 방식으로 사회민주주의 의제는 자신이 세운 의제를 스스로 훼손한다. 사회민주주의적 그린 뉴딜은 오늘날의 사회민주주의가 있기까지 거쳐 온 과정을 잊은 것처럼 보인다. 사회민주주의는 의회에서의 투쟁을 통해서만 달성된 것이 절대로 아니다. 특히 유라시아대륙의 사회민주주의는 항상 국내에서 훨씬 더 과격한 위협에 노출되었다. 생태사회주의 세계를 지향하는 사람들이 보기에 현실주의라는 미명을 들이미는 사회민주주의는 생태사회주의 지평을 달성하는 데 아무런 도움이 되지 않는다. 이와 같은 전략은 전혀 현실적이지 않다.

1
대전환인가 요새^{fortress} 생태국수주의인가?

기후 위기에 대한 우려가 글로벌 북반구를 휩쓸고 있다. 기후 위기에 대한 우려는 더 이상 기후과학자, 미래지향적인 투자자, 해안가의 부동산 소유자, "환경" 활동가에게만 국한된 것이 아니다. 다보스 회의에 참석하는 금융가에서부터 맥킨지컨설팅McKinsey Consulting에 이르는 모든 곳에서 기후 위기에 대한 우려가 터져 나오고 있다. 경제신문과 주류 언론은 정책 논문, 공식 발표, 금융 동향 예측을 속사포처럼 쏟아 놓고 있다.[1] 왜 이러는 것일까? 기후 변화가 너무 분명해져서 눈감고 지나칠 수 없게 되었다는 것이 이유 가운데 하나다. 미국 뉴잉글랜드 지역에서는 1월 기온이 섭씨 18도를 넘는 날들이 이어졌다. 파국적인 홍수와 화염지옥에서 올라온 것 같은 폭염이 미국 대평원과 프랑스 파리를 덮치고 있다. 기후 변화는 더 이상 미래의 일이 아니다. 오늘 일어나는 일이다. 무슨 일이 일어나고 있는지 왜 이와 같은 일이 일어나는지 보다 분명하게 이해하는 사람들도 늘어나고 있다. 따라서 언론도 기후 변화를 모르는 척 지나칠 수 없게 되었다. 그러나 대부분 언론사를 기후 변화를 일으킨 장본인인 자본주의 체계에 속한 대기업이 소유하고 있다.[2] 따라서 지난 수십 년 동안 기후 변화를 부정하는 태도로 일관해 오던 지배계급이 갑작스레 태도를 바꾸어 기후 변화에 관련된 온갖 수치를 들이미는 현실에 누구나 의아해하지 않을 수 없을 것 같다. 예를 들면 세계경제포럼WEF

에서는 다음과 같이 언급했다. "발생된 경제적 가치 가운데 44조 달러가 …
자연과 자연이 제공하는 서비스에 어느 정도 또는 매우 크게 의존하고
있다. … 그런데 이제 자연이 사라지고 있다."[3]

특정 정치적 대응이 기후 변화를 좌우하는 것은 아니다. 이번 장에
서는 기계를 조작할 수 있는 도르래와 레버를 손에 쥐고 있는 사람들이
부르짖는 "긴급한 변화"라는 요구를 살펴본다. 그럼으로써 하향식 계획
이 세계체계에서 이루어지는 배제와 착취를 유지할 목적으로 이용되
는 방식을 파악하고자 한다. 신자유주의 시대에 하늘을 찌르는 소득 상
승과 순자산가치 상승을 누린 사람들은 1%도 아닌 0.1%에 지나지 않는
다. 상위 0.1%에 속하는 사람들은 제국적 삶의 방식을 유지하기를 바라
고 제국적 삶의 방식을 가능하게 만드는 지구의 자원 기반을 보존하기
를 바란다. 상위 0.1%에 속하는 사람들은 손에 든 필기구를 부지런히 놀
려 계획을 세운다. 자본주의와 기후의 연관성에 대한 대중의 인식이 높
아질수록 지배계급은 기후 위기를 외면할 수 있는 방법을 더 열심히 찾
아 나설 것이다. 그렇지 않으면 자기들이 지닌 권력이 위태로워질 것이
기 때문이다. 그렇게 이들은 기후 위기의 책임을 화석자본주의가 아니
라 얼굴도 실체도 없는 전 인류의 탓으로 돌리려고 한다. 그러고서 이들
은 기후 위기에서 벗어나는 데 필요한 전환 비용을 빈민이 지불하게 만
들 방법을 모색한다.

이들은 노동계급의 복리나 비인간 생명에 대해서는 눈곱만큼도 염
려하지 않는다. 만일 그랬다면 이미 30년 전에 기후 변화에 대응하기
위한 조치를 취했을 것이다. 오히려 전 세계의 미래지향적인 우익 세력
과 자유주의 세력은 앞날을 대비한 계획을 세우고 있다. 글로벌 사회학
자 필립 맥마이클Philip McMichael은 이와 같은 계획을 두고 "미래를 관리하
려는" 계획이라고 언급한 바 있다.[4] 미래 관리 계획을 수립하는 곳으로
는 호주혁신연구소Australian Breakthrough Institute와 에너지전환위원회Energy

Transitions Commission를 꼽을 수 있다. 때로 진보적인 좌파와 관련된 인물도 미래 관리 계획 수립에 동참한다(호주혁신연구소는 뒤에서 언급할 캘리포니아에 자리 잡은 싱크탱크인 노드하우스혁신연구소와 판박이 기관이다). 호주혁신연구소나 에너지전환위원회 같은 기관에서 제안하는 계획에는 몇 가지 공통점이 있다. 구체적으로는 기업-공동체 협력관계와 기업-국가 협력관계, 국가안보 부문과의 훈훈한 관계, "신기술"에 대한 프로메테우스적 열정, 기후 위기 같은 변수들을 통합하기 위한 모델 재설정, 투자 지평에 재설정한 모델 포괄, 미군의 녹색화를 꼽을 수 있다. 미래 관리 계획의 대부분은 경제학자 다니엘라 가보르Daniela Gabor가 월스트리트컨센서스Wall Street Consensus라고 표현한 합의를 중심으로 수렴되는 모습을 보인다. 월스트리트컨센서스의 구체적인 내용은 다음과 같다. "시장으로 향하는 개발 자금을 둘러싼 개발 개입"을 재조직한다. "…자본을" 채권으로 "전환"한다. 제3세계 정부를 와해시킨 뒤 "탈위험 국가"로 새로 구성한다. 그런 뒤 해당 국가, 즉 자국민을 대표하는 주권국가의 재무부로 위험을 떠넘긴다. 그렇게 함으로써 미래 관리 계획을 활용해 높이 쌓아 둔 자본이 유실될 위험을 제거한다.[5]

녹색 사회통제

녹색 사회통제의 목표는 자본주의의 본질을 보존하면서 기후 위기가 가져올 최악의 결과를 회피하는 것이다. 그러기 위한 방법으로 친환경 모델로의 이행이 제시된다. 국가의 폭력을 동반하지 않는 자본주의는 없다. 따라서 녹색 사회통제 계획은 국가안보 부문을 강조한다.

국가의 국민, 주민 또는 시민을 에워싼 국경은 곧 배제를 의미하기도 한다.[6] 사람들은 발전에서 구조적으로 배제되고, 관심 또는 돌봄에서 이념적으로 배제되며, 무장한 해역과 국경에서 단단한 강철이나 콘크리트, 가시철조망과 동작감지센서에 의해 물리적으로 배제되고, 식민지에서 자행한 약탈과 대기의 봉쇄라는 과거를 지움으로써 시간적으로도 배제된다. 이러한 배제 계획은 사회 최고위층 및 지식인층이 설계한 것이다. 이러한 계획을 이해하기 위해서는 계획을 설계한 사람들이 사용하는 언어를 이해해야 한다. 배제 계획이 제3세계에 대해 언급한 것과 언급하지 않은 것, 이 모든 것에 계획을 설계한 사람들의 의도가 반영되어 있다. 미국은 제국이다. 그렇기 때문에 미국은 한쪽 다리는 엄청나게 흐르는 에너지에, 나머지 한쪽 다리는 자본에 걸친 채 침묵으로 웅변한다. 북반구에는 세계 관리라는 제국의 전리품이 아직 남아 있다. 그리고 배상하지 않겠다는 결정은 미국이 세계를 관리하는 청사진이다.

기존 자산을 신기술에 연결하는 조치는 우파의 대전환에 속한다. 기존 자산이란 노동계급의 연금이나 국가예산 형태로 이루어져 있는 공공의 자원을 의미한다. 신기술이란 태양에너지와 풍력을 활용하여 태양과 바람을 상품화하는 기술을 말한다. 그것의 중심에 미군의 녹색화 계획이 자리 잡고 있다. 녹색 사회통제 프로그램의 세 번째 주요 요소는 "생태계"라는 서비스에 가격을 매기는 일이다. 여기에는 이산화탄소 감축 프로그램이 포함된다. 이산화탄소 감축 프로그램은 농노제나 다름없어 보일 만큼 노동집약적인 프로그램이 될 가능성이 다분하다. 위협이라는 틀을 활용하면 이러한 프로그램에 대한 핵심 시민의 동의를 쉽게 얻을 수 있다. 따라서 (이 경우에는 정확히) 매일 비상경보를 발령하여 사람들에게 겁을 주고 그렇게 해서 마치 살아 있는 지구를 보존하는 데 기여할 것처럼 보이는 그럴싸한 프로그램을 사람들이 이용하도록 유도한다.

기후 비상사태와 위험의 증가

문제를 묘사하는 방식은 문제 해결 방법을 형성하는 데 기여한다. 기후 관련 위험이 높아지고 있다는 관념과 이것이 비상사태에 해당한다는 관념 이면에 자리 잡고 있는 것에 대해 독일 철학자 발터 벤야민은 다음과 같이 지적해 준다. "억압받는 사람들의 전통을 통해 우리가 겪고 있는 '비상사태'가 바로 지배라는 교훈을 얻을 수 있다."[7] 무법, 무질서, 위협, 인간의 불안, 궁핍, 박탈, 고통이 인류 대부분을 지배한다. 끝없는 전쟁, 본원적 축적, 식민지 대량학살, 신식민지의 인구 감소, 산산이 조각난 국가는 영구적 비상사태다.

위험의 수사학은 전 세계 대부분 사람들의 삶을 공격하는 진짜 비상사태를 인정하는 것이 아니다. 위험의 수사학이 새롭게 인식한 위협은 장기 축적에 관한 것이다. 구체적으로 가뭄과 대규모 이주라는 결과를 낳은 남반구의 사회적 스트레스와 온난화가 폭주할 가능성을 위협으로 꼽을 수 있다. 지난 수십 년 동안 중심부 국가의 정부는 느긋하다고 해도 좋을 만큼 이와 같은 위협에 손을 놓고 있었다. 그러나 이제 세계경제포럼은 이와 같은 위기가 "시장"에 참여하는 기업에 "물리적", "법적, 규제적"인 위험일 뿐 아니라 "평판"에도 영향을 미친다고 언급한다. 위험과 비상사태를 서구의 독점이라는 아주 특별한 관점에서 이해한 덕분으로 이와 같이 편협한 지역주의가 나타났다.[8] 부의 분배에 관한 민주적이고 열린 토론을 비상사태라는 담요로 덮어서 소리가 새어나가지 않게 만들 수 있다면, 토론을 담요로 덮어 버리자고 주장한 사람들과 담요를 소유한 사람들이 부의 분배 방식을 바꾸지 않아도 된다.

비상사태의 다른 용도로는 탄광의 카나리아 역할을 꼽을 수 있다. 현존하는 최악의 요새 국수주의 체제들, 즉 연안 지역의 국경과 남쪽 지역의 국경에서 군사력을 강화하는 국가들이 군사력 강화 속도를 더하는 데에도 비상사태가 필요하다. 이들이 국경의 군사력을 강화하는 이유는 자기들 때문에 살 수 없는 곳으로 전락해 버린 다른 국가에서 이주해 오는 인구 때문이다. 그리고 대규모 이주를 우려하는 이유는 본토에서 떨어져 있는 정착식민 국가와 유럽 자본주의 심장부의 안전이 염려되기 때문이다. 인도네시아가 침수되고 인도 농촌에 몬순이 찾아오지 않는다면 호주는 어떤 태도를 보일까? 미국에 훨씬 더 가까운 멕시코, 카리브 제도, 파나마 지협이 속한 중앙아메리카는 미국의 오랜 개입으로 정신을 못 차리는 상태다. 허리케인과 잔인한 폭염이 가뜩이나 취약한 농민을 덮치면서 중앙아메리카에서는 이미 대규모 이주가 진행되고 있다.[9] 형태가 불분명한 위협이 제3세계 사람들의 목숨을 노리는 비상사태가 발생하자 사람들은 공포에 휩싸였다. 이러한 비상사태와 공포를 구실로 미국은 다른 국가를 불법으로 침략하고도 정당성을 인정받아 왔다. 한편 2019년 볼리비아 아마존 숲에서 화재가 발생했다. 불타오르는 아마존 숲을 본 신식민 환경주의자들은 노심초사했다. 그들은 결국 전 세계에서도 유례없이 강력하게 생태주의를 옹호하는, 토착 원주민이 이끄는 볼리비아의 좌파 정당 사회주의운동당MAS의 이름에 먹칠을 하려고 시도하기에 이르렀다. 그러고도 이들은 미국과 마찬가지로 비상사태와 공포를 구실로 정당성을 인정받았다.[10] 나아가 이 전쟁은 부메랑이 되어 정착식민지 개척 전쟁들이 시작된 곳으로 되돌아갔다.[11] 9/11 이후, 세계에서 폭격이나 "테러"에 대한 경고가 내려지는 가운데 법과 시민의 자유, 민주적 숙의, 해방을 위한 투쟁이 유예되는 일이 다반사로 벌어졌다. 비상사태와 공포는 이번에도 역시 계급과 국가의 위계질서 심화를 정당화하는 구실이 되었다.[12]

제국주의자들은 새로운 녹색 글로벌 국가-민간 축적체계를 통해 "예외 상태"를 일반화하라고 촉구한다. 하지만 부자와 그들의 궁정에 머무는 지식인들이 갑작스레 기후 변화에 관심을 보이는 현상은 어색하기 짝이 없다. 몇 가지 예를 들어 보자. 최근 브루킹스연구소가 발간한 보고서는 "가뭄, 화재"와 자연재해 증가에 대해 논의한다. 보고서는 이와 같은 문제를 전염병과 같다고 언급한 뒤 "경제와 생계에 대한 위험"이라고 해석한다. 또한, **"현재의 성장 경로"**는 물, 토지, 생물다양성에 압력으로 작용하여 "자연자본의 손실 속도를 높인다"고 주장한다.[13] 경제나 생계 같은 단어는 만화경마냥 변화무쌍하다. 이런 단어가 넌지시 내비치는 식량, 주거지, 바람직한 삶을 영위하려는 인간의 욕구는 모두 경제의 복리로 융합된다. 이와 같은 담론의 바탕에는 "경제"가 건강하면 인간 개개인도 건강해진다는 단순한 가정이 자리 잡고 있다.

경제, 생계 같은 단어의 이력을 살피는 일은 중요하다. 우선 생계라는 모호한 개념은 1992년 리우데자네이루에서 개최되어 세계 기후 협상의 출발점이 된 유엔환경개발회의Rio Summit 20주년을 기념하면서 열린 2012 유엔지속가능발전회의Rio+20 Summit에서 등장했다. 2012 유엔지속가능발전회의는 합의를 통해 세계 자원의 "지속 가능한 개발"을 명령하고 "녹색 경제"로의 이행을 촉구했지만 별다른 소득을 얻지는 못했다.[14] 제국의 세계에서 모든 국가가 동의한 프로그램에 해방적인 내용이 들어 있을 리 만무했기 때문이다. 경제든 생계든 관계없이, 이 두 단어에는 특정 분배 양식과 관련된 내용이 들어 있지 않다. 사회학자 브리지트 오러플린Bridget O'Laughlin은 다음과 같이 주장한다. "계급은 제도적 상황 변수가 아니라 관계형 개념이다. 따라서 생계 담론에 포함되지 않는다." 브루킹스연구소가 발간한 보고서 같은 문헌에 생계 따위의 단어가 그토록 자주 등장하는 이유가 바로 여기에 있다.[15] 부를 분배하는 기존 방식에 문제를 제기하는 일이 없도록 사전에 차단하려는 심산인 것이다.

또 다른 예를 살펴보자. 2019년 5월 호주혁신연구소는 데이비드 스프래트David Spratt와 이언 던롭Ian Dunlop이 작성한 보고서를 발간했다. 바로 《실존적인 기후 관련 안보 위험: 시나리오 접근법》*Existential climate-related* *security risk: A scenario approach*이다. 스프래트는 호주혁신연구소 상근 연구이사이고 이언 던롭은 한때 국제 석탄, 석유, 가스 산업의 경영진 겸 호주기업관리자협회Australian Institute of Company Directors 최고 경영자를 역임한 인물이다.[16] 《실존적인 기후 관련 안보 위험》서문에서 해군 제독 크리스 배리Chris Barrie는 "정부, 기업, 공동체를 이끌어 갈 결단력 있고 강한 지도자"가 필요하다고 언급한다. 기후 변화라는 거대한 격변과 한판 승부를 벌여야 하기 때문이다(논점을 모호하게 만드는 경제나 생계 같은 용어와 마찬가지로 "공동체"comunities라는 용어는 각국에서 부자와 빈민의 이해관계를 융합하는 동시에 국가 간 서로 다른 이해관계에 대해서는 침묵한다). 이 보고서는 "실존적인 위험"에 대해 경고하고 "실존적인 위험을 피하기 위해 가능한 모든 조치를 취해야" 한다고 촉구한다. 그 방법은 다음과 같다. 보고서에서 제시하는 시나리오는 현재의 온실기체 배출 궤적보다 양호하다. 이 시나리오대로라면 2030년에 온실기체 배출이 정점에 이르고 2050년에 80% 감소할 것으로 예상된다. "서아프리카, 남아메리카 열대, 중동, 동남아시아에서 매년 치명적인 폭염이 100일 이상 지속되어" 10억 명이 살던 곳에서 쫓겨날 것이다. 열대와 아열대 건조한 지역에서는 사용할 수 있는 물이 줄어들어 20억 명이 갈증에 시달리게 될 것이다. 아열대의 "건조한 지역"에서는 "농업이 불가능해질 것"이다. 수천 년에 걸쳐 인간이 번성해 온 분수계와 기온대가 북쪽으로 이동함에 따라 대체로 안정적인 기후 기반을 바탕으로 수립된 사회구조가 흔들릴 것이다. 가장 부유한 사람들이 "사회의 나머지 사람들로부터 자신들을 격리"함에 따라 "계급 전쟁", 국제 무역 흐름 단절, 폐쇄경제로의 후퇴, 경제적 상호교환 붕괴, 통치 능력을 상실한 정부를 "경험하게 될" 것이다.

국가안보 및 군사 방위 부문의 관료와 지식인들은 기후 이행으로 인해 지구 생태계가 크게 변하게 되면, 글로벌 자본주의를 떠받치는 정치구조가 사라지고 거미줄같이 얽혀 있는 물류 흐름이 끊어질 수 있다는 사실을 잘 알고 있다. 이들은 이러한 인식을 바탕으로 사고하고 글을 쓰며 계획을 세운다. 그 과정에서 탄생한 보고서들은 세계를 개선하려는 인도주의자들의 작품이 아니라 지배계급과 정부의 굼뜬 움직임에 말문이 막힌 인정머리 없는 전략가들의 작품일 뿐이다.

《실존적인 기후 관련 안보 위험》보고서는 "배출 제로 산업체계를 준비하여 안전한 수준의 기후를 회복"해야 한다고 요구한다. 그래야만 보고서의 시나리오가 예견한 인간의 대규모 이주를 피할 수 있다는 것이다. 이와 같은 시나리오를 작성한 사람들이 의존할 만한 비유는 군사적 케인스주의와 전 세계 신식민주의에는 하나의 시험대였던 제2차 세계대전이다. 보고서는 광범위한 자원을 동원하는 것과 관련하여 "국가안보 부문"의 잠재적 역할을 강조한다. 평화 시대로의 전환에서 군대의 역할은 불분명하다. 그러나 제2차 세계대전 당시 군대는 분명 노동자들의 소요를 진압하거나 노동조합과의 협약을 추진하는 방식으로 노동조합의 독자 행동을 방해하는 데 기여했다. 제2차 세계대전을 되짚어 본 사람들조차 좌파 우파를 막론하고 이런 내용에는 거의 주목하지 않았다.[17] 나아가 보고서는 국가안보 부문이 자원 및 노동 동원을 지원해야 한다고 제안한다. 구체적인 지원 방법을 명시한 것은 아니지만 노동을 강제로 동원할 것이라는 인상을 지우지는 못했다. 한편 보고서에서는 이와 같은 프로그램을 수행하기 위해 의회, "기업가", 공동체가 새로운 사회적 합의를 도출해야 한다고 구상한다. 이 구상에 따르면 의회는 지혜를 제공하여 합의를 "주도"할 것이고 공동체는 "일상적인 토론"을 통해 비상계획의 논리적 결론을 지원하고 내면화하며 정상화할 것이다.

어떻게 보이는가? 화석자본주의의 기술적이고 제도적인 인프라와 구조를 대규모로 쇄신하고 지속가능성, 공동체, 생계, 회복력 같은 달콤한 수사로 포장했지만 실상은 낡은 자본주의가 제공하던 제품과 대동소이한 신제품을 제공하는 것처럼 보이지 않는가? 그러다 보니 기후 위기가 위험을 사회화하고 이윤을 민영화할 기회로 이용되지 않기를 바라는 사람들조차 이를 쉽게 받아들이고 마는 실정이다. 엘리트가 주도하는 관리는 가장 많은 오염을 유발하는 형태의 화석자본주의 및 국가안보와 연계되어 있다. 인류가 직면한 그리고 자신들의 사회적 지위가 걸린 비상사태가 악화되는 것을 방지하기 위해 엘리트가 활용하는 언어와 전략은 정치 논리에 조응한다. 엘리트들이 문제의 틀을 마련하고, 이해관계자를 식별하며, 해결책을 제안하는 방식은 기존의 권력/무권력 관계를 방해하지 않는 방식이 될 것이다. 바로 그것이 엘리트들이 보존하기를 원하는 것이자 보존하겠다고 공언하는 것이다.

맬서스의 복귀

"비상사태" 담론은 자본주의의 사회 관리 과정에서 약간씩 모습을 달리하면서 반복적으로 등장한다. 이와 같은 "비상사태" 담론이 지닌 여러 측면 가운데 하나는 맬서스주의이다. 영국의 성직자이자 경제학자였던 토머스 맬서스는 빈민이 어리석다고 지적했다. 그 근거는 빈민이 소비하는 식량의 증가 속도가 농업 생산의 증가 속도를 넘어서기 때문이었다. 한편 맬서스는 빈민은 구빈 정책의 혜택을 볼 자격이 없다고 주장했다. 그가 볼 때 빈민에게는 스스로를 통제하여 빈민 수가 증가하지 않도록 제어할 역량이 없었다. 이런 상황에서 빈민에 구호금을 제공한다면 빈민 수를 줄이는 요인 가운데 하나에 타격만 주고 말 터였다. 그 결과 생물학적으로, 자연적으로 까다로운 문제가 일어나고 말 것이다. 바로 식량 공급은 산술적으로, 인구는 기하급수적으로 증가할 수 있다는 문제였다.[18] 사실 이와 같은 우화는 터무니없는 생각을 터무니없이 해석한 결과일 뿐이다.[19] 기아는 식량이 절대적으로 부족해서가 아니라 식량에 접근할 권한을 빼앗겼기 때문에 나타나는 현상이기 때문이다.[20] 오늘날에도 식량 생산과 관련된 우려가 존재하지만, 이런 우려는 맬서스주의와 유사한 사회적 공상과학 소설을 토대로 한 것에 불과하다. 왜냐하면 오늘날 인간은 필요한 식량보다 훨씬 더 많은 식량을 생산하고 있을 뿐 아니라 지금보다 훨씬 더 많은 식량을 생산할 수 있는 역량도 갖추고 있기 때문이다(단, 생산된 식량 대부분에 영양가가 없다는 점에는 주의해야 한다).[21] 그러므로 이와 다른 주장을 펴는 사람들은 자본주의에 반대하는 사상에 자본주의 논리를 침투시키려고 시도하는 트로이의 목마라고 할 수 있다. 이들의 주요 목적은 식량이 가장 필요한 이들에게 식량을 제공하자는 결정이 내려지지 않게 방해하는 것이다. 사실 식량이 가장 필요한 이들은 거의 모든 것을 직접 생산하는 노동계급 사람들인데 말이다.

부자와 부자들의 울타리 안에서 활동하는 사상가들은 자신들을 위해 자원을 비축할 방법을 찾아내려고 애쓰고 있다. 그러면서 이들은 지구 곳곳에 나타나는 빈곤을 정당화할 방법을 찾는다. 맬서스주의는 바로 이러한 시기에 재출현한다. 한 가지 예를 들어 보자. 최근 전 세계 수많은 과학자들이 의견을 모아 공개 서한을 작성했다. "세계 인구는 사회 통합을 이룰 수 있는 틀 안에서 안정되어야 합니다. 가장 이상적인 경우는 인구가 점진적으로 감소하는 경우입니다."[22] 또는 인구현안Population Matters이라는 조직의 사례를 생각해 보자. 인구현안 이사회에는 제인 구달, 데이비드 애튼버러David Attenborough 같은 대중적으로 널리 알려진 유명 인사가 포진해 있다. 데이비드 애튼버러는 그레타 툰베리를 주인공으로 촬영한 동영상에 출연하기도 했다. 인구현안은 다음과 같이 언급한다. "생물다양성 상실, 기후 변화, 오염, 벌목, 물 부족, 식량 부족. 이 모든 것은 이미 막대할 뿐 아니라 꾸준히 증가하는 인구로 인해 악화된다. 인구**와** 소비 모두가 환경에 영향을 미친다. 따라서 인구 문제와 소비 문제를 한꺼번에 해결해야 한다."[23] 이와 같은 언급은 인간은 반드시 환경에 영향을 미친다는 공리를 토대로 한 산술적인 상식에 부합한다. 즉, "더 많은 인간=더 많은 영향"이라는 방정식이 성립하는 것이다. 사실 세계 인구는 기후 변화 문제와는 대체로 무관하다. 아기가 많이 태어난다고 해서 이산화탄소가 더 많이 배출되는 것은 아니기 때문이다. 이산화탄소 배출은 기본적으로 자본 축적에 뿌리를 두고 있다. 그리고 이산화탄소 배출의 책임은 부유한 북반구 가운데서도 가장 부유한 국가에 있다. 따라서 세계의 모든 사람을 무차별적으로 겨냥한 비난은 빌 게이츠와 방글라데시 소농 사이의 차이를, 인류가 이미 탄소 예산을 훌쩍 넘어서 초과 지출하고 있다는 사실을 모르는 척 외면하는 인구통계학적 환영일 따름이다. 그러나 지구 체계의 물질대사 능력을 훌쩍 뛰어넘을 만큼 많은 이산화탄소를 배출하는 이들은 인구의 다수를 차지하는 빈민이 아니라 한 줌도 안 되는 부자다. 한편 맬서스주의의 망령을 불러내는 주문은 인구를 더 잔인하게 통제하라는 요구이다. 예를 들어 빌앤드멜린다게이츠재단Bill and Melinda Gates Foundation은 아프리카의 인구를 억제해야 한다고 주장하고 나선 여러 자본주의 재단을 이끄는 구심점이 되어 왔다.[24] 게이츠재단을 비롯한 여러 재단과 마찬가지로, 인구통계학 모델을 만드는 사람들은 주로 지구의 빈곤한 지역에서 인구 증가가 일어난다고 인지한다. 따라서 이들은 다음과 같이 대응한다. "인구주의populationist 전략은 지구에서 생활하는 인구를 줄이는 데 초점을 맞춘다(산술적 인구주의). 한편 인구주의 전략은 특정 공간에 관련된 인구의 형태를 정하고 억제하는 데에도 주목한다(공간적 인구주의)." 공간적 인구주의 전략은 여성의 재생산 기능에도 깊숙이 개입한다.[25]

나아가 "상대적 잉여인구" 또는 저고용/실업의 증가는 지배계급이 휘두를 수 있는 두 번째 칼날을 제공한다. 지배계급은 "상대적 잉여인구" 또는 저고용/실업의 증가를 무기로 삼아 노동계급의 임금을 삭감하고 노동의 재생산 비용을 낮춘다.[26] 잉여인구는 반란을 일으키고 개발과 관련하여 반체제적 주장을 펼칠 가능성을 지닌 집단이지만, 안타깝게도 자본주의적 제국주의에서는 임금을 깎는 사회적 기계의 톱니로 유용하게 활용되어 왔다. 오늘날의 자본주의 세계든 그 다음에 어떤 세계가 오든 관계없이, 빈민이 생활할 수 있는 곳은 사바나, 숲속, 대초원일 것이다. 그런 곳들조차 바이오연료의 생산 장소나 탄소 농장(낙엽 침엽수를 단작하는 유령 숲)으로 전락할 수 있다. 새로 심은 나무가 탄소 분자를 흡수한다는 말은 (석유 연소 등) 어디선가 탄소 분자가 새로 배출된다는 말이다. 그리고 (석유 연소로 이윤을 얻는) 엑손모빌 같은 기업들은 환경을 핑계로 자산을 징발해 나무를 새로 심은 뒤, 그 나무가 흡수한 탄소 분자를 이용하여 추가 이윤을 얻을 것이다.

군대와 기후

자본주의와 군국주의는 은밀히 협조한다. 포함Gunboat 제국주의의 시대는 끝나지 않았다. 자본주의가 전 세계적 규모로 축적을 실현하려면 강력하고 민첩한 군대가 필요하다. 그 과정에서 아랍, 아프리카, 아시아 사람들과 토착 원주민의 삶은 말소되었다. 바로 이것이 자본주의의 한결같은 특징이다.[27] 기술적 관점과 병참적 관점에서 볼 때 군대는 제국주의가 움켜쥔 주먹과 같다. 기후 변화에 직면한 군대는 오랫동안 작전 능력을 유지하는 데 관심을 기울여 왔다. 어찌 보면 군대가 기후 변화에 관심을 가진다는 것 자체가 어불성설이다. 지구의 주요 오염원 가운데 하나인 미국의 군사체계를 보존하면서 기후 변화에 대처하기란 불가능하기 때문이다.[28] 그러나 다른 측면에서 볼 때, 군대가 기후 변화에 보이는 관심에 대해 아주 신중하게 다룰 필요가 있다. 미국 국방부가 경고하는 "테러리즘"의 위험은 자신들의 군사력을 투사할 구실에 불과하기 때문이다. 그 예로 사담 후세인을 알카에다에 연계하려 했던 시도를 꼽을 수 있겠다. 사담 후세인은 한때 미국의 고객이었고 알카에다는 미국이 파키스탄 측 중재자를 통해 무장을 지원한 무자헤딘을 바탕으로 성장한 단체다. 그러나 결국 이라크와 아프가니스탄은 미국의 손에 무너져 버렸다.

기후 변화에 대한 미국 국방부의 대응 대부분은 국내외에 주둔하는 군대를 확장하기 위한 명분에 불과하다. 미군은 여전히 군대의 실제 전투 능력, 군대에 연료를 공급할 능력, 군사적으로 대응하지 않고는 대처할 수 없는 인구 이동 가능성 같은 다른 관심사에 집중하고 있다. 다시 말하자면 사회적 억제와 인구 관리라는 틀은 관련 문서 전반에 어김없이 등장하는 "위험", "위협" 같은 단어와 함께 대응 조건을 설정한다.

바이든 행정부는 이미 "미군 기지 그리고 미국과 세계 전역에 자리 잡은 중요한 안보 인프라의 기후 회복력에 투자"하는 데 관심을 보이고 있다.[29] 그리고 이와 같은 생각은 오랫동안 미국이 축적을 위해 활용해 온 군사적 수단의 전략적 사고에 스며들어 있다. 2015년 의회의 질의를 받은 미국 국방부는 기후 변화를 "위협을 확대하는 요인"에 포함시켰다. 각국 정부가 "자국민의 기본적 욕구를 충족하기 위해" 아무리 애를 쓰더라도, 기후 변화로 인해 수많은 난민이 발생하는 상황을 피할 수는 없을 것이기 때문이다. "도시가 전 세계 인구 대부분을 아우르는 수준으로 확장되고" 기후가 유발하는 재해가 점점 더 늘어나는 상황에서 이와 같은 미국 국방부의 인식은 이들이 해외에서는 "인도주의적 지원과 재해 구조"를, 국내에서는 대민 지원을 수행하게 될 "가능성이 높다"는 것을 시사한다. 의회 질의에 대한 국방부의 답변을 담은 보고서에서는 해수면 상승으로 항구가 위험에 빠질 수 있다고 경고한다. 그렇지만 해빙이 녹아서 사라지면 북극해 항로가 열릴 가능성도 높아진다. 따라서 이들에게 해빙은 거대한 격변이 아니라 기회일 따름이다. "운송, 자원 탐사와 채굴, 군사 활동에 대한 ⋯ 접근성이 더 높아질 것이다."[30]

2019년 1월 《기후변화의 영향에 대한 국방부 보고서》*Report on Effects of a Changing Climate to the Department of Defense*가 발간되었다. 이 보고서는 공군, 육군, 해군 시설의 50에서 100%가 반복되는 홍수, 가뭄, 화재의 위험에 노출되어 있다고 언급한다. 랭글리에 자리 잡은 어느 기지는 "더 심한 홍수를⋯ 더욱 자주" 겪고 있다.[31] 기후 회복력 계획을 지극히 진지하게 받아들인 미국 국방부는 다양한 조치를 구현했다. 구체적으로는 적응 계획에 반영되는 최소 해수면 높이를 상향 조정한 것, 기후가 더 뜨거워지더라도 작동하는 데 문제가 없도록 컴퓨터 서버 용량과 예비발전기 용량을 상향 조정한 것 등을 꼽을 수 있다.[32]

엘리자베스 워런Elizabeth Warren 미국 상원의원은 국방부기후회복력준비법Department of Defense Climate Resiliency and Readiness Act을 입안했다. 이 법안은 기후 변화에 대처하기 위한 군대의 변화상을 가장 포괄적으로 다루고 있다. 워런 상원의원은 탄소 제로 시대로 나아가기 위한 출발점이 필요하다고 선언했다. "녹색 군대와 효과적인 군대 가운데 하나를 선택할 필요가 없습니다. 제가 입안한 에너지 회복력과 기후 회복력 계획은 미군의 준비 상태와 안전을 강화할 것입니다."[33] 당연하게도 이와 같은 계획은 군대가 하는 일이나 군대의 존재 자체에 의문을 제기하지 않는다. 워런 상원의원이 입안한 법안을 통해 그가 지닌 이상vision의 자세한 내용을 확인할 수 있다. 아울러 "순제로 에너지"라고 쓰고 지속적인 탄소 배출이라고 읽는 느슨한 완곡어구의 중심에 자리 잡은 내용도 자세히 살펴볼 수 있다.

전반적인 에너지 사용 감소, 에너지 효율 극대화, 에너지 회수시설 구현 및 사용 극대화, 각 시설의 공동 발전 능력 극대화, 재생에너지 자원을 활용해 현장에서 직접 발전하여 남아 있는 에너지 생산 수요 상쇄. 이와 같은 방식

으로 1년 동안 사용할 에너지를 생산할 수 있다.[34]

　워런 상원의원이 입안한 법안은 과거 미국 국방부가 공식 발표한 준비와 회복력 규약을 보완하여 적용할 것을 요구한다. 제2차 세계대전이 끝난 뒤 자유민주주의 세계는 준명령 경제를 구현했다. 군비는 케인스주의를 확대하는 요인으로 작용하면서 중앙정치 메커니즘에 동원되었다. 워런 상원의원이 입안한 법안은 이와 같은 상황을 재현하면서 다음과 같이 제안한다. 도급업체는 미국 국방부가 주문하는 무기와 재화를 생산하는 산업에 관련된 공장이 재생에너지를 사용하는지 여부 또는 환경 법령을 준수하는지 여부를 검토해야 한다. 국방부는 "하이브리드 마이크로 전력 체계와 전력망 에너지 저장" 연구개발을 위한 실험실로서 구심점 역할을 해야 한다. "지역에서" 바이오연료 또는 "탄소 제로 연료를 생산"하는 일도 그 일환이다.[35] 가장 눈에 띄는 효과는 국방부에서 수행하던 재생에너지망 관련 연구개발이 민간 부문으로 이전되는 것이다. 그러면 대안 에너지라고 알려진 재생에너지의 추가 개발은 민간에서 수행하고 개발 비용은 공공 부문에서 부담하는 셈이 될 것이다.

　마지막으로, 워런 상원의원이 입안한 프로그램은 미국의 각각의 주, "토착 원주민 부족", "지역 규제 기관과 규제 당국", "**기존 흑인 대학/대학교, 그 밖의 소수민족 관련 기관을 비롯한** 고등교육기관", "민간단체"에 2026년까지 2억 5천만 달러에 달하는 연구개발비를 책정하라고 주문한다.[36] 이 금액은 미국 국방부 기준에 따르면 푼돈에 불과하다. 그러나 이러한 요구를 통해 미국의 경제 그리고 국방부 체계와 같은 핵심 기관에서 기울이는 노력을 확인할 수 있다. 바로 변변찮은 녹색으로의 누더기 이행을 다양성이라는 다채로운 망토로 감싸 보려는 것이다. 이런 노력이 단순한 상징에 불과한 것은 아니다. 엘리트들이 추구하는 대전환으로 이행하는 과정에서 유색인종 공동체 대표와 지도자들이 금전적인 이익을 누릴 수도 있기 때문이다. 아울러 다양성을 하향식으로 제도화하려는 노력은 필요에서 비롯된 것이다. 미국 자본주의의 본원적 축적은 흑인 노예노동과 선주민의 땅에 의존하고 있다. 풀뿌리운동으로 흑인 노예노동과 선주민의 땅에 관련된 역사적 고통을 형식적으로나마 인정받는 데는 성공했다. 따라서 (그들에게는) 이와 같은 풀뿌리운동의 승리를 인정해 주고 이들을 통합한 뒤 회유하여 제거할 필요가 있다. 그러면 녹색 대전환이 이루어지더라도 국방부 체계는 건재할 것이다.

이제 미국 국방부 체계가 얽혀 있는 더 너른 이해관계를 살펴보자. "대전환"이라는 틀은 이러한 이해관계를 따라 녹색 축적으로 이행하고 있다.

새로운 축적 무대

녹색 전환 모델은 공공 자금을 동원하여 자연이 무료로 제공한 선물을 상품화하려는 계획이다. 이와 같은 계획은 현재 이루어지고 있는 절도 행각을 능가한다. "외부화"라는 전문 용어를 앞세워 자연이 무료로 제공한 선물을 새로운 자산 범주로 바꾸기 때문이다. 이것은 새로운 속임수가 아니다. 북대서양을 중심으로 발전한 자본주의는 이미 오래전부터 대기를 봉쇄하고 폐기물을 내다버리는 쓰레기처리장으로 사용해 왔다. 기후 부채라는 관념은 이러한 사실을 인정하는 것으로부터 출발한다. 과거와 약간 다른 점이 있다면 자본주의가 유도한 불안정성으로 인해 자연 환경에 획기적인 이행이 일어났다는 점이다. 이에 따라 지배계급과 그들을 대변하는 지식인들은 축적 기구와 위계질서 기구를 조정할 수밖에 없는 상황에 처했다. 금융공학자와 펀드 관리자들이 사용하는 언어를 통해 이런 계획 가운데 일부를 엿볼 수 있다. 지난 수십 년 동안 위험 회피와 같은 용어를 남발해 온 금융 관리자들은 자연 과정에서 일어나는 이행을 고려하여 투자 대상을 변경해야 하는지 고민하기 시작했다. 고민하는 금융 관리자 중에는 영국의 은행 부문도 포함되어 있다. 이코노미스트인텔리전스유닛Economist Intelligence Unit은 이번 세기가 끝날 무렵 글로벌 자산이 처할 위험을 43조 달러로 추산했다. 일부 전문가들은 이와 같은 위험이 경종을 울려 국제 석유 회사들의 기업가치가 "부정적으로 재평가"될 가능성을 점치기도 했다.[37]

그러나 자본주의는 창조하기 위해 파괴하는 존재다. 일부 투자 부문을 청산한다는 것은 다른 투자 부문을 열어젖힌다는 말이다. "대전환" 부문이 급성장하는 데는 몇 가지 무대가 중요하게 작용한다. 첫 번째 무대는 전기와 전력 부문을 둘러싸고 있는 엄청난 규모의 인프라다. 이 부문은 산업화의 핵심이자 월스트리트컨센서스에 이익을 안겨 줄 핵심 무대이다. 아마 훨씬 더 불길한 무대가 될 두 번째 무대는 난파된 레드 REDD와 레드플러스REDD+ 의제를 부활시키는 것이다. 레드는 산림 전용 및 황폐화 방지를 통한 탄소 배출 감축Reducing the Emissions from Deforestation and forest Degradation의 줄임말이다. 여기에 지속 가능한 산림 관리, 산림 탄소 비축분 확보 및 증진을 추가하면 레드플러스가 된다. 그러나 이와 같은 프로그램은 활엽수림과 열대우림을 가격 구조에 연동시키는 결과를 낳는다. 즉, "생태계라는 서비스"에 가격표를 붙이는 탄소 시장을 통해 자연을 금융화하고 마는 것이다.

이제 "대전환"에 관련된 세 가지 핵심 계획에 대해 살펴보자. 그럼으로써 "대전환" 관련 계획을 수립한 사람들이 보고 싶은 세계의 모습을 개략적으로 파악할 수 있다. 하나는 브루킹스연구소가 작성한 계획이고 다른 하나는 기후금융주도계획Climate Finance Leadership Initiative, 나머지 하나는 만물박사이자 언어의 귀재인 자본주의 기획단장 제러미 리프킨의 계획이다. 브루킹스연구소의 보고서는 새롭고 더 "지속 가능한" 인프라에 초점을 맞춘다. 이러한 인프라는 "말 그대로 새롭고 더 나은 성장 궤적을 그리는 데 필요하고 과감한 개발 목표를 달성하는 데 필요한 기초를 조성할 것"이다.[38] 유럽투자은행의 베르너 호이어Werner Hoyer는 유럽투자은행이 기후 전담 은행의 역할을 담당해야 한다고 덧붙인다. 기후 전담 은행의 목표는 다음 10년 동안 1조 유로를 "저탄소"에 "투자하는 것"이다. 호이어는 다음과 같이 말을 이었다. "기후 위기는 … 기회다. 새로운 녹색 인프라에 자금을 투입하여 전 세계 도시를 숨 막히게 만드는 대기오염을 줄이는 동시에 일자리를 창출하고, 경제성장을 이룰 수 있기 때문이다." 새로운 대규모 투자에 나서는 실질적인 주체는 민간이 아니라 공공이 되어야 한다. 호이어는 다음과 같이 언급한다. "지금까지 우리는 화석연료에 보조금을 제공함으로써 기후 변화와 대기오염을 촉진하고 있다." 이와 같은 언급은 연료의 공급을 보호하는 것으로 여겨지는 군사-산업 인프라와 관련되거나 아니면 석유 및 석탄 연소의 "외부화"와 관련된다(실제로 석유를 연료로 사용하는 화석자본주의는 달러가 세계의 명목화폐로 계속 기능하도록 유지하는 메커니즘이었다. 따라서 전 세계 규모에서 이루어지는 축적의 요소이기도 했다. 서구 산업자본주의 국가들은 에너지 비용을 "적게" 투입하여 개발에 이르는 경로를 개척했다. 화석자본주의는 이러한 개발 경로의 일환이었다). 호이어에 따르면 지금부터는 공공 자금의 "지원 방향을 바꾸어 녹색 전환을 유도할 전기자동차를 비롯한 판도를 바꾸는 기술에 투자"해야 한다.[39] 호이어는 전기자동차를 비롯한 여러 기술의 소유권에 대해서는 언급하지 않았다. 그렇다면 누구에게 소유권이 돌아가야 할까? 지구에 사는 민중일까? 아니면 지배계급일까?

가장 의미심장한 계획은 기후금융주도계획이다. 대전환 계획들 가운데서도 가장 노골적으로 자기 이익에 충실하기 때문이다. 기후금융주도계획은 안토니오 구테흐스António Guterres 유엔 사무총장의 발상에서 비롯되었다. 구테흐스 사무총장에게는 기후 위기에 대응하기 위해 민간 자금을 광범위하게 동원할 계획이 필요했다. 그래서 뉴욕 시장과 유엔 기후행동 특사를 역임한 억만장자 마이클 R. 블룸버그Michael R. Bloomberg 에게 이러한 계획의 수립을 요청했다. 알리안츠글로벌인베스터스Allianz Global Investors, 악사Axa, 에넬Enel, 골드만삭스, HSBC, 일본 정부연금투자펀드, 맥쿼리 같은 7개 주요 금융기관 경영진이 기후금융주도계획을 통해 블룸버그에 힘을 보탰다. 이런 과정을 거쳐 탄생한 의제는 다음과 같다. 민간 자금은 "위험 조정 후 투자자 요구에 부합하는 수익률"을 달성할 수 있을 것으로 보인다. 그러나 아직은 수익을 달성할 가능성이 "불확실하거나 위험이 더 높은 상황이다." 대신 "민간 부문은 공공 금융기관, 공공 금융기관이 제공하는 혼합 자금, 위험 공유, 새로운 고객 개발 도구"의 지원을 받아서 불확실성과 위험을 제거할 수 있을 것이다. 특히 기후금융주도계획은 정책이 전환되고 있는 와중에는 "핵심" 시장마저 불확실하기 때문에 "안정적인 수익 모델"이 없다고 언급한다. 그렇다면 위험을 억제하고 안정적인 수익을 보장할 방법은 무엇인가?

공공 예산은 특히 새로운 시장과 신기술에 대한 투자수익을 보장함으로써 청정 에너지 구현의 중심 역할을 계속해 나갈 수 있다. 수익이 보장된다면 탄소집약적인 에너지 대안보다 청정 기술 대안이 더 매력적으로 보일 것이다. 투자수익 보장은 투자자들에게 더 장기적인 안목에서 자본을 투자해도 될 것이라는 확신을 주는 데도 결정적인 역할을 할 것이다.[40]

나아가 "새로운 시장" 또는 글로벌 주변부에서 재생에너지를 구축하는 일은 특히 더 복잡할 수 있다. 이와 같은 복잡성을 줄이려면 "정부가 허가 규칙과 소송 규칙을 검토하여 프로젝트가 취소되지 않도록 보장하고 프로젝트 달성 시간을 최소화할 수 있도록 지원해야 한다." 허가와 소송은 토착 원주민 또는 빈민에게 큰 영향을 미치는 기술을 도입할 경우, 영향을 받는 당사자들이 문제를 제기하거나 기술 도입을 미연에 방지하기 위해 활용할 수 있는 수단이다. 그러나 단정하고 깔끔한 회계사의 언어로 재탄생한 허가 규칙과 소송 규칙은 주변부에서 생활하는 사람들이 정부를 압박하는 데 활용할 수 있는 수단을 빼앗을 것이다. 허가 규칙과 소송 규칙 같은 수단이 없으면 주변부에서 생활하는 사람들이 정부가 개발 인프라에 대한 투자를 결정할 때 달러 가치가 아닌, 달러 가치를 넘어서는 가치 계산을 앞세우도록 요구할 수 없게 된다. 한편 기후금융주도계획은 정부가 "수익을 보장"해야 한다고 명확히 밝힌다. 즉, 가치의 흐름이 꾸준해야 한다고 주장한다. 꾸준한 수익을 보장하기 위한 메커니즘으로는 적절한 투자 분위기를 조성하여 "새로운 시장"을 열어 주는 "개발금융기관"을 꼽을 수 있다. 이때 북반구와 남반구에서로 다른 양상이 나타난다. 북반구에서는 관세가 광범위하게 보장된다. 따라서 기존 탄화수소의 개선에 투자하고 기존 탄화수소를 바탕으로 하는 에너지 체계를 새로 설치하는 비용보다 태양광 시설과 풍력터빈을 설치하는 비용을 더 낮은 수준으로 유지할 수 있다. 게다가 북반구는 에너지 가격을 책정하고 지불하는 메커니즘이 잘 확립되어 있다. 덕분에 장기적으로 안정적인 수익 흐름을 보장할 수 있다. 그러나 남반구("신흥 시장")의 개발금융기관은

> 민간 투자를 활용하기 위해 보증과 정치적 위험 보험 같은 위험 공유 도구를 활용해야 한다. 그래야만 기부자와 제3자로부터 촉매 자금을 받아 배분할 수 있을 것이다. … 정책의 안정성도 중요하다. 특히 시장 개발 초기 단계에[전력 구매 계약], 세금 혜택이나 그 밖의 계약을 되돌리거나 재협상하는 일이 없어야 한다. 만일 그런 일이 벌어지면 미래의 투자자들에게 오래도록 지워지지 않는 부정적인 영향을 미치게 될 것이다.[41]

각국 정부는 정치라는 위험 보험을 제공하여 투자 자산이 징발되지 않도록 보장해야 한다. 또는 향후 민족주의 정부가 들어서 자국민이 지불해야 할 전력 비용 요율 재협상을 요구할 경우에도 투자 자산이 보호되도록 보장해야 한다. 따라서 미래에 들어선 정부가 국내 재분배 활동을 펼 경우 투자자들은 국제재판소를 통해 각국 정부에 책임을 물을 것이다. 이윤에 조그마한 흠집이라도 생길 경우 기업이 각국 정부를 상대로 소송을 제기할 수 있기 때문이다. 기후금융주도계획의 보고서는 민간 자금 투자자에게 완화되거나 회피되어야 하는 위험을 반드시 고려하라고 조언한다. 이는 바로 "징발[과] 각국 정부의 계약 파기 같은 정책 위험"을 말한다.[42] 새로운 녹색 금융 메커니즘은 각국 정부의 주권을 봉쇄하고 제거하는 북반구 자본가들에게 의존한다. 북반구 자본가들은 식민지와 신식민지의 저개발/탈개발 유산을 바탕으로 금융을 교묘하게 활용하여 남반구를 재식민화한다. 즉, 남반구가 재생에너지로 이행하려면 북반구가 보유한 금융과 기술 역량의 지원이 필요하다고 역설한다. 사실 북반구는 북반구에서 개발한 기술을 이전하거나 이를 남반구에서 활용할 생각이 추호도 없다. 비제국주의적 언어로 표현하자면 북반구는 공동 개발, 열린 접근을 비롯한 여러 방식으로 지식을 공유하여 남반구의 역량을 높일 생각이 전혀 없다. 이들은 오히려 남반구의 의존도만 강화할 속셈이다. 이와 같은 맥락에서 볼 때 2009년 코펜하겐에서 열렸던 것과 같은 기후 협상들이 이런 북반구의 태도에 제동을 거는 지속적인 논쟁의 장이 되어 왔다는 점은 주목할 만한 일이다.[43]

또한 기후금융주도계획은 "탄소 시장의 전면 도입이 어려운 경우 또는 탄소 시장가격의 변동성이 심해서 장기적인 투자를 받기가 어려운 경우" 공공 자금의 지원을 받는 공짜 탄소 시장을 구축해야 한다고 주장한다. 탄소 시장의 도입은 탄소 흡수, 탄소 배출 완화 또는 탄소 배출 감축이 대전환의 일부가 될 것이라는 점을 시사한다. 그러나 탄소 시장을 포함하는 대전환은 오염자 부담 원칙을 뒤집는다. 오염을 유발하지 않았다는 이유로 오염자에게 자금을 지원하는 셈이기 때문이다. 민간 투자는 공공의 뒷받침을 받아 "연구, 개발, 시연에 필요한 자금을 지원하여 초기 단계의 저탄소 기술이 상업적으로 생존할 수 있도록" 지원한다. 그럼으로써 민영화하고, 사회적 부를 봉쇄하며, 위험과 비용을 사회화하는 미국 국방부-산업국가-민간기업 복합체가 성립된다.[44]

이와 같은 제안은 제러미 리프킨이 2019년 출간한《글로벌 그린 뉴딜》에서 제안한 내용과 유사하다.《글로벌 그린 뉴딜》에는 정보 경제와 같은 기술 거품 또는 잡동사니 기술, 사물인터넷, 4차 산업혁명, 국가가 지원하는 인프라 개선을 통한 새로운 산업체계 지원 등의 내용이 마구 뒤섞여 있다. 리프킨은 이와 같은 새로운 질서를 뒷받침하는 사회적 기반으로 "건강한 사회적 시장경제"를 꼽는다. "건강한 사회적 시장경제에는 정부, 산업, 모든 수준의 시민사회가 참여하여 공공 자본, 민간자본, 사회적 자본을 적절하게 혼합하게 될 것이다."[45] 리프킨이 제안하는 틀은 민간자본이 얻을 것으로 기대되는 이윤을 보호하기 위해 필요하다. 리프킨과 기후금융주도계획이 명확하게 밝힌 것처럼 민간자본은 청정 산업으로의 변혁을 이끌 역량이 없기 때문이다. 이러한 기획의 핵심은 2000년대 기술 관료들이 발명한 개념인 "사회적 시장경제"라는 부드러운 약속에 푹 파묻혀 있다. 이 개념은 사회가 시장을 가볍게 "품음"으로써 자본주의가 미치는 가장 파괴적인 영향을 완화한다는 개념이다.

리프킨은 (제국주의 중심부가 아닌 세계에서는 연금의 비중이 작다는 사실을 괄호 처리한 채) 연금 기반 자본이 산업 변혁의 선봉에 서 있다고 주장한다.[46] 리프킨은 산업 변혁을 이끌어 갈 자금의 또 다른 출처로 소규모 부에 부과하는 세금과 미국 국방부 지출 가운데 4%를 전용할 것을 제안한다. 민간자본, 정부 지출과 더불어 연기금을 재투자하자는 제안은 그나마 남아 있는 사회적 부마저도 제2차 뉴딜Second New Deal에 투자하라는 요구나 다름없다. 즉, 국가 주도 경제를 부활시켜 미국의 산업 인프라와 공장을 탈바꿈하자는 과감한 제안인 것이다.

리프킨에 따르면 사회적 보증은 스스로 "조직하여 집단적 협상"에 나설 노동자의 권리를 보호할 수 있다. 한편 연금 수혜자들은 "소자본가"가 되어 새로운 사회적 시장경제의 사회 정치적 분야로 진입하게 될 것이다. 이런 방식으로 산업 노동자와 사무 노동자의 이해관계가 경제계 거물들의 이해관계와 융합된다.[47] 누구나 소자본가가 될 수 있다는 맑고 깨끗한 이상은 영국 노동당의 에드워드 밀리반드Edward Miliband, 영국 녹색당의 캐롤라인 루카스Caroline Lucas의 주장과 그리 다르지 않다. 루카스는 "기후 변화 완화와 더불어 투자와 혁신을 위한 새로운 기회를 열어주고, 불평등을 타파하며, 삶의 질을 향상하고, 환경적으로 지속 가능한 경제를 실현하는 산업정책"을 요구한다.[48] 한편 누구나 소자본가가 될 수 있다는 이상은 산업정책의 새로운 틀을 제시하는 떠오르는 샛별, 마리아나 마추카토Mariana Mazzucato의 제안과도 크게 다르지 않다. "그린 뉴딜은 기후 변화 완화를 넘어 투자와 혁신을 위한 새로운 기회에도 주목해야 한다. 그린 뉴딜은 기업 부문의 투자를 장려하는 동시에 노동자가 새로운 기량을 습득할 수 있도록 지원함으로써 정책 무대에서 자신을 선명하고 당당하게 드러내야 한다."[49] 그 밖에도 많은 인물들이 미래의 이윤을 보호하고 "인프라 자산을 무너뜨릴 수 있는 극단적인 기후 사건이나 글로벌 전염병 유행 같은 물리적 위험"을 흡수하는 동시에 국가가 주도하는 "미래의 녹색 전환"을 이루는 데 민간 자금이 주도적인 역할을 해야 한다는 주장을 옹호한다.[50] 더 중요한 것은 이러한 주장이 국가, 민간기업과 더불어 중심부 국가의 산업 노동계급과 서비스 노동계급도 참여하는 탈탄소 사회협약의 기초라는 점이다.

대전환과 토지

농업은 기후금융주도계획과 제러미 리프킨이 제안하는 그린 뉴딜에서는 거의 언급되지 않는다. 그러나 두 제안 모두에서 토지 이용은 핵심적인 위치를 차지한다. 현재 토지는 오염되어 있고 "외부화"로 인해 산산조각 나 있다. 대규모 자본은 이러한 토지를 새로운 자산, 새로운 사용가치로 탈바꿈하려고 하고 유기적 이산화탄소를 내뿜는 장소에서 자본화된 자연으로 바꾸려고 한다. 전 세계 규모의 생태-금융 공학에 녹색을 입히려는 움직임이 일고 있는 가운데, 지구의 절반Half Earth이라는 신화에 가까운 공상에 점점 더 힘이 실리고 있다. "인류세"를 구성하는 구성요소인 인간은 성가신 존재이다. 오염을 유발하는 개체들로 구성된 인류라는 무리가 "자연"의 절반과 접촉할 수 없는 세상을 떠올려 보자. 그러려면 인간이 거주할 수 있는 영역의 상당 부분을 인간이 살지 않는 곳으로 전환하고, 전환된 지역을 이산화탄소 감축 농장과 요새로 삼아 보존해야 할 것이다. 부유한 세계는 이렇게 전환된 지역을 아름다운 사파리로 조성한 뒤 감상하는 호사를 누릴 수 있을 것이다. 반면 그 밖의 수많은 인간은 절반으로 줄어든 세계에서 부대끼며 살아가야 할 것이다.[51]

지구의 절반이라는 발상은 바람직한 발상이 아닐 수 있다. 자유주의적 인본주의자들이 지구의 절반이라는 발상을 실행에 옮긴다 하더라도 그렇다(자유주의적 인본주의자들이 지니고 다니는 지식 꾸러미에서는 보이지 않고 검증되지도 않은 식민지라는 짐이 한도 끝도 없이 튀어나온다). 왜냐하면 다소 염세적인 성향을 보이는 자유주의적 생물학자가 "비어 있는" 원격지(사실은 토착 원주민, 목축업자, 농민이 보존해 온 생물다양성으로 가득한 토지)를 이용할 방법을 결정한다고 하더라도, 대금융가 및 메타 사회공학자들이 세계가 개선되도록 내버려두지 않을 것이기 때문이다. 이들은 각자의 발상을 펼치고 자금을 지원받을 저마다의 발판을 가지고 있다. 예를 들어 마크 라이너스Mark Lynas는 빌 게이츠가 자금을 지원하는 코넬과학동맹Cornell Alliance for Science 웹사이트에서 다음과 같이 요구했다. "우리"는 농업을 집약화하여 굶주림을 막고 지구의 절반을 봉쇄해야 한다.[52] 그러나 앞서 살펴보았듯 식량 생산은 지금도, 앞으로도 쟁점이 되지 않을 것이다. 게이츠가 앞으로도 계속 농업을 더욱 산업화하는 문제를 의제로 삼을지 모르겠다. 그러나 이런 발상은 인본주의적 근거나 과학적 근거가 전혀 없다. 심지어 특정 지역을 요새로 삼아 보존하려는 활동과도 거리가 멀다.[53]

한편 네이처컨저번시Nature Conservancy 및 이들과 협력관계에 있는 사람들은 생물다양성을 포함해 생태계라는 서비스의 현재 가치와 적절한 가치 사이에 수조 달러에 가까운 "격차"가 있다고 상정한다. 생태계라는 서비스는 상품화의 새로운 무대가 되었다. 현재 이 무대는 자본 투자수익이 거의 없거나 마이너스인 상태지만, 국가가 지원하는 또 하나의 투자"처"이기도 하다.[54] 한편 자연은 바이오연료를 생산하는 장소로도 이용될 수 있다.

지구의 절반이라는 공상과 목축과 방목에 사용되는 토지의 본원적 축적은 토지를 비우는 수단으로 활용된다. 순수한 의미의 채식주의와 완전채식주의가 기후 변화와 인간 건강에 미치는 이점에 관심이 모이고 있다. 그러자 지배계급의 이익을 대변하는 기관들은 이런 분위기를 빌미 삼아 산업적 농업이 치르는 생태학적, 영양학적 전쟁을 한낱 온실기체 감축 문제로 환원했다. 그 근거는 유제류有蹄類를 대규모로 사육하는 과정에서 메탄, 그 밖의 이산화탄소, 이산화탄소에 필적하는 온실기체가 발생한다는 것이다. 식민지에서 자행되는 모든 잔혹 행위와 마찬가지로 지배계급은 인류에 대한 애정이라는 이름으로 이와 같은 문명화 임무를 수행한다. 지배계급은 EAT-랜싯EAT-Lancet 위원회가 발간한 보고서를 앞세워 자신을 안전하게 보호한다. 그러면서 "식물을 재료로 생산한 육류나 배양 생산한 육류" 섭취를 요구한다. 그러나 식물 기반 육류 또는 배양 육류를 생산하려면 막대한 에너지를 투입해야 한다. 수명 주기 평가에 따르면 식물 기반 육류 또는 배양 생산 육류 생산이 젖소 사육보다 더 탄소집약적인 활동일 수 있다는 사실이 밝혀졌다.[55] 실험실에서 탄생한 프랑켄슈타인처럼 기괴하기 짝이 없는 실험실 육류는 대규모 수조나 생물반응기에서 탄생한다. 실험실 육류에는 소박한 토종 젖소, 염소, 들소, 양에는 없는 장점이 있다. 이것에는 특허가 부여되어 있다. 따라서 실험실에서 탄생한 육류는 민간기업의 재산이기도 하다. 실험실 육류를 뒷받침하는 대규모 벤처자본은 봉쇄와 상품화를 요구한다. 즉, 이들은 농민들이 농장에서 생산한 원료를 이용하여 소소하게 만들어 판매하는 상품마저 새로운 첨단기술을 활용한 독점 상품으로 바꾸려고 한다. 또한 대규모 벤처자본은 새롭게 해방된 토지를 비축해 두어야 한다고 주장한다. 이 토지를 "산림 면적과 생물다양성을 늘리는 데 사용하거나 바이오에너지 생산에 사용"해야 한다는 것이다. 그러나 밑에서 확인할 수 있는 것처럼 기술은 전혀 중립적이지 않다. 산업적 방식의 가축 사육이 문제라면 비산업적 방식으로 가축을 사육하여 육류를 얻으면 된다. 그런 방법을 사용하지 않는 이유는 무엇일까? 생산량이 충분하지 않은 것이 문제일까? 그렇다면 물질대사를 통해 회복하는 방식으로 가축을 사육했을 때의 생산량에 소비량을 맞추려는 노력을 기울여야 한다. 미국 좌파들의 발상처럼 벤처자본가들이 운영하는 기업을 "국영화"할 필요는 없다는 것이다. 에너지 사용 총량을 높이는 것이 아니라 억제해야 하는 중대한 순간이 오면 벤처자본은 그 어느 때보다 더 많은 에너지를 게걸스럽게 집어삼킬 것이다.

나아가 EAT-랜싯 보고서는 "조림"이 필요하다고 주장한다. 이 보고서는 예로부터 숲이 존재하지 않았던 곳에 숲을 조성하거나 과거에 숲이었지만 나무를 베어내어 지금은 숲이 아닌 곳을 재조림하여 복구하자고 주장한다.[56] 예로부터 식민지가 전진한 자리에는 언제나 조림이 뒤따랐는데[57] 심지어 오늘날에도 팔레스타인 같은 곳에서는 쓸모없는 나무를 단작하여 생태계를 파괴하고 지하수위를 심각하게 낮추는 식민지적 관행이 이어지고 있다.[58] 그러나 EAT-랜싯 보고서는 이러한 사실을 모르는 척 외면한다. 한편 이와 같은 대규모 사회-생태공학은 과거의 에덴동산 같은 풍경을 회복하겠다는, 한낱 꿈에 불과한 명분을 내세운다.[59] 왜냐하면 대규모 조림은 "자연" 상태의 풍경으로 되돌리기 위해서 하는 것인데, 무성한 숲이 마치 담요처럼 유럽을 뒤덮은 적은 지금까지 단 한번도 없었을 가능성이 높기 때문이다. 마지막으로 단작이 생태계에 미치는 피해는 절대 상상의 산물이 아니다. 소들이 풀을 뜯던 초지를 목재용 나무를 단작하는 플랜테이션으로 바꾸자 새하얀 인도 가올라오Indian Gaolao 소 품종이 멸종 위기에 몰렸고, 거미줄같이 얽혀 있는 생태계가 파괴되면서 소득을 잃은 지역 주민들은 굶주림에 내몰리게 되었다.[60]

이런 바람직하지 못한 발상은 어디에서 왔을까? 다시 한번 곰곰이 짚어 보아야 한다. 단순히 바람직하지 못한 사고방식에서 출발했기 때문이라고 치부할 수만은 없다. 이를 살펴보려면 돈의 흐름을 쫓아야 한다. EAT-랜싯 보고서는 EAT의 지원을 받아 작성되었다. EAT는 호텔 업계를 주무르는 노르웨이 억만장자가 자금을 지원하는 스토르달렌재단 Stordalen Foundation이 웰컴트러스트Wellcome Trust와 공동으로 설립한 비영리 단체다. 웰컴트러스트 이사 가운데 주요 인물로는 제국주의 싱크탱크인 채텀하우스Chatham House의 회장 엘리자 매닝햄불러Eliza Manningham-Buller와 재생에너지 대기업 SEE의 회장인 리처드 길링워터Richard Gillingwater를 꼽을 수 있다.[61]

세계 지속가능개발 기업위원회World Business Council for Sustainable Development 와 같은 또 다른 기관은 재생농업과 순수한 의미의 "완전채식"이라는 트랙터를 몰고 있다. 그들의 목적은 재생농업과 순수한 의미의 "완전채식"

같은 쟁점이 전 세계 규모에서 이루어지는 농업 개혁과 같은 적색 구역으로 진입하지 못하도록 막는 것이다. 세계 지속가능개발 기업위원회는 스스로를 글로벌 기업의 경영진으로 구성된 단체라고 소개한다. 즉, 유니레버Unilever, 네슬레, 로열더치셸을 비롯한 "200여 개 주요 기업이 지속 가능한 세계로의 전환 속도를 높이고자 모인" 단체다.[62] 게이츠 재단이 아프리카 녹색혁명동맹Alliance for a Green Revolution in Africa을 설립하자 세계 지속가능개발 기업위원회도 무해하게 보이는 단체를 설립했다. 바로 식량과 토지 이용연합Food and Land Use Coalition이다. 식량과 토지 이용연합이 발간한 보고서는 레드플러스, 탄소 가격 책정과 더불어 "대안 단백질에 적합한 투자"를 요구한다. 사실 EAT-랜싯 보고서가 식습관의 이행과 관련하여 내놓은 제안에는 합리적인 것도 많다.[63] 그러나 건강에 더 좋은 식품을 내세워 굶주림을 감추는 트로이의 목마 속에는 "지구의 절반 전략을 활용하여 생물다양성을 보전"하라는 요구가 숨어 있다. 한편 EAT-랜싯 보고서는 "동물 줄기세포를 배양하여 생체 외에서 얻은 육류가 전통적인 육류의 대안으로 개발"되고 있다고 덧붙인다(빈국의 식량 접근을 확대할 수 있는 "대안"은 농업 개혁이다. EAT-랜싯 보고서는 그러한 내용은 다루지 않는다).[64]

나아가 이른바 비규범 기술 평가를 위임받은 기후변화에 관한 정부 간 협의체Intergovernmental Panel on Climate Change, IPCC가 자체적으로 마련한 여러 가지 전환 계획에는 바이오에너지와 탄소 포집 및 저장 기술BECSS에 대한 큰 신뢰가 담겨 있다. 사실 이 기술은 추측에 근거한 것으로 알려져 있음에도, IPCC는 이 기술을 개략적으로 소개하면서 합리적인 기술로 승화시키거나 특정한 미래의 모습으로 그려 보인다.[65] 그동안 IPCC는 바이오연료 생산이 식량에 대한 민중의 요구와 정면으로 배치된다는 사실을 부지런히 알려 왔다. 그런 IPCC가 바이오에너지와 탄소 포집 및 저장 기술에 깊은 신뢰를 보내자 제3세계 농민운동과 민중운동은 IPCC

를 경멸의 눈초리로 바라보게 되었다.

녹색성장이 약속하는 미래를 구상하는 산업계 단체인 에너지전환위원회도 숲, 농지, 초지와 관련해 유사한 계획을 수립한다. 에너지전환위원회의 만신전에는 화석자본주의에 많이 투자한 인물들로 즐비하다. 구체적으로는 도미닉 에머리Dominic Emery BP 회장, 존 홀랜드카이John Holland-Kaye 영국 히드로 공항 최고경영자, 채드 홀리데이Chad Holliday 로열더치셸 회장 등을 꼽을 수 있다. 이러한 산업 부문은 미래에 파괴적인 성장을 지속할 에너지원과 관련된 엄청난 자산을 보유하고 있다. 따라서 영구적인 성장 모델에 사로잡혀 있기도 하다. 이러한 산업 부문은 바이오연료가 식량, 탄소 감축, 생물다양성 문제를 해결할 경쟁력 있는 대책으로 자리매김할 수 있는 방법에 대해 언급한다(바이오연료에 대해 논의하려면 IPCC 보고서를 존중한다는 차원에서 이런 항목들을 반드시 짚고 넘어가야만 한다). 그러면서 에너지전환위원회는 이러한 프로그램이 구현되면 전면 수용이 불가피할 것이라는 위기감을 드러낸 쪽지에서 다음과 같이 지적한다. "오늘날 지속 가능한 바이오연료 또는 합성연료는 그 규모가 너무 미미하다. 앞으로 항공운송과 심지어 해상운송에서 주요한 역할을 하려면 규모를 키워야 할 것이다." 한편 에너지전환위원회가 호주의 지속 가능한 개발을 위해 작성한 성명서에는 다음 언급이 등장한다. "철강 산업, 시멘트 산업, 화학 산업을 완전히 탈탄소화하기 위해서는 전력화, 수소, 바이오에너지, 탄소 포집 및 저장 기술이 필요하다."[66] EU의 에너지전환계획은 해상운송과 항공운송처럼 탈탄소화가 쉽지 않은 분야에서 바이오연료 사용을 대규모로 늘릴 것을 요구한다.[67] 미국 상원 특별위원회의 계획 역시 조림을 요구한다.[68]

인도의 경우 식량 생산에 사용되는 농경지가 열대 수출 작물을 재배하는 농장으로 강제 전환되고 있다. 그러는 사이 인도 농민들은 굶주리게 되었고 인도의 야금장에 공급될 수 있었던 바이오매스는 자취를 감추게 되었다.[69] 식용작물을 기르던 토지는 이제 바이오연료 생산을 위한 작물 재배에 사용되고 대기로부터 이산화탄소를 빨아들일 나무를 심는 데 사용된다. 가장 낙관적인 시나리오를 참고하더라도 전 세계에서 사용하는 탄화수소를 모두 바이오연료로 전환할 경우 농업 생산 및 사용할 수 있는 물의 양이 크게 줄어든다. 이러한 감소는 절대 상상의 산물이 아니다. 바이오 기반 산업 프로젝트의 4분의 1이 농업 바이오매스를 기반으로 한다. EU 프로젝트 자금의 대부분은 농업 기반 바이오매스 사업에 투자된다. 프로젝트 자금을 지원받는 바이오매스 기반산업 가운데 생물다양성에 긍정적인 결과를 나타낼 것으로 예상되는 비율은 10%에 불과했다. 지구의 천연자원을 더 지속 가능하게 관리하게 될 것으로 예상되는 비율은 4분의 1을 조금 웃도는 데 그쳤다.[70]

　　또한 에너지전환위원회는 탄소 포집 및 저장 기술에 단단히 의존하고 있다. 탄소 포집 및 저장 기술은 탄소 발생의 주범인 이산화탄소를 포집하여 연소하거나 그렇지 않으면 지하에 조성한 커다란 동굴에 주입하는 기술이다. 나아가 하늘을 탄소집진기로 사용하여 이산화탄소를 하늘에서 직접 포집한 뒤 저장하려는 과감한 계획도 수립되어 있다. 에너지전환위원회는 광범위한 구상을 통해 "2050년까지 매년 6기가톤에서 9.5기가톤의 이산화탄소"를 포집 및 저장할 것을 요구한다. 그러기 위해서는 앞으로 360개월 동안 매월 20메가톤의 이산화탄소를 저장할 수 있는 시설을 지어야 할 것이다. 그러나 현재 포집 및 저장되는 탄소는 매년 33메가톤에 불과하다.[71] 그 사이 사소한 문제가 발생했다. 환경적으로나 기술적으로 신중한 계획도 아닌 데다가 실현가능성도 없다는 이유로 탄소 포집 및 저장 기술 관련 사업의 진행이 잠시 정지된 것이다. 심지어 BNP 파리바BNP Paribas의 투자 상담가는 탄소 포집 및 저장 기술을 활용하는 프로젝트 대부분이 회복력을 높이기 위해 포집한 온실기체를 유정油井에 재주입하고 있다고 경고한다. 즉, 화석자본주의 판 우로 보로스*인 셈이라는 것이다.[72] 그러나 그 이후 석유 산업이 에너지전환 위원회라는 배의 키를 잡게 되었다. 큰돈이 걸려 있는 곳일수록 바람직하지 못한 발상이 더 많이 솟아오르기 마련이다.

화석연료 산업은 현재 보유하고 있는 석유 관련 자산과 인프라에서 마지막 이윤 한 방울까지도 쥐어 짜내기를 바란다. 탄소 포집 및 저장 기술을 홍보하는 사람들은 이와 같은 화석연료 산업의 바람을 잘 감춰준다. 시야를 더 넓혀 보면 근대 자본주의가 설치한 물리적 산업 인프라를 유지하면서 탄소 포집 및 저장 기술에 대한 대규모 국가 투자를 정당화하고, 그럼으로써 기업의 가치를 보존하려는 더 너른 욕망을 확인할 수 있다. 오늘날 아프리카, 아시아, 라틴아메리카의 토지를 바이오연료를 생산하는 탄소 농장으로 이용하는 사례가 나타나고 있다. 덕분에 탈탄소화가 불가능한 산업에서 발생한 이산화탄소는 상쇄될지 모른다. 그러나 그러는 동안 연료를 바탕으로 수립된 근대적 위계질서는 계속 유지될 것이고 지구상의 일부 민중이 시달리고 있는 고통은 결코 사라지지 않을 것이다.

그들이 바라는 세계

세계경제포럼, 알리안츠글로벌인베스터스, 악사, 에넬, 골드만삭스, HSBC, 일본 정부연금투자펀드, 맥쿼리, 마이클 블룸버그, 제러미 리프킨. 이들은 모두 특정 계급을 위한 기획으로 "대전환"을 제안한다. 그러면서 국가 자금, 민간자본/기업, 공동체가 동맹을 맺어야 한다고 부르짖는다. 이런 기획은 마치 로르샤흐테스트와 같아서 사람들의 마음속에 숨어 있는 바람을 겉으로 드러낸다. 사실 공동체는 동질적인 사회 단위도, 공

---

* 자신의 꼬리를 물고 있는 뱀.

동의 이해관계를 가진 한 덩어리도, 모두가 동일한 계급에 속한 것도 아니다. 그러나 대전환이라는 단어는 인간 공동체에서 중심을 이루는 이러한 요소들을 모호하게 만든다.

골드만삭스와 마이클 블룸버그도 분명 이와 같이 더 너른 계급 기획의 일부다. 월스트리트를 점령하라Occupy Wall Street 시위가 일어난 뒤 한층 부드러워진 제러미 리프킨의 요구는 제2차 세계대전이 끝난 뒤 독일의 모습을 재현한 것처럼 보이는 "사회적 시장"경제. 역사에 길이 남을 점령하라 시위는 시장 세력의 자유로운 활동도, 동구 공산주의권의 명령과 통제에 따른 복지도 거부했다. 점령하라 시위는 자유시장과 자유 경쟁이 적절한 경제성장을 보장하는 가운데 국가가 사회적 부를 재분배하여 보호할 것을 요구했다. 그러나 기후금융주도계획이나 리프킨이 제안하는 그린 뉴딜은 포괄적이지 않다. 현재의 위계질서와 다르지 않은 위계질서를 중심에 두고 있는 두 제안 모두 농생태학에 의존해야 한다고 제안하지 않을 뿐 아니라 남반구의 개발 문제를 자세히 다루지도 않는다. 1999년부터 2009년 사이에 남반구 국가들이 꾸준히 제기한 기후 부채 문제, 즉 인류와 정의에 대한 요구는 언급조차 되지 않는다. 북반구에서 녹색 전환을 위해 제안하는 기술-자본주의 의제에는 기후 부채 상환이라는 화해의 몸짓 대신 공격용 무기가 들어 있다. 리프킨이 지구를 보호하기 위해 미국 국방부에 요구하는 금액은 국방부 지출의 고작 4%에 불과하고, 기후금융주도계획은 아예 군비 지출에 대한 직접적인 언급을 피한다. 그 대신 이들은 남반구 국가의 주권 문제에 대해 협박을 늘어놓는다. 북반구 금융가들의 주요 관심사가 법적 책임을 이행하고 신탁 자산에 대한 책임을 이행한다는 남반구 정부의 보증이라고 기록한 것이다. 한편 호주혁신연구소는 자원과 인력을 동원하여 녹색 전환을 이루는 데 국가안보 부문이 한몫 거들어야 한다고 주장했는데, 이와 같은 요구는 기후금융주도계획이 남반구 정부에 요구한 약속과 동일선상에 있는 것이다.

반제국주의 프로그램이 아니라면 진정한 진보적 프로그램이 아니다. 미국 국방부와 북대서양조약기구NATO를 보존해야 한다고 주장하는 정책에서 도출될 수 있는 프로그램은 두말할 것도 없다. 기후 변화는 "위협을 확대하는 요인"으로 작용하는데, 이 두 기관은 기후 변화를 빌미로 북반구와 남반구 사이에 자리 잡은 불평등이 요동칠 때 국경을 보호하기 위해서나 필요한 것들이기 때문이다. 한편 기후 난민이 발생하여 전 세계를 떠도는 가운데 인구 이동과 이주가 늘어나고 있다. 이들은 인간으로서 존엄을 존중받고 자기계발을 할 기회를 얻을 자격이 있는 존재가 아니라 통제하고 규제해야 할 대상으로 전락할 것이다. 더 불길한 점은 녹색 전환에 필요한 원료에 대한 이야기를 어디에서도 들을 수 없다는 것이다. 모든 계획이 효율성 극대화에 대해서만 언급할 뿐 국내 및 글로벌 차원에서 순에너지 분배의 감소와 재분배에 대해서는 언급하지 않는다. 기술은 손가락을 튕겨 누가 무엇을 가질 것인지 누구는 잘살고 누구는 못살 것인지와 같은 까다로운 선택을 사라지게 만드는 요정 지니와 같은 존재다. 이와 같은 발상의 저변에는 생태 근대화라는 생각이 자리 잡고 있다. 다음 장에서는 생태 근대화에 대해 알아 보도록 하자.

2
변화 없는 변화: 생태근대주의

아무 것도 바뀌지 않았는데 모든 것을 바꿀 수 있을까? 보잉 747s, 록히드마틴 F-16s는 석유 대신 코코넛 껍질과 사탕수수에서 생산한 바이오연료를 태운다. 가동을 중단한 공장은 금속 분자 하나까지도 재활용한다. 내연기관을 떼어 내고 리튬 배터리를 장착한다. 전기자동차가 미국의 고속도로를 꽉 채운다. 전국의 엑손모빌 주유소망을 충전소망으로 대체한다. 노심용용 가능성이 없는 토륨 원자로를 활용한다. 청정 에너지를 무한 생산한다. 태양광 패널과 풍력터빈을 분산 설치한다. 해변에는 해수 담수화 공장을 설치한다. 물 위기는 과거의 일이 된다. 추운 지역과 건조한 지역에 반짝반짝 빛나는 농업용 온실을 설치한다. 탄소 포집 및 저장 기계를 활용하여 공중에서 이산화탄소를 빨아들인다. 약간의 구름 광택제와 빛 산란 입자를 활용하여 지구의 기온을 낮춘다. 기술이 발전함에 따라 기술에 들어가는 비용은 낮아진다. 저렴하고 효율적인 에너지는 산업화된 북반구 국가가 누리는 복리의 기초다. 따라서 이런 기술적 부를 공유하면 전 세계가 번영을 누리게 될 것이다. 기술의 확산 덕분에 사회적 시장경제의 틀 안에서 사회가 진보한다. 이러한 이상향은 화석연료 시대의 인프라를 4차 산업혁명 시대의 인프라로 바꾸는 순수하게 기술적인 "대전환"의 기초다.

기술 진보 담론은 산업자본주의와 탈산업자본주의의 세이렌이다.

이 담론은 누가, 무엇을 가질 것인지를 둘러싼 정치적 갈등에 집중하지 못하도록 방해한다. 그러는 사이에 정치는 평범한 사람이 닿을 수 없는 곳으로 멀어져 간다. 달콤하지만 위험한 세이렌의 노래에는 두 음역대가 있다. 첫 번째 음역대는 망상을 유발하여 반란을 일으킬 만한 요소를 잠재운다. 바로 누가, 무엇을 가질 것인지 당장 결정할 필요가 없다는 망상. 이와 같은 망상의 근거는 모든 사람, 그 가운데에서도 특히 현재 아무 것도 가지지 못한 사람들이 아주 조금만 기다려 주면 결국 모든 사람이 충분히 자기계발을 할 수 있을 만큼 경제가 성장하고 진보할 수 있을 것이라는 논리다. 이런 식으로 환경 정치는 기다림의 문제로 환원된다. 그러나 환경 정치의 바탕에는 환경정의 운동이 "분배 갈등"이라고 부르는 문제가 자리 잡고 있다. 기다리면 해결된다는 논리대로라면 분배 갈등 같은 문제는 기술의 발전과 더불어 저절로 해결되어야 한다. 그러나 현실은 그렇지가 않다.[1] 두 번째 음역대는 북반구 국가에 특히 매력적이다. 그렇다고 해서 남반구에 영향을 미치지 않는 것은 아니지만 말이다. 두 번째 음역대는 생산수단의 소유자에 맞서 반란을 일으킨 사람들이 직접 자신들의 용도에 부합하게 도구를 수정할 수 있다고 주장한다. 그러나 쟁점은 칼 자체가 아니다. 쟁점은 칼을 휘두르는 주체와 그 칼에 목을 베이는 대상이다. 기술이 사회적으로 무조건 중립이라고 주장하는 사람들이 있다. 심지어 좌파에서도 이러한 주장을 펴는 사람들이 있다. 이런 주장을 펴는 좌파는 이데올로기적 반란을 진압하는 데 사용되는 도구 가운데에서도 가장 위험하고 미묘하며 효과적인 도구를 벼려 낸다. 기술이 사회적으로 정언적(무조건적) 중립Categorical social neutrality이라고 주장하는 좌파는 진보라는 신화를 받아들이면서 자본주의 의제에 반대하는 사람들을 혼란에 빠뜨린다. 이와 같은 주장을 펴는 좌파는 모든 기술을 칼라시니코프Kalashnikov 칼(서바이벌 나이프)과 동일시한다. 이를 반식민지 민병대가 사용할 수도 있겠지만 인쇄기로 활용할 수 있게 용도를 변경할 수도 있다는 주장이다.[2] 기술이 사회적으로 정언적 중립이라 주장하는 좌파는 새로운 엔진, 공작기계, 소셜미디어 웹사이트가 지배계급의 손아귀에 들어 있지 않다고 주장한다. 이런 주장은 위험하다. 자본가들이 충동적으로 기술을 선택하지는 않기 때문이다. 자본가들은 권력을 극대화할 수 있는 기술을 선택한다. 비판적 기술사가들이 이와 같은 사실을 이미 여러 차례 입증한 바 있다. 매사추세츠공과대학교MIT에 재직했던 역사가 데이비드 노블David Noble은 기계라는 도구가 탈숙련 노동자를 양산하고 권력을 집중하기 위해 설계되었다는 사실을 입증했다.[3] 이러한 치명적인 난투극이 단 한 곳의 공장이나 단 하나의 산업에서만 벌어진 것은 아니다. 각 기술의 구조물은 불균등 축적이라는 세계체계 안에 존재한다. 영국의 섬유 생산, 면화와 양모에 대한 접근, 천과 옷을 판매하기 위한 시장은 단순히 영국이라는 지역만의 문제가 아니었다. 인도의 경제사가 아미야 쿠마르 바그치Amiya Kumar Bagchi는 영국의 노예무역, 아프리카의 저개발, 인도의 탈산업화, 미국 남부의 면화 생산, 영국의 산업화라는 사회적 맥락이 한데 엮이면서 자본주의라는 천 한 조각이 탄생했다고 지적한다.[4] 동전의 한 면에는 빅토리아 시대 영국에서 꽃을 피운 석탄 연료를 바탕으로 하는 산업이 자리 잡고 있다. 동전의 다른 면에는 빅토리아 시대 후기에 영국이 자행한 대량 학살이 자리 잡고 있다.[5]

근대화 이론, 녹색을 만나다

이와 같은 이념이 성장하게 된 근원을 추적해 보면 이 이론들이 전혀 새로운 것이 아니라는 사실을 확인할 수 있다. 기술주의와 기술주의의 최신 모델인 생태근대주의는 과거부터 존재해 온 이념의 가지에서 갈라져 나온 새로운 잔가지다. 즉, 생태 근대화 이론은 냉전 시기의 근대화 이론이라는 나무 둥치에서 갈라져 나온 이론이다. 기후 위기에 대한 지배계급의 반응은 새로운 것이 아니다. 공산주의 위기라는 전혀 다른 위기의 한가운데서 처음으로 싹튼 위기 대응이 또 다른 모습으로 탈바꿈한 것에 불과하다. 당시 불과 한 세대 만에 산업화를 이뤄 낸 소련과 중국에서 마오쩌둥이 주도한 농업 혁명은 이제 막 식민지에서 해방된 각국 지도자와 시민들을 매혹했고, 공산주의 위기는 바로 여기에서 시작되었다. 근대화 이론은 단 한순간도 자신의 정체를 숨긴 적이 없다. 《경제성장단계》*The Stages of Economic Growth*의 저자 월트 로스토는 저서에 다음과 같은 부제를 붙였다. '비공산주의자 선언.'A Non-Communist Manifesto[6] 로스토는 사회가 일련의 단계를 거치면서 근대화를 향해 나아갈 것이라고 주장했다. 로스토가 제시하는 근대화의 모습은 1950년대 미국의 모습을 떠올려 보면 쉽게 이해할 수 있다. 대량소비, 성숙한 중간계급, 도심을 중심으로 뻗어 나가는 교외, 얌전하고 차분한 정치적 민주주의가 바로 그것이다. 로스토의 저술은 공산주의로 빠지지 않으면서 개발을 달성하는 방법을 수록한 실무 지침이었다. 그러기 위해서는 무지몽매한 남반구 사회에 몇 가지를 주입할 필요가 있었다. 바로 서구의 기술, 그 기술에 따라오는 탁상학문卓上學問, 적절한 수준의 프로테스탄트 기업가 정신, 솟아오르는 경쟁 충동. 국제무역 체계의 틀 안에서 시장, 혁신, 외국인 투자가 어우러지면 빈곤한 사회를 나선 형태의 지속적인 성장으로 이끌어 나갈 수 있을 터였다. 이와 같은 활동은 공산주의가 침투하지 못하도록 예방하는 활동이기도 했다. 계획가들은 성장하지 못하여 피폐해진 남반구 국가의 지도자들과 민중이 더 나은 발상을 찾기 위해 다른 곳으로 눈을 돌렸다가 공산주의에 물들 가능성이 있다고 우려했다. 그러나 근대화 이론은 우화에 불과하다. 사실 서구 국가들은 식민지와 정착 식민지를 결딴날 정도로 약탈했기 때문에 발전할 수 있었다. 혁신은 인류가 미래 세대에 주는 집단 차원의 선물이었고 전 세계 곳곳에서 등장했다.[7] 근대 과학은 유럽에서 발생했지만 인간의 혁신 그 자체를 서구가 독점한 적은 단 한번도 없었다.[8] "근대화"라는 엔진에 연료를 공급하는 힘은 대기 공간의 본원적 축적에 의존했다.[9] 서구가 누리는 부의 대부분은 빼앗은 땅에 노예를 투입하여 재배한 면화와 설탕 그리고 인도와 인도네시아의 농업을 식민지화하여 채굴한 것에서 비롯된 것이다.[10]

제3세계 국가가 무더기로 모여 있는 라틴아메리카는 제3세계 가운데서도 식민지의 직접 통제를 가장 먼저 떨쳐 버린 곳이다. 라틴아메리카는 근대화 이론에 맞서는 이념적 반격의 산실이었다. 남반구의 위대한 경제학자와 역사가의 손에서 구조주의, 종속이론, 세계체계론이 탄생했다. 구체적으로 브라질의 셀수 푸르타두Celso Furtado와 바니아 밤비라Vania Bambirra, 이집트의 사미르 아민과 가이아나의 월터 로드니Walter Rodney를 꼽을 수 있다.[11] 종속이론이 남반구의 관점에서 근대화라는 신화를 공격하고 있다면 생태운동은 미래의 관점과 마구잡이로 뿌려진 독소에 중독된 사람들의 관점에서 근대화라는 신화를 공격한다. 빈민의 환경주의는 세계 각지에서 모습을 드러냈다. 구체적으로 미국 노스캐롤라이나주 흑인들이 주도한 쓰레기 매립 반대 운동, 캘리포니아주에서 세자르 차베스Cesar Chavez와 농업 노동자들이 주도한 살충제 반대 운동을 꼽을 수 있다. 1960년대에서 1980년대 사이에 일어난 이와 같은 봉기는 핵이 몰고 올 파멸의 위험을 전파하면서 세계를 잠식하는 사람들에 맞서 일어난 것이었다. 덕분에 살충제 확산의 위험성과 산업화된 농업이 토양과 그 비옥도를 빼앗아 간다는 사실에 대한 이해가 높아졌다.[12] 북반구에서는 인간이 자연 세계와 인도적인 관계를 맺어야 한다고 요구하는 사람들이 나타났다. 구체적으로는 생물학자 겸 철학자 배리 커머너와 레이첼 카슨을 꼽을 수 있다. 남반구 국가에서 나타난 사상가로는 튀니지의 아잠 마흐주브Azzam Mahjoub와 슬라헤딘 엘아마미Slahedine

El-Amami, 인도의 반다나 시바, 멕시코의 에프라임 에르난데스 솔로코지 Efraím Hernández Xolocotzi와 빅토르 톨레도Victor Toledo를 꼽을 수 있다.[13] 그 밖에 반反식민 생태 담론을 일으킨 초기 사상가들은 관심과 주의를 기울일 것을 강조했다. 그러면서 이들은 북반구에서 이루어지는 생태학적 잡담이 맬서스주의를 설파하면서 환경에 대한 관심을 개발에 대한 권리로 뒤바꾸려 한다는 사실에 우려를 표명했다.[14]

그러자 북반구에서도 반격에 나서면서 1990년대에 들어 생태 근대화 이론이 치명적인 형태로 성장하기 시작했다. 생태 근대화 이론은 경제성장과 생태의 건강health이 양립하지 못할 이유가 없다고 주장했다. "역사의 종언" 담론이 등장했고 소련과 소련을 대표한 이념을 누르고 자유주의적 자본주의가 큰 승리를 거뒀다. 이와 같은 상황에서 자유주의적 자본주의 이데올로기를 설파하는 앞잡이들은 인본주의와 마르크스주의라는 구조에서 생태 사상이라는 가닥 하나를 떼어낸 뒤 세련된 녹색 의복으로 재탄생시켜 낡고 때 묻은 자본주의에 입히려고 애를 썼다. 생태 근대화 이론은 합성synthetic 정치의 기초가 되었다. 생태 근대화 이론은 급진 생태학을 상징하는 녹색과 사회주의를 상징하는 적색을 융합하려는 오래된 꿈과는 전혀 다르다. 겉만 화려한 싸구려 합판처럼, 생태 근대화 이론에는 성장, 근대화, 자본주의, 민주주의, 개발 등의 발상이 마구 뒤섞여 있다. 생태 근대화 이론을 적극적으로 전파하는 환경사회학자 아서 몰Arthur Mol은 다른 사회적 폐해를 유발하지 않으면서 "환경적으로 건전한 사회"를 건설할 수 있다고 주장한다. 예를 들면 기존 "생산 규모, 자본주의적 생산양식, 노동자의 영향력, 경제적 재화의 동등한 할당" 또는 젠더 기준에 아무런 영향을 미치지 않을 수 있다는 말이다.[15] 네덜란드의 정치과학자 마르텐 하예르Maarten Hajer의 언급에 따르면 생태 근대화 이론은 "주된 제도들"이 사용하는 "적절한 언어"에서 비롯되었다.

여기서 적절한 언어란 "기업의 언어"를 말한다. 생태 근대화 이론은 증거가 부족한 오래된 가설에 불과하다. 생태 근대화 이론은 기계적이라 해도 좋을 만큼 규칙적으로 등장하고 재등장하기를 반복한다. 그때마다 새로운 양식을 두르고 빛 좋은 개살구 같은 새로운 기술적 해결책을 제안한다. 그리고 자신의 문제를 입증하는 산더미 같은 사실에 관여하지 않으려 한다. 《먼슬리 리뷰》 편집장이자 환경사회학자인 존 벨라미 포스터는 이와 같은 사회적 공상과학소설이 학문적으로나 (대중적으로나) 탁월한 것처럼 "보일 수도 있다"고 지적한다. 또한 그는 "바로 이러한 사실에서 생태 근대화 이론에 얽혀 있는 권력구조를 간접적으로 확인할 수 있다"고 덧붙였다.[17]

생태근대주의

예나 지금이나 생태 근대화 이론의 목적은 비판적이면서도 인도적인 생태학을 둥글게 에워싼 뒤 반격하여 발전을 막아 내고 신빙성을 떨어뜨리는 것이다. 진홍색crimson 공산주의 또는 적나라한 자본주의를 몸에 두른 생태근대주의는 최근 학문의 울타리를 넘어 조금 더 대중적인 무대로 발을 들였다. 거기에는 좌파라고 식별되는 부류도 포함된다. 이렇게 좌파와 동일시되는 사람들은 이론적, 지적인 다리를 놓아 자본주의에 사회주의라고 알려진 도식을 연결하려고 노력한다.

초창기 생태근대주의는 자칭 환경주의 저술가 테드 노드하우스Ted Nordhaus와 마이클 셸렌버거Michael Shellenberger가 쓴 소논문 〈환경주의의 죽음〉The Death of Environmentalism에 소개되면서 대중에 알려졌다.[18] 이 논문을 둘러싼 격론에서 과거의 생태운동을 비웃는 오늘날의 모습을 미리 엿볼 수 있다. 과거의 생태운동은 자연이라는 모호한 개념에서 사회적 우려를 끄집어냈다(자연이라는 모호한 개념이 의식의 영역을 벗어나 더 널리 확산되는 과정에서 빈민의 환경주의는 더욱 눈에 잘 띄지 않게 된다). 무슨 발상이든 무지를 통해 그 숨통을 조일 수 있다면 그 발상을 굳이 직접적으로 완전히 무너뜨릴 필요는 없다. 두 사람의 글은 기존 환경주의를 암살하려는 시도이자 맬서스주의 사상을 재도입하기 위한 포석이었다. 두 사람은 "과잉인구"로 인해 생태 위기가 유발되고 있다고 주장하면서 환경에 대한 우려를 "경제개발"과 융합해야 한다고 주장했다. 2000년대 말에서 2010년대로 접어들면서 녹색 자본가와 사회민주주의자들이 지적인 측면에서 선봉에 서서 "녹색 일자리" 대잔치를 벌이는 모습은 일상이 되었다.

이와 같은 담론은 미래지향적인 투자자 계급을 끌어들인다. 투자자 계급의 관심은 끝없는 축적이라는 어설픈 생태 학살적 요소를 버리는 대신 자본주의의 금융 구조와 삭막한 위계질서를 보존하는 것이다. 투자자 계급은 이내 노드하우스혁신연구소에서 편안한 보금자리를 찾았다. 노드하우스혁신연구소에는 여러 명의 칼럼니스트들이 상주하고 있다. 구체적으로 하이야트Hyatt의 상속인인 레이첼 프리츠커Rachel Pritzker를 꼽을 수 있다. 프리츠커가 이사로 활동하는 에너지성장허브Energy Growth Hub에는 역사의 종언으로 악명 높은 프랜시스 후쿠야마도 함께 활동하고 있다. 사무국장은 전 미국 국무부 차관보 토드 모스Todd Moss다. 이 칼럼니스트들 대부분이 2015년 언론의 광범위한 주목을 받았던 《생태근대주의자 선언》Eco-Modernist Manifesto에 서명했다.[19]

《생태근대주의자 선언》의 주춧돌은 자연과 인간의 분리다. 즉, 성장의 다른 말인 인간 개발을 환경에 미치는 영향과 분리할 수 있다는 주장이다. 《생태근대주의자 선언》에 참여한 저자들은 인류가 환경이 미치는 영향을 줄여서 "자연을 위한 공간을 더 많이 확보"해야 한다고 주장한다.[20] 이들은 "인간 사회가 경제적, 생태적 붕괴를 피하기 위해 자연과 조화를 이루어야" 한다고 생각하는 대신에 낯선 로맨스를 고려한다. 문제는 소상공인-인도주의와 생태사회주의가 추구하는 자연과의 조화로운 삶이 엄청나게 복잡하다는 것이다. 따라서 《생태근대주의자 선언》에 참여한 이들은 다음과 같이 주장한다. "인류는 자연체계에 의존하여 생명을 유지하고 복리를 누린다. 그러나 자연에 대한 인류의 의존도가 높아질수록 자연체계의 보호 또는 증진이 … 어려워질 것이다." 따라서 인간은 인간미 없고 지나치게 청결한 탈물질화된 공간에서 생활해야 한다. 이러한 공간은 생물권에 미치는 인간의 영향을 최대한 낮은 수준으로 유지할 수 있도록 지원하는 기술에 의존하는 공간이다. 《생태근대주의자 선언》에 참여한 이들은 인간이 이미 농업, 에너지 채굴, 임업 및 주거 부문에서 깃털처럼 가벼운 수준의 영향만 미치는 방향으로 진행하고 있다고 주장한다. 지금까지 인간은 비인간 자연을 "크게 훼손"하면서 개발을 이어 왔지만 오늘날에는 "인간이 생명을 유지하기 위해 의존해 온 생태계에 대한 의존도가 낮아지고 있다"고 주장한다.[21] (그러나 생태근대주의자들은 세계경제포럼이나 이와 유사한 감옥 같은 기구의 설립을 계획하는 다른 사상가들에 비해 생태계에 대한 정교한 분석을 훨씬 적게 수행한다)

이와 같은 강령은 다가올 세계에서 기존의 모든 사회질서가 자리 잡을 공간을 찾는다. 바로 자본주의 기업, 국가, 시장, 시민사회가 자리 잡을 공간이다. 《생태근대주의자 선언》에 참여한 이들이 제안하는 여러 기술은 아직 존재하지 않거나 인간의 삶을 구성하는 각 기둥을 대체할 수 있을 만큼 넓게 확장할 수 없는 것들이다. 에너지의 경우 제안되는 기술은 폐쇄형 연료주기를 가지는 우라늄 또는 토륨의 활용, 수소-중수소 융합, 지구상에 떨어지는 본질적으로 무한한 태양복사를 포집하는 기술 따위다. 인간의 주거를 도시로 한정 짓는 일은 "자연으로부터 인류의 분리를 상징"하는 일이자 인간을 제외한 지구의 나머지 생명을 위해 토지를 비우는 일이다.[22]

인간과 비인간 자연을 급격하게 분리한다는 서구의 독특한 발상은 죽이 잘 맞는 동지를 찾았다. 바로 "토지를 적게 사용하는 농업"이라는 관념이다. 이와 관련된 완벽한 사례로 미국의 농업을 꼽을 수 있다. 미국의 농업은 노동에 거의 의존하지 않음에도 현기증이 날 정도로 높은 생산성을 자랑한다. 농업 분야에서 "토지 효율과 노동 효율이 높아짐"에 따라 농촌에 사는 사람들은 시골을 떠나 대도시로 이동했다. 수확량이 증가함에 따라 농지가 줄어들고 숲이 늘어났다. 오늘날 미국 뉴잉글랜드 지역의 80%를 숲이 차지하고 있는데, 19세기 말에 50%였다는 점을 감안하면 큰 폭으로 늘어난 셈이다. 《생태근대주의자 선언》에 참여한 이들은 미래에도 이와 같은 추세가 이어져 인간이 환경에 미치는 영향이 21세기에 정점에 이른 다음 줄어들 것이라고 주장한다.

　《생태근대주의자 선언》 저자들도 육지와 바다에서 여전히 자원 채굴이 이루어지고 있다는 지적에 동의한다. 그렇지만 더 효율적인 메커니즘을 개발하여 여전히 남아 있는 생태발자국을 줄이고 더 나아가 이를 완전히 제거할 수 있다고 주장한다. 구체적인 조달 방법으로는 도시화와 원자력 활용, 담수화와 양식, 농업집약화를 꼽을 수 있다.[23] 한편 《생태근대주의자 선언》의 핵심에는 저렴한 에너지가 자리 잡고 있다. 에너지 비용이 낮아지면 재활용 비용이 낮아질 것이고 자본집약적이고 에너지집약적인 농업에 투입되는 비용도 낮아질 것이다. 마지막으로 이러한 요구들은 신성한 강철 송아지상을 주조할 수 있는 광석이나 다름없다. 뒤이어 등장하는 모든 생태근대주의 문헌은 이와 같은 송아지상을 경배할 것이다. "기후 완화는 근본적으로 기술적 과제다." 즉, 《생태근대주의자 선언》에 참여한 이들은 자신들이 주장하는 기술을 선택하거나 아니면 근대 이전으로 퇴보할 수밖에 없다고 제안한다. 그러면서 냉전시대 삶의 방식을 상징하는 요소에 근대 이전의 모습을 기괴하게 이어붙인다. 직관에 어긋나지만, 이들은 "교외화"와 땅 위에서 우후죽순처럼 뻗어 나가는 "수확량이 적은 농지와 다양한 형태의 재생에너지 생산"을 뒤섞는다. 《생태근대주의자 선언》에 참여한 저자들은 이러한 요소들을 봉쇄를 통해 오염되지 않은 자연을 보존할 식민지 요새로 삼는다면 더 유용하게 이용할 수 있다고 주장한다.[24]

포춘 500Fortune 500에 이름을 올린 여러 계획가들과 마찬가지로, 《생태근대주의자 선언》에 참여한 저자들은 인구밀도를 높여 "야생"의 자연을 보존하고자 한다. 분산된 태양에너지야말로 전 세계가 전력에 접근할 수 있는 비교적 민주적이고 인도적인 경로일 것이다. 그러나 선언에 참여한 이들은 밀도에 지나치게 집착한 나머지 분산된 태양에너지를 자연을 훼손하는 방법이라고 주장하면서 기각해 버린다. 생태근대주의는 스스로를 녹색으로 세탁한다. 그런 다음에 교묘한 방법을 동원하여 핵분열을 선택할 수 있는 여러 가지 기술 가운데 하나가 아니라 유일하게 가능한 기술로 승화시킨다. 《생태근대주의자 선언》에 참여한 이들이 추구하는 녹색은 어둠 속에서 빛나는 녹색이다. 핵분열 기술이 선택할 수 있는 유일한 기술이 되기 전까지는 발전소에 연결된 댐과 (가상의 기술이자 석유 산업이 연계되어 있는 것으로 보이는) 탄소 포집 및 저장 기술이 이들의 주장을 뒷받침할 것이다. 선언에 참여한 이들은 근대화가 자본주의 및 "기업의 힘"과 뚜렷하게 구분된다고 주장하면서 근대화를 옹호한다. 그런 뒤 기업 자본주의의 주도적인 역할을 옹호함으로써 자본주의와 기업의 힘을 재결합한다. 근대화라는 방대한 실제 역사에서 자본주의는 물질처리량을 꾸준히 증가시켜 왔으며, 1차 생산을 꾸준히 전유해 왔고, 비인간 세계에 미치는 영향을 보여주는 거의 모든 지표의 수치를 높여 왔다. 그러나 《생태근대주의자 선언》에 참여한 이들은 실제 근대화의 역사를 뒤집는다. 그러고서는 근대화 덕분에 인간 사회가 "자원을 더 적게 투입하고 환경에 더 적은 영향을 미치면서 인간의 욕구"를 충족할 수 있게 되었다고 주장한다.[25]

다른 새로운 기술적 발상과 마찬가지로, 이러한 반짝이는 자질구레

한 장신구 같은 기술적 발상들은 물론 매우 새로운 것이 아니다. 자연과 인간을 급격하게 분리한다는 꿈은 초기 자본주의로 거슬러 올라가는 아파르트헤이트 개념과 같다. 자본주의 이전 시대에는 인간과 자연이 유기적으로 통합되어 있었다. 그러나 초기 자본주의 시대로 접어들면서 기계론적 세계관이 등장하였고 인간과 자연의 유기적 통합은 극단적인 폭력 앞에 해체되고 말았다.[26] 미국 엘로스톤 국립공원은 토착 원주민의 토지를 빼앗은 뒤 설립되었다. 그리고 그 뒤로 미국 곳곳에 인간과 자연을 분리하는 식민지의 벽이 세워지게 되었다.[27] 《생태근대주의자 선언》은 진실이라고는 눈곱만큼도 없는 천년왕국론 같은 전문용어를 술술 읊어 대면서 근대화 이론을 지원한다.

이와 같은 망령은 뒤이어 등장하는 모든 문헌에서 다시 출현한다. 기본적인 분배 문제를 회피할 수 있는 방법으로 기술 변화를 강조하는 문헌도 있고, 우리가 살고 있는 세계의 구조를 어떻게 바꿔야 생산수단을 최대한 활용하여 지금 여기에서 인간의 삶을 개선할 수 있는지 같은 어려운 문제를 다루는 문헌도 있다. 아마도 이와 같은 유형에 속하는 가장 상징적인 생각을 아론 바스타니가 쓴 《완전히 자동화된 화려한 공산주의》*Fully Automatic Luxury Communism*에서 찾아볼 수 있을 것이다.

좌파로 이동한 가속주의

아론 바스타니의 책은 공산주의 버전 생태근대주의 선언의 핵심을 담고 있다. 바스타니에 따르면 소유권을 재분배하고 현재 가지고 있는 것을 활용하는 것이 아니라 먼저 급격하게 성장한 다음에 재분배를 해야 한다. 인간 문명을 생산하고 재생산하기 위해 "부족함을 견디거나" 심지어 때로 고되게 일해야 하는 상황이 조성되면 "탈자본주의"를 망칠 수 있다. 바스타니는 "탈자본주의"를 망치지 않는 세계를 요구한다. 그는 산업을 통해 얻는 에너지에 대한 의존을 줄이면서도 더 원활하게 기능하는 사회를 만드는 데는 관심이 없다. 오히려 리튬과 금속같이 결정적인 역할을 하는 자원을 얻는 방법에 대해 다시 생각해야 한다고 주장한다. 그럼으로써 배터리, 태양광 패널, 풍력터빈 수십억 개를 생산할 수 있을 것이다. 그리고 이와 같은 설비를 활용하여 세계에 연료를 공급함으로써 인간이 고되게 일하지 않아도 되는 세계를 만들 수 있다. 이와 같은 세계를 구현하기 위해 바스타니는 "하늘을 채굴할 것"이라 한다. 바스타니는 우주 탐사에 소요되는 비용이 줄어들고 우주 탐사 역량이 높아질 것이라는 매우 낙관적인 전망을 펼친다. 이러한 저렴한 기술을 활용하면 소행성대에서 철, 백금, 니켈을 공급받을 수 있을 것이다. 바스타니는 다음과 같이 언급한다. "추정에 따르면 근지구천체에 매장되어 있는 광물을 지구상 모든 사람에게 동등하게 나눠줄 경우 각자에게 돌아가는 가치는 1천억 달러에 이를 것이라고 한다."[28] 주목할 것은 바스타니가 인용한 대부분의 자료 출처가 정부가 보조금을 지원하는 벤처자본 기업이라는 점이다. 태양계를 샅샅이 살펴서 백금, 코발트, 철을 얻는 일이 정말 가능할까? 미국항공우주국NASA을 통해 확인해 보자. NASA 웹사이트에 게시된 연구는 다음과 같은 결론을 내리고 있다.

> 우리가 확인한 바에 따르면 소행성의 자원을 저궤도 또는 지상으로 가지고 오는 경제성 있는 시나리오는 없다. 소행성 광업이 경제적으로 실현 가능하려면 대부분을 우주산업 경제와 우주산업 인프라의 일부인 우주 고객에 의존할 수밖에 없을 것이다.[29]

NASA의 보고서는 다음과 같이 덧붙인다. "백금족 금속의 경우에는 지구상의 2차 시장이 '금상첨화'일 수 있다." 다른 자원의 경우 "희토류 원소는 경제성 있는 대안이 아니다. … 초기 … 제안에는 희토류 원소가 잠재적인 대안으로 포함되어 있었지만 우주에서 지구로 희토류를 가지고 올 수 있는 경제성 있는 방법은 없다."[30] 소행성 광산 역시 경제성이 없기는 마찬가지다.

녹색혁명을 현대 농업의 모범으로 제시하는 바스타니의 제안은 다소 믿기 어렵다. 바스타니는 녹색혁명 기술을 사용하여 "에너지, 노동, 자원과 함께 식량도 사실상 무료로 풍성하게 누릴 수 있을 것"이라고 주장한다. 그 가치는 "토지나 인간의 노력"에서 비롯되는 것이 아니라 "정보 콘텐츠"에서 비롯될 것이다. 자본집약적이고 에너지집약적인 비료, 살충제, 제초제를 대규모로 투입하고 비료, 살충제, 제초제와 추가 관개에 쉽게 반응하는 앉은뱅이밀 품종을 활용하면 "밀 수확량이 3배가 된다. … 10억 명의 목숨을 구할 수 있을 것이다." 그러고는 다음과 같이 반문한다. "녹색혁명이 … 이제 시작에 불과한 것이라면? 만일 … 인간이 자연을 완벽하게 파악함으로써 거의 무한한 풍요로움을 누릴 수 있다는 사실을 이제야 겨우 이해하기 시작한 것이라면? … 굶주림이 존재할 이유가 없는 것 아닐까?"[31]

이와 같은 언급을 통해 바스타니가 전하려는 내용을 신뢰하기란 어려운 일이다. 오늘날 우리는 해리 클리버, 라즈 파텔, 디비야 샤르마Divya Sharma 같은 학자들의 저술을 통해 녹색혁명이 굶주림을 없애기 위해 설계된 것이 아닐 뿐더러 굶주림을 없애지도 못했다는 사실을 잘 알고 있기 때문이다.[32] 오히려 녹색혁명은 아시아 대륙을 떠도는 마오쩌둥의 사상이 부활할 것을 우려한 나머지 이를 방지하기 위한 방법의 일환으로 설계된 것이다. 당시 미국 국제개발청US Agency for International Development 청장이었던 윌리엄 가우드William Gaud에 따르면, "녹색혁명"은 "적색혁명"을 대신하는 말이었다.[33] 나아가 녹색혁명은 "강자에 몰아 주는" 전략이었다. 즉, 신기술을 더 쉽게 활용할 수 있는 중간급 농민과 더 부유한 농민에게 국가의 자원을 제공하는 전략이었다. 따라서 밀 수확량이 증가한 만큼 토지를 가지지 못한 사람도 증가했다. 밀 수확량이 증가하더라도 땅이 없어 밀을 재배하지 못한다면 굶주림이 줄어들 리 만무하다. 농촌 일자리가 감소하는 가운데 도시에도 일자리가 없으면 굶주림이 심해지면 심해졌지 나아질 수 없다. 나아가 영양이란 칼로리량만으로 따질 수 있는 것이 아니다. 영양에는 식품의 품질도 중요한 영향을 미친다. 쌀과 밀이 기장을 비롯한 여러 "거친 곡물"을 대체하면서 인도 사람들의 식단에서 "미량 영양소 결핍"이 나타났다.[34] 10억 명의 목숨을 구할 수 있을 것이라는 바스타니의 언급도 그 의미가 명확지 않다. 리차 쿠마르Richa Kumar는 다음과 같이 언급했다. "1960년대 인도에서 식량안보가 불안했다는 주장을 뒷받침할 수 있는 근거는 충분하지 않다. 나아가 오늘날 인도가 겪고 있는 식량과 영양의 불안정은 1960년대 이후 보급된 녹색혁명 전략의 여파다."[35] 당시나 지금이나 녹색혁명 이외의 경로가 열려 있다. 바로 노동집약도가 더 높은 소규모 농민이 중심이 되는 농업이다. 이 농업은 녹색혁명식으로 생산성을 부풀려 말하는 신화의 부활을 바탕으로 하는 것이 아니다. 이 농업의 바탕에는 인도와 그 밖의 제3세계에서 전통적으로 재배해 온 토종 곡물 품종과 쌀 품종의 더 많은 재배가 자리 잡고 있다.[36]

마지막으로《완전히 자동화된 화려한 공산주의》가 제안하는 세 번째 가공품에 대해 생각해 보자. 바로 실험실 육류다. 아론 바스타니는 방글라데시 사람들은 채소 위주의 식사를 하는데 비해 미국인들은 270파운드의 육류를 섭취한다고 제시하면서 "태양에너지를 식량으로 전환한다는 측면에서 볼 때 가축 사육은 에너지집약적이고 비효율적인 방식"이라고 주장한다.[37] 그런데 방글라데시의 상황은 양호하지 않다. 식량농업기구FAO에 따르면 방글라데시 농촌 지역의 "영양실조 비율은 … 세계에서 가장 높다." 다량 영양소의 결핍으로 인해 "취학 전 연령 아동 가운데 950만 명 이상이 성장 장애를 겪고 있다. 이 수치는 해당 연령 아동의 54%가 넘는 수치이다. 취학 전 연령 아동 가운데 56% 이상은 저체중에 시달리고 있고 17%는 쇠약해진 상태다."[38]

더 중요한 점은 동물이 태양에너지를 정확하게 식량으로 전환하지 않는다는 것이다. 동물은 식물을 섭취하기 때문이다. 각기 다른 식물이 각기 다른 장소 및 다른 종류의 토지에서 각기 다른 방식으로 자란다. 그렇기 때문에 바스티니가 아무런 거리낌 없이 채용한 "토지"라는 범주는 어떤 유형의 토지에 어떤 식물을 재배할 수 있는지 또는 재배해야 하는지를 이해하는 데 아무런 도움이 되지 않는다. 왜냐하면 각기 다른 장소에서 각기 다른 종류의 식물이 자라고 각기 다른 종류의 토지에서 각기 다른 방식으로 식물이 성장하기 때문이다. 바스티니는 코넬대학교에서 수행한 연구를 인용한다. 연구에 따르면 지구 표면의 3분의 1에 해당하는 면적이 가축 사육에 사용되고 있다. 미국의 경우 3억 200만 헥타르가 가축 사육에 사용된다. 바스티니에 따르면 "채소, 쌀, 과일, 감자, 콩을 생산하는 면적은 1,300만 헥타르에 불과하다. 유한한 자원을 활용하여 식량을 생산하는 오늘날의 현실에 비춰 볼 때 이와 같이 거대한 격차는 가축 사육이 식량 생산에 매우 비효율적인 방법이라는 사실을 시사한다."[39] 그러나 이런 논리는 비논리적이다. 사실 코넬대학교의 연구에서는 3억 200만 헥타르 가운데 "2억 7,200만 헥타르가 목초지로 사용되고 약 3천만 헥타르가 사료용 곡물 재배"에 사용된다고 언급하고 있다. 그러면서 목축업자에게 "방목 방식을 … 가축 사육으로 전환"할 것을 추천한다.[40] 2016년 미국에서 농업과 목축업이 사용한 토지는 4억 700만 헥타르였다.[41] 즉, 미국 전체 경작지 가운데 약 4분의 1이 가축 사육에 사용되었다. 그 이유는 대부분의 젖소가 주로 풀을 먹고 자라기 때문이다. 그리고 풀이 자라는 토지는 인간이 즐겨 섭취하는 다른 작물을 재배하기에는 적합하지 않다. 다시 말해 바스티니는 허위 사실과 허위 논거를 제시한 것이다.

아론 바스티니의 지적 구조물은 사상누각이나 다름없다. 바스티니는 다음과 같이 주장한다. "세계는 지금보다 더 적은 육류 섭취를 지향해야 한다. 가장 바람직한 것은 식단에서 육류를 완전히 제거하는 것이다."[42] 그러나 바스티니는 육류를 게걸스럽게 탐식하는 곳이 미국이나 EU 국가라는 점을 언급하지 않는다. 그저 "세계"라는 표현을 통해 지구 전체에 대해 언급할 뿐이다. 그렇다면 무엇으로 육류를 대체할 것인가? 바로 배양 생산한 육류다. 그러나 육류를 배양 생산하려면 석유, 가스 또는 태양광 패널에서 얻은 에너지가 필요하다. 적어도 이론상으로 동물은 광합성을 통해 생산된 에너지를 인간이 사용할 수 있는 형태의 에너지로 전환하는 탁월한 능력을 지니고 있다. 또 다른 연구에 따르면 "생체 외 바이오매스 배양은 가축보다 토지와 농업 투입물을 더 적게 사용한다. 그러나 이러한 이점은 소화와 영양분 순환 같은 생물학적 기능을 산업적인 기능으로 대체하는 과정에서 에너지를 더 집약적으로 사용했기에 얻은 결과다."[43] 지구는 이미 과도하게 산업화가 진행된 상태에 처해 있다. 바스티니는 이와 같은 지구에 그나마 남아 있는 생물학적 유기체마저도 산업공정을 통해 생산되는 가공품으로 대체하려 한다. 나아가 바스티니는 이런 기획을 지구 차원에서 실행하려고 한다. 그렇게 되면 제3세계 전역에서 지속 가능한 방식으로 가축을 방목하여 육류를 생산하는 목축업자와 소규모 농민의 생계수단이 사라질 것이다. 따라서 많은 사람들이 생활의 터전을 잃게 될 것이고 대규모 개입이 필요해질 것이다.

기술이 정언적 중립이라는 가정이 이와 같은 세 가지 개입을 관통한다. 그러나 쟁점은 칼 자체가 아니다. 칼이 자르는 대상이 쟁점이다. 그리고 칼이 현재 자르고 있거나 또는 앞으로 베어 넘길 사람들의 목숨, 즉 제3세계 농민의 목숨이 쟁점이다. 이와 같은 사회적 공상과학소설은 그 진의와는 관계없이 자본주의 기술에 적색 페인트를 끼얹는 결과를 낳을 것이다. 녹색혁명의 경우 사실상 급진적인 역사수정주의를 수행하면서 좌파에게는 반동적인 사상을 도입하는 결과를 낳을 것이다. 그 밖에도 1장에서 언급한 것처럼 기존 의제에 반대하는 조직적인 움직임이 방향 감각을 상실하고 와해되는 결과가 초래될 것이다. 기존 의제를 뒷받침하는 대규모 기반과 지지 세력은 빈민에게서 육류를 섭취할 권리를 아예 빼앗으려고 한다.

분리의 정체 폭로

생태근대주의의 핵심에는 기술이 사회적으로 정언적 중립이라는 주장이 자리 잡고 있다. 이러한 주장의 주춧돌에는 빠른 시일 안에 글로벌 경제를 점진적으로 탈물질화하여 분리할 수 있다는 주장이 숨어 있다. 그 결과 폐쇄형 순환고리 안에서 글로벌 경제를 운영할 수 있게 되어 녹색성장을 실현할 수 있다는 것이다. 스페인 바르셀로나를 주 무대로 활동하는 그리스의 생태경제학자 요르고스 칼리스, 런던대학교 골드스미스 캠퍼스 소속 인류학자 제이슨 히켈은 다음과 같이 반문한다. "녹색성장은 가능한가?"

북반구 경제 가운데 일부에서 이산화탄소를 증가시키지 않으면서 GDP 성장을 이루고 있는 것은 사실이다. 그러나 그 수가 한 줌도 안 될 뿐더러 통계를 교묘하게 활용한 차익거래의 결과일 뿐이라는 것 역시 사실이다. 즉, 악마는 국제 탄소 감시 및 관리 기관이 탄소 배출량을 산정하는 방법에 숨어 있다.[44] 국제 탄소 감시 및 관리 기관은 이산화탄소를 포함한 상품이 소비되는 장소에는 거의 주목하지 않는다. 이들은 이산화탄소를 포함한 상품이 생산되는 곳에만 집중한다. 따라서 이론상으로 오늘날 핀란드와 프랑스가 누리는 산업 생산에 관련된 거의 모든 오염을 유발하는 장소는 중국, 베트남, 방글라데시, 필리핀이 된다. 따라서 세계무역기구가 추구하는 무역 구조, 제국주의 정치공학, 북반구에 가치와 부가 집중되면서 나타나는 불공평한 교환은 온전하게 보존된다. 첨단 프로그래밍과 마케팅, 로봇 공학과 관련된 정교한 작업, 특허는 북반구에 고스란히 남아 있을 수 있다. 그 결과 부유한 중심부 국가의 GDP와 이산화탄소 배출은 "분리"될 수 있다. 이와 같은 교묘한 술책의 바탕에는 제국주의 무역 구조와 탄소 회계 절차가 자리 잡고 있다. 사실, 북반구에서 이루어지는 개발이 북반구 환경에 미치는 영향을 줄이려는 추세가 나타나면서, 북반구에서 이루어지는 개발이 남반구 환경에 미치는 영향이 증가했다. 예를 들어 2006년 중국이 경험한 대기오염의 4에서 8%는 미국으로 수출하는 제품과 연계되어 있다. 중국에서 생산된 재화는 중국의 대기를 글로벌 미세먼지로 오염시키면서 중국이 아닌 곳에서 소비된다.[45] 북반구 농업의 생산성이 높다는 지나친 과대광고와는 반대로 식량 역시 생산지와 소비지의 분리 현상을 강화하는 요인으로 작용한다. 어느 지역에서는 깨끗하고 건강에 이로우며 환경에 낮은 영향을 미치는 식품을 소비하지만 다른 지역에서는 이와 같은 식품을 생산하기 위해 환경에 막대한 영향을 끼친다. 2007년 EU가 소비한 식품 가운데 50%는 다른 나라에 자리 잡은 경작지, 방목지, 숲에서 생산된 것이었다. EU와 미국의 소비양식이야말로 전 세계 지하수의 질소 오염을 유발하는 원인이다.[46]

미국의 인구가 농촌에 미치는 영향이 줄어들수록 제3세계의 잠재적 경작지에 미치는 충격은 쌓여 간다. 생산의 탈물질화도 가능하지 않다. 산업적 생산공정을 거치지 않고서는 태양광 패널과 풍력터빈을 만들 수 없기 때문이다. 한편 풍력터빈은 환경에 부정적인 영향을 미친다. 따라서 풍력터빈을 설치할 부지와 관련하여 공개 자문 절차를 거쳐야

할 것이다.[47]

　중심부는 절대적인 의미의 분리를 달성하지 못했다. 이산화탄소를 내뿜는 산업이 주변부와 반주변부로 재배치되었을 뿐이기 때문이다. 공장과 용광로를 남반구로 재배치한다는 것은 공장의 이전을 의미할 뿐 가치의 흐름은 변하지 않는다. 존스홉킨스대학교의 지오반니 아리기와 베벌리 실버Beverley Silver 같은 세계체계론자들의 저술에 따르면 북반구-남반구의 소득 격차는 꾸준히 확대되어 왔다.[48] 마찬가지로 요르고스 칼리스와 제이슨 히켈은 이산화탄소 배출을 줄이는 동시에 성장을 지속할 수 있다고 주장하는 모든 모델을 검토한 결과 이와 같은 주장이 현재 존재하지 않는 기술에 근거하고 있다는 사실을 밝혀냈다. 경제학자들이 무인도에 캔 따개가 있다고 가정해 놓고 참치 캔을 열 수 있다고 주장한다는 농담이 있다. 이와 마찬가지로 경제학자들은 바이오에너지 탄소 포집 및 저장 기술을 통해 실현이 가능하다는 가정하에 부유한 중심부 국가에서 믿을 수 없을 만큼 빠른 속도로 이산화탄소 배출을 줄일 수 있다고 주장한다. 그러나 배출을 줄이는 기술인 바이오에너지 탄소 포집 및 저장 기술을 활용하려면 엄청난 규모의 나무를 단작한 뒤 불태워 생산한 바이오에너지가 필요하다. 국민주권과 국민/민족nation 문제가 무관하다는 이유로 기각되는 세계에서 바이오에너지 탄소 포집 및 저장 기술이 어느 곳에 구현될 것인지 불 보듯 뻔하지 않은가? (IPCC가 경고한 것처럼 바이오에너지 탄소 포집 및 저장 기술이 기가 단위 규모로 구현되면 "적응, 사막화, 토지의 질적 저하, 식량안보에 부정적인 부작용"을 일으킬 가능성이 있다.[49]) 이와 같은 시나리오는 탄소 예산을 넘어서는 "초과 지출"을 허용한다. 바이오에너지 탄소 포집 및 저장 기술을 배제한 상태에서 기온이 섭씨 2도 이상 오르지 않도록 하려면 2075년까지 글로벌 순제로 배출을, 기온이 섭씨 1.5도 이상 오르지 않도록 하려면 2050년까지 글로벌 순제로 배출을 달성해야 한다. 이와 같은 모델은 재생에너지, 급

속한 토양 재생, 조림, 온실기체를 배출할 필요가 없는 산업적 야금 공정과 시멘트 생산공정으로의 완전한 이행을 전제로 한다. 이러한 기술을 빠르게 배치하면 온실기체를 내뿜는 기존의 산업 공장을 완전히 대체할 수 있다. 그러나 성장을 유지하는 가운데 그리고 제3세계와 전력 자원을 공정하게 공유하는 가운데 이와 같은 이행을 달성하기는 어려울 듯하다. 이와 관련한 내용은 다음 장에서 다루겠다.

결론: 좌파 생태근대주의와 기술

이와 같은 혼란의 한복판에 무엇이 자리 잡고 있는가? 특정한 맥락 없이 그냥 생겨나는 발상은 없다. 어떤 발상은 번성하고 어떤 발상은 시들어 사라진다. 그렇게 되는 이유는 이러한 발상들이 뚜렷한 사회적 맥락에 뿌리를 내린 상태에서 싹을 틔운 것인지 아닌지의 여부에 달려 있다. 단순히 올바르다는 이유만으로 확산되는 발상은 없다.

대부분의 생태근대주의 신학은 환경사, 경제사와 관련해 우리가 알고 있는 모든 것과 결을 달리한다. 그러나 생태근대주의 신학은 대중으로부터 점점 더 많은 인기를 얻고 있다. 그리고 거기에 제1세계 좌파들도 포함된다. 이와 같은 현실에 놀라지 말아야 한다. 우선, 생태 근대화 이론은 사상의 영역에서 이루어지는 반란을 진압하는 효과가 있다. 즉, 억압받는 사람들이 억압하는 사람들의 영역 안에서 싸울 수밖에 없는 환경을 조성한 뒤, 공동의 삶 또는 공산주의에 대한 자율적 사고를 억제하고, 이와 같은 사고 위에 군림하며 이를 전복한다. 근대화 이론은 바람직한 삶이 민주적으로 공유되어야 한다는 메타 관념을 받아들였다. 그러나 거기에다 북반구에서 누리는 바람직한 삶이 남반구의 바람직하지 못한 삶을 토대로 이루어진 것은 아니라는 그릇된 관념을 강제로 추가했다. 자본주의 개발과 식민지의 탈개발은 역사라는 동전의 양면이다. 자본주의를 품은 생태 근대화 이론은 자본주의가 생태계에 피해를 입히고 있지만 그 피해를 복원할 수 있을 뿐 아니라 이미 그 피해가 체계의 경향에 의해 복원되고 있는 중이라고 주장한다. 과거의 이론과 새로운 이론의 바탕에는 두 가지 그릇된 주장이 자리 잡고 있다. 하나는 자본주의가 본질적으로 양극화를 유발하고 배제하는 체계가 아니라는 주장이며, 다른 하나는 자본주의적 개발이 특정 경로를 따라가도록 지원하는 기술이 계급 전쟁에 활용할 용도로 심혈을 기울여 구축한 무기가 아니라 사회적으로 무고한 존재라는 주장이다.[50]

이와 같은 공격은 특정한 기술 구성에 의존한다. 특정한 기술 구성이 곧 기술인 것은 아니며 특정한 기술 구성이 사람들을 공격하는 데 사용된다는 이유로 기술을 거부해야 한다는 정치적 삼단논법이 도출되는 것도 아니다. 존 저잔John Zerzan이나 데릭 젠슨Derek Jensen 같은 부류에 속하는 사람들이 "기술"을 거부하지 않은 탓에 생태근대주의자와 생태근대주의를 비판하는 사람들 사이에서 제3의 길을 찾으려고 애써 온 녹색 사회민주주의 진영에 속한 많은 이들이 수렁에 빠지게 되었다. 그러나 기술에 반대하는 모든 사람과 논쟁을 벌이는 과정에서 이들은 이와 같은 혼란을 분명하게 밝히기는커녕 오히려 가중시키고 말았다. 역사가 데이비드 노블이 지적하는 것처럼 이와 같은 틀은 중요한 쟁점에 접근하는 데 아무런 도움이 되지 않는다. "일반적인 기술이란 것은 존재하지 않는다. 기술은 특정한 환경 속에서 특정한 상황에 걸맞은 특정한 장비로서만 존재한다."[51] 사람들이 거부할 수 있는 것(그리고 거부해야 하는 것)은 특정 기술이다. 기술은 물질적 재화에 지식을 불어넣는 것이다. 광석, 목재, 면화, 황저포, 재스민 같은 물질적 재화는 가격을 가질 뿐 아니라 글로벌 권력관계에 영향을 미친다.[52] 기술은 추상적인 것이 아니라 구체적인 것이다. 자본주의하에서 기술은 하향식으로 매우 광범위하게 도입된다. 신기술은 신이 보내준 일용할 양식 따위가 아니다. 기술은 관리 계급이 노동자와 민중을 통제하고 자본의 끝없는 축적을 극대화할 목적으로 채택하는 것이다. 지배계급과 지배계급의 전속 성직자들은 기술 개념을 독점하고 해당 기술을 구현해 신기술의 채택과 신기술의 도입 가속화를 추상적으로 정당화한다. 이들은 바로 이와 같은 방식으로 지배받는 사람들을 명실상부 이념적으로 굴복시킨다. 주목해야 할 점은 오늘날 민주사회주의자들 역시 이와 같은 현실을 받아들이며 이와 같은 현실에 도전하지 않는다는 것이다. 바로 이것이 진보라는 신화, 즉 모든 것이 전반적으로 개선되었고 앞으로도 계속 개선될 것이라는 신화의 핵심이다. 진보라는 신화는 모든 근대주의자의 공식 발표, 격론, 소논문의 바탕에 자리 잡고 있다. 그리고 이 신화는 반체제운동의 가장 강력한 무기를 빼앗는 무기로 작용한다. 기술에 대해 추상적으로 논쟁하는 사람이 있다면, 그 사람은 자본주의에 대한 저항을 와해하기 위해 설계된 무기의 날을 벼리고 있는 것이다.

기술이 사회적으로 무고하다고 주장하는 사람들은 자신이 주장하는 내용을 입증할 책임이 있다. 왜냐하면 제국주의 이론과 환경적 불균등 교환 이론이 기술이 사회적으로 무고하지 않다는 사실을 보여주기 때문이다. 나아가 더 중요한 점은 좌파든 우파든 관계없이, 생태 근대화 이론이 세계체계 주변부에 자리 잡은 빈민들이 추구하는 환경주의를 도외시한다는 것이다. 더불어 이들은 전 세계 곳곳에서 일어나고 있는 농민운동이 사회적으로 그리고 생태적으로 요구하는 것에 관심을 가지지도 않고 동참하지도 않는다. 사실 생태근대주의와 적색 생태근대주의는 1990년대부터 2015년 사이에 환경정의 운동이 이룬 위대한 성취에 정치적으로 침묵해 왔다. 환경정의 운동이 이룬 위대한 성취의 구체적인 사례로는 기후 부채, 생태 부채, 배상을 전 세계가 논의할 의제로 상정한 일, 공동으로 책임지되 그 책임에 차등을 둬야 한다는 발상, 즉 이산화탄소 배출을 멈추기 위해 모든 국가가 실천에 나서야만 하지만 책임의 수위는 역사적인 책임에 따라 차별화해야 한다는 발상을 최고위급 기후 관련 정상회담에 상정한 일을 꼽을 수 있다.

이산화탄소 배출은 멈출 수 있다. 지속 불가능한 에너지 사용 가운데 일부를 지속 가능한 에너지 사용으로 대체할 수 있는 기술도 존재한다. 머지않은 시일 안에 그 기술을 어느 정도 구현하는 것도 가능하다. 그러나 이와 같은 대규모 기술체계를 아주 빠른 시일 안에 펼쳐서 북반구가 현재와 같은 수준으로 소비를 유지하는 가운데 남반구 국가의 개발 권리를 보장한다는 것은 지극히 어려운 일이다. 남반구 국가의 개발 권리에는 그들의 에너지 체계와 자국의 생태계를 보존할 국민주권 등까지 모두 포함되어 있기 때문이다(이는 다음 장에서 다룰 주제다). 그렇다면 대전환과 미래에 대한 그 밖의 다른 이상에는 어떤 것들이 있을까?

3
에너지 사용, 탈성장, 그린 뉴딜

사회는 에너지를 바탕으로 운영된다. 과거에는 태양에 의존하여 사회를 운영했다. 식물은 광합성을 통해 태양에너지를 살아 있는 물질로 전환한다. 식물이 전환한 에너지는 연료로 사용할 목재, 동물의 먹이, 인간이 먹을 곡식과 과일이 된다. 석탄과 석유를 광범위하게 사용하게 되면서 인간 사회를 조직하는 방법이 달라졌다. 인간은 탄화수소에서 생성된 에너지를 활용할 수 있는 시설을 건설했다. 이러한 시설을 활용하면서 에너지 사용이 큰 폭으로 증가했고 경제가 성장했다. 새로운 방식으로 조직된 인간 사회에서 북반구 국가는 전반적인 복리를 누렸다. GDP와 사적소유가 꾸준히 성장했다. 그 과정에서 (지금껏 이어졌던) 논리와는 거리가 먼 발상이 떠올랐다. 지속적인 성장을 토대로 생태계와 인류가 생활하는 공간을 치유해야 한다는 발상이다. 이러한 발상은 치유를 넘어 인간의 건강, 행복, 번영 유지로 이어졌다. 그러나 어디에도 생산수단의 사적소유에 대한 언급은 없었다.

이와 같은 배경을 감안할 때 사회민주주의가 제안하는 그린 뉴딜이 주로 녹색성장에 대한 것이라는 사실은 그리 놀라운 일이 아니다. 녹색 일자리 창출, 녹색 인프라, 녹색 기술, 녹색 도시, 녹색 농업. 모두 반짝반짝 빛나지만 달성하기 어려운 배경을 등에 업고 탄생한 개념이다. 한편 유럽과 미국에서는 이러한 관념에 맞서는 개념이 등장했다. 바로 탈성장 담론이다. 탈성장 담론은 인간의 요구를 줄여야 한다고 제안한다. 성장 이데올로기는 궁핍, 신자유주의, 소비주의를 정당화한다. 이러한 망상에서 벗어나는 것이 바람직하다. 그래야 세계의 개선이라는 조류潮流가 모든 배를 들어 올린다는 상투적인 위로의 표현에서 벗어날 수 있기 때문이다. 그렇게 되면 어느 배가 다른 배에서 떼어 낸 목재를 이용하여 만든 배인지 식별할 수 있게 될 것이다.

그러나 오늘날 실질적으로 계획을 수립하는 엘리트들은 성장에 대해 양가감정을 가지고 있다. 엘리트들이 성장에 대해 지닌 양가감정은 맬서스주의적 열정으로 물들어 있는 서구의 제도, 유색인종 인구가 다소 많이 증가하고 있다는 사실에 노심초사하는 그들의 모습, 아랍 지역 같은 곳에서 (이들이) 실제로 벌이는 행동을 보면 알아차릴 수 있다. 탈개발은 식민지 팔레스타인에서 처음 드러난 현상으로 식민지 대재앙이라는 오랜 역사의 일부다.[1]

진보적 실천을 지향하는 단기적인 방법으로 세 가지 방법을 생각해 볼 수 있다. 세 가지 방법 모두 현실을 장악하기 위해 각축을 벌이고 있다. 하나는 현재의 에너지 사용을 재생에너지로 완전히 대체하는 방법이다. 그럼으로써 남반구의 에너지 사용을 늘리는 동시에 자본주의적 소유 구조를 유지하는 것이다. 바로 이것이 좌파 자유주의가 제시하는 해결책이다. 다음은 에너지를 더 적게 사용하는 방법이다. 그러기 위해서는 중심부 국가의 인프라를 개조하고 국내 에너지의 상당 부분을 1950년대 수준으로 공평하게 재분배해야 한다. 또한 에너지 인프라를 완전히 대체하고 막연하지만, 남반구 국가에 보조금을 제공해 전환을 지원해야 한다. 이것이 바로 녹색사회민주주의가 제시하는 남반구 친화적인 해결책이다. 마지막으로 중심부 국가의 에너지 사용을 크게 낮추는 방법이 있다. 그러기 위해서는 사회적 인프라의 탈상품화, 복리 보장, 제3세계에 대한 대규모 기술 보조금 지원이 뒷받침되어야 한다. 이것이 바로 (탈성장?) 생태공산주의eco-communism 해결책이다. 각각의 경로는 나름 양식화되어 있는데, 그 차이는 마치 백만 갈래로 나뉘어 쏟아져 내리는 빛과 같다. 그렇기 때문에 갈래 각각의 차이는 머리카락 한 올 정도에 불과하다. 중심부 국가에서 더 많은 재분배가 이루어질수록 첫 번째 경로는 두 번째 경로에 더 가까워 보일 것이다. 보조금을 더 많이 제공할수록 두 번째 경로는 세 번째 경로와 더 비슷하게 보일 것이다.

탈성장

탈성장은 충분함에 대한 정치적, 생태적 요구다. 탈성장론의 바탕에는 비인간 세계를 짓누르는 자본주의 기술의 무게가 비인간 세계가 감당할 수 있는 수준을 넘어섰다는 이해가 자리 잡고 있다. 탈성장은 특히 이베리아반도 지역에서 큰 호응을 얻고 있다. 서구의 자본주의적 가짜 복지국가에서 생활하는 사람들이 성장이라는 이데올로기로 똘똘 뭉쳐 있지만, 탈성장을 주장하는 지식인과 활동가들은 성장이라는 세속적인 신앙에 이념적 풍파를 일으키는 데 성공했다. 덕분에 북반구에 자리 잡은 산업자본주의 국가에서 생활하는 사람들 가운데서도 경제성장보다 환경을 더 중요하게 여기는 이들이 늘어나고 있다. 이에 따라 북반구에 자리 잡은 산업자본주의 국가는 물질과 에너지 사용을 전반적으로 줄여야 하는 형편이다. 탈성장 지식인의 관점은 북반구에 자리 잡은 산업자본주의 국가에 단비 같은 존재가 되었다.[2] 그러나 때로 탈성장은 온갖 이념 진영이 한데 모여드는 담론으로도 기능해 왔다. 일부 탈성장론자들은 축적과 사회적 위계질서보다 성장에 더 주목한다. 제국주의에 대해서는 주목하지 않는 탈성장론자도 있었다.[3] 더 나아가 생태사회주의 사상은 탈성장론보다 앞서 등장했고 빈민의 환경운동은 생태사회주의가 구체화되기 전에 등장한 것이다.[4] 그렇기에 문제의 틀을 약간 비틀어 보았다.[5] 농생태학적 식량 생산, 대중교통, 기본적인 보건 의료, 재생에 너지 같은 일부 부문은 탈상품화를 유지하는 가운데서도 믿을 수 없을 정도로 빠른 속도로 성장해야 할 것들이다. 반면 군대, 비재생에너지 생산, 화학비료 같은 부문은 반드시 사라져야 한다.

에너지 사용을 줄여야 하는 이유

에너지 사용은 수많은 부문이 엮여 있는 메타 부문이다. 에너지 사용 양식을 바꾸고 다른 조건의 에너지원으로 이행하는 일이 사회의 모든 부문에서 이루어져야 한다. 구체적으로 소비에서 생산, 기업에서 협동조합, 가정에서 개인에 이르는 모든 부문에서 그래야 한다. 공정한 반식민 사회주의적 해결책을 통해 기후 문제를 해결하려면 산업문명의 전력 체계를 대규모로, 즉시 전환해야 한다.

기술체계의 이행과 사회체계의 이행은 사회적 권력의 이행을 의미한다. 중심부 국가의 고속도로, 자동차 산업, 오늘날의 농업체계에 이르는 모든 부문은 경제적으로 "저렴하고", 물리적으로 밀집되며, 쉽게 저장할 수 있는 형태의 전력을 바탕으로 구축되어 왔다. 사회과학자들은 이와 같은 체제를 "화석 에너지 체제"라고 부른다. 에너지 연구자 사이먼 피라니Simon Pirani가 지적한 대로 자동차, 플라스틱, 석유화학 제품 같은 대규모 "기술체계"는 "사회체계와 정치체계에 내포되어 있기 때문에 지금과 같은 방식으로 진화했다." 중심부 국가에서 생활하는 사람들은 광합성의 산물이 죽은 후 영겁의 세월을 거쳐 화석화되어 탄화된 검은 덩어리인 석탄과 검고 찐득찐득한 액체인 석유와 분리될 수 없는 엄청난 규모의 세계에 살고 있다.[6]

체계의 변화, 기후 변화, 에너지 체계의 변경이 의미하는 바는 무엇인가? 공정한 글로벌 그린 뉴딜을 실현하기 위해서는 현재 미국의 에너지 소비 수준을 낮춰야 한다. 1인당 연간 전력 사용량을 살펴보자. 미국약 12,000KWh, 일본 7,150KWh, 프랑스 4,928KWh이다. 한편 이란은 3,072KWh, 니카라과는 571KWh, 수단은 268KWh, 예멘은 91KWh이다. 이러한 차이는 공정하지 않다.

이산화탄소 절감으로 이어지는 서로 다른 여러 경로들은 지구와 지구에 깃들어 사는 가장 가난한 사람들이 입는 피해의 규모에도 관심을 가지고 있다. 이산화탄소 절감으로 이어지는 경로들은 북반구에서 생활하는 이들에게 두 가지 명확한 질문을 던진다. 모든 인류가 정의로운 방식으로 생활할 수 있도록 (당신들의) 생활양식을 바꿀 의지를 가지고 있는가? 축적 체계를 공격할 의지를 가지고 있는가? 문제를 제기하지 않는다면 축적 체계는 기후 변화라는 망치를 세계에서 가장 가난한 이들에게 가장 가혹하게 휘두를 것이다. 평온한 사회민주주의 모델에조차 파시즘이 잠복해 있다. 이산화탄소 절감으로 이어지는 여러 경로들은 우리에게 이와 같은 현실을 알아챌 역량이 있는지 암시적으로 묻는다. 이와 같은 현실을 알아차리지 못한다면 (이 모델 또한) 제3세계에 개입하여 이곳 사람들을 착취하거나 절멸로 몰아 가게 될 것이다. 아울러 제3세계에서 자본주의가 살아 숨 쉬게 함으로써 중심부 국가 자체의 중간계급을 공격할 피난처로 삼게 될 것이다. 보통은 이런 현상을 신자유주의라고 부른다.

탄소 예산이라는 신화

탄소 예산을 중심으로 기후 논쟁을 살펴보면 정치적 스펙트럼이

또렷이 드러난다. 탄소 예산은 과학자들이 사용하는 용어다. 탄소 예산을 통해 사전에 결정해 둔 "위기 수준"을 넘지 않으면서 배출할 수 있는 이산화탄소량을 확인할 수 있다. "위기 수준"에 큰따옴표를 붙인 이유는 대부분의 인류에게 기후 변화보다도 위기가 먼저 다가오기 때문이다. 탄소 예산과 관련하여 주목할 만한 사실은 인간이 배출해도 괜찮을 정도의 이산화탄소량이 계속 줄어들고 있다는 사실이다. 첫 번째 이유는 자본주의가 계속해서 이산화탄소를 배출하고 있기 때문이다. 두 번째 이유는 과학자들이 보수적인 관점에서 모델링을 수행하고 결과를 보고하기 때문이다.[7] 세 번째 이유는 과학자들이 온난화 수준에 따르는 결과에 대해 점점 더 많은 지식을 파악하게 되면서 "안전한" 수준의 세계 평균 기온을 점점 더 낮춰 잡고 있기 때문이다.

이와 같은 사실에서 탄소 예산과 한계 기온이라는 "객관적인" 과학에도 정치가 얼마나 많이 내포되어 있는지 확인할 수 있다. 지난 10년에 대해서만 생각해 보자. 지난 10년 동안 과학자들은 목표 기온에 대한 일반적인 "합의"를 섭씨 2도에서 섭씨 1.5도로 낮췄다. 과학자들과 지극히 보수적인 IPCC는 섭씨 2도일 때 발생할 수 있는 사회적 결과와 섭씨 1.5도일 때 발생할 수 있는 사회적 결과를 비교한 끝에 목표 기온을 섭씨 1.5도로 낮추기로 결정했다. 공공 무대에서는 수치를 최대한 보수적으로 언급할 필요가 있다는 사실을 이해했기 때문이었다.[8] 《네이처》, 《사이언스》 같은 저명한 저널에 논문을 게재하는 과학자들은 심지어 섭씨 1.5도에도 위도 60도 이남 지역에 자리 잡은 영구동토층이 녹을 수 있다고 언급한다.[9] 이와 같은 사실이 특정 정치 전략을 규정하는 것은 아니다. 하지만 이는 전략의 결과 및 해당 전략과 쌍을 이루는 배출 감축의 결과를 명확하게 보여준다.

과학에 정치가 내포되어 있다는 사실을 확인하기 위해 탄소 예산을 더 면밀하게 살펴보자. 가장 최근의 추정치인 IPCC 1.5℃ 지구온난화

특별보고서SR15에 따르면, 기온이 섭씨 1.5도 이상 오르지 않을 확률을 66%로 설정했을 때 허용되는 이산화탄소 배출량은 420기가톤이다. 이산화탄소 420기가톤은 현재의 배출 수준으로 약 10년간 배출할 수 있는 이산화탄소량과 같다. 언론에서 언급하는 것처럼 2030년부터는 이산화탄소 배출량이 제로가 되어야 한다. 섭씨 1.5도 이상 오르지 않을 확률을 50%로 낮추면 허용되는 이산화탄소 배출량은 580기가톤이다. 이산화탄소 580기가톤은 현재의 배출 수준으로 약 14년간 배출할 수 있는 이산화탄소량과 같다. 그러나 보고서는 다음과 같이 덧붙인다. "배출된" 이산화탄소와 비이산화탄소에 대한 "기후 반응은 불확실하다." "이에 따른" 오차범위는 이산화탄소 400기가톤이다. 간단히 말해 그 정도 수준의 탄소를 태우든 태우지 않든 간에 섭씨 1.5도를 (아마도 훌쩍) 넘길 확률이 3분의 1이라는 것이다.[10]

좌파 자유주의 진영에서 이루어지는 대부분의 기후 논쟁의 바탕에는 자본주의의 제거가 아니라 관리가 자리 잡고 있다. 따라서 배출이 이루어지는 이유와 그 결과라는 관점에서 상정한 글로벌 부와 소비의 분배, 거기에 연결된 누구의 삶이 중요하고 누구의 삶이 중요하지 않은지를 결정하는 제도 및 그와 관련된 기본 가정은 거의 인정받지 못한다. 이러한 이유로 대부분의 좌파 자유주의 기후 논쟁은 대체로 탄소 예산 관련 시나리오를 깊이 검토하지 않는다. 나아가 이 시나리오가 펼쳐지는 무대인 자본주의라는 맥락도 깊이 검토하지 않는다. 심지어 이들은 기후가 미치는 피해에 주목하느라 그 피해가 주변부 국가 빈민에게 계속 집중될 것이라는 사실조차 인식하지 못한다.

불가능한 시나리오를 예로 들어 보겠다. 바로 오늘부터 당장 탄소 배출을 중단한다고 생각해 보자. 이러한 시나리오가 정말 실현되더라도 남반구에서 생활하는 이들은 과거 배출된 이산화탄소가 빚어 놓은 기후 부정의 속에서 계속해서 살아가야 할 것이다. 1980년에서 2002년 사이에 기후가 유발한 재해로 목숨을 잃은 사람만 에티오피아 30만 964명, 방글라데시 16만 8,584명, 수단 15만 362명, 모잠비크 10만 1,473명이었다. 같은 기간 생활 터전을 잃은 사람은 방글라데시 6,255만 3천 명, 파키스탄 867만 9,282명, 필리핀 782만 3,102명이었다.[11] 옥스팜 보고서에 따르면 지난 10년 동안 연평균 2천만 명이 넘는 사람들이 극한의 날씨가 불러온 재해로 인해 생활 터전을 잃고 국내 이주를 경험했다. 기후가 유발한 재해(예: 사이클론, 홍수)의 영향을 받을 가능성이 가장 높은 10개국에는 작은 섬에 자리 잡은 국가(예: 쿠바, 도미니카, 투발루)와 필리핀 같은 제도, 소말리아 같은 궁핍한 국가가 포진해 있다. 이 10개 국가 모두 전 세계 탄소 배출 순위 96위 밑에 포진해 있다.[12] 영화감독 레하드 데사이Rehad Desai는 다음과 같이 기록했다.

> 모잠비크에서 두 번째로 큰 도시의 90%가 파괴되었다. 주택 30만 채를 새로 지어야 하지만 아직 삽도 뜨지 못한 형편이다. 주택 건설에 필요한 비용은 6억 달러, 도로와 공공 설비 건설에 필요한 비용은 7억 달러에 달한다. 1천 명이라는 사망자 수는 사이클론의 직접적인 영향으로 사망한 사람의 수만 집계한 것이다. 사이클론이 할퀴고 지나간 자리에서 굶주림과 질병이 확산되어 사망한 사람 수는 아직 집계되지 않았다. 인정하고 싶지 않지만 모잠비크는 사이클론 이다이Idai와 케네스Kenneth가 파괴한 시설을 완전히 복구하지 못할 가능성이 높다. 더 안타까운 사실은 또 다른 사이클론이 앞으로도 계속 모잠비크를 덮칠 것이라는 점이다.[13]

다른 곳도 상황은 비슷하다. 실제로 세계에서 가장 큰 도시 가운데 하나인 인도네시아 자카르타는 재배치 계획을 수립하고 있다. 한편 자연재해가 주변부 국가에만 영향을 미치는 것은 아니다. 기후 변화의 영향으로 인해 허리케인 카트리나와 샌디의 위력이 훨씬 더 강력해졌고 이 허리케인들은 특히 흑인이 많은 비중을 차지하는 미국의 빈민에게 집중적으로 피해를 입혔다. 미국 중서부 지역에서는 대기가 차가워지면서 땅이 얼어붙고 심지어 위력적인 사이클론이 찾아오기도 했다. 대기 상황이 순차적으로 변화하면서 기록적인 홍수가 일어났다. 이 모든 현상 역시 전 세계적인 기후 이행의 산물일 것으로 추정된다.[14] 이런 상황에서도 북반구 국가의 자본가들은 탄소를 계속 배출하고 배출 감축 속도를 최대한 늦추겠다는 결정을 내렸다. 겉보기에 탄소 예산 개념은 정치와는 무관해 보이고 순수하게 기술적으로만 구성된 것처럼 보인다. 따라서 탄소 예산이라는 개념은 북반구 자본가들이 내린 결정을 감추는 데 활용된다. 게다가 북반구 국가의 자본가들이 내린 결정 덕분에 아프리카 남부에 자리 잡은 온갖 도시가 파괴되고 미국의 광활한 농촌 지역이 자연재해로 피해를 입고 있다. 기후 변화로 가장 큰 피해를 입은 지역을 표시한 지도와 빈곤 지역 및 흑인 인구가 비교적 많은 지역을 표시한 지도를 겹쳐 보면 두 지도에 표시한 지역 대부분이 중첩된다는 사실을 확인할 수 있다.[15]

나아가 탄소 예산과 관련한 의사결정은 자본주의가 기후 문제를 영구적인 비상사태로 고착화시키면서 세계의 다수를 상대로 구조적인 폭력을 행사한다는 사실을 무시하는 경향이 있다. 행정적 결정과 기술적 결정의 근거는 확률이다. 확률을 토대로 결정을 내리는 행위에는 비상사태가 지평선 저 너머 해외 어딘가에서 일어나고 있는 일이기 때문에 이를 국내 정치에 반영할 필요가 없다는 관념이 반영되어 있다. 주변부 국가들은 기후 조약을 통해 (이 책 마지막 장의 주제인) 기후 부채를 상환받기 위한 투쟁을 벌였고 부분적으로 성공을 거뒀다. 기후 조약을 활용한 투쟁은 자본 축적이 주변부 국가들에 과거에 입힌 피해 및 현재 입히고 있는 피해를 인정하고 바로잡으려는 노력의 일환이다. 한편 이 논의는 주변부에서 빈곤한 생활을 하는 사람들이 겪고 있는 비상사태를 모르는 체 외면하지 않았다. 논의는 비상사태의 원인을 오늘날 배출한 탄소가 아니라 과거 배출한 탄소, 과거 이루어진 신식민주의, 신식민주의보다 먼저 이루어진 식민주의에서 찾았다.

게다가 탄소 예산이라는 무의미한 숫자 놀음에는 구조적 폭력이 내포되어 있다. 구조적 폭력은 관련된 모든 당사자의 이해관계와 열망이 아니라 일부의 이해관계와 열망만을 정량화하는 방정식을 반영한다. 한편 탄소 예산을 계산하는 한 축에는 세대 간 부정의라는 구성 요소가 자리를 잡고 있다. 세대 간 부정의는 현재 세대와 미래 세대가 희생해야 할 부분과 현재 세대와 미래 세대가 누려야 할 행복의 적절한 무게를 파악하여 균형 있게 배분하지 못한 결과 나타났다. 공정환 전환을 요구하는 정치활동이라면 자손들이 살아가게 될 세상을 보존하기 위해 포기해야 할 일이 있다는 사실을 사람들에게 납득시켜야 할 것이다. 설득 과정에서 사람들이 "희생"과 "궁핍"이라는 허수아비 수사학에 노출될 수 있다. 솔직히 말해 자본주의 체계에서 생활하는 모든 사람은 자녀에게 부를 물려주려고 한다. 자녀가 더 쉽고 편안한 삶을 영위하기를 바라기 때문이다. 따라서 생산구조 전체를 이행하려면 세대 간 돌봄과 관심이라는 상식을 사회계획의 윤리에 의식적으로 반영할 필요가 있다.

탄소 예산의 또 다른 커다란 문제점은 바로 탄소 예산이 확률에 의존한다는 점이다. 탄소 예산은 불확실하다. 따라서 탄소 수치가 제시되더라도 해당 수치를 제시하는 모델이 주장하는 상황이 실제로 벌어질 것인지 확신할 수 없다. 이러한 까닭에 정치적으로 까다로운 결정을 내리지 않으면 인간의 안전을 보장할 수 없다. 그런데 보통 이러한 결정은 논의를 시작하기도 전에 제거된다. 기온이 섭씨 1.5도 이상 오르지 않을 확률을 70%로 설정했을 때 허용되는 이산화탄소 배출량은 확률을 85%로 설정했을 때 허용되는 이산화탄소 배출량보다 훨씬 적을 것이다. 기존 모델에 따르면 기온이 섭씨 1.5도 이상 오르지 않을 확률이 100%가

되는 이산화탄소 배출량을 알 수가 없다. 이와 같은 설명은 절대 상상의 산물이 아니다. IPCC SR15 보고서에 수록된 내용이다. 보고서에 따르면 가장 낙관적인 모델이 제시하는 확률과 배출 허용 이산화탄소량은 다음과 같다. 기온이 섭씨 1.5도 이상 오르지 않을 확률 66%에서 허용되는 이산화탄소 배출량 420기가톤, 확률 50%에서 허용되는 이산화탄소 배출량 580기가톤, 확률 33%에서 허용되는 이산화탄소 배출량 840기가톤. 보고서는 다음과 같이 언급한다. "온실기체가 유발하는 기후변화 평가모델Model for the Assessment of Greenhouse Gas Induced Climate Change의 예측에 따르면 21세기 내내 기온이 섭씨 1.5도 이상 오르지 않을 확률을 66%보다 더 높일 방법은 없는 것으로 나타났다."[16] 이 모델이 예상하는 생태적 피해 규모를 가늠해 보기 위해 기온이 섭씨 1.3도 이상 오르지 않을 확률이 66%일 때 허용되는 이산화탄소 배출량을 확인해 보자. 80기가톤이다. 이산화탄소 80기가톤은 현재의 배출 수준으로는 약 2년간 배출할 수 있는 이산화탄소량과 같다. 이런 수치는 정치적으로 소화할 수 있는 수준이 아니다. 바로 그렇기에 지구온난화가 진행되는 과정에서 고통에 시달리게 될 사람들 입장에서 이 수치를 달성하기 위해 노력을 기울이는 일이 무엇보다 중요하다.

노동계급과 미래의 생명을 존중하는 사전 예방 원칙

이 수치는 급격한 변화를 의미한다. 첫째, 66% 확률이 아니라 33% 확률과 33% 확률에 내포된 여러 가지 가능성을 고려해 보자. 33%라는 확률 역시 피해야 할 수치이다. 예를 들어 기후 순환 고리가 이미 "폭주" 단계에 들어섰을 가능성이 있다고 주장하는 사람들도 있다. 이렇게 주장하는 이들은 현재 대기 중 이산화탄소량을 토대로 전 세계 평균온도가 섭씨 2도, 3도 또는 4도 상승할 것으로 예측한다.[17] 우리는 사전 예방 원칙에 입각해 기후 변화에 대응해야 한다. 어느 과학자 집단은 사전 예방 원칙을 다음과 같이 설명한다. "사전 예방 원칙이란 불확실한 경우에도 예방 조치를 요구하는 것이다. 위험을 유발하는 사람들에게 책임을 묻는 것이다. 대안과 민주주의를 강조하는 것이다."[18] 기온이 섭씨 1.5도 이상 오르지 않는 조건으로 책정된 탄소 예산 수준에서 온난화가 폭주할 것으로 추정되는 확률이 5%라면 인간의 모든 에너지를 동원하여 공정한 전환을 가능한 빨리 이루어야 할 것이다.

가능성에 대한 논쟁은 정치적일 수밖에 없다. 만일 탄소 배출을 급격하게 줄인다는 말이 진정한 궁핍 상태, 산업화 이전 혹은 근대 이전의 생활양식을 의미하는 것이라면, 그래서 오븐이나 금속 제품, 산업적 형태의 교통수단을 전혀 이용할 수 없다는 의미라면, 정치적인 측면에서 볼 때 수많은 사람들이 탄소 배출을 대규모로 급격하게 줄이는 방향으로 이동할 가능성은 높지 않다. "최대한 빨리"라는 결정은 정치적이고 기술적인 것이다. 이에 대응하려면 정치적·사회적 권력이 필요하다. 예를 들어 대규모 사적소유 체제가 계속 지속되어야 한다는 객관적인 이유는 없다. 반면 민중 계급이 현재와 미래를 계획하지 못할 것이라는 객관적인 이유도 없다. 이런 것들 모두가 정치적인 의사결정이다. 독점적인 사적소유 체제가 지속되도록 용인하거나 독점적인 사적소유 체제에 맞서는 투쟁을 선택하는 것, 독점적인 사적소유 체제를 부분적으로 개혁하거나 또는 사적소유 체제의 경로를 녹색 생산, 사회민주주의, 녹색 성장으로 변경하는 것. 이런 모든 선택이 다 정치적인 의사결정이다.

이미 지구 대부분 지역에서 고통에 시달리고 있지만, 아직도 대규모 기후 배상은 이루어지지 않았다. 나아가 온난화는 앞으로도 계속 진행되어 지구 대부분 지역에 고통을 유발할 것이 불 보듯 뻔하다. 결국 공정하려면 대규모 배상을 시행해야 한다. 대규모 배상이 이루어지면 기후 변화를 막으려는 투쟁은 막을 내릴 것이다. 대신 기후 변화에서 생존하기 위한 투쟁, 기후 변화에 적응하려는 투쟁, 나쁜 상황이 매우 나쁜 상황으로 비화되지 않도록 막으려는 투쟁이 이어질 것이다. 전환기 동안에는 자본주의가 지속적으로 불태우는 석유와 가스가 윤활유로 작용하여 나쁨에서 매우 나쁨으로 미끄러질 수도 있을 것이다. 다시 한번 근본적인 질문을 던져 본다. 전환의 속도를 결정할 때 누구의 목소리를 반영해야 하는가? 사용해야 하는 에너지원과 사용하면 안 되는 에너지원을 결정할 때 누구의 목소리를 반영해야 하는가? 이런 질문을 비정치적인 방법으로 답할 수는 없다.

논쟁

오늘날 청정 에너지를 둘러싸고 벌어지는 논쟁은 그릇된 이분법에 경도되어 있다. 하나는 허수아비 탈성장이고 다른 하나는 국가가 관리하는 그린 뉴딜이라는 꿈동산이다. 그린 뉴딜을 관리하는 국가를 이끌어 가는 주체는 《침묵의 봄》을 앞세우면서 생태 문제에 관심을 기울이는 진보적인 사회민주주의 행정부다. 이 진보적 사회민주주의 행정부는 조직적인 방식으로 대륙 단위의 전력망을 빛의 속도로 구축함으로써 더러운 에너지를 청정 에너지로 전환할 수 있는 주체로 여겨진다.

국가가 관리하는 그린 뉴딜이라는 이상은 물리적 잔상과 정치적 몽상에 의존한다. 우선 2021년의 경우, (아이슬란드를 제외한) 정치적 중심부 국가의 집권 세력 가운데 에너지 민주주의에 대한 요구를 비롯한 사회민주적 의제를 실행에 옮길 사회민주주의 세력은 없는 것으로 보인다. 혹시 사회민주주의 세력이 집권하더라도 현재의 에너지 체계를 재생에너지로 완전히 대체하자는 제안에 의존하는 그린 뉴딜은 전혀 공정하지 않을 뿐더러 현실성도 떨어진다. 이러한 주장을 펼치는 사람들 가운데 대표적인 인물로 로버트 폴린Robert Pollin을 꼽을 수 있다.[19]

첫 번째로, 현재의 에너지 체계를 재생에너지로 완전히 대체하자는 제안은 현재의 에너지 형태를 완전히 대체하는 것이 가능하다고 주장한다. 주요 국가에서 재생에너지와 재생에너지 저장소를 충분히 개발하여 현재 생산하고 있는 에너지와 최소한 동일한 양의 에너지를 생산할 수 있다고 가정해 보자. 그렇더라도 그것을 얼마나 빠른 시간 안에 실현할 수 있는가는 또 다른 문제다. 현재 사용하는 에너지를 새롭게 건설한 발전소에서 생산하는 에너지로 완전히 대체하는 데 소요되는 시간은 전반적인 에너지사용량이 그대로이거나 증가하는 경우 더 많이 소요될 것이고 전반적인 에너지사용량이 감소하는 경우 더 적게 소요될 것이다. 배출량 제로에 도달하는 데 소요되는 시간이 더 적으면 대기로 배출되는 탄소도 더 적어질 것이다. 그러면 전 세계에서 기후 변화가 유발한 고통에 시달리는 사람들도 더 적어질 것이다. 어떤 정치세력이 결정한 것이 가장 좋은 경로인지를 묻는 질문에 객관적인 해답이나 현실적인 해답이 있을 수 없다. 다만 분명한 것은 중심부 국가에서 에너지 사용을 줄이지 않으면 섭씨 1.5도는 고사하고 섭씨 2도 상승도 막을 수가 없다는 것이다. 다양한 연구 결과를 통해 이와 같은 사실을 확인할 수 있다.[20]

두 번째 쟁점은 특정 시점에 특정 형태의 기술과 관련하여 경험하게 될 사회적 수확체감의 문제다. 이 문제는 차량 수가 많아지면 교통량이 너무 늘어나 이동 자체가 불가능해지는 시점이 오게 되는 것과 같은 이치다. 생태경제학자들과 공학자들은 에너지 수확이 극대화되는 에너지사용량을 확인하기 위해 "에너지투자수익률"energy returned on investments이라는 개념을 도입했다. 에너지투자수익률 측면에서 볼 때 화석연료는 장점이 뚜렷하다. 적은 양의 에너지로 석탄을 캐고 석유를 채취하여 막대한 양의 에너지를 생산할 수 있기 때문이다. 에너지투자수익률 측면만 놓고 보면 화석연료는 놀라울 정도로 큰 이점을 제공한다. 문제는 대기에 폐기물을 내뿜는다는 점이다. 인간 사회는 아직 해당 폐기물을 정화할 준비를 다 갖추지 못했다. 반면 재생에너지 기술은 에너지투자수익률이 더 적다는 문제를 안고 있다. 그 외에도 재생에너지 기술은 오염과 상쇄에 관련된 문제도 갖고 있다. 재생에너지를 대규모로 생산하려면 사회의 많은 부분과 막대한 양의 토지를 활용해야 하는데, 태양과 바람이 일정 수준으로 꾸준하게 공급되지 않는 문제를 해결하기 위해 여분의 태양광 패널과 풍력터빈 및 저수용 댐을 설치하는 과정에서 막대한 규모의 토지가 쓸 수 없는 토지로 바뀌어 버릴 수도 있다. 이런 상황에서 대규모 재생에너지 생산에 투입되는 비용과 그것으로 얻을 수 있는 이익은 얼마나 될까? 전 세계의 전력망을 완전히 전환하려는 시도는 아직 없었다. 재생에너지 저장 비용과 수확체감을 모두 감안하고 거기에 더해 수력발전이 태양광과 풍력과는 다른 방식으로 생태에 심각한 피해를 입힌다는 사실까지 감안한 일부 연구에서 현재의 에너지사용량을 모두 재생에너지로 대체한다는 안이한 주장은 현실성이 없다는 사실이 밝혀졌다.[21]

재생에너지 저장 문제는 더 복잡하다. 필요한 전력을 모두 저장할 수 있을 만큼 많은 배터리를 생산할 방법이 없기 때문이다(소행성에서 자원을 채취하는 방법은 여기서 고려하지 않겠다). 저수용 댐은 그 자체로 문제를 안고 있다. 저수용 댐은 바람이 멈출 때 그리고 낮 시간에 일시적으로 태양이 비추지 않을 때를 대비해 에너지를 저장하는 시설이다. 따라서 얼마나 많은 저수용 댐을 지어야 하는지 문제가 발생한다. 저수용 댐을 건설하는 데 막대한 양의 사회적 에너지와 물질적 에너지가 투입되어야 할 수도 있다. 공학자이자 에너지 전문가인 테드 트레이너Ted

Trainer는 "성장"과 성장을 토대로 발생한 경제적 복리를 거시경제적인 차원에서 관리한다는 개념을 제거하는 데 호주 GDP의 약 3%에 달하는 비용이 소요될 것으로 추정한다. 에너지투자수익률이라는 관점에서 볼 때 현재 에너지 체계의 에너지투자수익률은 12대 1이다. 재생에너지로 전환하면 에너지투자수익률은 4대 1로 낮아진다. 심지어 이번 세기 중반에는 3대 1로 떨어질 수 있다. 태양과 바람의 경우 사용하는 과정에서 손실되는 전력이 훨씬 적기 때문에 수치 자체를 직접 비교하는 것은 무리가 있지만, 그렇더라도 재생에너지의 에너지투자수익률은 "오늘날과 같이 복잡한 산업사회가 높은 수준의 개발을 유지하는 데 필요한 것으로 식별한 임계값보다 훨씬 낮다."[22] 녹색 케인스주의 재생에너지 정책은 성장지향적이다. 이 정책이 내미는 비장의 무기는 성장을 통해 조각을 더 크게 키울 수 있다는 것이다. 따라서 정치적으로 보다 현실적인 정책으로 볼 수 있다. 위와 같은 에너지투자수익률 계산 결과를 통해 녹색 케인스주의 재생에너지 정책 자체의 관점에서 보더라도 문제를 처리하는 현재의 방식이 잘못되었다는 사실을 파악할 수 있다. 중심부 국가의 GDP 가운데 지극히 작은 부분만을 남반구와 북반구의 전환 자금으로 활용하면서 재생에너지로의 완전한 변혁과 완전한 분리를 이루고, 그러면서도 1인당 실질성장률을 2에서 3%대로 유지하려는 계획은 현실성이 전혀 없어 보인다.

또 하나의 큰 문제는 전환 과정에서 "발생하는" 이산화탄소 문제다. 새로운 산업적, 기술적 재생에너지 인프라 건설에는 에너지가 필요하다. 그리고 이때 활용되는 에너지는 대부분 재생에너지가 아니다. 연구자들은 프랑스가 현재 소비하는 에너지를 재생에너지로 대체하기 위한 인프라를 건설하는 데 소요되는 에너지량을 추정했다. 그 결과 (인프라 건설에) 프랑스가 1년 동안 소비하는 만큼 에너지가 필요하다는 결론이 나왔다.[23] 더 청정한 에너지가 필요할수록 청정 에너지를 얻기 위해 필요한 에너지의 양도 커진다. 이런 점에서 볼 때 중심부 국가의 에너지 사용 감소를 목표로 삼는 것이 바람직하겠다. 한편 주변부 국가는 기후 부채 상환을 통해 재생에너지 보조금을 지원받게 될 것이다. 만일 기후 부채 상환이 이루어지지 않는다면, 주변부 국가에서 오염을 유발하는 인프라를 구축할 것이고 기후 문제를 더욱 악화시킬 것이기 때문이다(세 번째 선택지는 그저 모든 개발을 거부하고 에너지사용량을 제로에 가깝게 만드는 것이다. 바로 이것이 현재 팔레스타인 가자 지구의 모습이다).

나아가 에너지에는 비용이 따른다. 많은 이들이 전환기 에너지 프로그램의 일환으로 대규모 태양광 단지 조성을 제안한다. 대규모 태양광 단지를 조성하려면 수천 에이커에 달하는 개방된 노지가 필요하다. 인도의 경우 "개방"은 정치적 범주다. 목축업자들은 공유지를 활용하여 땔감으로 사용할 나무를 얻고, 사료로 사용할 풀을 베며, 가축을 방목한다. 태양광 단지를 조성하려면 목축업자들이 공동으로 사용하는 공유지가 강제로 봉쇄되는 일이 일어날 것이다. 실제로 구자라트Gujarat 태양광 단지와 쿠르눌Kurnool 태양광 단지를 조성할 때 이미 이런 일이 벌어졌다.[24]

전환 비용은 갈수록 심화된다. 이 추정치가 현재 가격에 기초하기 때문이다. 한편 주로 제3세계에 속하는 빈국에서 생산되는 원료의 달러 비용에는 제국주의 정치공학이 반영된다. 과거 식민지 약탈을 경험한 제3세계의 주요 원료 생산국으로 최근 미국이 주도한 쿠데타로 몸살을 앓고 있는 볼리비아와 인도네시아, 신식민지가 되어 절멸 위기에 올려 있는 콩고민주공화국을 꼽을 수 있다. 콩고민주공화국에서 생산되는 코발트를 비롯한 여러 광물은 얼마 쓰지 않고 버려질 가능성이 매우 높은 아이폰의 일부로 사용될 것이다. 원료의 가격이 너무 저렴한 탓에 콩고민주공화국의 수많은 사람들이 피폐해지고 나라가 보유한 물적 자원의 토대가 훼손되었다. 콩고민주주의공화국 사람들은 암에 걸려 고통에 시달릴 뿐 아니라 미국이 촉발한 끝나지 않는 전쟁에 시달리고 있다. 콩고민주공화국이 민족-민중national-polular 주권을 강화하면 자국의 자원을 직접 장악하고 세계 시장에서 공정한 가격을 받으려고 시도할 것이다. 미국은 이와 같은 일을 방지하기 위해 전쟁도 불사하고 있다.[25]

볼리비아 정부는 탈식민, 반제국주의, 천연자원 전반과 배터리에 사용되는 리튬에 대한 주권 강화를 추구해 왔다. 서구 국가들은 이와 같은 태도를 보이는 볼리비아 정부를 적대시해 왔다. 최근 볼리비아에서 일어난 쿠데타는 이러한 적대감과 무관하지 않다. 한편 구리는 재생에너지로의 전환에 꼭 필요한 자원이다. 구리 채취에는 막대한 파괴가 뒤따른다. 인도네시아 서파푸아에는 프리포트맥모랜Freeport-McMoran과 리오틴토Rio Tinto가 소유한 구리 광산이 자리 잡고 있다. 이 구리 광산에서는 매일 수십만 톤의 광산 폐기물이 발생하고 90평방마일에 달하는 땅을 뒤덮는다.[26] 한편 이 원료는 산업화에도 사용된다. 이러한 사실을 통해 유럽중심주의가 녹색 케인스주의 성장 모델이라는 관념 안에 녹아 있는 남반부의 고통에 침묵한다는 사실을 확인할 수 있다. 녹색 케인스주의 성장 모델과 이 모델이 기대하는 지속적인 GDP 성장은 주요 제품에 대한 현재의 거래 조건에 의존한다. 한편 이와 같은 무역 조건은 서파푸아와 콩고 같은 곳에서 생활하는 사람들의 삶의 질을 떨어뜨림으로써 성립되는 것이다(동전의 반대편에는 칠레의 구리 광산이 자리 잡고 있다. 칠레는 자국에서 생산되는 광석과 광물 덩어리를 세계 금속 시장에서 헐값에 판매하고 있다. 그럼에도 칠레의 구리 광산은 생태적으로 훨씬 적은 피해를 입었다).[27] 그린 뉴딜이 추구하는 목표가 정의라면, 다른 곳에서 생활하는 사람들의 바람직한 삶을 부정하는 가운데 도출된 특정 생활양식 모델을 인정해서는 안 될 것이다. 그린 뉴딜이 추구하는 목표가 정의라면, 동등한 입장에서 합의된 교환 조건, 자원 채굴에 대한 사전 정보 제공 조건을 글로벌 그린 뉴딜에 포함해야 한다. 만일 신식민지 가격 공학이 아니라 각국이 투입한 노동에 걸맞은 공정한 수익 요구를 가격에 반영한다면, 그리고 자원 채굴이 각국의 환경에 입힌 피해를 공정하게 산정해서 가격에 반영한다면, 특정 형태의 저장용 배터리 가격은 지금보다 훨씬 높아질 것이다. 이때 국가의 중요성이 무엇보다 부각된다. 각국이 자국의 자원 주권을 확보하지 못한다면, 공정한 가격을 보장받기도 어렵고 서로 단결하여 공정한 지불을 요구하기도 어려울 것으로 보이기 때문이다.[28]

현재의 에너지를 대체하는 일이 사람들이 생각하는 것만큼 쉽지 않다는 사실을 또 다른 사례를 통해서도 확인할 수 있다. 에너지 연구자 팀 크라운쇼Tim Crownshaw는 다음과 같이 기록했다. "태양광 패널에 사용되는 실리콘 웨이퍼 제조와 풍력터빈에 사용되는 첨단 합금 제조에는 고온의 열이 상당히 많이 필요하다." 현재 이와 같은 고온의 열은 대부분 천연가스와 석탄을 태워 얻고 있다. "앞으로는 태양광 발전과 풍력 발전을 통해 생산된 전기를 사용하여 태양광 패널과 풍력터빈을 생산할 수 있을까? 알 수 없는 일이다. 그러나 그런 일이 실현되지 않을 것이라고 생각할 만한 이유는 충분하다."[29]

그 밖의 경로의 정치적 실현가능성

내가 제기한 기술적, 사회적, 정치적, 생태적 반론이 올바르고 공정하고 가치가 있다 하더라도, 그것이 우리가 해야 할 일을 제시하지 못할 뿐 아니라 우리가 목표로 지향해야 할 지평을 보여주지 못한다고 주장하는 사람들이 있다. 예를 들어 로버트 폴린은 글로벌 수준에서 탄소 배출과 에너지 사용의 균형을 맞추는 것이 온당하고 공정한 일이라고 인정하면서도 이 일이 "구현될 기회는 없을 것"이라고 주장한다. "기후 안정화를 이루는 것은 글로벌 경제에 꼭 필요한 일이다. 이런 측면을 감안할 때 달성할 수 없는 목표를 이루기 위해 글로벌 수준의 거대한 노력을 기울이면서 시간을 낭비할 호사를 누릴 여유는 없다."[30] 폴린은 제3세계에 속한 국가가 지속 가능한 에너지 체계로 이행할 수 있도록 지원하는 방법으로 기후 부채 상환이 아니라 기술 이전을 요구한다.

그러나 결과적으로 구현될 "기회가 없는 것"이 무엇인지 알 길이 없다. 또한 "달성할 수 없는" 목표가 무엇인지, 무엇이 시간 "낭비"이고 무엇이 시간 "낭비가 아닌지"도 알 길이 없다. 이와 같은 논거는 정치적 가치에 관한 논거로, 실용주의라는 망토에 숨어 있다. 엄밀히 말해 소비를 즉시 신속하게 줄이고 지속 가능한 에너지로 즉시 전환하는 일은 가능하다. 그러나 이런 결과를 추구하려는 정치적 의지와 사회적 권력이 없으면 소비 감소와 전환 결정을 내리기 어렵다. 나아가 기후 부채 상환에 대한 이야기를 꺼내지 못할 이유도 없다. 기후 부채 상환은 최근까지도 글로벌 환경정의 운동이 입을 모아 요구해 온 주장이기 때문이다. 우리가 던져야 할 질문은 다음과 같다. 목표로 삼아야 하는 지평은 무엇인가? 이러한 지평을 선택한 이유는 무엇인가? 누가 아군이고 누가 적군인가? 투쟁하지 않는 기후 정치는 존재하지 않는다.

물론 로버트 폴린을 비롯한 여러 사람들은 첨예한 정치적·사회적 투쟁의 필요성을 인정한다. 폴린은 엑손모빌과 사우디 아람코Saudi Aramco를 "반드시 물리쳐야 할 강력한 기득권 세력"이라고 언급했다.[31] 평등주의를 바탕으로 한 계획적인 사회체계로 이동하기 위해서는 미국 자본주의와 EU 자본주의를 구성하는 더 거대한 부문을 공격해야 한다. 그러나 폴린은 너무 강력한 기득권 세력과 정면으로 맞서기에는 역부족이라는 이유로 이와 같은 공격에 반대한다. 그러나 폴린의 주장은 일종의 동어반복에 불과하다. 한편 폴린은 실현가능성 측면에서 볼 때 자본주의에 정면으로 맞서는 것보다는 막강한 권력을 행사하는 석유 부문을 공략하는 것이 더 낫다는 주장도 편다. 만일 적대하고 있는 진영을 분열

시킨 뒤 자본의 특정 부문들을 우리 편으로 끌어들이는 것이 전반적인 전략이라면 폴린의 주장이 이치에 맞을 수도 있을 것이다. 그러나 자본을 "끌어들이면" 자본이 무엇이고 어디에서 왔는지 그리고 자본의 특정 부문들을 끌어들이는 비용을 치르는 사람이 누구인지를 잊어버리거나 은폐하게 된다. 솔직히 말해 예나 지금이나 사회민주주의는 제3세계에서 창출한 이윤[32]과 오염을 가장 많이 유발하는 산업을 제3세계로 재배치[33]한 데 의존해 왔다. 자국 내에서만 녹색 케인스주의 정책을 달성하기 위해 세운 계획은 나쁜 계획이다. 국내 지배계급으로부터 승리를 되찾기 위해 필요한 정치적·사회적 투쟁의 규모를 제대로 가늠하지 않기 때문이다. 한편 국내에서 녹색 케인스주의 정책을 달성하려는 계획은 가치, 자본, 이윤이 어디에서 유래하는지에 대해서는 모르는 척하거나 무관심하다. 이러한 무관심을 배경으로 녹색 케인스주의 정책 계획은 미국이나 EU의 자본이 아니라 주변부로부터 노동을 양보받기 위한 무대를 마련한다.

이런 지평에 맞서 생태사회주의는 생산력과 관련하여 전혀 다른 사회적 논리를 도입한다. 생태적인 피해를 입히지 않아야 한다는 요구와 인류에 필요한 에너지를 제공해야 한다는 요구는 서로 상충한다. 에너지 체계는 이와 같이 상충하는 요구 사이에 균형을 맞출 수 있어야 한다. 생태사회주의가 추구하는 목적은 녹색 반인종차별주의 재분배와 필연적으로 충돌한다. 노골적인 제국주의를 표방하든 글로벌 사회민주주의 또는 글로벌 그린 뉴딜을 토대로 조금 더 부드러워진 제국주의를 표방하든 마찬가지다. 이들은 "초세계화" 대신 관리된 자본주의를 내세운다.[34] 에너지 체계를 설계하는 방법은 사회적으로 결정된다. 그리고 이렇게 서로 다른 사회적 욕구와 사회적 가치를 수용하는 에너지 체계를 설계하는 방법은 각기 다르다. 따라서 에너지 체계를 설계하는 방법을 둘러싼 사회적 결정은 서로 갈등을 빚을 것이다. 이와 마찬가지로 서로 다른 목표를 추구하는 정치세력도 갈등을 빚을 것이다.

대안적인 경로와 번영의 길

다른 시나리오에 대해 생각해 보자. 미국에서 에너지 사용이 급격하게 감소하는 상황을 토대로 한 것이다. 이 시나리오에서는 미국의 에너지 사용이 매우 바람직한 삶을 보장하기에 충분한 수준까지 줄어든다. 당연히 풍부한 식량, 우수한 주택, 보건 의료, 교통, 적당하고 우아한 산업화도 보장된다.

그러려면 어떻게 해야 하는가? 결정적인 역할을 하는 부문은 에너지 사용 부문이다. 기술 비평가이자 저술가, 식물 육종가인 스탠 콕스Stan Cox 가 지적한대로 글로벌 차원에서 가장 포괄적이고 공정한 수준으로 미국의 전력 요구량을 줄이려면 일련의 단계를 거쳐야 한다. 첫째, 미국에 공급되는 화석연료(석유, 가스, 석탄) 총량에 "절대적인 상한선"을 부여해야 한다. 그런 다음 매년 의무적으로 감소할 에너지량을 부여해야 한다. 이때 10년 또는 20년 안에 감소량이 제로가 되도록 설계해야 한다(기억해야 할 것은 그렇게 하더라도 온난화가 더 심해질 것이라는 점이다. 따라서 지구와 지구에 깃들어 사는 가장 가난한 민중이 입는 피해도 막대할 것이다). 정부는 기업에 배출허가권을 제공하는 것이 아니라 판매해야 한다. 연료의 수입 수출은 금지될 것이다. 나아가 해외에서 이루어지는 탄소 배출은 사라질 것이다. 그러기 위해 수입업자에게 배출허가권을 판매하게 될 것이고, 결국에는 해외에서 이루어지는 탄소 배출이 제로가 되어서 일정 기간 유지되도록 억제하게 될 것이다.[35]

전체 이산화탄소 배출에서 전력 발전 부문 전반이 차지하는 비중은 약 43%다. 그러나 자본주의가 생태계에 미치는 대부분의 영향과 마찬가지로 지니고 있는 부에 따라서 책임도 크게 달라진다. 각국의 1인당 연간 에너지사용량을 예로 들어 보자. 미국 약 1만 2천KW, 캐나다 약 1만 4천KW. 중국 4,470KW, 인도 1,181KW. 방글라데시 351KW, 에티오피아는 65KW. 가자 지구 0.1KW다. 1인당 연간 에너지사용량이 가장 낮은 국가들은 팔레스타인, 예멘 같은 곳으로 미국의 전쟁터이거나 아프리카에 자리 잡은 곳이다. 남반구와 북반구라는 개념만으로 모든 것을 설명할 수 있는 것도 아니다. 예를 들어 중국과 인도는 반주변부이면서 주변부이다. 특히 인도 국민들은 자기계발을 하기에는 턱없이 적은 에너지를 사용하고 있다. 그러나 모든 국가가 전력 발전이라는 경로를 따라 걸어 나간다면 전 세계에 엄청난 생태적 결과가 초래될 것이다. 전력에 대한 접근과 관련된 북반구와 남반구의 현실을 통해 전 세계적인 불균등 발전이 첨예한 쟁점이라는 사실을 확인할 수 있다. 세계 인구 가운데 5분의 1은 사실상 전력에 접근하지 못한다. 그리고 그 위로 20%에 해당하는 인구는 글로벌 전력 중 2에서 3%만을 사용하는 형편이다.[36] 미국 같은 국가들에서는 거의 대부분 해외에서 제조된 제품을 수입한다. 이렇게 보면 이들이 사실상 중국 같은 국가로부터 에너지 사용권을 수입한다고 할 수 있다.

동전의 다른 면에는 더러운 비밀이 묻혀 있다. 그 비밀은 재생에너지로의 완전 전환 모델의 바탕을 이루는 음침한 가정 혹은 부속 문서에서 확인할 수 있다. 바로 일부 국가가 다른 국가에 비해 더 많은 에너지를 사용할 자격이 있다는 주장이다. 스탠퍼드대학의 토목 및 환경공학 교수 마크 제이콥슨Mark Jacobson이 제시한 모델을 예로 들어 보자. 모두에게 극찬을 받은 제이콥슨의 모델을 통해 미국과 전 세계가 재생에너지로 100% 이행할 수 있는 방법이 무엇인지 확인할 수 있다. 이 모델에 따르면 향후 1인당 연간 (월평균) 에너지사용량은 남아메리카 전역 1,413KWh, 동남아시아 전역 1,007KWh, 아프리카 전역 625KWh, 인도 755KWh가

될 것이다. 현재 미국의 1인당 연간 (월평균) 에너지사용량은 9,500KWh
다.[37] 이론적으로 볼 때 효율성이 개선되면 이러한 격차를 일부 줄일 수
있다. 그러나 제이콥슨의 모델은 에너지에 대한 접근 격차를 사실상 영
구화해야 한다고 요구한다. 이 모델이 제시하는 수치의 바탕에는 인구
가 증가한다는 가정이 자리 잡고 있다. 그러나 북반구는 맬서스주의적
의제에 따라 인구 증가에 점점 더 반대하는 입장을 표명하고 있다.

이것이 궁핍을 의미하는가?

북반구는 에너지 사용을 줄여야 한다. 민중을 위한 그린 뉴딜은 이
러한 이행에 활용할 수 있는 계획이 될 수 있다. 지구상에 살아가는 모
든 사람은 자기계발이라는 동일한 권리를 누릴 자격이 있다. 거기에는
식량, 물, 적절한 주택, 문화 교환에 대한 권리와 이 권리를 확보하기 위
해 필요한 수준의 전력을 누릴 권리가 포함된다.

"바람직한 삶"에 필요한 에너지량에 대한 추정은 매우 다양하다. 불
완전한 지표인 인간개발지수Human Development Index, HDI를 예로 들어보자.
HDI는 수명, 교육, 생활수준이라는 세 가지 영역에서 각국이 성취한 인
간 개발 수준을 평가한다. HDI는 각국의 역량을 평가하는 여러 가지 기
준 가운데 하나다. 이 지수는 바로 자국민에게 품위 있는 삶을 제공할
수 있는 역량과 거기에 필요한 자원을 제공할 수 있는 역량을 평가한다.
유엔개발계획United Nations Development Program, UNDP은 HDI를 토대로 전 세
계 국가를 3개 집단으로 구분했다. HDI 0-0.5점이면 하위 집단, 0.5-0.8
점이면 중위 집단, 0.8-1점이면 상위 집단에 속한다. 1인당 연간 전력사
용량이 4,400KWh인 몰타는 HDI 0.885점을 달성했다. 이 수치는 2018
년 3,081KWh를 기록한 전 세계 1인당 에너지사용량에 비해 상당히 높

은 것이다. 만일 대규모 투자를 통해 효율성을 높인다면 미래에는 에너지사용량이 감소하게 될 것이다. 그러나 몰타는 비효율적 에너지 사용, 불필요한 에너지 사용, 비합리적 에너지 사용의 대명사인 자본주의 국가로서 이러한 방식으로 에너지를 사용한 덕분에 사적소유 체제를 유지할 수 있다. 구체적인 예를 들자면 에너지를 게걸스럽게 집어삼키는 교통체계를 꼽을 수 있다.

에너지를 훨씬 적게 사용하는 다른 국가의 실제 사례를 생각해 보자. 쿠바와 코스타리카는 기존 기술을 사용하는 국가다. 그러나 지속 가능한 에너지 사용 수준에 거의 근접한 상태에서 인구 전체에 바람직한 삶에 필적하는 삶을 제공하고 있다. 아직도 쿠바는 디젤 연료를 많이 사용하고 있다. 섬나라인 쿠바는 1년 내내 햇빛이 찬란하게 빛나는 나라지만 그럼에도 태양에너지를 이용해서는 시골의 대중교통을 운영할 정도의 전력조차 생산하지 못하고 있는 형편이다. 그 이유 가운데 하나로 미국의 악랄한 경제봉쇄 조치를 꼽을 수 있다. 쿠바의 HDI는 0.778점이다. 상위 집단으로 진입할 문턱에 서 있는 상태다. 그러나 1인당 전력사용량은 전 세계 평균에 훨씬 못 미치는 수준이다. 심지어 "최저" 수준으로 여겨지는 2,000KWh에도 못 미친다. 쿠바 사람들이 여전히 가난하다고 말하는 사람도 있을 것이다. 쿠바 사람들이 가난한 것은 사실이다. 그러나 HDI가 모든 것을 말해 주지는 않는다. 쿠바는 현재 경제봉쇄 조치에 시달리고 있다. 그럼에도 믿을 수 없을 만큼 낮은 수준의 환경적 영향을 미치면서 높은 HDI를 달성할 수 있다는 가능성을 보여주고 있다.

가설에 기반한 연구 결과도 살펴보자. 조엘 밀워드홉킨스Joel Millward-Hopkins, 줄리아 K. 스타인버거Julia K. Steinberger, 나라시마 D. 라오Narasimha D. Rao, 야닉 오스왈드Yannick Oswald가 수행한 모델링 연구의 결과에 따르면 2050년 세계 인구가 3배 증가한 상태에서 글로벌 에너지사용량을 1960년대 수준으로 줄일 수 있을 것으로 나타났다. 모델링 연구는 사람들이 식량, 요리 도구, 냉장 보관, 주택, 쾌적한 난방 환경을 누리고, 한 가구당 컴퓨터 한 대를 사용하는 환경을 조건으로 해서 수행되었다. 현재 사용하는 에너지보다 더 적은 에너지를 사용하는 생활이 실현 가능하다고 주장하는 사람들은 인류가 동굴에서 거주하던 시절로 되돌아가야 한다고 주장하곤 한다. 그러나 앞으로 생활하게 될 동굴에는 다음과 같은 시설과 서비스가 제공될 것이다.

> 요리, 식량 저장, 세탁에 사용될 효율이 높은 도구, 에너지 효율이 높은 조명기구, 1인당 하루 50리터의 깨끗한 물 제공, 그 가운데에서도 15리터는 몸을 씻기에 적당한 온도의 온수 제공, 실내 온도는 지리적 위치에 관계없이 연중 내내 섭씨 약 20도로 조절, 글로벌 정보통신 기술 네트워크에 접근할 수 있는 컴퓨터 제공, 1인당 매년 5천에서 1만 5천 킬로미터의 이동을 다양한 방식으로 제공하는 광범위한 교통망과 연계, 더 넓은 동굴을 활용해 보편적 보건 의료 및 5세에서 19세 사이의 모든 인구에게 교육 제공, 동시에 하루 24시간 가운데 노동을 해야 하는 시간을 대폭 감소.

글로벌 재생에너지 용량을 2배 늘리면 이런 환경을 조성할 수 있을 것이다. 이것은 매우 현실적인 목표다.[38]

사회적 공상과학 소설에나 등장하는 몽상이라고 느낄 수 있다. 그러나 이는 몽상이 아니다. 또한 단순히 몽상이라고 치부해서도 안 된다. 사람들이 쉽게 잊어버리는 것 가운데 하나는 자본주의와 사적소유 체제가 유발하는 엄청난 양의 폐기물이다. 예를 들어 소비재는 사람들을 위해 생산되는 것이 아니라 이윤을 위해 생산된다. 영속성을 감안하여 수립한 제품 생산 계획과 비교하면 계획적 진부화는 더 큰 이윤을 낳는다. 탐욕과 축적을 바탕으로 하는 사회적 위계질서는 인간을 존중하는 사회가 부상하지 못하도록 막고 인류가 물려받은 기존의 기술 유산을 사용하지 못하도록 막는다. 이 유산에는 인류가 집단 차원에서 공유하는 핵심 공공재, 사회와 빈민의 상태를 개선하려는 집단 차원의 평등주의 실현을 위한 지식이 포함된다. 그러나 현재로서는 생태사회주의 사회가 어떤 종류의 기술을 생산하게 될 것인지 또는 생태사회주의를 추구하는 과정에서 어떤 투쟁에 나서게 될 것인지 알 수 없다.

물론 기술은 매우 중요하다. 에너지는 그저 정치와만 연계된 것이 아니다. 에너지 기술 그 자체가 정치적이다. 풍력터빈은 다양한 곳에 광범위하게 건설될 수 있다. 그러나 산업적 규모로 메가와트 단위 규모의 풍력터빈을 조밀하게 설치하기에 적합한 장소는 그중 일부에 불과하다. 만일 풍력 발전을 분산시킨다면 그 자체로는 이점이 있을 것이다. 구체적으로 압축 공기를 활용하여 풍력 발전을 산업 공장에 직접 연결하거나 저장 체계에 연결할 수 있다.[39] 분산된 소규모 압축공기 저장소를 활용하면 매우 너른 범위의 지역에 에너지를 분배할 수 있을 것이다. 그러면 반짝이는 백색 리튬을 활용하는 배터리 제작을 위해 광물을 채굴하지 않아도 된다. 게다가 압축공기 체계는 쉽게 고갈되는 리튬 체계보다 훨씬 오래 지속할 수 있다. 중요한 문제는 밀도다. 농촌 지역의 경우 밀도는 크게 문제가 되지 않는다. (도시에 비하면) 공간이 풍부하기 때문이다. 도시 지역의 경우 기존 기술을 신속하게 개선할 필요가 있다. 바로 이것이 오늘날 기술 개발의 정치에 자본주의와 식민주의가 얼마나 지나치게 개입되어 있는지 입증해 주면서 완전히 다른 종류의 민중 기술을 싹틔울 씨앗을 뿌릴 수 있는 다른 사회체계가 존재함을 입증하는 훌륭한 사례다.

에너지 공급에 맞게 에너지 수요를 개편하는 것도 또 하나 가능한 방법이다. 오늘날 에너지 전환에 대한 발상은 생태사회주의 계획사회가 되더라도 자본주의에서 에너지를 사용하던 방식 그대로 에너지를 사용해야 한다는 관념에 의존한다. 그러나 사실 자본주의에서 에너지를 사용하던 방식을 그대로 유지해야 할 이유는 없다. 대부분 자동화된 공장은 에너지가 충분할 경우 작동하고 에너지가 충분하지 않을 경우 유휴 상태에 들어갈 수 있다. 재화는 에너지가 충분할 경우 운행하고 에너지가 충분하지 않을 경우 운행을 멈추는 선박과 열차로 운반할 수 있다. 앞으로 보여주겠지만 이것은 복잡한 사회 구축을 가로막는 장애물이 아니다. 이것은 오늘날 우리가 살아가는 사회와 같은 모습의 복잡한 사회 구축을 가로막는 장애물일 뿐이다.

현실주의와 궁핍

마지막으로 현실주의로 돌아가 보자. "현실주의" 담론은 전 세계 민중을 위한 그린 뉴딜 에너지 프로그램을 명확하게 하는 데는 하등 도움이 되지 않는다. 현실주의 담론은 혼란이라는 먹구름을 동원하여 민중을 위한 그린 뉴딜 에너지 프로그램을 뒤덮는다. 현실에는 집단 차원의 인간 의지라는 궁극적인 독립변수에 의해 결정되는 아주 많은 변수가 존재한다. 집단 차원의 인간 의지라는 변덕스러운 실체가 사회민주주의적인 기술 관료 실용주의 모델 안에 얌전히 머물러 있었던 적은 없다. 앞으로 5년 내지 10년 사이에 수천 개의 공장을 짓고, 그 공장을 공공이 소유하며, 이윤이 아니라 사회적으로 결정된 목적에 따라 운영하는 일이 가능할 것인가 불가능할 것인가? 오늘날의 에너지 체계는 공정하지 않다. 그리고 전환의 목적은 깨끗한 환경에서 생활할 권리와 에너지에 접근할 권리를 지구상 모든 사람에게 동등하게 제공하는 것이다. 이러한 사실을 미국 대중에게 납득시킬 수 있을까?

이 모든 질문은 정치적인 것이지 기술적인 것이 아니다. 이 모든 질문에 대한 해답은 다음 사실을 통해 얻을 수 있다. 바로 미국/EU라는 정치적 맥락에서 현실적인 것이란 합리적인 것을 객관적으로 평가한 결과물이 아니라 평가하는 사람의 가치를 반영하여 평가한 결과물이라는 사실이다. 합리적인 것이라는 편리한 이름표가 붙은 것 대부분이 자본주의와 제국주의가 지속될 것이라는 가정과 관련되어 있다.

반대로 전 세계 에너지 민주주의를 원칙으로 삼은 프로그램에서는 다음과 같은 조치를 취할 것이다. 첫째, 매우 높은 탄소세를 부과하여 재분배를 실현할 것이다. 이와 같은 탄소세는 소비 시점이 아니라 생산 시점에 부과되므로 석탄 산업과 석유 산업은 고사하게 될 것이다. 둘째, 그런 다음 불필요한 소비재를 생산하고 있는 전 세계 산업 공장을 청정 에너지 기술을 사용하는 공장으로 즉시 전환할 것이다. 여기에는 에너지로 구동되는 교통도 포함된다. 셋째, 제3세계에 기술 보조금을 제공할 것이다. 이와 같은 보조금은 원조나 채무의 성격을 갖지 않을 것이다. 그럼으로써 제3세계가 각자 재생에너지 역량을 구축하도록 지원할 것이다. 넷째, 코발트와 리튬 같은 자원을 보유한 공동체에 사전에 조언을 제공할 것이다. 다섯째, 제3세계 상품 카르텔을 위한 국제법 조항을 마련하여 원료에 대한 공정한 가격을 보장할 것이다. 여섯째, 화석연료 관련 회사를 보상을 지급하지 않고 국영화할 것이다. 현재 민영화되어 있는 전력망도 국영화하고 국내, 국제, 대륙 간 스마트 전력망을 구축할 것이다. 일곱째, 지역에 대한 통제권을 최대한 작은 규모의 숙의 단위에 부여하여 재생에너지 단지 조성 부지에 대해 결정하게 할 것이다. 현재 멕시코에서는 재생에너지 단지를 조성한다는 빌미로 소농이나 빈민의 토지가 파괴되고 있다. 그러나 지역에 대한 통제권을 지역 공동체에 부여하면 특히 제3세계를 중심으로 소농이나 빈민의 토지가 파괴되는 일은 사라질 것이다. 마지막으로 적어도 처음에는 제1세계가 지원하는 자금으로 조성한 대규모 공공 자금을 투입하여 연구개발을 수행할 것이다. 기후변화와 대지의 권리에 대한 세계민중회의World People's Conference on Climate Change and the Rights of Mother Earth의 지식, 기량, 기술 공유를 위한 문화 간 대화Intercultural Dialogue to Share Knowledge, Skills and Technologies에 따르면 이렇다.

각 나라와 전 세계에 지식 은행을 구축해야 한다. 그 지식에는 기후 변화와 환경 위기를 반전시킬 목적에 사용되는 기술이 포함된다. 그럼으로써 진정 지속 가능한 개발을 보장해야 한다. 이 지식은 전 세계 모든 민중이 활용할 수 있는 것이다. 지식의 사유화를 원하는 사람들에게 귀속되는 지식이 아니라 모두에게 귀속되는 지식과 부합하는 것이다.

정보, 지식, 기술을 자유롭게 교환할 수 있는 발판을 마련해야 한다. 이러한 지식 교환의 장은 민중이 집단적인 차원에서 운영과 관리를 도맡아 수행해야 한다. 즉, 이는 민중의 주권이라는 차원에서 개방된 지식 기술이다.[40]

지금까지의 요구를 바탕으로 전 세계의 집단 지식을 공정하게 개발하고 공유해야 한다.

4
녹색사회민주주의인가 생태사회주의인가?

2018년 11월 초, 알렉산드리아 오카시오코르테스 하원의원은 에드 워드 마키 상원의원과 함께 그린 뉴딜 결의안을 입안했다. 당시에는 아 무도 이 결의안이 글로벌 북반구 생태 정치 대부분이 일반적으로 사용 하는 약칭이 될 것이라고 생각하지 않았다. 그러나 이 결의안은 그 이전 부터 활동하면서 글로벌 남반구의 요구를 반영해 온 급진 환경주의가 설 자리를 빼앗고 그 존재를 지워 버렸다. 오랫동안 기후 배상을 옹호해 온 환경 전문 저널리스트 나오미 클라인 같은 인사들이 갑작스레 마키 상원의원과 오카시오코르테스 하원의원이 입안한 구속력 없는 결의안 을 지원하고 나섰기 때문이다. 결의안의 목표는 2030년까지 미국의 이 산화탄소 배출량을 대폭 감축하는 동시에 미국을 청정 기술 선도국의 위치로 끌어올리는 것이었다. 최근 IPCC는 글로벌 이산화탄소 배출을 즉시 그리고 급격하게 감축해야 한다고 언급했다. 그렇지 않으면 기온 이 섭씨 1.5도가 아니라 섭씨 2도 상승하면서 사회 생태적 재난이 유발 될 수 있다고 경고했다. IPCC의 언급 덕분에 글로벌 온난화에 대한 사회 적 우려가 높아졌다. 이와 같은 사회 분위기를 타고 결의안은 큰 주목을 받게 되었다.[1]

    결의안은 검증되지 않은 상태에서 그린 뉴딜 논의의 참고자료가 되었다. 결의안의 출발점이자 이 결의안에 반영되고 포함된 그린 뉴딜과 관련된 네트워크, 발상, 정책은 순식간에 더 광범위하고 진보적인 그린 뉴딜 논의가 나아가야 할 일종의 지향점으로 등극했다. 이와 같은 현상이 나타난 이유 가운데 하나는 간단히 말해 다음과 같은 인식이 합리적인 것으로 받아들여졌거나 또는 합리적인 것으로 포장되었기 때문이다. 바로 진보 성향의 민주당 대통령이 당선되면 당연히 오카시오코르테스가 입안한 급진적인 기후 결의안이 시행될 것이라는 인식이었다. 사실 결의안이 입안되기 이전부터 미국에서는 더 급진적인 그린 뉴딜이 여럿 제안되어 있었다. 마키/오카시오코르테스의 그린 뉴딜 프로그램은 미국의 더 급진적인 그린 뉴딜과 제3세계에서 이루어지고 있는 더더욱 급진적인 녹색 담론의 발상, 명분, 정치 공간을 게걸스럽게 집어삼켰다.

　오늘날 온갖 기술 관료적 잡담, 수많은 기술적 제안, 미래에 대한 조잡한 청사진들이 판을 치고 있다. 다양한 프로그램과 다양한 정치세력이 자신들이 내세운 포장에 내용을 채우기 위해 각축을 벌이고 있다. 구체적으로는 공정한 전환 또는 생태사회주의 유토피아, 부패한 자본주의를 지탱하는 유엔이라는 버팀목, 야만적이고 비인간적이며 냉정한 탄소 계산기, 청정 개발 메커니즘 청구서, 기업의 분기별 손익계산서와 함께 진행되는 자연의 금융화를 숨기는 녹색 가면 따위를 꼽을 수 있다.

　한편 오카시오코르테스 하원의원의 역할, (각자 선호하는 표현에 따라) 진보 진영 또는 민주사회주의 진영의 부상, "선거 전략+사회운동의 압력=급진적이고 반인종차별적인 그린 뉴딜"이라는 공식을 통해 생태사회주의 또는 녹색사회민주주의를 성취하려는 전략은 거의 검증되지 않고 있다. 또한 이와 같은 전략이 언론인과 지식인들이 추구하는 대안적 제안과 상호작용하는 방식에 대한 논의도 거의 이루어지지 않고 있다. 언론인과 지식인들이 추구하는 대안적 제안은 환각 상태에서 벗어나지 못하는 미국 정치에서 "좌파의 뒤에 숨은 자유주의자들을 축출할" 방법을 모색한다. 그러나 어떤 방법으로 그리고 구체적으로 누가 좌파의 뒤에 숨은 자유주의자들을 축출할 것인지에 대해서는 명확히 하지 않는다. 서로 다른 제안의 역할을 명확히 하고, 서로 다른 제안이 교차하는 지점을 보여주며 서로 다른 제안의 이면에 자리 잡은 세력을 검증함으로써 정치적 전장의 지형을 그려 볼 수 있다. 그럼으로써 "체제 변화"를 미국 의회 정치에 연결하는 비용과 결과를 이해할 수 있다. 한편 "체제 변화"를 미국 의회 정치에 연결하는 현상은 아마도 충분히 많은 선출직 의원과 동맹을 맺음으로써 생태사회주의를 달성할 수 있다는 제대로 검증되지 않은 발상에서 비롯된 것 가운데 가장 중요한 결과일 것이다. 따라서 보다 일반적인 수준에서 사회민주주의를 검토한 뒤 정치 전략 자체를 논의하는 편이 유용하겠다.

(녹색)사회민주주의란 무엇인가?

마키/오카시오코르테스 그린 뉴딜 결의안 또는 이와 비슷한 유형의 그린 뉴딜 제안은 기본적으로 녹색 일자리 프로그램에서 비롯된 것이다. 결의안 또는 이와 비슷한 유형의 그린 뉴딜 제안을 검토할 때는 항상 이 점을 염두에 두어야 한다. 사회민주주의의 대명사였지만 이내 비난의 대상이 되고 만 제러미 코빈과 버니 샌더스 같은 인물들이 좌파 포퓰리즘 재분배를 추구해 왔고, 사회주의는 대체로 사회민주주의와 동일시되었다. 그 사이를 틈타 결의안 또는 이와 비슷한 유형의 그린 뉴딜 제안이 대서양 양안에 걸쳐 있는 두터운 사회민주주의 환경을 토대로 사람들을 납득시키기에 충분한 최신 정치 형태를 갖추면서 확고하게 자리매김했다. 샌더스와 코빈이 참패한 원인은 미국 민주당과 영국 노동당이 안고 있는 더 보수적인 요소에서 기인한다. 이 사실은 잘 알려져 있다. 반면 사회민주주의 일반과 역사적 사회민주주의에 대한 논의는 비교적 드물게 이루어지는 형편이다. 따라서 사회민주주의의 기원과 한계 그리고 전성기에 대해서 명확히 짚고 넘어가는 것이 중요하다.

정책 모음으로서 사회민주주의와 역사적 현상으로서 사회민주주의를 반드시 구분해야 한다. 무료 보건 의료, 기능이 매우 뛰어난 인프라, 매우 낮은 수준의 불평등, 표현의 자유 보장과 같은 인권의 향연으로서 사회민주주의는 더 부유한 국가에서 생활하는 많은 이들의 마음을 사로잡았다. 왜냐하면 더 부유한 국가에서 생활하는 이들이 삶, 가족, 자연, 건강, 존엄이 공격받고 있다고 느끼고 있기 때문이다.

그러나 자본주의의 역사적 형태로서 사회민주주의는 매우 다른 짐승이다. 즉, 간신히 길들인 자본주의다. 간신히 길들인 자본주의는 지속적으로 주변부를 사냥하면서 길지 않은 목숨을 이어 왔다. 1970년대에는 간신히 길들인 자본주의의 자손이 중심부 국가로 되돌아와 중산층과 빈민의 목숨에 의존해 연명했다. 자본주의의 역사적 형태로서 사회민주주의에는 네 가지 특성이 있다. 첫째, 제국의 중심부에서 자본가 계급과 노동자 계급이 타협한다. 둘째, 자본가 계급과 노동자 계급의 타협을 위해 사회민주주의는 지속적으로 성장해야 한다. 파이를 더 크게 키운 뒤 자본가 계급에는 더 큰 조각을, 노동자 계급에는 더 작은 조각을 분배한다. 셋째, 자본주의의 역사적 형태로서 사회민주주의는 마치 뱀파이어처럼 주변부의 가치를 빨아들임으로써 생존한다. 넷째, 제2차 세계대전이 끝나자 전쟁으로 황폐해진 유럽에서는 비탄에 빠진 노동자 계급 사이에서 공산주의가 확산되고 있었다. 유럽의 사회민주주의는 공산주의의 전염을 방지하기 위한 예방책이었다.[2] 이 네 가지 특성은 오늘날 이루어지는 기후 논의를 이해하는 데도 중요하다.

첫째는 계급 타협이다. 계급 타협은 제2차 세계대전이 끝난 세계에서 자본주의의 중심에 자리 잡았다. 계급 타협은 노동자가 창조한 잉여가치의 일부를 노동자에게 돌려준다는 의미를 지닌다. 노동의 대가로 생존에 필요한 것 이상을 받는다는 말이다. 계급 타협은 깔끔한 숫자로 표현할 수 없다. 계급 타협을 이해하기에 가장 좋은 방법은 부의 격차가 감소했는지 또는 강력한 사회안전망이 구축되었는지 등을 확인하는 것이다. 1970년대 초 유럽과 미국에서는 바로 이와 같은 사회가 구현되었다. 아니면 계급 타협이 이루어지지 않은 자본주의 체계와 비교해 보는 방법도 있다. 식민 국가, 예속 국가 또는 신식민지 종속 독재국가에서 생활하는 사람들은 굶어 죽거나 본인에게 주어진 수명을 모두 누리지 못하고 사망한다. 계급 타협 덕분에 중심부 국가에서 생활하는 노동자 계급은 체계에 투자할 수 있었고 자신의 미래를 체계의 미래와 연결된 것으로 여기게 되었다. 체계에 대한 노동자 계급의 투자는 이념적 투자에 그치지 않는다. 기업에 투자된 연금도 체계에 대한 노동자 계급의 투자로 볼 수 있다.[3] 미래, 노년을 안전하고 여유롭게 보낼 수 있는 민중의 역량은 더 큰 착취와 연결된다.

둘째, 사회민주주의의 계급 타협은 성장을 바탕으로 이루어졌다. 역사적으로 자본주의는 잉여가치를 무한 축적하는 체계다. 성장을 추구하지 않는 기업은 투자를 유치할 수 없다. 투자를 유치하지 못하는 회사는 시들어 가다가 소멸한다. 자본가들은 자신들의 부가 증가할 것이라고 기대한다. 임금도 지속적으로 상승해야 한다. 그렇지 않으면 노동자들을 사회협약의 틀 안에 묶어 둘 수 없을 것이다. 마지막으로 인구가 증가함에 따라 경제적 파이의 규모도 그만큼 커져야 한다. 이와 같은 모든 동학이 유지되려면 경제의 물질적 기반이 증가하거나 사물이 계속해서 더 많아져야 한다. 또는 그 어느 때보다 많은 물건이 제공되어야 한다. 물질을 더 많이 사용한다는 말은 비인간 세계에 미치는 영향의 무게가 훨씬 더 무거워짐을 의미한다.

셋째, 역사적으로 사회민주주의는 지배계급의 재산을 징발하지 않았다. 따라서 사람들이 사용하는 가치를 다른 곳에서 가져와야 했다. 이러한 가치들은 대체로 주변부로부터 가져온다. 온두라스, 콩고, 중국에서 생산한 커피와 바나나 또는 최근에는 그곳에서 조립한 아이폰, 그곳에서 채굴한 코발트 대부분이 중심부 국가로 흘러 들어간다. 중심부 국가로 흘러 들어온 가치는 사회적 갈등의 대상이 된다. 작물을 수확하고 휴대폰을 수입하는 기업 소유주들의 이윤이 더 높아지거나 노동자들이 더 높은 임금을 받게 되어 중심부 국가에서 생활하는 사람들의 소비가 증대된다. 중심부로 흘러 들어간 가치가 자본가들의 이윤을 높이든 말든, 금속 엔진에 재투자되어 기계의 생산성을 높이든 말든, 노동자에게 재투자되어 노동자의 구매력을 높이든 말든, 중심부 국가로 더 많은 가치가 흘러 들어갈수록 주변부 국가에는 아무런 가치도 남지 않게 된다. 따라서 주변부 국가의 임금은 예나 지금이나 억제된다. 바로 이와 같은 현상을 가치 이전이라 한다. 탈식민은 기아와 전염병을 멈추는 데 기여했다. 그러나 가치가 외부로 흘러나가는 현상의 속도를 늦추거나 멈추지는 못했다.[4] 1970년 이후에는 반혁명이 일어났다. 반혁명은 주변부에서 가치가 빠져나가지 못하게 막으려고 행한 노력을 무산시키려는 시도였다. 반혁명은 농업 생산성 향상이라는 떠들썩한 선전이 이어지는 와중에도 그 어느 때보다 많은 사람들이 굶어 죽어가고 있는 이유를 설명해 준다. 경제학자 우트사 파트나이크Utsa Patnaik는 이를 굶주림 공화국republic of hunger이라고 불렀다.[5]

넷째, 사회민주주의는 유럽과 미국을 휩쓴 사회적 투쟁의 산물이며 입법을 통해 집권하게 된 존재다. 한편 사회민주주의는 공포에 의해 잉태되어 태어난 아이였다. 마르크스주의 민족해방운동, 중국의 마오쩌둥사상, 소련의 존재로 인해 서양 지배계급은 당시 급진적인 투쟁을 벌이고 있던 노동계급을 매수하여 지배 양식으로서의 자본주의를 공고하게 구축해야 할 필요성을 느꼈다. 사회민주주의는 하향식으로 제공되는 선심성 개혁이 아니라 상향식 혁명의 자손이다.[6]

두 가지 녹색사회민주주의 모델이 가능할 것으로 보인다. 하나는 부유한 중심부 국가에 자리 잡은 공장의 생산 라인과 기계를 개편하고 국가로부터 대규모 부양 자금을 받아 녹색 기술을 창출하는 모델이다. 즉, 미국에서 태양광 패널과 풍력터빈을 생산하는 모델이다. 조 바이든이 집권하는 동안 이 모델이 이루어질 가능성이 높다. 나아가 국가는 거대한 자본의 흐름을 주도하여 돌봄 노동과 회복 작업에 대한 보상을 제공할 수 있다. 이와 같은 청사진은 미국의 산업이 글로벌 수요에 대응하면서 번성할 수 있다고 상정한다. 여기에 "세계의 작업장" 모델이 동반된다. 이 모델이 실현되면 미국은 "개방적인" 수출의 발판이라는 지위를 되찾을 수 있을 것이다. 미국이 "세계의 작업장" 모델을 실현하려면 나머지 세계에서 물리적 물질을 최대한 낮은 가격으로 공급받아야 한다. 그럼으로써 중심부 국가의 소비를 유지하는 가운데 녹색 부가가치 산업 생산을 이룰 수 있다. 과거 제국주의 중심부 국가와 중국에서 "세계의 작업장" 모델을 실행에 옮긴 결과 대규모 녹색 일자리가 창출된 것으로 보이기 때문이다.[7] 또한 녹색사회민주주의는 미국을 탈산업 국가로 유지하는 가운데 중심부 국가의 노동자들을 서비스 노동과 비산업 노동으로 재배치할 수 있다.

두 시나리오 모두 생태제국주의와 환경적 불균등 교환을 토대로 삼고 있다. 구체적인 사례로 중국 희토류 광업 구역의 지하수 오염과 광산 인근에 조성한 슬러지 웅덩이의 수질 오염을 꼽을 수 있다. 중심부 국가가 해외에서 산업을 운영한다면 중심부 국가는 주변부 국가로부터 지속적으로 노동 시간을 수입할 것이다. 즉, 자본주의의 소비와 축적은 빈국에서 생활하는 사람들의 시간과 생명을 갉아먹는 데 의존하고 있다.[8] 나아가 멕시코 남부에 자리 잡은 수출 구역에서 수출하는 저렴한 청정 기술 제품은 결국 풍력터빈에서 생산되는 에너지를 이용하여 생산될 것이다. 그러나 그 덕분에 토착 원주민 농민은 생활의 터전을 잃게 된다. 저렴한 청정 기술 제품을 생산하는 공장에서 배출한 잔해가 대수층을 오염시켜 암 발병률이 높아졌기 때문이다.[9] 그런 점에서 사실 재생에너지도 사회적으로 공정하지 않다. 이런 이유로 토착 원주민을 비롯한 모든 민중이 수력발전을 비롯한 여러 재생에너지 설비를 도입하는데 거세게 저항하고 있는 형편이다.[10]

　이러한 일들이 반드시 일어나리라고 말하는 건 아니다. 그러나 이러한 일들이 일어날 가능성을 인식하고 사전에 방지하지 않는다면 결국에는 일이 터지고 말 것이다. 이러한 일들이 일어나지 않도록 사전에 방지하려면 다른 사람들의 요구와 관심을 인정하는 국제적 운동을 일으켜야 한다. 과거의 이력을 감안할 때 특히 미국에서는 사회민주주의에 대한 신뢰가 싹트기 어려울 것이다. 이때 핵심 쟁점은 과거와 현재의 가치에 생긴 흠집이다. 조금 더 명확하게 말하면 식민주의의 결실과 기후 부채 상환 문제가 핵심이라는 것이다. 전술적인 것이든 혼동한 것이든 의도하지 않은 것이든 관계없이, 결과적으로 녹색사회민주주의는 지구에 깃들어 사는 빈민의 핵심 요구에 침묵으로 일관해 왔다. 즉, 생태 부채 상환과 부채 면제 문제에 눈감아 왔다. 그 진의가 무엇이었든 관계없이, 녹색사회민주주의의 침묵은 주변부 국가에 대한 정치의 침묵을 불러 왔다. 급격한 변화를 요구하는 주변부의 목소리를 무시하는 행태는 자본주의와 빈곤이 계속 유지될 것이라는 사실을 의미하기도 한다. 주변부 국가가 사회적으로 공정하고 생태적으로 재생적인 노선을 따라 농업체계를 재구조화지 못한다면, 그곳은 문자 그대로 그리고 비유적인 의미에서 전염병의 온상으로 남게 될 것이다. 주변부 국가에서 출발한 코로나19 같은 전염병과 불평등이라는 전염병이 중심부 국가를 감염시킬 것이다. 인본주의적인 공감에서 출발했든 사리사욕 추구에서 출발했든 관계없이, 부국에서 생활하는 사람들은 빈국에서 혁명적인 변혁이 이루어지기를 희망해야 한다. 이런 이유로 명확성이 중요한 것이다.

사회민주주의자가 아닌 사람뿐 아니라 심지어 자본주의를 완화하고 제한하여 빈민에게 바람직한 사회적 권리를 제공하기를 원하는 진정한 사회민주주의자라 하더라도 여러 가지 이유에서 다음 프로그램에 아주 신중하게 접근해야 한다. 이는 바로 강철 같은 자본주의적 청정 기술의 핵심을 부드러운 포대기로 푹 감싼 프로그램이다. 여기서 부드러운 포대기란 사회적 생태사회주의 또는 비상품화된 사회적 재생산, 옥상정원 또는 묘한 매력이 있는 녹색 반자본주의 프로그램의 파편과도 같은 인본주의적 생태주의 사상을 의미한다. 이와 같은 공식formulas을 주의를 기울여 신중하고 면밀하게 검토해야 한다. 그래야 하는 첫 번째 이유는 사회민주주의 자체의 관점에서 보더라도 이 공식이 사회민주적 결과로 이어질 가능성이 높지 않기 때문이다. 그렇게 생각하는 첫 번째 이유는 오늘날의 사회민주주의가 다른 곳에서 생활하는 사람들이 계속 고통에 시달리도록 내버려 두고 있기 때문이다. 이런 결과는 결코 인도적이지 않다. 두 번째 이유는 역사적으로 사회민주주의가 반혁명에 취약한, 무너지기 쉬운 구조물이었음이 틀림없기 때문이다. 이 공식을 주의 깊게 검토해야 하는 이유는 후보자와 정치인이라는 존재가 미국의 후기자본주의에서 태연자약하게 홍보에 열을 올리는 여러 산업 가운데 하나의 산물이기 때문이다. 따라서 눈앞에 아른거리는 화려한 겉모습과 뜬구름 같은 약속에 현혹되지 말고 프로그램 강령 자체에 주목해야 한다. 그린 뉴딜이라는 발상이 어디에서 시작되었는지 그리고 제국주의 세계의 글로벌 계급 정치에 이것이 어떤 의미를 가지는지에 대해 분명하게 인식하는 것이 중요하다.

알렉산드리아 오카시오코르테스 하원의원과
그린 뉴딜

환경 정치에는 역사가 있다. 인도의 칩코 운동에서 미국의 토착 원주민 생태 네트워크, 코차밤바 성명에 이르는 글로벌 환경정의 운동이 오랫동안 환경 정치의 한 갈래로 자리매김해 왔다면, 생태 근대화 관념은 환경 정치의 또 다른 갈래를 나타낸다.[11] 환경보호를 상징하는 "녹색"과 노동을 상징하는 "적색"을 융합한다는 관념이 등장하여 사람들을 기만했다. 오카시오코르테스 하원의원이 제시하는 신성한 계시 역시 마찬가지다. 그러나 사실 이와 같은 발상은 오래전부터 존재했던 것이다. 이러한 발상은 관료화된 노동조합과 적당히 진보적인 비정부기구의 중심에 자리 잡아 왔다. 밴 존스Van Jones에서 시작하여 미국 제국주의를 지원하는 역할을 수행해 온 미국노동총연맹-산별조합회의AFL-CIO에 이르는 세력들이 2000년대 초반부터 미국 경제의 녹색화를 위한 노동-기업 연합을 지지했다.[12] 제안하는 내용은 서로 다르지만 이들 대부분은 주택을 개조하여 내후성耐候性을 높임으로써 "양질의 녹색 일자리를 만들고 … 기업 친화적인" 녹색 산업 전환을 이뤄야 한다고 요구했다.[13] 실업자와 불완전고용 노동자가 관심을 가지는 품위 있는 일자리, 이산화탄소 배출 중단에 관련된 사회적 이해관계, 활기를 되찾은 자본주의를 보호하려는 기업의 이해관계에 부응할 방법을 찾는 녹색 정치도 오랜 역사를 지니고 있다. 나아가 훨씬 좌측에는 오래전부터 변혁적인 그린 뉴딜을 옹호해 온 미국 녹색당이 자리 잡고 있다. 미국 녹색당은 이산화탄소 배출 감축뿐 아니라 미국 사회의 변혁과 미국 사회가 제3세계와 맺고 있는 관계를 공정하게 변혁할 것을 요구해 왔다.[14] 그리고 2008년에서 2009년 사이 그린 뉴딜이 꽃을 피웠다. 자본주의와 생태 위기를 통합하여 관리하는 동시에 산업자본주의를 유지하려는 계획이었다. 그러나 달러 인플레이션이 촉발한 거품이 글로벌 자본주의를 재부양하고 (좋든 나쁘든) 새로운 사회체계로의 공정한 전환을 요구하는 위아래에서의 목소리가 모두 일시적으로 사라짐에 따라 한때 만개했던 그린 뉴딜은 시들어 갔다.

마키/오카시오코르테스 그린 뉴딜 프로그램은 본질적으로 이전의 자유주의 프로그램을 개선하고 확장한 것이다.[15] 이 프로그램의 청사진은 생태사회주의로 포장되어 있고, 오카시오코르테스 하원의원은 민주사회주의자라고 홍보되었다. 그러나 오카시오코르테스 하원의원이 펼치고 있는 정치의 본질은 좌파 자유주의다. 좌파 자유주의 역시 새롭지는 않다. 민주당 내 좌파 자유주의자들이 오래전부터 의회에 진출해 왔기 때문이다. 조심해야 할 것은 반인종차별주의 녹색 케인스주의를 "전환기 프로그램", 반자본주의 또는 생태사회주의에 관련된 것으로 인식하는 것이다. 이렇게 잘못 붙인 이름표는 반자본주의 정치를 혼란에 빠뜨릴 수 있다. 반자본주의 운동과 생태사회주의 운동이 지니고 있는 힘을 실제보다 과장하거나 선거라는 경로를 통해 생태사회주의를 실현할 수 있다는 그릇된 인식을 심어 주기 때문이다. 일례로 벤저민 셀윈Benjamin Selwyn은 자신이 옹호하지 않는 **가정들**을 전략에 포함해 발표했다. 셀윈이 옹호하지 않는 가정 가운데 첫 번째는 "그린 뉴딜 진영이 각국에서 치러지는 민주적 선거를 통해 공직에 진출"하는 것이다. 미국의 경우 그 바탕에는 사람들의 입길에 한창 오르고 있는 마키/오카시오코르테스의 "좌파/민주사회주의" 그린 뉴딜이 자리 잡고 있다.[16]

마키/오카시오코르테스 그린 뉴딜 결의안 초안이 언급한 것과 언급하지 않은 것에 대해 검토해 보자. 이 결의안 초안은 미국이 기록적인 수준의 온실기체를 배출했다는 사실을 인정한다. 2014년까지 미국은 글로벌 순온실기체 배출량의 20%를 차지했다. 따라서 전환을 선도하는 역할을 수행해야 한다. 결의안 초안은 짐짓 진지하게 "공정한 전환"이라는 표현을 덧붙였다. 그 중심에는 스마트 전력망과 재생에너지가 자리 잡고 있다. 대체로 바람직한 계획이다. 문제는 기후와 관련된 대부분의 잡담과 마찬가지로, 여기서도 환경 위기를 단순한 기후 위기로 환원(기후환원주의)한다는 것이다. 미국의 농업을 지속 가능한 탄소 순환 농업으로 전환한다는 강령은 바람직하다(이 강령은 미국에서 환경에 대한 자각을 토대로 양심적이고 지속 가능한 농업을 활기차게 추진해 온 운동이 맺은 결실이다). 여기에는 "일선의 공동체", 과거에 유발된 피해 복구, 배제 정정에 대한 내용도 포함되어 있다.

그러나 진보 진영이 모르는 체 침묵해 온 단락이 2개 있다. 첫 번째 단락은 군국주의적 요새 국수주의의 틀에 속하는 언급이다.

> 반면, 기후 변화는 미국의 경제, 환경, 사회 안정에 영향을 미치고 전 세계 공동체에 영향을 미침으로써 … 그리고 위협을 확대하는 요인으로 작용하면서 … 미국의 국가안보를 직접적으로 위협한다.

"국가안보", "위협을 확대하는 요인" 같은 용어는 미국 국방부가 사용하는 표준 문구를 그대로 차용한 것이다. 미국 국방부 체계를 유지하고 국가안보 이념을 배치한다는 것은 국방부가 목표로 삼고 있는 남반구 국가들의 국가안보가 불안정해진다는 것을 의미한다. 또한 싱크탱크에서 장군들, 자유주의 국수주의자에서 국방부 건물과 록히드마틴 건물에 출입하는 사람들에 이르는 미국 국가안보 구조 전체의 비위를 맞추려는 시도일 따름이다. 강철 같은 미국의 축적 체계는 건재할 것이다.

두 번째 단락은 결의안 초안의 핵심으로, 재생에너지와 청정 기술에 초점을 맞춘 단락이다.

기술, 전문 지식, 제품, 자금 지원, 서비스의 국제 교류를 촉진하여 미국을

기후 조치 선도국으로 만든다. 투명하고 포괄적인 조언을 제공하고 협력하며 일선의 취약한 공동체, 노동조합, 노동자협동조합, 시민사회단체, 학계, **기업**과 협력관계를 구축하여 다른 나라들이 [그린 뉴딜]을 달성할 수 있도록 지원한다. … 공동체, 조직, 연방정부/주정부/지방정부 산하 기관, **그린 뉴딜 동원에 협력하는 기업**에 **(공동체 보조금, 공공 은행, 그 밖의 공공 자금 등을 통해) 적절한 자본,** 전문 기술, 지원 정책을 비롯한 다양한 형태의 지원을 제공하고 활용한다. 이때 공공이 적절한 지분을 소유하고 투자수익을 누릴 수 있는 구조가 보장되어야 한다(강조 표시는 핵심적이지만 제대로 주목받지 못한 요소를 강조하려는 의도로 추가한 것이다. 표시하지 않은 부분의 중요성을 폄하하려는 의도는 아니다_지은이).

미국의 비자금, 보조금, 세금 경감 운영 방식을 아는 사람이라면 이와 같은 형태가 익숙할 것이다. 바로 비용의 사회화, 이익의 민영화다. 이 단락은 미국의 산업정책을 제시한다. 즉, 글로벌 에너지 체계와 사업 부문이 사용하는 기술을 이산화탄소 배출 기술에서 이산화탄소 중립 기술로 전환하는 것이다. 나아가 미국이 "선도"한다는 말은 국수주의적 산업화에서 사용하는 수사로, "국산품 애용"이라는 바이든 행정부의 기후 정책 청사진에서도 찾아볼 수 있다.

어떻게 보면 이 정책은 공동체-기업-국가가 공생하여 대전환을 수행하자는 호주혁신연구소의 제안과 판박이다. 그런데 결의안 초안은 제국의 중심부에 자리 잡은 국가의 특정 독자층을 겨냥하여 작성된 것이다. 즉, 권력 의지를 공개적으로 드러낼 수 있는 기업 부문이나 국가안보 부문을 겨냥한 것이 아니라 더 진보적인 부문을 독자층으로 했다. 특히 민중운동을 끌어들여 혼란에 빠뜨렸던 주범을 겨냥하여 작성된 것이다. 바로 이것이 그동안 미국 민주당이 수행해 온 과업이다.

결의안 초안에는 여전히 "국가안보"와 같은 요새 국수주의적 용어가 포함되어 있다. 즉, 이는 초선 하원의원의 약점인 경험 부족 탓도 아니고 우연히 발생한 오류도 아니다. 국가안보 따위의 용어를 사용하는 정치인은 미국 국방부와 정면으로 맞서고 싶어 하기는커녕 보통은 국방부라는 기구를 확대하고 싶어 하는 정치인이다. 또한 외교 정책에서 오카시오코르테스 하원의원이 차지하고 있는 실질적인 입지도 의미심장하다. 오카시오코르테스가 현직 입법자 무리가 추구하는 진보적인 외교정책의 한계선을 긋기에 적절한 입지를 차지하고 있기 때문이다. 예를 들어 2019년 공식 석상에서 베네수엘라 대통령 니콜라스 마두로를 만난다면 어떻게 하겠냐는 질문에 오카시오코르테스는 다음과 같이 답변했다. "당 지도부의 뜻에 따라 문제를 처리할 것입니다."[17] 당시 민주당 하원 원내대표를 맡고 있던 낸시 펠로시는 다음과 같이 덧붙였다. "저는 공정하고 자유로운 완전한 선거가 치러지기 전까지 후안 과이도 국회의장을 임시 대통령으로 인정하기로 한 베네수엘라 유일의 민주적 기구인 베네수엘라 국회의 결정을 지지합니다."[18] 남반구 국가의 자기결정권을 거부하는 이런 발언을 감안할 때, 결의안을 국제주의적 그린 뉴딜이나 생태사회주의적 그린 뉴딜이라고 보기는 어렵다.

저술가 앤절라 미트로폴로스Angela Mitropoulos가 지적했듯이, 국가안보라는 용어에 문제를 제기하는 대신 그 용어를 채택하는 정치의 목적은 글로벌 북반구 국가의 국수주의에 문제를 제기하는 것이 아니라 이를 포용하는 것이다.[19] 결의안 초안은 미국 인구 가운데 주변화된 사람들의 경제적 권리 확대를 고려하지만, 이 초안이 재분배의 대상으로 삼고 있는 미국의 부가 약탈을 바탕으로 형성되었다는 사실은 모르는 척 외면한다. 따라서 결의안 초안 역시 글로벌 북반구 국가의 국수주의를 포용한다고 할 수 있다. 글로벌 북반구의 국수주의적 국가는 배제를 토대로 성립되었다. 이들 국가는 제3세계 국가들이 주권을 행사할 권리나 제3세계 민중의 해방에는 관심을 기울이지 않는다. 다소 주목할 점은 마키/

오카시오코르테스의 그린 뉴딜 프로그램이 "토착 원주민의 주권과 토지에 대한 권리 보호 및 시행"을 요구한다는 점이다. 그러나 이런 요구는 토착 원주민 운동 중에서도 급진적인 갈래를 동반하면서 활짝 꽃 핀 제3세계 연대와는 단절되어 있다.

나아가 결의안 초안 문서에 수록된 재분배 요구는 모호하다. 이와 같은 모호함은 다양한 사회세력의 비위를 맞추려는 시도다. 앞쪽 인용문(본문 145-146쪽)에서 내가 진하게 강조 표시한 내용에 따르면, 이들의 요구는 공공 자금을 지원하여 민간의 이익을 증대하는 데 초점을 맞추고 있다. 이런 내용은 기후금융주도계획이 수립한 지침과 그리 다르지 않다. 기후금융주도계획은 공공을 통해 수조 달러에 이르는 자금을 조성하여 대전환을 보장하려고 한다. 나아가 결의안 초안 문서에 수록된 "일선의 취약한 공동체"는 계급을 말하지 않는다. 이런 개념은 마치 점토와 같다. 이런 개념은 자본주의가 기울이는 다각화 노력의 틀 안에서 쉽게 성형된 뒤 자본주의 국가 미국의 의회라는 가마에 넣어 구워져 제국의 의제를 장식하는 장식품으로 이용되기 십상이다.

엘리자베스 워런 상원의원이 후원한 법안에 대해서도 한 번 더 언급할 필요가 있겠다. 이 법안이 결의안 초안 문서와 비슷하면서도 다르기 때문이다. 워런 상원의원이 입안한 법안은 미국 국방부에서 자금을 지원하는 청정 기술을 개발하기 위해 다음과 같은 기관과 협력관계를 맺으려 했다. 구체적으로 "토착 원주민 부족, … **기존 흑인 대학/대학교를 비롯한** 고등교육기관"이다. 한편 기후금융주도계획은 다음과 같이 제안한다. "또한 기업과 투자자는 사회적 기준을 투자 결정에 통합하여 공동체와 노동자의 **공정한 전환**을 지원할 수 있을 것이다."[20] "공동체" 같은 단어와 글로벌 정의 운동이라는 도가니에서 벼려진 "공정한 전환" 같은 구절은 희미한 빛을 내뿜으면서 이러한 문제에 관심을 가지고 있는 시민들의 눈길을 사로잡아 단순한 용어를 정책으로 착각하게 만든다.

나아가 결의안은 기후 부채를 상징적으로만 언급하고 구체적인 내용은 생략한다. 심지어 세계를 죽음으로 몰아넣고 있는 오바마 행정부의 화신인 토드 스턴마저 코펜하겐 기후 협상 석상에서 과거 미국이 개발 과정에서 악행을 저질렀다는 점을 상징적으로 인정해야 한다는 사실을 수용했는데도 말이다. 스턴은 다음과 같이 언급했다. "미국이 대기에 기록적인 수준의 온실기체를 배출해 왔다는 사실을 절대적으로 인정합니다. 그러나 죄책감이나 책임감을 느끼라고 요구하거나 배상을 요구한다면, 그것은 절대적으로 거부할 것입니다."[21] 역사적 사실을 인정하기는 하되 배상이 따르지 않는다면 아무런 의미가 없지 않을까? 오히려 역사적 사실을 인정했다는 이유로 서구 여론으로부터 면죄부를 받고 그것으로 배상을 대신하고 말 것이다.

결의안의 입안과 밀접하게 관련된 정치적 맥락에는 두 가지 측면이 있다. 첫 번째는 오카시오코르테스의 동지와 동맹에 관한 것이며, 두 번째는 이와 같이 모호한 진술이 민주적 생태사회주의와 동일시되는 바람에 발생한 구체적인 비용이다. 〈애틀랜틱〉*Atlantic*지에 따르면, 뉴욕 브롱크스 출신의 자수성가한 바텐더 오카시오코르테스의 손재간이 뛰어나다는 이유로 미국의 모든 가정에서 그의 이름을 기억하게 된 것이 아니다. 저스티스 데모크랫이야말로 "알렉산드리아 오카시오코르테스를 발굴하고 지원하여 당선까지 이끈 장본인이다." 저스티스 데모크랫은 버니 샌더스 진영 인사들이 새로 조직한 진보적인 정치활동위원회로, 사회민주주의 정책이라고는 보기 어려운 자유주의 정책을 편다. 이들의 구체적인 정책 사례로는 인플레이션 연동 최저임금 15달러(연간 약 3만 1천 달러에 해당)을 꼽을 수 있다. 그러나 사실 이 금액은 생활임금에는 한참 미치지 못하는 것이다.[22] 한편 오카시오코르테스 하원의원은 민주사회주의자로 널리 알려져 있다. 그러나 정작 오카시오코르테스 본인은 그 이름표를 인정하지 않는다. 자신이 민주사회주의자인지 묻는 질문에 오카시오코르테스는 다음과 같이 답했다. "일부 그런 면도 있겠죠. 하지만 제가 전적으로 민주사회주의자인 것은 아닙니다."[23]

한편, 입안을 추진하는 과정에서 다른 의제를 가지고 있었을 것으로 생각되는 사람들이 참고할 만한 다른 증거도 있다. 예를 들어, 오카시오코르테스 하원의원의 전 비서실장 사이카트 차크라바르티는 다음과 같이 언급했다. "말 그대로 3조 달러의 민간자본이 위험은 적으면서 적당한 수익을 낼 수 있는 투자처를 기다리며 대기하고 있습니다. 이 3조 달러가 그린 뉴딜로 흘러 들어갈 것입니다."[24] 차크라바르티의 언급에서 다음과 같은 사실을 파악할 수 있다. "흥미로운 사실은 기후 문제 같은 쟁점이 애초부터 그린 뉴딜의 관심사가 아니었다는 점입니다. … 우리는 그린 뉴딜이 경제 전체를 바꾸는 방법이라고 생각했습니다."[25] 즉, 그린 뉴딜은 경제 관리 계획, 태양광 패널과 흰색으로 반짝반짝 빛나는 풍력 터빈 제조 공장에 유휴자본을 투자하려는 계획, 미국 인구의 대부분을 차지하는 노동하는 빈곤층을 계속 빈곤하게 유지하는 계획, 녹색자본주의를 실현하면서 지구를 청정하게 만드는 일과도 손을 맞잡을 수 있다고 주장하는 계획에서 출발한 것이다. 그리고 바이든 행정부에서 어떤 형태로든 통과될 가능성이 높은 기후 법안이 제정되어 실제로 구현되면 우리는 지리학자 제시 골드슈타인Jesse Goldstein이 언급한 새로운 "녹색자본주의 정신"을 보게 될 것이다.[26]

무엇보다도 결의안은 사회주의를 구현하기 위해 입법이라는 수단을 활용하는 진보 정치와 선거 전략의 한계를 보여준다는 점에서 중요하다. 결국 오카시오코르테스 하원의원이 공동 입안자로 이름을 올렸다는 사실에 주목하기보다는, 그가 진보적 하원의원이자 진보적 여성으로 이루어진 새로운 물결을 대표하는 가장 유명한 인사라는 사실에 주목하는 것이 더 유용할 것이다. 오카시오코르테스는 나머지 인사들에게 야망을 심어 주는 한편 새로운 물결의 한계를 보여주는 대표적인 인물이 되었다. 오카시오코르테스는 사회주의라는 불투명한 이념에 대한 관심이 증가하고 대중의 불만이 확산되는 상황에서 대규모 반인종차별주의 녹색 케인스주의 산업정책을 옹호하는 프로그램을 중심으로 좌파 자유주의 협약을 통합한 인물이다. 이렇게 오카시오코르테스를 훨씬 더 제대로 이해할 수 있다.

좌파식 그린 뉴딜과 관련해서는 최근 발간된 저술의 공동 저자 가운데 두 명이 눈에 띈다. 바로 알리사 바티스토니Alyssa Battistoni와 대니얼 알다나코헨Daniel Aldana-Cohen이다. 바티스토니는 녹색 전환에서 사회적 재생산이 수행하는 역할에 대한 가치 있는 연구를 수행한 인물이고 알다나코헨은 도시의 녹색 전환에 대한 뛰어난 발상을 지닌 인물이다. 알다나코헨은 마키/오카시오코르테스 그린 뉴딜에 대해 다음과 같이 언급했다. "결의안은 우리가 매우 잘 알고 있는 병적인 자본주의보다는 생태사회주의에 더 가까워 보인다." 그러나 생태사회주의의 특징을 규정한다 해서 생태사회주의가 무엇인지 그리고 너무 반동적이어서 생태사회주의가 될 수 없는 이념이 무엇인지 알 수 있는 것은 아니다. 사실 결의안에는 언급되지 않는 내용이 많을 뿐 아니라 심지어 과거에 식민지였던 세계를 한데 뭉치게 만드는 구심점, 즉 기후 부채와 생태 부채 상환을 은폐하는 내용도 포함되어 있다. 무엇보다 우려되는 것은 바티스토니와 알다나코헨이 오카시오코르테스를 비판하는 대신 옹호하는 경우인데, 우려한 대로 두 저자는 결의안에 찬사를 보냈다. "결의안은 미국이 온실기체를 지나치게 많이 배출하고 있다는 사실을 인정한다."[27] 그것이 그토록 중요한가? 온실기체를 많이 배출하고 있다는 사실을 인정한다는 말은 기후 식민주의 특사의 전형인 토드 스턴도 내뱉은 말이다. 민중이 원하는 것은 인정이 아니다. (부채를) 포함할 것을 주장하며 투쟁하는 대신에 배제를 수용한다면 정치적 투쟁이 개입하기도 전에 이미 정치적 지평이 축소되어 버린다. 기후 부채를 의제에 포함시키는 투쟁을 하지 않고서 이를 의제에 올릴 수 있는 방법은 없다. 그런 점에서 오카시오코르테스는 미국 국내에 한정된 반인종차별주의와 녹색 케인스주의를 옹호하는 자본-노동 동맹의 대변인일 뿐이다. 오카시오코르테스를 생태사회주의 쪽으로 진로를 바꾼 인물이라고 설명해서는 안 된다. 반자본주의 투쟁을 요구하지 않는 사람이 구상한 프로그램의 내용에 자본주의 제거가 포함되어 있으리라고 기대할 수 없기 때문이다.

마키/오카시오코르테스의 그린 뉴딜 계획은 "생태사회주의"가 아니다. 그런데도 "생태사회주의"라는 이름표가 달렸다. 따라서 코차밤바 회의에서 도출된 협정을 바탕에 두고 있는 생태사회주의를 옹호하는 사람들은 다음과 같이 의문을 제기한다. 생태사회주의의 가장 오른쪽에 자리 잡은 사람들이 옹호하는 이념과 프로그램에 자신의 이념과 프로그램을 융합하는 비용은 얼마인가? 그리고 생태사회주의의 가장 오른쪽에 자리 잡은 사람들이 옹호하는 이념과 프로그램에 생태사회주의에 가깝다는 이름표를 붙이는 비용은 얼마인가? 반인종차별주의 녹색 케인스주의를 묘사하는 데 사회주의라는 단어를 동원하도록 허락하는 데 소요되는 비용은 얼마인가? 이런 맥락에서 타협의 범위가 더 넓어지고 있다는 사실을 언급할 필요가 있다. 이와 같은 사실은 엄청난 혼란과 조직의 와해가 토론을 지배하고 있다는 사실을 입증하는 증거가 될 것이다. 예를 들어 유럽의 진보 좌파에게 역사적 의미가 있는 초국적연구소Transnational Institute의 경우 10여 년 전만 해도 기후 부채 상환을 요구하는 볼리비아의 주장을 지지했다. 그러나 최근 초국적연구소는 미국 재무부에 회사채 매입을 통해 "미국에 자리 잡은 주요 화석연료 회사가 운영하는 시설을 해체할 것"을 요구했다. "중앙은행은 … 녹색 투자를 자극하기 위해 회사채를 구입해야 한다." 그러는 한편 초국적연구소는 다국적기업의 폐지가 아니라 "다국적기업의 본질"을 최종적으로 "변화"시킬 것을 요구했다. 즉, 기업이 자행하는 생태 학살을 막기 위해 공공 자금을 민간기업에 지원할 것을 요구했다.[28] 세상에는 다양한 이해관계가 존재한다. 구체적으로 토지를 소유하지 못한 사람, 목축업자, 빈민가 주민, 과거 러스트 벨트에서 일했지만 실업자가 된 사람들, 소규모 농민, 불완전고용, 저임금 고용 상태 또는 고통에 시달리는 교사, 제3세계 민중의 이해관계를 꼽을 수 있다. 독립적인 권력이 있다면 국가를 설득해 이 모든 이들의 이해관계를 반영하는 변혁적 그린 뉴딜을 추진하도록 지원할 수 있다. 그러나 초국적연구소가 요구한 프로그램은 적어도 이와 같은 독립적인 권력을 떠받칠 기둥을 세우는 일을 지원하지 않았다.

좌파의 마음을 사로잡은 그린 뉴딜

좌파 진영 최초로 2개의 선언문이 맞물려 등장하면서 그린 뉴딜을 둘러싼 논쟁 일부가 구조화되었다. 하나는 알리사 바티스토니, 대니얼 알다나코헨, 케이트 아로노프Kate Aronoff, 테아 리오프랑코Thea Riofrancos가 저술한 《지구를 구하라》*A Planet to Win*이고, 다른 하나는 나오미 클라인이 저술한 《미래가 불타고 있다》*Burning Up*이다.[29] 이 두 저술 모두 마키/오카시오코르테스의 그린 뉴딜 결의안 및 그보다 훨씬 더 급진적이지만 여전히 한계를 노정하고 있는 버니 샌더스의 그린 뉴딜을 열렬하게 지지한다(샌더스의 그린 뉴딜의 골자는 다음과 같다. 2030년까지 전력과 교통 부문을 재생에너지로 완전히 대체, 새로운 일자리 2천만 개 제공, 회복 농업과 토지 관리에 대한 대규모 투자, 전 국민에게 메디케어Medicare 제공[30]). 두 저술은 다양한 언론을 통해 서로에 대한 지지 의사를 공개적으로 표명했다. 단기적으로 이 두 저술은 불평등 감소와 "자본 … 규율"을 목표로 삼았다. 그러나 《지구를 구하라》는 "마지막 자극"을 통한 자본주의와의 결별을

---

* 마지막 자극에 대해서는 https://jacobin.com/2017/08/the-last-stimulus/를 참조하라.

기대하는 방향으로 나아갔다. (세 번째로 관심을 모으고 있는 폴린-촘스키의 그린 뉴딜 프로그램은 기후 부채 상환을 거부하는 화석자본주의의 제거를 토대로 삼았다. 폴린-촘스키 그린 뉴딜 프로그램은 자유주의 좌파 논쟁을 구조화했지만 사회주의나 국제주의와는 무관하다. 이들이 주장하는 그린 뉴딜의 일부 기술적 논거에 대해서 앞선 장들에서 이미 살펴본 바 있다.)[31]

겉보기에 《미래가 불타고 있다》와 《지구를 구하라》는 급진적인 전통에서 출발한 것으로 보인다. 나오미 클라인은 인종차별적 자본주의, 정착식민주의, 반자본주의, 반식민주의를 자주 언급한다. 그러나 이런 언급은 심미적일 뿐 진단이 되지는 못한다. 이런 개념들은 한 줄기 연기처럼 가늘고 길게 피어올라 마치 유령처럼 빈민 주변을 맴돈다. 가늘고 길게 피어오르는 개념들은 누가 적인지, 누가 함께 투쟁하는 아군인지 정확하게 지목하지 못할 뿐 아니라 적을 물리칠 전략을 구성하지도 못한다. 클라인에게는 급진적인 민중의 정부나 농민운동, 심지어 공산주의 정당도 사회변혁을 일으킬 수 있는 동인이 아니다. 오히려 2019년 출판된 《미래가 불타고 있다》에서 클라인은 초기 입장과 사뭇 다르게 북반구의 사회운동과 사회정당에서 가능성을 찾았다. 북반구의 사회운동과 사회정당이 남반구와 손잡을 생각이 없더라도 말이다. 이러한 자기모순을 해결하기 위해 클라인은 녹색자본주의 강화를 추구하는 세력, 즉 마키/오카시오코르테스 그린 뉴딜 결의안 같은 것을 지지하기 시작했다. 클라인은 이들 세력의 급진성을 한껏 추켜세우는 한편 제국주의와 기후 부채 상환 문제는 모르는 척 외면한다.

《미래가 불타고 있다》 본문 곳곳에서 클라인의 바뀐 입장과 전략적 모호성을 발견할 수 있다. 시장은 모종의 "역할"을 수행하지만 "주인공"은 아니다. 주인공은 민중이다. 클라인은 다음과 같이 언급한 익명의 비평가들을 조롱한다. "모든 기후 정책이 반드시 자본주의를 해체해야 함을, 그렇지 않은 기후 정책을 폐기해야 함을 의미하지는 않는다." 이런 입장을 수용하는 사람은 거의 없다. 그러나 덕분에 클라인은 결의안에 대한 비판을 회피할 수 있었다. 동시에 클라인은 "경제체계와 사회체계의 변화를 포용"해야만 한다고 촉구한다. 클라인은 "민주적 생태사회주의", 부의 재분배, 자원 공유, 배상을 요구한다. 클라인은 온실기체 배출 상위 10에서 20%에 속하는 국가들이 "기술이 허용하는" 최대한의 속도로 신속하게 배출을 감축해야 한다고 언급한다. 그러나 세계에서 가장 부유한 국가들이 배출하는 이산화탄소를 줄이는 문제와 관련하여 마주치게 되는 주요 장애물은 현재의 기술이 적절한지의 여부가 아니라 소비력, 그리고 더 중요하게는 생산수단의 사적소유다. 아무튼 클라인의 제안을 구체적으로 정리하면 다음과 같다. 화석연료 부문에 정면으로 맞서고 탄소를 땅에 묻어야 한다. 온실기체 배출 증가의 주범인 미군을 감시하고 부자가 빈민에게 진 부채를 낱낱이 밝혀야 한다.

클라인이 제시하는 프로그램 대부분은 매력적이다. 자신보다 좌측에 서 있다고 여기는 사람들의 입장을 과도하게 녹여냈기 때문이다. 강단에서 매혹적인 일반론을 펴던 클라인이 큰 영향력을 행사하면서 세부사항에 집중하는 기술 관료와 같은 태도로 돌변하고서 내린 결론은 미군 예산의 고작 25% 삭감과 세율 1%의 억만장자 과세다. 세율 1%는 포춘 500에 이름을 올린 기업의 평균 내부 수익률에 훨씬 못 미치는 것이다. 클라인은 "가장 취약한 노동자와 가장 배제된 공동체를 최우선적으로" 보살펴야 한다고 요구한다. 그럼으로써 민주사회주의를 옹호하는 동시에 다이아몬드처럼 단단한 계급투쟁의 가장자리를 무르게 만들어야 한다고 주장한다. 취약계층에 대한 관심, 공정한 전환을 통한 돌봄, 공동체에 관한 논의는 일종의 접착제 같은 것인데, 문제는 이 접착제를 인본주의로 감싼 자유주의적 자본주의 또는 녹색 케인스주의 또는 모건 스탠리와 기후금융주도계획이 제안하는 대전환 요구 등 어디에나 바를 수 있다는 것이다.

이런 용어들은 그 진의와 관계없이 자본주의 이데올로기와 계급 권력을 토대로 구조화되는 인지 영역에서 보금자리를 찾는다. 빈민과 식민지 민중이 (조직화되었을 경우) 해결해야 하는 "최우선 과제"는 탈식민, 대규모 기후 배상 확보, 자본주의의 전복이다. 그러나 "가장 취약한", "가장 배제된" 같은 보들보들한 문구는 북반구-남반구의 격차는 말할 것도 없고 북반구의 계급에 대해서조차 아무것도 말해 주지 않는다. "가장 취약한 노동자"는 누구인가? 반자본주의를 표방하는 남아프리카공화국의 금속 노동자인가? 보잉에서 기술자로 일했던 노동자인가? 이 두 집단을 하나로 묶어 주는 미래의 조직인가? 반자본주의를 표방하는 남아프리카공화국의 금속 노동자가 일반적인 의미의 공정한 전환뿐 아니라 기후 부채 상환도 원하지 않을 수 있을까? 가장 배제된 공동체는 어디에 있는가? 숲에 거주하는 토착 원주민 아디바시Adivasi인가? 점령당한 토착 원주민 카시미리스Kashmiris인가? 예멘에 사는 어린이인가? 포화가 예멘을 깡그리 불태우기 전에 불을 끄려면 미군 예산에서 삭감한 25%를 모두 투입해도 모자랄 지경이다. 언론인은 서로 반목하는 의제를 추구하는 여러 세력을 하나로 묶어 낼 수 있는 적임자가 되지 못한다. 그렇게 하려고 시도한다면 정치 투쟁에 유용한 분석을 제시할 수 없다. 그러나 클라인은 자신의 저술을 겉보기에는 포용적인 것으로 포장함으로써 언론인이 지니는 한계를 감춘다. 저술가 앤절라 미트로폴로스는 다음과 같이 지적한다. "모순적으로 보이는 여러 발상을 하나로 묶을 수 있게 된다. 이것들이 서로 양립할 수 없게 만드는 물질적 실천을 벗겨 내게 되면 각각은 투자 스펙트럼에서 또 하나의 가치 점수로 전락해 포트폴리오 다각화와 위험 회피 수단으로 사용되기 때문이다."[32] 클라인이 수립한 지침에는 사회적 동인, 즉 주체가 빠져 있다. 이러한 대규모 변화 프로그램을 수행할 주체는 누구이고 이러한 모호한 프로그램에 포함시켜 달라고 요구하는 주체는 누구인가?

불투명도는 오류가 아니라 특징이다. 따라서 웬만한 사람들은 언론인 나오미 클라인의 저술에서 자신이 원하는 것을 찾을 수 있을 것이다. 구체적으로 클라인은 중심부 국가에서 민중의 비상사태를 선언하는 "사회운동"을 높이 평가한다. 구체적으로는 선라이즈 무브먼트Sunrise Movement, 멸종저항Extinction Rebellion, 민중의 기후행진People's Climate March, 350.org 등을 꼽을 수 있다. 그러나 이들을 사회운동이라고 보기는 어려울 것 같다. 이 단체들은 고위 지도부에서 우선 순위를 느슨하게 정하면 각 지역 지부에서 각자 원하는 방식으로 우선 순위를 구현하는 하이브리드 비정부기구 운동 단체에 불과하기 때문이다. 심지어 이런 단체들은 노동계급 유권자에 대한 책임감도 없다. 예를 들어 350.org는 지난 몇 년 동안 록펠러브라더스펀드Rockefeller Brothers Fund에서 100만 달러가 넘는 금액을 지원받았다. 또한 "자유 시장민주주의를 표방하는 세계에서 가장 큰 단일 시장인 유럽은 혁신적인 사업과 진보적인 사회개혁의 핵심 실험실"[33]이라는 임무를 천명한 유럽기후펀드European Climate Fund에서도 자금을 지원받았다. 시에라클럽, 그린피스 같은 자유주의/자본주의 비정부기구는 아르케이재단Arkay Foundation에서 자금을 지원받는다.[34] 한편 350.org는 반자본주의를 표방하지 않는다. 최근 350.org의 빌 맥키번은 다음과 같이 언급했다. 바이든 행정부 산하 기후대응팀 덕분에 "이제 연방정부 전반에서 일관성 있는 행동을 취할 가능성이 높아진 것으로 보인다. 따라서 전면적인 변화를 이룰 수 있다고 기대해 볼 만하다."[35] 2050년까지 순제로 배출 달성이라는 너무 멀고 너무 늦은 기후 계획 목표를 수립한 바이든 행정부는 "미군 기지 및 미국과 세계 전역의 중요한 안보 인프라의 기후 회복력에 투자"하라고 촉구한다.[36] 멸종저항의 경우 2020년 9월 다음과 같이 언급했다. "멸종저항은 사회주의 운동이 아니다. 멸종저항은 하나의 이념이 아니라 (배심원처럼) 추첨을 통해 선택된 민중을 믿고 #CitizensAssembly를 통해 우리 모두를 위한 최상의 미래를 찾고자 한다. '사회주의냐 멸종이냐'라는 문구가 새겨진 깃발은 멸종저항의 깃발이 아니다."[37] 이런 조직을 반체제 조직이라 볼 수는 없다. 이런 조직은 우리에게 경종을 울려 비정부기구를 봉쇄 및 포획하고 민중의 커다란 불만을 다른 곳으로 유도하는 행태에 주의하게 만든다. 이들은 "새로운 형태의 민주적 생태사회주의"를 위해 싸운다고 하면서도 명백히 반사회주의 또는 친민주당 인사와 조직에 지나치게 의존하는 행태를 보임으로써 스스로 비일관성을 드러낸다.[38]

　　뉴딜이 전 세계적인 공산주의 반란을 배경으로 등장했다고 인식하는 나오미 클라인은 오늘날에는 그만한 자극이 부족한 대신 선라이즈 무브먼트, 기후를 위한 결석시위School Strikes for Climate, 대규모 투옥과 추방 반대 운동, 화석연료 투자 철회 운동 같은 "힘의 징후"만이 존재한다고 말한다. 이 투쟁들은 중요하다. 그러나 클라인이 언급한 반인종차별주의 운동이나 학생들이 주도하는 투자 철회 국민투표 같은 운동을 1930년대 공산당과 연계되었거나 또는 공산당이 이끈 불굴의 운동과 비교하려면, 이 운동들이 이념적 스펙트럼이 넓은 비정부기구가 이끄는 맹아적이고 비조직적인 형태의 운동일 뿐 아니라 (대규모 투옥 반대 운동을 제외하면) 국제적인 자극도 거의 없다는 점을 무시해야 한다. 이는 그렇게 해야 할 가치가 있는 일이 아니다. 사실상 그것은 왜곡이다. 급진 세력을 동원하여 해방적 지평에 연계하지 못한다면 사회민주주의적 그린 뉴딜은 존재할 수 없다. 그 이유는, 모두가 알다시피, 어느 정치세력이든 국가권력을 장악했을 때조차 자신이 추구하는 프로그램을 달성할 수 없기 마련인데, 단기적으로 볼 때 사회민주주의적 녹색 세력이 국가 권력을 장악할 가능성은 "0"이나 다름없기 때문이다(베네수엘라에서 등장한 볼리바르 운동 같은 제3세계의 급진화 과정은 "석유-포퓰리즘"으로 기각된다). 이와 유사하게 벤저민 셀윈은 진보적인 재단이 자금을 지원하는 비정부기구를 치켜세우는 한편 제3세계의 모든 급진 세력을 "권위주의적"이라고 기각한다.[39] 자본주의, 부의 집중, 제국주의에 실제로 맞서 싸우고 있는 구체적인 제3세계 세력을 기각하는 이러한 입장들은 오카시오코르테스와 가까운 곳에 자리 잡고 있다. 오카시오코르테스 역시 볼리바르주의를 내세운 베네수엘라에서 이루어지고 있는 과정을 지원하는 데는 관심이 없기 때문이다.[40]

나아가 이들 비정부기구 대부분은 자본주의적 대전환과 상호작용한다. 마치 골프공의 움푹 패인 부분처럼 오목한 곳에 자리 잡은 비정부기구 덕분에 대전환은 좌파의 짙은 정서적 분위기를 헤치고 나갈 수 있을 뿐 아니라 좌파가 위계질서를 갖춘 전환을 멈추고 민중 친화적인 프로그램을 도입하지 못하도록 방지할 수 있다. 만일 나오미 클라인이나 벤저민 셀윈이 이런 조직을 사회운동이라고 지칭한다면 어떻게 이들이 식민주의나 자본주의와 맞서 싸울 수 있다고 주장할 수 있겠는가? 이것은 완벽한 것을 좋은 것의 적으로 만드는 것에 관한 문제가 아니다. 이것은 훨씬 더 단순한 문제에 관한 것이다. 즉, 무엇을 위해 어떻게 싸울 것인가에 대해 합의하고 (저마다의 자기소개를 토대로) 누가 무엇을 위해 싸우고 있는가를 식별하는 문제에 관한 것이다.

나오미 클라인이 그린 뉴딜 프로그램을 수박 겉핥기 식으로 소개한다면, 《지구를 구하라》에서는 더 나은 보상을 통해 성장해야 하는 부문을 철저하고 매끄럽게 묘사한다. 구체적으로 교육에서 보건 의료, 공공 공간과 공공 사치재, 저렴하고 매력적인 공공 주택에 이르는 부문이다. 당연하게도 《지구를 구하라》는 미국 민주사회주의자들의 기후 전략에 대한 정보를 제공한다. 《지구를 구하라》 집필진들은 신탁, 협동조합, 공공 설비를 제안한다. 신탁을 활용해 자본주의적 가치 평가 대상에서 토지를 제외하고, 협동조합을 통해 노동의 힘을 증대하며, 노동자가 깨끗한 공공 설비를 소유할 수 있게 만들자고 제안한다. 그러면 단기적으로 대규모 재분배, 부, 상속, 소득 상위 계층에 부과되는 세율의 상향 조정이 이루어질 것이다. 이와 더불어 "민간 대기업을 노동자가 공동 소유" 하게 될 것이다. "마지막 자극" 이후에는 자본과 결별하게 될 것이다.[41] 사실 나오미 클라인의 저술이나 마키/오카시오코르테스 그린 뉴딜 결의안보다 《지구를 구하라》가 전환기 프로그램에 더 가까워 보인다. 이들이 국내 자본주의가 용인할 수 있는 수준을 훌쩍 뛰어넘어 과감한 제안을 하기 때문이다. 그 제안은 부자에게 걷은 대규모 세금을 활용하여 민중의 삶을 풍요롭게 만들자는 것이다. 매우 급진적인 제안이라 오늘날 자본주의 국가의 의회에서 실제로 구현하기는 어려울 것으로 보인다.

사실 《지구를 구하라》는 대부분 의심할 여지 없는 분명한 내용으로 구성되어 있다. 버니 샌더스의 그린 뉴딜보다 목표치는 다소 낮지만 샌더스의 그린 뉴딜과 유사해 보이는 부분도 존재한다. 급진 좌파 기후 활동가들은 《지구를 구하라》가 제시하는 프로그램을 중단기적 전략으로 활용할 수 있을 것으로 보인다. 그러나 나는 《지구를 구하라》에서 생태사회주의와 일치하는 내용에 주목하는 것이 아니라 일치하지 않는 내용에 주목한다. 왜냐하면 의견 차이와 대화를 통해 명확성을 확보할 수 있을 것이기 때문이다.

《지구를 구하라》에서 제안하는 프로그램 가운데 자본주의와의 결별을 추구하는 프로그램들은 장애물을 만난다. 주요 장애물은 이 프로그램들이 전략적으로나 기본적으로나 선거라는 경로를 통해 생태사회주의로 나아가려는 프로그램이라는 점이다. 이때 사회운동은 국가 외부에서 압력을 넣게 된다. 역사는 우리가 현재의 조건하에서 선거라는 경로를 통해 사회민주주의를 실현할 수 있는지 시험해 왔다. 사회주의자가 아니라 사회민주주의자인 버니 샌더스를 비롯한 여러 반체제 정치인(예: 그리스의 시리자SYRIZA(급진좌파연합)와 제러미 코빈)들은 지금까지 자본주의를 깨뜨릴 것인가 아니면 굴레를 씌울 것인가의 문제에 직면해 왔다(지금까지는 자본주의를 깨뜨리는 방안이 더 선호되는 것으로 보인다).

중단기적 녹색 케인스주의와 장기적 생태사회주의의 관계는 정치적으로 일관성이 없다. 그 이유는 다음과 같다. 유럽의 사회민주주의 정부와 제2차 세계대전 이후 미국에 들어선 정부는 자신들이 항해하고 있는 해협이 얼마나 좁은지 제대로 인식하고 있었다. 유럽 사회민주주의 정부와 미국 정부를 움직인 유일한 동인은 중간 경로로 항해하겠다는 목표뿐이었다. 그 결과 그들은 자본주의에 굴레를 씌우는 스킬라와 공산주의라는 카리브디스 사이에 자리 잡은 좁은 경로를 이용하여 항해하게 되었다. 만일 자본주의가 완화되지 않으면 사회운동이 떨쳐 일어나 배의 키를 잡고 공산주의로 항해에 나설 수 있다. 그러면 그 과정에서 축적을 보장했던 정치라는 선박이 침몰해 버릴 것이다. 반인종차별적 녹색 좌파-자유주의자들이 공직에 오르는 일이 나쁘다는 게 아니다. 실질적인 생태사회주의를 구현하기 위해서는 국가의 경계를 넘어선 여러 정당과 대규모 운동이 전 세계적으로 떨쳐 일어나 생태사회주의를 쟁취하기 위해 싸워야 한다는 의미다. 오카시오코르테스, 350.org, 선라이즈 무브먼트의 방식을 생태사회주의라고 할 수는 없다.

《지구를 구하라》의 저자들은 성장을 지향한다. 성장 지향은 다양한 유권자들이 제기하는 문제를 공유한다. 그러나 이 방식은 어려운 문제와 씨름하여 원칙에 입각한 종합을 도출하는 방식이 아니라 생산과 분배의 공정한 전환이라는 근본적인 문제를 회피하는 방식이다. 《지구를 구하라》 저자들은 허수아비 논증을 내세워 탈성장을 추구하는 생태사회주의자에 맞선다. 이들은 다음과 같이 질문한다. "누가 녹색 궁핍을 향해 힘차게 나아갈 것인가?" 녹색 궁핍을 향해 힘차게 행진하는 환경운동이 어디 있다는 말인가? 사실 이러한 활동에 가장 가까운 것으로 보이는 탈성장은 궁핍을 요구하지 않는다. 오히려 탈성장은 자본주의에 대한 분석이 불완전한 상황에서도 자본주의적 생산이 미치는 물질적 영향의 문제를 강력하게 제기한다. 어쨌든 자본주의 용어 사전에 들어 있는 궁핍이라는 측면에서 문제의 틀이 형성되어서는 절대 안 된다. 어떤 부문의 성장을 촉진하고 해당 부문을 어떤 방법으로 탈상품화할 것인지, 어떤 부문을 축소하고 해당 부문을 어떤 방법으로 축소할 것인지 같은 질문을 던져야 한다. 이때 북반구의 물질 사용을 반드시 큰 폭으로 축소해야 한다는 사실을 인식해야 한다. 그 방법은 과용을 중단하고 글로벌 자원의 낭비를 막는 것이다.

그렇다고 해서 빈민의 생활이 고통스러워야 한다는 것은 아니다. 자본주의적 보건 의료 조직과 자본주의적 의료 교육 조직을 거부하면 보다 지식집약적인 보건 의료 체계를 갖추게 될 것이다. 대부분의 탈성장론자가 옹호하는 영양, 예방, 1차 의료를 강조하는 보편적 무료 보건 의료는 "궁핍"을 의미하지 않는다. 오히려 보편적 무료 보건 의료는 탈상품화와 사회화를 통해 물리적 자원의 사용과 GDP 기준을 대폭 낮추면서 보건 의료 결과의 품질을 향상시킬 수 있다는 사실을 입증하는 완벽한 사례를 제공해 준다(이 쟁점과 관련하여 국제정치생태학을 고려하지 않은 상태에서 모든 부문에 물질집약도를 낮추라고 요구하는 것의 의미를 고려해 볼 필요가 있다). 다음 장에서 보게 될 것처럼 대규모 보건 의료의 결과는 보건 의료 부문에서 사용한 비용이나 재화와 큰 관련이 없다. 이와 유사하게 미국 빈민이 섭취할 수 있는 칼로리의 양이 적다거나 미국에서 공급되는 식품을 통해 제공되는 영양소가 부족한 문제는 분배 문제이자 재배하는 식량의 품질 문제이지 "충분/불충분"의 문제가 아니다. 궁핍과 같은 단어는 다음과 같은 사회문제를 이해하는 데 아무런 도움이 되지 않는다. 바로 배고픈 사람들이 존재한다는 문제, 북반구와 남반구에서 이루어지고 있는 생태적으로 지속 불가능한 농업의 문제, 제국주의의 강요로 인해 굶주림이 확산되는 문제가 그것이다. 그리고《지구를 구하라》의 저자들이 적절하게 보여준 것처럼, 궁핍은 호화로운 공공 대중교통과 교통체증, 온실기체 배출, 교통사고, 암, 조기 사망, 제3세계에 자리 잡고 있는 광석 채굴 지역과 제조 지역의 생태 황폐화를 끝도 한도 없이 유발하는 장본인인, 분산되어 있는 다양한 자가용의 차이점에 초점을 맞추는 데 사용하기에는 적절한 렌즈가 아니다.

《지구를 구하라》는 "어떤 기술이 궁극적으로 지속 가능할 것인지 임의로 결정할 근거가 없다"고 언급한다. 틀린 말은 아니지만 그렇다고 도움이 되는 말도 아니다. 우선 《지구를 구하라》의 저자들은 개별화된 대규모 전기 교통이 지속 불가능하다고 섣부르게 결정한다. 생태사회주의 사회에서는 이치에 맞지 않는 기술이라는 것이다. 그러나 다른 곳에서 생활하는 이들은 다른 기술을 생태사회주의로 나아가는 데 이치에 맞지 않는 기술로 꼽는다. 예를 들어 탄소 포집과 저장 기술을 활용한 바이오에너지에 대해서는 반대 운동을 펼쳐야 한다. 제3세계의 비아 캄페시나 같은 운동이 이를 요구하기 때문이다. 제3세계 빈민은 자신의 삶을 침해하는 기술이자 다른 곳의 번영에 필요하지 않은 기술에 저항한다는 점에서 올바르다.[42] 그리고 바로 그들이 우리의 동지다.

《지구를 구하라》에서 기술에 접근하는 방식이 나타내는 문제 대부분은 다음에서 비롯된다. 저자들도 인정하듯이 《지구를 구하라》는 농업과 토지 이용에 대해, 남반구에 부과될 기술 도구 비용에 대해, 남반구에서 활발하게 전개하는 운동이 요구하는 내용에 맞게 북반구 그린 뉴딜을 수정할 필요성에 대해 다루지 않는다. 한편 농업은 제3세계를 파국으로 몰아 넣을 수 있는 불완전한 기술적 해결책이 우후죽순처럼 솟아나는 분야이기도 하다. 그러나 좌파 사이에서는 실험실 육류에 대한 논의만이 이루어지고 있는 형편이다. 북반구에서는 기이하게도 진보 인사들(예: 얀 두트키에비츠Jan Dutkiewicz, 아스트라 테일러Astra Taylor, 트로이 베티스Troy Vettese)이 불순한 의도로 완전채식을 촉진하는 실험실 육류를 전파하고 있는데, 이들은 매우 명확한 태도로 "탈육류 시대"의 도래를 촉구한다. 가축 사육이 "전 세계에서 거주 가능한 면적의 40%를 차지"할 뿐 아니라 그 대부분을 방목장으로 사용하면서 (미국뿐 아니라 전 세계에서) 다른 초식동물들이 서식할 자리를 빼앗는다는 이유 때문이다. 그러나 탈육류 시대로의 전환하라는 요구는 수억 명에 달하는 목축업자, 산지 축산업자, 제3세계의 소규모 가축 사육 체계 종사자의 삶을 변화시킬 것이다. 이 사람들이 사라지는 대신 "공장에서 생산되는 대안 육류와 세포 농업(예: 줄기세포를 통한 동물 조직배양)에 대한 대규모 공공 투자"를 진행하여 "과학 연구와 고용을 확대하는 동시에 식물을 재료로 생산한 육류로의 전환을 촉진할 것"[43]이기 때문이다. 《지구를 구하라》 역시 파국을 몰고 올 명령과 거리를 두지 않으며, 집약적인 순환방목 대신 대체 육류의 연구개발을 요구한다.

염두에 두어야 할 중요한 문제는 육류 자체가 아니라 특정 유형의 육류 생산 방식, 바로 가축집중사육시설을 통한 생산 방식이다. 이러한 방식의 목축은 방목과는 다르다. 방목은 대부분 경작이 불가능한 토지에서 이루어지고 탄소를 토양에 다시 저장할 수 있다. 따라서 토지의 건강을 향상시키고 중심부 국가에서 생활하는 사람들에게 합리적인 수준의 육류를 제공할 수 있다. 반면 산업적 육류 생산은 미국인들을 불순한 의도의 완전채식으로 전환하도록 부추기는 원인이 될 수 있다. 특히 제국주의 중심부 국가에서 생활하는 사람들은 미국에서 육류를 생산하는 방식과 다른 지역에서 육류를 생산하는 방식이 서로 다르다는 사실을 인식해야 한다. 미국의 육류 생산 방식은 산업화되어 환경에 파괴적인 영향을 미치지만 다른 지역에서는 그렇지 않다. 미국의 비육장에서 사육되는 가축은 자신의 배설물 위에서 먹고 자면서 학대받고 있지만 다른 지역에서는 그렇지 않다. 미국의 육류 생산 방식은 동질적이지만 다른 지역, 나라에서는 꼭 그렇지 않다.

또한 《지구를 구하라》는 명백한 또는 배타적인 국제주의를 표방한다. 자본주의 대전환이 녹색으로 세탁한 근대화 이론인 반면 사회민주주의적 녹색 국제주의는 포함과 배제에 정면으로 맞선다.《지구를 구하라》의 저자들은 미국의 급진적인 그린 뉴딜이 재생 가능한 자원을 채굴하는 "공동체"와 "연대"하는 방식으로 주변부의 사회운동과 연결될 수 있다고 주장한다. 그러면서 "전 세계 정부 및 사회운동과 새롭게 연대하고 협력관계를 구축할 것"을 요구한다. 그러나 무엇을 토대로 어떤 정부와 무엇을 목적으로 연대하고 협력관계를 구축한다는 말인가?[44]

인본주의라는 전반적인 정서를 바탕으로 노동자 국제주의를 통해 공급망 정의를 실현하기 위해 싸워야 한다. 그러나 국제적 차원의 공정한 전환을 구성하는 다른 요소들은 그 중요성이 더 크다. 제1세계에서 놓쳐 버린 것은 연대와 협력관계에 대한 추상적인 헌신이 아니다. 제1세계에서 놓쳐 버린 것은 주변부에서 벌어지는 체계에 반대하는 투쟁을 연대를 **위한** 근본적인 출발점으로 받아들이는 헌신적인 국제주의이다. 한편 다음과 같은 언급을 통해《지구를 구하라》의 지표에 "기후 부채" 또는 "생태 부채"라는 문구가 누락되어 있음을 확인할 수 있다. "또한 자금과 기술을 글로벌 남반구 국가에 이전하는 메커니즘을 우선시할 것이다. 그럼으로써 글로벌 남반구 국가들이 탄소 배출을 줄이고 기후 변화에 적응하도록 지원할 것이다." 기후 부채라는 반식민주의 및 반자본주의적 외침이 울려 퍼지는 한 이런 조치로는 정의를 실현할 수 없다. 기후 부채가 거의 생략되었다는 사실이 특히 유해한 것으로 보이는데, 북반구에서 진지하게 제안한 제안서에 사실상 모든 화석연료 사용을 빠르게 제거한다는 내용이 포함되어 있기 때문이다. 문제는 화석연료의 80%가 주변부에 위치하고 있다는 점이다. 따라서 기후 부채 문제가 해결되지 않은 상태에서 화석연료 퇴출이 진행되면 베네수엘라, 볼리비아, 이란 같은 석유 의존국은 경제학자 케스톤 페리Keston Perry의 말대로 "경제와 사회가 대규모 혼란을 겪게 될 것이고 많은 사람들이 생활의 터전을 잃게 될 것이다."[45]

《지구를 구하라》가 언급하지 않는 내용이 또 있다. 바로 국민주권의 필요성에 대한 인식이다. 주변부 국가가 발전하려면 국민주권이 반드시 필요하다. 북반구는 남반구 국가의 주권을 인정하지 않으려고 몸부림쳤다. 그리고 그 덕분에 남반구에는 연대의 정서 대신 반제국주의 정서가 자리 잡았다.

결론

녹색사회민주주의에는 네 가지 문제가 있다. 첫째, 현재의 전략으로는 녹색사회민주주의를 달성할 수 없다. 둘째, 가능성이 있다 하더라도 녹색사회민주주의는 제국주의가 되어 남반구를 파괴하는 데 의존하게 될 것이다. 셋째, 녹색사회민주주의의 실체는 알려진 것과 다르다. 즉, 생태사회주의가 아닌데도 생태사회주의로 알려져 있다. 녹색사회민주주의는 중심부 국가와 세계를 위계질서에서 벗어난 탈상품화 사회로 전환하고 각국의 사회관계와 경제관계를 각국이 스스로 관리하는 체계로 전환하려고 애쓰는 이념으로 잘못 알려졌다. 이때 중심부 국가와 주변부 국가가 수렴되고 영구적으로 지속 가능한 과학적 환경 관리가 이루어진다고 알려져 있는데, 이것 역시 잘못 알려진 것이다. 넷째, 녹색사회민주주의는 정치적 상상력을 제한한다.

이제 좀 더 구체적으로 이들 네 가지 문제를 살펴보겠다.

첫째, 오늘날 녹색사회민주주의를 달성하기 위해 고군분투하며 사용하고 있는 방법을 통해서는 녹색사회민주주의를 달성할 수 없다. 이러한 사실을 지적함으로써 지배계급이 권력의 감소를 수용하도록 강제할 방법이나 과거 사회민주주의를 성취한 방법을 명확하게 인식할 수 있다. 과거 사회민주주의의 성취를 통해 획득한 권리는 글로벌 투쟁을 통해 획득한 것이다. 미국에서 포디즘이, 스웨덴에서 사회민주주의가 구현되던 시기는 공산주의 국가를 비롯하여 민족해방운동과 (이탈리아와 유고슬라비아에서 반파시즘 저항의 예봉이었던 공산주의의 열렬한 지지자를 포함하는) 국내 공산주의 세력이 막대한 명성과 인기, 권력을 누리던 시기였다. 이 세력들은 적색 망령이 되어 중심부 국가가 국내에서 사회민주적 경제 권리를 확대하도록 부추기는 계기가 되었다.

　오늘날 이와 같은 투쟁은 사그라들었다. 라틴아메리카의 반체제 국가는 포위당한 상태다. 남아시아와 동남아시아에서 일어난 공산주의 반란은 미국이 지원하는 암살단의 공격을 받고 있다. 중심부 국가에서는 파시스트들이 급진적인 반체제 세력보다 더 탄탄한 조직력을 자랑한다. 사회민주주의 입법자 몇 명의 힘으로는 이와 같은 상황을 바꾸기 어렵다. 국내 녹색사회민주주의 프로그램은 대중적인 인기를 누릴 수 있다. 그럼에도 불구하고 녹색사회민주주의를 추구하기 위한 싸움에 나설 만한 국내 또는 해외의 사회세력은 존재하지 않는다. 심지어 버니 샌더스가 녹색사회민주주의의 기치를 내걸고 선거운동에 나섰지만 당선과는 거리가 멀었다. 샌더스가 위협이 될 것이라고 판단한 자본가 계급이 힘을 모아 역사의 무대에서 그를 끌어내렸기 때문이다. 만일 샌더스가 선출되었다고 하더라도 그가 자신의 의제를 구현하려 했다면 거리로 나가 막대한 압력을 행사해야 했을 것이다. 그렇다면 거리에서 행사되는 압력을 연구하여 기록으로 남기고 이와 같은 압력을 조직하고 구축해야 하지 않을까?

　둘째, 녹색사회민주주의 프로그램은 제국주의적이다. 제국주의는 물질(자원)과 그 물질의 출처에 대한 문제다. 예를 들어 버니 샌더스는 수백만 대의 전기 자동차 프로그램을 제안했다. 이 프로그램을 실현하려면 리튬이 필요하다. 따라서 남아메리카에서 막대한 자원을 채굴한 뒤 채굴한 리튬을 불공평하게 교환하게 된다.《미래가 불타고 있다》,

《지구를 구하라》에서는 기후 부채를 거의 다루지 않는다. 이러한 현상은 사회민주주의가 식민주의와 제국주의에 의미 있는 방식으로 관여하려는 의지가 없다는 사실을 잘 드러내는 징후다. 심지어 일부 저자는 베네수엘라와 짐바브웨를 공격한다. 이 나라들을 공격한 이유는 21세기로 접어드는 시기에 반인종차별적 부의 재분배를 시행했기 때문이고 생태제국주의적인 코펜하겐 협정을 막아섰기 때문이다. 베네수엘라와 짐바브웨에 대한 공격을 국제주의 정치라고 할 수는 없을 것이다. 바이오연료는 명백하게 제국주의 기술이다. 바이오연료를 수용하는 태도는 제국주의 기술에 대한 호기심에 불과하다. 아마도 더 나쁜 것은 실험실 육류에 대한 호기심과 불순한 의도의 완전채식을 강요하는 태도일 것이다. 제국주의는 불순한 의도를 지닌 완전채식을 강요하기 위해 수단과 방법을 가리지 않고 제3세계에서 생활하는 사람들이 가축을 기르고 사육하지 못하게 막는다. 아론 바스티니와 안 두트키에비츠는 수억 명에 달하는 사람들의 삶이 윤리적으로 부적절하다고 생각한다. 그렇다면 이제 이 수억 명에 달하는 사람들은 무엇을 해야 할까?

셋째, 마키/오카시오코르테스 그린 뉴딜 결의안을 지지하거나 거기에 생태사회주의라는 이름표를 붙이는 더 위험한 일이 일어나고 있다. 이와 같은 일들은 생태사회주의 전환을 둘러싼 사고와 잠재적 실천을 잘못된 방향으로 이끌고 그 조직을 와해할 수 있다. 우리는 생태사회주의를 원한다. 그 사회에서는 근본적인 사회적 권리에 대한 접근이 탈상품화될 것이다. 생산과 소비가 영구적으로 지속 가능할 것이다. 이윤이 동기가 되는 일은 없을 것이다. 심각한 수준의 사회적 위계질서는 없을 것이다. 그러나 마키/오카시오코르테스 그린 뉴딜 프로그램에는 이런 내용이 포함되어 있지 않다.

넷째, 생태사회주의에 가까워지기 위해서는 생태사회주의(또는 탈성장 공산주의, 생태레닌주의, 부엔 비비르buen vivir 등)를 추구하기 위해 싸우는 운동에 참여해야 한다. 훼손된 지평을 수용하는 투쟁을 구축하면 더 먼 지평에 도달할 수 없을 뿐 아니라 공산주의를 추구하는 투쟁이 설정한 모든 목표를 달성할 수 없게 된다. 이러한 이유로 오늘날 생태사회주의라고 제안된 것이 대부분 녹색 반인종차별 사회민주주의라는 사실을 명확히 밝히는 것이 중요하다. 오늘날 생태사회주의라고 제안된 것들은 가난한 인류의 이해관계를 반영하는 독립적이고 자율적인 사회적 경로와 정치적 경로를 찾아내지 못했다. 그렇다면 생태사회주의적 민중을 위한 그린 뉴딜은 어떤 모습이어야 할까?

기계에 진보를 맡기고 기술이 자기 나름의 방식으로 전진하도록 내버려 두었다. 그리고 우리가 보기에 극도로 조심스럽거나 신중하고 제한적인 방법으로 선별했다. 그들은 이런 방식으로 자신들의 문화를 제한적이지만 완벽하고 적절하게 구현해냈다. "전진"할 것인지 "전진"하지 않을 것인지 선택의 기로에 놓이게 되었을 때, 과연 이 사람들이 생기 넘치고 자유로우며 품위 있는 인간사를 이어나갈 수 있을까.

《귀향》, 어슐러 K. 르 귄

II

민중을 위한 그린 뉴딜

　II부는 3개 장으로 구성된다. 각 장에서는 민중을 위한 그린 뉴딜이 품은 이상에 대해 논의하고 느슨하게 연결된 쟁점과 의견을 개진한다. 그리고 정치 전략에 대한 몇 가지 논평과 함께 결론을 제시할 것이다. 이상이라는 용어 안에는 신중함과 포부라는 의미가 모두 들어가 있다는 점을 미리 밝혀 두고자 한다. 또 다른 삶의 방식을 아주 세밀하게 묘사한 청사진의 초안을 제시하려는 것은 아니다. 오히려 이제 살펴볼 장들은 상상력을 펼치기 위한 노력이라고 할 수 있다. 특히 마지막 장에서는 이상보다는 쟁점을 더 많이 다룰 것이다. 여기서 다루는 쟁점은 주변부와 내적으로 식민화된 사람들로부터 도출된 것이다. 이 쟁점은 빼앗긴 사람들과 전 세계 곳곳에서 저항하는 민중이 벌이고 있는 살아 숨쉬는 정치적 투쟁과 사회적 투쟁으로부터 도출되었다. 거기에는 대기를 되찾으려는 투쟁도 포함되어 있다.

　산업화, 제조, 교통, 계획에 관한 장은 이상이 가장 명백하게 드러난 장이다. 사실 이 논의는 의도적이든 아니든 두 갈래 사상에서 발견한 내용을 구축 또는 반복하는 콜린 던컨Colin Duncan에게 많은 빚을 지고 있다. 한 갈래는 윌리엄 모리스와 연결된 영국 사회주의를 변형한 사상이고 다른 한 갈래는 중국 혁명에서 시작하여 대안 기술과 적정기술을 둘러싸고 아랍(특히 튀니지)과 라틴아메리카에서 벌어진 논쟁에 이르는 사상이 확장된 형태이다. 자본주의는 기후 위기를 비롯한 더 너른 생태 위기에 밀접하게 결부되어야 하고 폐기물을 생산하고 환경을 파괴하는 경향을 보이는 산업화는 꼭꼭 동여매서 상자에 눌러 담아 통제해야 한다. 산업을 통제하는 세계와 산업이 없는 세계는 완전히 다른 세계다. 비산업 재화나 자연에서 나온 섬유와 재료를 사용하는 비중이 높은 시대와 장소에서는 사람들이 더 행복하고 더 만족스럽게 생활한다. 환경오염도 훨씬 적거나 아예 없다. 이러한 세계는 더 분산된 생태사회주의 사회 구축에 더 친화적이다. 이와 더불어 산업 재화의 비중이 높은 부문, 특히 교통 부문의 경우에는 공정한 전환이 필요하다는 점을 강조할 것이다.

농업을 다루는 장이야말로 청사진에 가장 가까운 장일 것이다. 그 이유는 첫째, 산업적 농업이 그 자체로 끔찍하기 때문이다. 이러한 사실을 심지어 대부분의 생태사회주의자들조차도 잘 모르는 것 같다. 나아가 인간에게 산업적 농업이 필요하지 않다고까지 주장할 것이다. 산업적 농업 없이도 인간이 바람직한 삶을 영위하는 데 필요한 식량과 그 밖의 재화를 충분히 생산할 수 있다. 둘째, 산업적 농업이 일단의 환경 위기와 밀접하게 연관되어 있기 때문이다. 구체적으로는 기후 위기, 생물다양성 위기, 토양 침식과 손상에 연결된 위기, 방제와 시비, 살충제와 비료의 부산물이 지하수, 바다, 대양으로 흘러 들어가는 것과 관련된 위기 등을 꼽을 수 있다. 셋째, 농업을 바로잡는 일이 어이없을 정도로 쉽기 때문이다. 아마 기술 수준과 계획 수준에서 농업을 바로잡는 것이 가장 쉬운 방법일 것이다. 구체적으로는 지구상 거의 모든 국가에서 이루어지는 대규모 농업 개혁, 국영화, 농기업 해체, 구매 가격 보장, 지역 및 국가 별 생산 할당, 각국 또는 각 지역 내 식량주권 강조, 농촌 생산자와 식량체계에 결부되어 있는 인력의 생활임금 보장, 농생태학으로의 전환에 대한 국가의 지원 등을 꼽을 수 있겠다. 장애물은 정치적인 것이므로 새로운 것을 발명하거나 개념을 증명하기 위한 시험을 수행할 필요가 없다. 그저 해야 할 일을 하고 알아 둘 필요가 있는 방법을 깨우치면 될 뿐이다. 넷째, 농업이 주변부가 중심부로 수렴되는 경로이기 때문이다. 그러기 위해서 주변부 국가에서는 지역에서 필요한 것 이상을 생산해야 하고 환경을 보호해야 하며 토지를 분배하고 농촌의 구매력을 증가시키는 방법으로 국내의 대규모 번영을 보장해야 한다.

국민/민족 문제와 반제국주의를 다루는 장에서는 그린 뉴딜을 특정한 방식으로 구축해야 하는 이유에 대해 설명할 것이다. 그린 뉴딜은 남반구의 요구에 주의를 기울이고 배려해야 한다. 그래야만 우리 모두를 품을 수 있을 만큼 충분히 큰 세계를 구축할 수 있을 것이다. 그린 뉴딜은 두 가지 기본적인 요구를 중심으로 구축되어야 한다. 하나는 기후부채 상환, 다른 하나는 국가주권의 존중과 정착식민주의의 상황에 처한 국가의 해방이다. 이 두 가지 요구는 생태사회주의 의제에 추가되는 문제가 아니라 생태사회주의를 구축하는 데 반드시 필요한 기초다. 이스라엘군 또는 미군이 아랍 세계에 속한 국가들을 점령한 상황에서 점령당한 국가들이 생태사회주의를 깊이 성찰하고 구축할 수 있을까? 특히 정치적 수준에서 이루어지는 행동이 중요하다는 사실을 부각하고 싶다. 모든 민중에게는 정치적 권리가 필요하다. 그 권리는 바로 자신이 속한 국가에서 생태사회주의 문명을 구성하는 과업을 수행하기 위해 가장 바람직한 경로를 결정할 권리다.

5
우리가 바라는 세계

　　사회주의 사회로 전환하려고 할 때 발생하는 문제점 때문에 계획가, 정치인, 혁명가들은 오랫동안 골머리를 앓아 왔다. 이 문제는 생태 위기 덕분에 더 복잡해졌다. 생산력과 생산관계는 악마의 술을 빚어냈다. 바로 산업·식민자본주의다. 인간은 상호의존적인 동시에 잔인하리만큼 살기등등한 계급 문명을 창조했고, 산업 식민자본주의는 인간이 창조한 문명 안에 자리 잡은 취약한 생태 공간을 붕괴시킬 수 있다. 남반구와 북반구의 모든 사회주의 또는 비사회주의 유토피아주의자들은 각자 바라는 세계의 모습을 수도 없이 그려 왔다. 구체적으로는 전원도시(에베네저 하워드Ebenezer Howard)에서 끝없는 유토피아(어슐러 르 귄과 무정부주의자 등), 민주적 기술(루이스 멈포드)에서 공생공락 기술(이반 일리치), 제조업의 부흥(힌두 스와라지에서 아랍 세계가 주창한 기본 욕구 접근법, 이스마일 사브리 압달라Ismail-Sabri Abdallah)을 꼽을 수 있다.[1] 각각의 청사진과 구상은 지역 기반 소상공업을 선호하지만 글로벌 상호의존성을 부정하거나 산업을 거부하지 않는다. 각각의 청사진이 그리는 미래는 과거에서 간직할 만한 것을 찾아내지만 과거에 매몰되지 않는다. 각각의 이상은 목가적인 전원이나 대도시의 기술-미래주의에 치우치지 않는다. 대신 도시와 시골을 선명하게 가르는 경계선을 흐리게 만들 수 있는 방법을 추구한다.

사미르 아민, 이스마일사브리 압달라, 간디주의 경제학자들은 소모적 교환과 불균등 교환을 기반으로 저개발 이론을 발전시켰다. 그렇게 마련한 경제 지도를 바탕으로 새로운 개발 경로도 계획했다. 예를 들면 자율-주도 개발, 탈연결 또는 "비교우위"가 아닌 빈민의 이익을 반영하는 사회적 논리에 따라 한 국가의 경제와 나머지 세계의 관계를 정립하는 것이다.[2] 여전히 시골 세계를 바탕에 둔 유토피아를 구상하는 계획가들도 많다. 그러나 제1세계를 염두에 두고 미래를 구상하는 계획가들은 거의 없다. 제1세계는 끝없는 축적을 추구하는 과정에서 이미 지구에서 생산된 것으로부터 부당 이득을 보았고, 자본주의 산업화가 쏟아 내는 잔해를 지구 어딘가에 무분별하게 투기해 흩어 버렸으며, 생태를 전혀 고려하지 않은 채 쓸데없는 것을 맹목적으로 소비하고 있기 때문이다. 일방적인 세계에서는 일방적인 정치가 탄생한다. 따라서 사회민주주의가 제국주의적 일탈을 반복하는 것도 무리는 아니다. 열대 지방의 식량, 광물, 노동, 대기 공간을 싼값에 사용하는 행태에서 벗어나야 한다는 생각이 오래되었음에도 아직 결실을 맺지 못하고 있다는 사실을 감안하면, 남반구의 정치 편제와 북반구의 정치 편제를 결합하는 일이 결코 쉽지 않다는 사실을 확인할 수 있다. 제1세계의 생태 문제를 정당한 방법으로 해결하려면 제3세계의 개발 권리를 인정해야 한다. 그러나 유럽중심주의로 인해 사람들이 이 사실을 제대로 파악하지 못하는 형편이다.

사회민주주의의 선거주의는 이러한 변화를 이끌어내는 방법 중 하나로 (버니 샌더스가 만든 민주당 기구의 빠른 대처로 일부분 사라진) 유권자 영합주의를 추구해 왔다. 유권자의 지지를 얻을 경우 정치적, 사회적 권력과 조직을 서서히 구축하는 지난한 작업을 하지 않아도 되기 때문이다. 그러나 북반구 국가의 방향을 결정하는 배의 키를 단기간에 움켜쥐겠다는 생각은 분명 몽상에 불과하다. 적어도 2022년까지는 그러할 것이다. 왜냐하면 2022년에 그리프트 산Mount Grift*에서 내려오는 현대판 메시아가 당의 좌익을 장악할 것이라는 터무니없는 열기와 아전인수식 기억상실이 민주당을 휩쓸고 지나갈 것으로 예상되기 때문이다. 케인스주의적 그린 뉴딜도 이와 같은 자아도취 가운데 하나였다. 그렇다면 유토피아적인 변화에 대한 더 냉정한 설명은 어떤 모습이어야 할까? 민중을 위한 그린 뉴딜에 필요한 요소는 무엇일까? 해방적 지평을 가리키면서도 사회민주주의가 매몰되어 있는 선거만능주의에 의존하지 않고, 차이를 존중하는 가운데 통합을 이룰 수 있는 기반을 제공할 수 있으며, 주류 정치의 오점을 타파할 광범위한 전선을 형성하는 기반을 제공할 수 있으려면 무엇을 해야 할까?

이러한 목표를 달성하기 전에 먼저 주의해야 할 것은 이것이 세상을 바꾸려는 정치 프로그램이나 청사진 또는 세상을 바꾸는 데 필요한 사회세력을 정리한 것이 아니라는 점이다. 차라리 이것은 분석 노트에 가깝다. 프로그램 초안을 작성하는 방법이나 수정하는 방법 그리고 정치세력을 결집하는 방법을 결정하려 할 때 도움이 될 수 있을 것이다.

중단기적으로 볼 때 북반구에서 일어나는 행동은 국가의 정치 및 양당 체제와는 무관한 자율적인 행동이어야 한다. 또한 공유 제도의 구성 요소를 중심으로 다양성을 수렴해야 한다. 일례로, 미국 미시시피주에서 흑인이 주축이 되어 진행되고 있는 일종의 사회 실험인 잭슨협동조합Cooperation Jackson이 내건 기치처럼 우리도 "건설하며 싸우고, 싸우며 건설"해야 한다.[3] 이와 같은 전선은 지역사회 수준에서 사람들의 필요를 충족하고 사람들에게 생산하는 방법과 저항하는 방법을 알리는 데 힘써야 한다. 국가 수준에서 탄화수소 사용 한도를 낮추는 데 앞장서야 한

---

* 미국 만화가 에드 웩슬러Ed Wexler가 풍자 카툰 웹사이트 캐글 포스트에 발표한 카툰에 나오는 산. 미국의 위대한 대통령 4인의 조각상이 있는 러시모어산을 풍자하여 트럼프와 그 측근들을 그렸다.

다. 국가적 수준과 국제적 수준에서 생태 부채 상환과 제3세계의 주권을 존중할 것을 촉구해야 한다. 그럼으로써 개발을 위한 정치적 공간을 확보할 수 있을 것이다. 생태 부채 상환과 기술, 지식의 이전은 전 세계 모든 이들에게 좋은 삶을 누릴 권리를 보장하려는 투쟁과 떼려야 뗄 수 없다.

지방자치단체, 국가, 국제적 투쟁의 줄다리기가 계속 확대됨에 따라 이산화탄소와 가연성 탄화수소 배출 할당량이 축소될 것이다. 모두가 공유하는 하늘에다가 폐기물을 버리는 행태를 바탕으로 유지되어 온 기술, 공학, 계획, 농업의 향방은 집단적, 민주적 결정을 통해 재설정될 것이다. 중심부 국가의 대도시에서는 이런 과정이 지역적으로만 실현될 수 있을 것으로 보인다. 중심부 국가의 노동자 계급은 자본주의적 방식으로 건설된 유독한 인프라에 갇힌 채 생태적으로 막다른 골목으로 내몰려 있다. 비합리적인 주택, 개별화되고 혼란스러울 정도로 비효율적인 교통, 생산성이 높은 동시에 형편없는 재화를 쓸데없이 많이 만드는 생산 방식으로 얼룩져 있는 곳에서 사람들은 불완전고용, 저임금 고용, 장시간 노동에 시달린다. 이와 같은 상황에서 투쟁과 건설은 어떤 양상으로 나타날 것인가?

전선은 오직 이미 존재하는 세력을 토대로만 구축될 수 있다. 그 세력은 바로 간극 사이에 이미 존재하는 생태사회, 식민자본주의에 생겨난 그늘, 즉 사회적 재생산을 제국주의에 덜 의존하는 영역이다. 그리고 이런 전선은 다음 사람들을 모두 아우를 수 있을 만큼 넓어야 한다. 식량주권을 쟁취하기 위해 싸우는 소부르주아 농민과 흑인 민족주의 농민, 토양에 이산화탄소를 묻는 아메리카 원주민 목동, 치카노, 농촌 프롤레타리아, 토지를 난도질해 황폐화시키는 광물 채취에 반대하면서 토지 반환 운동을 펼치는 토착 원주민 집단, 국내 제조 연구소와 공장을 인수해 생산을 다시 현지화하려 노력하는 이들, 애팔래치아 자생개발여단 endogenous development brigades in Appalachia, 가정에서 이루어지는 막대한 사회적 무급 재생산 노동의 거의 대부분을 감당하고 있는 여성.

전환의 모든 단계마다 지역 노동력이 강화되어야 한다. 개발은 민중적, 생태적 노선을 따라 재구성되어야 한다. 팔레스타인 개발경제학자 아델 사마라Adel Samara는 이를 두고 민중을 보호하는 개발이라고 부른 바 있다.[4] 전환을 통해 자율성이 구축되고 권력이 분산되어야 한다. 철학자 이반 일리치에 따르면, 기술은 중요하지만 우리에게는 아무 도구가 아닌 특정 도구가 필요하다. 그것은 "누구나 자신의 목적을 달성하기 위해 원하는 기간 동안 쉽게 사용할 수 있는 도구이자 공생공락을 촉진하는 도구"다.[5] 복원된 전차망과 자전거망, 지역 농장, 수리 공장 또는 목공소, 수공예 작업장, 자전거, 대규모 도시 구획 소형화, 내부 연결, 심지어 건설되거나 재조정되거나 재건설된 발전소들은 민중의 힘과 노동계급의 힘이 증가하는 대신 독점의 지배는 감소하고 있다는 신호다. 적절하게 수정하고 새롭게 갱신해 나간다면 자율-주도 개발을 위한 청사진은 제3세계에 여전히 의미 있는 지향점이 될 수 있다. 심지어 주변부 "내부"에서 자생 또는 내향 개발을 실험하는 제1세계에도 의미 있는 지향점이 될 수 있을 것이다. 그리고 그러기 위해서는 지역의 역량과 지역경제를 구축하고 유독성 물질이 스며들지 못하게 토지를 보호하며 착취로부터 사람들을 보호하는 실험이 필요하다.[6]

신경제에는 신노동을?

노동은 중심이다. 스테파니아 바르카는 생태적 전환은 민주적인 생산, 노동자가 통제하는 생산을 목표로 삼아야 한다고 주장한다. 잉여를 통제하고 잉여가 "작업장에서 사회 전반으로" 흐르도록 집단적으로 결정하는 일도 노동자의 몫이다.[7] 잉여를 통제하는 일은 중요하다. 그래야

오염을 유발하는 산업으로 재투자가 일어나는 일을 방지할 수 있다. 그러기 위한 한 가지 방법으로 노동자가 협동조합을 통해 기업을 소유하고 통제하는 방법을 꼽을 수 있다. 협동조합을 통해 노동자 집단이 생태를 중심에 두고 잉여를 사회화할 방법을 심사숙고할 수 있기 때문이다. 산업에 사용되던 공장을 인수하여 재생에너지나 그 밖의 풀뿌리 대전환 인프라로 바꾸는 방법도 있다. (그리스 테살로니키에 있는) 자율 관리 공장의 사례를 생각해 보자. 사장에게서 사업장을 인수한 노동자들이 친환경 세제를 생산하기 시작했다. 이곳은 시장 안에서 운영되지만 시장을 넘어서는 방법을 보여주는 등대와도 같은 존재다.[8] 물론 장기적으로 더 나은 대안은 공공이 생산물을 통제하는 것일 테다. 직장을 다니지 않는 사람들도 있기 때문이다.

간접적인 방법으로 부의 민주적 통제를 실현할 수도 있다. 바로 노동시간을 단축하는 동시에 임금이 인상하는 방법이다. 그러면 그동안 자본주의적 착취의 벽이 가로막고 있던 인간 자유의 영역이 확장될 것이다. 충분하게 생산하면서 여유로운 시간을 보내는 것이 아니라 오직 생산성 증대, 생산량 증가만을 강요하던 축적 경제의 생산의 쳇바퀴가 멈출 것이다. 노동시간 감소는 총 생산량의 감소를 의미하기 때문에 환경에 미치는 영향도 줄어들 것이다.[9] 과거와 현재에 증가한 노동생산성으로부터 나온 혜택을 노동자들이 누리도록 보장하기 위해 당장은 두 곳에 전선을 긋고 싸워야 한다. 하나는 주당 근무시간을 20시간 이하로 낮추는 일이고 다른 하나는 최저임금을 5배 또는 그 이상으로 대폭 증가시키는 일이다. 그러면 사회적 부가 노동자와 그 가정으로 흘러 들어갈 것이다.[10] 이러한 기획이 성공하려면 노동조합 운동의 부활이 절대적으로 필요하다. 노동조합 운동이 부활해 기후 부채에 관심을 보인다면 주변부 국가에서 생활하는 민중의 손에서 부가 빠져나와 사장의 손에 들어가는 것이 아니라 사장의 손에서 부가 빠져 나와 노동자의 손으로 들어가게 될 것이다.

또 다른 중요한 이행들이 있다. 탈산업 경제라는 이상은 특별한 이유가 있을 때만 허공에 모습을 드러내는 신기루에 불과하다. 북반구 사람들은 보지 못하고 신경조차 쓰지 않는 남반구의 오염된 도시와 준도시 제조 지대는 아직도 산업화가 한창이지만, 남반구에서도 서비스 노동과 돌봄 노동이 분명하게 증가하고 있다. 이는 남반구의 산업 일부가 더 많은 지식과 주의注意가 필요한 경제로 이미 이행하고 있다는 신호다. 한편 부유한 서구에서는 이미 보육, 초중등 교육, 대학 교육, 보건 의료와 같은 사회적 재생산 분야가 노동에서 차지하는 비중이 그 어느 때보다 높은 실정이다.

문제는 중심부 국가의 사회적 재생산 이론이 그 밑에 자리 잡고 있는 매우 구체적인 생산양식에 아무런 관심을 기울이지 않는다는 점이다. 서비스 노동으로의 이행이 이루어진다면 이와 같은 이행이 미치는 물리적, 생태적 영향을 세심하게 살펴야 한다. 2007년에 미국의 보건 의료 부문은 미국 탄소 배출량의 약 8%를 차지했다. 그 이유 가운데 하나는 병원과 제약회사가 막대한 탄소발자국을 유발했기 때문이다.[11] 이와 같이 오염이 만연하면서 보건 의료 지출 대비 성과가 최저치를 기록했다. 바로 이것이 자본주의에 내재된 비효율성의 결과다. 쿠바가 시행하고 있는 예방 기반 1차 의료를 중심에 두는 총체적 보건 의료의 성과는 미국의 보건 의료가 거둔 성과보다 낮지는 않지만 못하지도 않다.[12] 그런데 2007년 쿠바의 1인당 탄소 배출량은 미국의 12분의 1 수준이었다. 따라서 미국을 비롯한 어느 지역의 보건 의료든 간에 쉽게 탈탄소를 달성할 수 있다는 사실을 확인할 수 있다. 그 결과는 훌륭할 것이다. 복원 전문 기업이 토양, 바다, 공기에서 발암성 독소를 깨끗이 제거하는 것보다 더 나은 결과가 도출될 것이다. 일반적인 사람들이 발암성 독소를 치료하고 주변 환경에서 제거하는 방법을 배울 수 있기 때문이다. 보건 의료 분야가 이룩한 과학적 진보(무릎 연골 재생, 장기이식 등)는 수용해야 한다. 그러나 세계적 수준의 보편적 보건 의료 서비스를 가로막는 장애물은 기술이 아니라 사회. 자본주의적 보건 의료 조직을 해체하고 예방 기반 1차 의료를 중심에 두는 분산형 보건 의료 서비스로 재구성하려면 사회혁명이 필요하다.

한편 남북 차원의 이행도 있다. 노동력의 배치에 대해 생각해 보자. 보건 의료 전문가 살리마 발리아니^{Salimah Valiani}가 지적했듯이 1990년대와 2000년대에 미국 병원은 점점 더 많은 간호사를 수입했다. 의료 기술 도입이 증가하면서 비용이 상승하자 국내 간호사 계급을 공격해 그들이 누리는 혜택을 축소한 것이다. 그 자리를 필리핀 출신 간호사가 메웠다.[13] 필리핀 출신 간호사는 필리핀의 부를 바탕으로 육성된 필리핀의 노동력이다. 필리핀에서 유년기와 성장기를 보낸 간호사들의 기초 교육에 투입된 시간, 간호사들의 생활기반이 되었던 주택, 간호사들에게 제공된 의료 교육은 모두 미국이 아니라 필리핀이 배출한 이산화탄소에 포함된다. 남반구의 인력은 식민지 폭력이 다듬어 놓은 정치적, 경제적 통로를 통해 북반구로 이동한다. 과거 미국 식민지였던 필리핀은 오늘날 미국의 신식민지가 되었다. 초토화된 지구가 농업 변화에 반격하면서 필리핀의 도시와 시골에는 엄청나게 많은 수의 노동예비군이 존재하게 되었고 그 덕분에 임금 억제 효과가 발생했다.[14] 지극히 구체적인 남반구의 인력과 토지가 제공하는 북반구의 사회적 재생산은 제국주의 세계체계에 엮여 있다. 이 모든 것이 제국주의 세계체계 속에 엮여 있다. 미국이 국내 보건 의료를 발전시키기 위해 필리핀 간호사를 수입하면 필리핀의 보건 의료는 저개발 상태로 남게 된다. 현재 인구 1천 명당 간호사 수가 미국은 15명인 반면 필리핀은 5명에 불과한 상황이다.[15] 불공평한 노동 교환이 이루어지는 세계체계 속에서 더 이상의 이민자를 양산하지 않으려면 미국은 더 많은 자원을 투입해 국내 간호사 인력 양성에 나서야 한다.

또한 노동 유형에 따른 중요도를 재분류해야 한다. 예를 들어 1970년대에 일어난 '가사노동에 임금을'Wages for Housework 운동은 여성이 가정에서 수행하는 보이지 않는 사회적 재생산 노동(요리, 청소, 미래세대 양육, 노인 돌봄)에 대해 대가를 지급할 것을 요구했다.[16] 여성이 가정에서 수행하는 사회적 재생산 노동은 인간 노동의 사용가치를 생산 및 재생산하는 데 반드시 필요하다. 눈에 띄는 사실은 돌봄 노동이라는 커다란 범주 아래에 느슨하게 묶여 있는 가내 사회적 재생산 노동이 많은 생각과 주의를 요구하지만 반드시 생태집약적인 것은 아니라는 사실이다. 더 주목해야 할 것은 아동과 노인을 보살피는 일을 완전 자동화된 호화로운 유모 로봇과 간호 로봇에게 맡기자고 주장하는 사람은 거의 없다는 사실이다.

장기적으로 민중을 위한 그린 뉴딜은 이러한 노동을 인정하고 각 지방자치단체의 노동 당국이 보상하도록 만들어야 한다. 예를 들면 보수가 지급되지 않는 사회 공헌에 대한 복지수당을 신설할 수 있다. 예산은 서구 자본주의 과두제가 사람들에게 할당할 자원을 확보할 수 있는 유일한 수단이다. 바로 이 예산을 활용하면 모든 돌봄 노동에 정당한 대가를 지급함으로써 이와 같은 노동을 사회화할 수 있을 것이다. 또는 국가가 직접 임금을 지불하는 방법도 있다. 그럴 경우에는 언제든 낮출 수 있는 최저임금이 아니라 그 5배에 해당하는 임금을 지급해야 할 것이다. 그러나 앞으로 보게 되겠지만, 노동에 정당한 대가를 지불하는 문제는 국제적 차원에서 해결되어야 하는 문제다. 따라서 서로 관계가 없을 것처럼 보이는 필리핀, 쿠바 같은 곳에서 일어나는 저항운동의 목소리에 귀를 기울이고 그 목소리를 토대로 문제 해결에 나서야 한다. 팍팍한 신식민지에서 간병인을 끌어들이는 일을 멈추지 않는 한 국내 노동이 정당한 보상을 받기란 요원한 일일 뿐이다.

새로운 도시 계획

　도시가 사회 경제적 지형을 휩쓸고 있다. 도시는 교외로, 다시 준교외로 뻗어 나가고 있다. 따라서 민중을 위한 그린 뉴딜은 계속 확장되기만 하는 도시 문제를 해결할 방안을 수립해야 한다. 도시는 거대 도시로 재편되었다. 그 예로는 뉴욕-뉴어크, 로스앤젤레스-롱비치-샌타애나, 베이징-톈진, 도쿄-사이타마-요코하마를 꼽을 수 있다. 도시가 거대 도시로 재편되면서 대규모 불공평 교환, 사회생태학적 구조에 기인한 물질대사 균열, 과도한 산업화가 드러났다. 이와 같은 과잉 산업화는 불균등하다. 어디는 전력 부족에 시달리고 어디는 매일 비행 시간 40분짜리 항공편(뉴욕-보스턴, 뉴욕-워싱턴 D.C.)이 오간다. 이런 현실을 통해 공들여 설계한 세계 가격 체계를 바탕으로 도출된 합리적 계획이라는 것이 사실 얼마나 편협한 것인지 확인할 수 있다.[17] 세계 가격 체계라는 교묘한 도구 덕분에 기술은 국제 도시와 거기에 거주하는 상류층의 연결을 점점 더 강화한다. 그러는 사이 나머지 사람들은 사회적 부를 빼앗기고 심한 경우 국가마저 빼앗긴다.[18]

　생태사회주의 도시 계획은 시골 생활을 꺼리는 사람과 시골에서 생활하는 방법을 모르는 사람을 시골로 보내려는 계획이 아니다(물론 기꺼이 시골로 떠나는 사람들도 있다. 남아프리카공화국의 도시 목회자를 대상으로 한 리카르도 제이콥스Ricardo Jacobs의 연구를 참고하라. 연구 대상자들은 농지를 원했다. 아프리카의 여러 도시에서도 이와 같은 동학이 나타난다. 2005년에서 2006년 사이 남아프리카공화국 흑인의 3분의 1이 농지 소유를 원했는데, 그 가운데 3분의 1은 도시 거주자였다).[19] 따라서 귀농과 귀향을 활용하면 주변부 국가의 도시와 시골의 균형을 되찾을 수 있을 것이다. 그러려면 도시와 시골의 경계가 흐려져 가는 상황에서도 사람들이 도시에서의 생활과 노동보다 시골에서의 생활과 노동에 더 큰 매력을 느낄 수 있어야 한다. 물론 어느 곳에서의 삶이든 그곳에서 생활하는 사람에게 만족스러운 삶이어야 한다. 그러기 위해서는 소도시의 도심 또는 마을에 보상적인 투자가 이루어져야 한다. 규모가 작다면 중심부 국가에서도 이러한 이행이 얼마든지 가능할 것이다. 여전히 마을 농장에 매료되는 사람들이 있기 때문이다. 즉, 현재 하고 있는 일보다 특정한 유형의 손노동(흙과 풀과 나무를 손으로 만지는 노동)을 더 원하는 사람들이 있다는 의미다. 도시는 전반적인 국가 계획에 따라 성장과 축소를 반복해 왔다. 사실 미국의 교외와 준교외도 비교적 최근에 새롭게 등장한 도시 형태에 불과하다.

우선 인구밀도를 유지한 상태에서 도시를 재설계해야 한다. 인구밀도가 도시를 도시답게 만드는 요소이기 때문이다. 인간은 콘크리트-돌-금속으로 이루어진 인간이 창조한 땅과 목가적인 시골 또는 심지어 인간이 전혀 없는 야생의 영역을 진한 흑백 선으로 명확하게 구분해 왔다. 따라서 재설계 계획은 지우개와 흐릿한 회색 연필을 이용해 이와 같은 진한 흑색 선을 흐리게 만드는 일부터 시작하게 될 것이다. 새로 탄생한 도시 계획에 따르면 도시 내 생활공간에 공공이 접근할 수 있는 공간이 더 많아질 것이다(예: 공공재인 공원에 마카다미아 나무, 배나무를 되도록 많이 심으면 그늘을 제공하고, 여름과 겨울의 온도를 조절하며, 넘친 물을 흡수하고, 이산화탄소를 몸통, 껍질, 잎, 뿌리에 저장하는 이점을 누릴 수 있다). 배수 체계를 재조정하여 식재한 나무에 물을 공급하고 침투성 포장재를 활용해 물이 땅에 흡수되도록 만들어야 한다. 막대한 노동이 투입되는 일이지만 그 덕분에 도시는 생태주기에 더 원활하게 편입될 수 있을 것이다. 더 건조한 지역에 자리 잡은 도시는 튀니지의 제르바Jerba 섬 같은 곳의 경험을 참고해야 한다. 제르바 섬은 집과 인공 수로 아래에 물탱크를 묻어 빗물을 모은다. 넘친 빗물이 하수 체계가 아니라 물탱크로 모이게 되므로 가정용 및 관개용으로 사용할 수 있다. 더워지는 세계에서는 폭우와 가뭄이 번갈아 발생할 가능성이 더 높다. 따라서 품위 있는 단순기술low-tech 해결책을 활용하는 등, (주택 건축 기술을 비롯해) 지역 특성에 맞는 기술을 활용하는 유연성을 발휘해야 한다.

　　국가가 지역 농업에 대한 지원을 늘리고 탄소 배출 감축 활동에 대해 보상하면 유용한 일거리, 따라서 소외되지 않은 일거리가 넘쳐나는 활기찬 시골을 되살릴 수 있다. 뒤집어서 말하면 시골에서 문화 및 인프라 사업(효과적인 공공 대중교통 및 고속 인터넷 구축, 의료기관 신설 등)을 시행해야 한다. 지역에서 생산되는 자재를 이용해 무료 주택(단독 또는 공동)을 짓되 대도시가 아니라 소도시에 집중적으로 지어야 한다. 그러면 백인을 중심으로 오피오이드[*] 남용이 횡행하는 미국의 소규모 마을, 촌락, 부락, 준교외가 제조업 부흥의 토대로 바뀔 것이다. 미국 전역의 소규모 대도시에 흩어져 있는 흑인 빈민은 배상금 대신 국가가 건설한 주택에서 거주하는 혜택을 누리게 될 것이다. 사람들이 직접 설계하여 시공한 주택 대금을 국가가 대신 지불하는 방법도 있다.[20] 현재 이와 같은 실험이 진행되고 있다. 그 가운데 주목할 만한 사업으로 유잉가 생태부락 협동조합 시범사업Ewing Street Eco-Village Coop Pilot Project을 꼽을 수 있다. 이 사업은 미시시피주 잭슨에 거주하는 흑인 민족-민중의 경제 부흥을 목표로 하는 더 큰 프로젝트의 일환으로 추진되고 있다. 유잉가 생태부락 사업의 핵심은 다양한 주택 설계다. 이 사업에서 설계한 주택은 태양광 패널이 기본 제공되는 패시브 주택이다. 이에 따라 겨울에는 태양에너지로 난방을, 여름에는 풍력으로 냉방을 하게 될 것이다.[21]

---

[*] 최근 심각한 문제를 일으키고 있는 아편과 유사한 마약성 진통제.

생태사회주의 미래를 위한 계획 및 건설

이러한 패시브 건물은 공공기관 재활성화의 핵심이 되어 도시 구조 분산화에 기여할 수 있다. 더 많은 학교를 비롯해 박물관, 병원, 의료기관, 공공 도서관 같은 공공기관이 반드시 대도시에 집중되어야 할 이유는 없다. 따라서 다양한 공공기관이 인구 1만 5천 명, 3만 명, 5만 명, 10만 명, 20만 명의 소도시와 마을에 분산될 것이다.[22]

도시의 주요 시설을 분산하려면 건물을 새로 지어야 한다. 이때 새로 짓는 건물의 순탄소 배출량이 마이너스가 되어야 한다. 더불어 경제 민주화를 통해 계획 과정에 민주주의를 도입해야 한다. 그러기 위해서는 이러한 공동체의 건설 및 유지에 필요한 일자리를 제공해 소비를 효과적으로 민주화해야 한다. 이것은 도시를 떠나라는 요구가 아니다. 농지로 뒤덮인 지구에 작은 도시들을 재건하여 더 많은 사람들이 모여드는 장소로 바꾸자는 것이다. 민중을 위한 그린 뉴딜의 핵심에는 주택, 사무실, 학교, 그 밖의 공공기관 신축과 재건축이 자리 잡고 있다. 누가 건물을 짓고 누가 비용을 지불할 것인가? 새로운 건축에 대한 규정과 요건은 무엇이고 어디에 건축할 것인가? 이와 같은 질문에 대한 해답을 구함으로써 다음 세기를 위한 토대를 마련할 수 있을 것이다.

몇몇 요구는 특정 지역에 부정적인 영향을 미칠 수도 있다. 따라서 토지 이용에 관한 법률을 새로 제정해야 할 것이다. 일례로 고층 건물 건설 중단을 꼽을 수 있다. 뉴욕과 두바이에는 강철과 유리로 이루어진 초고층 건물이 많다. 이런 건물은 에너지를 먹는 하마와 같아서 냉난방에 막대한 비용이 소요된다. 특정 도시에 초고층 건물이 너무 많이 모여 있기 때문에 사실상 공간 낭비나 다름없다. 중력과 진동을 거스르면서 일하기 어려운 데다가 승강기, 콘크리트 및 강철 기반이 필요하기 때문이다.[23] 결국에는 초고층 건물도 인간의 규모를 고려해 지을 필요가 있다.

현재 매년 미국에서 소비하는 에너지 가운데 약 절반가량(총 배출량의 약 40%)을 주택과 그 밖의 물리적 공장에서 난방 및 운영에 소모한다.[24] 따라서 패시브 태양에너지 난방, 단열 개선을 비롯한 여러 에너지 절감 기능과 에너지 제거 기능을 중심으로 기존 건물을 개조하는 일이 중요하다. 그보다 더 중요한 것은 건축이 자연을 거스르지 않는 것이다. 미국에서는 기존 건물의 개조가 이와 같은 이행을 대변한다면 제3세계에서는 건축과 설계에 새롭지만 정말 오래된 사고방식을 도입하여 이행을 실천할 수 있을 것이다. 예를 들어 살아 있는 지붕과 살아 있는 파사드는 도시와 자연경관의 조화를 추구하는 동시에 냉방 비용을 대폭 줄일 수 있을 것이다.

　　사람들은 다양한 환경에서 생활한다. 그리고 환경에 따라 지역에서 생산되는 자재가 달라진다. 따라서 새로운 건축은 지역에서 생산되는 자재를 사용해야 한다. 사실, 누가 어디에 어떤 방법으로 건물을 지을 것인지의 문제야말로 붉은색으로 대표되는 노동이 녹색으로 대표되는 총체적 생태 계획과 만날 수 있는 지점이다. 두 세력이 이 지점에서 만나면 민중의 힘을 강화하고 지역 착취를 멈추며 환경적으로 불균등한 국제 교환의 사슬을 끊어내는 계기를 마련하게 될 것이다.

　　대부분의 건축 자재는 매우 무겁다. 따라서 기본적으로 트럭이나 다른 방법으로 운송되는 자재는 지역에서 생산되는 자재보다 탄소집약도가 더 높다. 목재, 대나무, 흙다짐 건축은 모두 지극히 에너지집약적인 강철 및 콘크리트 산업에 비해 훨씬 적은 에너지를 사용한다. 다른 장점도 있다. 예를 들어 콜롬비아에서 자라는 과두아대나무는 내진성이 매우 뛰어나다. 심지어 강철이나 콘크리트보다 지진에 더 잘 견딜 수 있다. 과두아대나무는 풀이다. 게다가 일주일에 1미터나 자랄 정도로 매우 빠르게 성장한다. 이 나무는 성장하는 과정에서 대기 중 이산화탄소를 흡수한다.[25] 콘크리트 대신 목재를 주택의 뼈대로 사용하고 수명이 다한 주택의 목재 폐기물을 바이오연료로 사용하면 주택 건축과 관련된 순탄소 배출량이 마이너스가 될 것이다. 건축을 경관 관리에 통합할 때는 건축 자재의 두 가지 기본 기능을 중요하게 고려해야 한다. 첫 번째로 지역에서 생산되는 건축 자재들은 자연적인 과정과 가축 사육 과정에서 나온 것이라는 점이다. 따라서 대나무와 나무를 수확하면 그 자리에서 다시 대나무와 다른 나무가 자라기 때문에 순탄소 배출량이 마이너스가 된다. 그러려면 해당 토지를 적극적으로 관리해야 할 것이다. 따라서 지방자치단체, 주, 주지사, 중앙정부가 지역에서 생산되는 자재 사용을 의무화한다면 인구 분산을 촉진할 수 있을 것이다. 지방에서 생산되는 자재를 채취하고 이 자재가 나온 토지를 유지하려면 인력이 필요하고 또한 관리 방법을 알아야 하기 때문이다. 한편 주택을 영구적으로 사용하려면 노후화된 자재를 지방에서 생산되는 자재로 대체할 수 있어야 한다. 따라서 지방에서 생산되는 자재의 관리법에 대한 지식을 가진 사람이 필요하다. 지역에서 생산되는 자재를 지역의 건축 수요와 연결함으로써 건설 부문은 경관 관리 전략에 엮이게 된다. 그러면 지역 생태 관리가 용이해질 뿐 아니라 글로벌 이산화탄소 격리 노력에 힘을 보탤 수 있다.

강압적인 방식을 동원하지 않아도 지역 고유의 건축 관행을 변화시킬 수 있을 것이다. 사람들은 나무와 대나무로 만든 주택이나 벽돌 주택을 좋아한다. 이와 같은 주택은 심미적으로 아름다울 뿐 아니라 일하고 생활하는 데 불편함이 없는 안락한 보금자리가 될 수 있다. 그 사례로 멕시코 툴룸Tulum에 대나무를 엮어 만든 룸 템플Luum Temple과 샴사드ShamsArd 건축 설계 회사가 흙다짐 건축 방법을 이용해 팔레스타인에 짓고 있는 정말 멋지고 새하얀 지오데식 돔을 꼽을 수 있다.[26]

특히 국가 차원의 계획을 통해 장려한다면 지역의 건축 실무 및 개축 실무를 효과적으로 분산시킬 수 있다. 대나무 제재 실험을 하다가 대나무제재기 시제품이 탄생한 사례를 예로 들 수 있겠다. 구형 전자레인지만 한 크기의 대나무제재기를 사용하면 대나무를 원하는 모양으로 자를 수 있다. 목표는 현장에서 설계, 제조, 제작하여 현장에서 사용할 수 있는 독립형 기계를 만드는 것이다. 테네시대학교(미국 테네시주 녹스빌 소재)에서 대나무를 연구하는 건축과 교수 케이티 맥도널드Katie MacDonald는 다음과 같이 언급했다. "대부분의 디지털 제조 기술은 비용이 많이 들고 규모의 경제가 필요합니다. 하지만 이 프로젝트의 목표는 직접 제작이 가능한 저렴한 기계를 만드는 것입니다. 이 기계가 완성되면 불규칙적인 모양의 대나무를 원하는 모양으로 자를 수 있게 될 것입니다."[27] 다양한 부문이 서로 엮여 있기 때문에 훨씬 더 작은 규모에서나 실현 가능한 완전자립경제는 아니지만 현지화 수준이 더 높아진 것만은 틀림없는 사실이다. 게다가 산림업자든 수확업자든 주택 건설업자든 관계없이 고도로 숙련된 노동력을 분산하는 효과도 누릴 수 있다. 또 다른 사례로 "공학목재"의 부활을 꼽을 수 있다. 공학목재란 소나무, 가문비나무, 때로 자작나무, 너도밤나무 같은 연재 덩어리를 모아 더 크게 가공한 목재를 말한다. 직교적층목재는 나무판을 접착해서 최대 너비 90피트, 최대 길이 18피트, 최대 두께 1피트 크기의 판으로 만들 수 있다. 건축 자재로 쓰이는 직교적층목재는 콘크리트와 강철을 대체할 수 있다.[28] 점토 미장재, 삼 콘크리트, 짚을 엮어 만든 벽을 활용해 지은 건물에 포함된 바이오매스 숯biochar도 순탄소 배출량을 마이너스로 만드는 데 기여하는 또 하나의 방법이다.[29]

    주택과 공공 건물이 지역 고유의 건축 실무로 자리 잡고 예술 작품으로 승화되며 다양한 방식으로 발전하면서 지역 순환경제로 향하는 더 많은 문이 열리게 된다. 그리고 하나의 문을 통해 걸어가다 보면 또 다른 문을 만날 수 있다. 따라서 과거의 특징을 되살리되 매우 다른 미래를 향해 나아가게 될 것이다. 주택을 건설하고 장식하는 데 필요한 온갖 수공예 기량(벽돌, 목공, 철공, 유리 불기, 요업, 직조 등)은 일반적으로 지역과 농업에서 생산된 자재를 변형하는 일과 관련되어 있다(예외: 철, 강철). 심지어 자본주의 경제에서조차 이런 작업에는 상당히 높은 보상을 제공한다. 문제는 이런 일을 하려는 사람이 없는 것도 아니고 작품을 구매하려는 사람이 없는 것도 아니다. 자본주의 사회 제도가 창조한 세계가 문제다. 자본주의 세계에서는 빈민, 그리고 빈민이 생활하는 주택이 이러한 최고의 작품에 얼씬조차 하지 못한다.

비자본주의적 계획은 사회적으로 정당한 방식으로 수립될 것이다. 그러면 모든 장인은 예술가가 되고, 모든 주택 거주자는 미술 수집가가 되며, 모든 가정은 예술 작품이 될 것이다. 주택을 비롯한 다양한 생활 공간은 천연 자재를 사용해 건축될 것이고 내구성이 매우 뛰어날 것이다. 건축에 관련된 순이산화탄소 배출량은 마이너스가 될 것이다. 이런 부문에서 "순"배출량이 마이너스가 되면 이산화탄소를 배출하는 일부 산업공정이 계속 유지될 수 있으리라고 생각할 수 있다. 그러나 산업화를 통제하는 목표 가운데 하나가 탄소 흡수량을 늘려 앞으로도 오랫동안 순이산화탄소 배출량이 마이너스로 유지되도록 보장하는 것임을 잊으면 안 된다.

교통

사람과 재화가 적정 속도로 이동할 수 있는 체계를 마련하는 것은 근대 사회체계의 주요한 과제 가운데 하나다. 교통이 인간 생활에 관계된 다양한 영역을 포괄하고 있기 때문이다. 교통 덕분에 인간은 마을, 도시, 지역, 대륙을 연결할 수 있고 복잡한 생활을 영위할 수 있다. 교통은 고용을 창출하는 주요 부문이다. 미국의 경우 창고 부문과 교통 부문에 관계된 사람이 1,400만 명에 달한다. 또한 교통은 미국의 탄소 배출을 이끄는 부문이다. 미국 탄소 배출의 약 29%, 글로벌 배출의 약 20%를 교통 부문이 차지하고 있다.[30] 다른 탄소 배출과 마찬가지로 교통 부문의 탄소 배출 역시 각국의 위상과 밀접하게 연결되어 있다. 즉, 전 세계 인구의 약 10%가 동력의 힘으로 움직이는 이동수단을 이용한 전체 이동 거리의 80%를 차지한다.[31]

생태근대주의는 내연기관 자동차를 모두 전기자동차로 대체하고 항공운송수단에 사용되는 연료를 바이오연료로 바꿔서 손쉽게 탈탄소화를 달성할 수 있다고 생각한다. 그러나 보통 원료 자원의 "공급"에는 제한이 없기 때문에, 어느 순간이 되면 원료 자원을 채굴하는 데 필요한 에너지 문제로 점점 더 큰 어려움을 겪게 된다. 원료 자원 채굴에 필요한 에너지의 증가는 탈탄소화 과정의 효율성을 떨어뜨리는데, 앞서 재생에너지와 관련해 언급한 것과 같은 이치다(본문 117쪽 이하 참조). 그 끝에는 에너지 사용 또는 자동차 사용 자체를 극대화하도록 설계된, 그래서 마치 골드버그 장치*처럼 보이는 사회의 건설이 자리 잡고 있을 수 있다(외계인이 악취를 풍기는 지구를 조사한다고 생각해 보자. 외계인 우주비행사는 자동차가 지구를 식민화했다고 생각할 것이고 외계인 경제인류학자는 자동차가 아니라 자동차 회사가 지구를 식민화했다는 사실을 밝혀낼 수 있을 것이다). 예를 들어 최근 지구과학자들이 단체로 작성한 서한에 따르면, 영국이 30년 안에 전기자동차 전환 목표를 달성하려면 전 세계의 연간 코발트 생산량을 지금보다 2배 늘려야 한다. 뿐만 아니라 전 세계에서 생산되는 네오디뮴 전체, 전 세계 리튬 생산의 4분의 3, 전 세계 구리 생산의 적어도 절반을 집어삼켜야 할 것이다. 이동 거리를 줄이지 못한 상태에서 전기자동차에 충전할 전력을 확보하려면 현재 영국에서 생산하는 전

---

* 미국의 만화가 루브 골드버그가 고안한 기계로 거창해 보이지만 하는 일은 단순하고 재미만을 추구하는 비효율적 기계를 말한다.

력의 20%를 추가 생산해야 할 것이다.[32]

나아가 "공급"은 순수한 경제 과정에 의해 소환되는 것이 아니다. "공급"은 피로 물들고 불로 세례를 받는다. 예를 들어 필수 광물 가운데 하나인 코발트의 가격은 신식민지 콩고에서 이루어진 대량학살 덕분에 무려 50여 년 동안 낮은 수준으로 유지되어 왔다. 지하수를 심하게 훼손하지 않으면 라틴아메리카에서 리튬을 채굴할 수 없다. 심지어 오늘날 마이크로소프트, 테슬라, 델은 콩고의 광산에서 이루어지는 아동노동에 연루되었다는 이유로 소송에 휘말려 있다. 콩고의 광산에서 채굴되는 물질은 이 세 회사가 생산하는 물건의 가격을 낮게 유지하여 활발하게 판매될 수 있도록 지원하는 배터리에 사용된다.[33]

또 다른 선택지가 있다. 바로 기술철학자 이반 일리치가 공생공락 기술이라고 명명한 것이다. 공생공락 기술을 사용하면 "인간 서로서로가 그리고 인간과 환경이 자율적이고 창조적으로 교류할 수 있다." 공생공락 기술을 사용하면 산업공정이 환경에 미치는 영향도 줄일 수 있을 것이다.[34]

생태사회주의 계획에서는 현재 EU, 미국, 동아시아에서 이루어지는 수출과 수입 대부분이 자취를 감출 것이다. 지금까지 국제시장 무역에서 가장 많은 비중을 차지해 온 재화는 석유이고, 두 번째는 광석이며, 다양한 종류의 식량(특히 곡물)과 목재가 그 다음으로 중요한 비중을 차지한다. 산업 재화도 수출과 수입의 대상이다. 미국의 경우도 상황은 크게 다르지 않다. 화물의 무게에 따라 나열하면 곡물, 광석과 다양한 광물, 자갈, 다양한 종류의 탄화수소가 절대적인 비중을 차지한다. 화물의 가치에 따라 나열하면 전자제품과 산업 재화의 비중이 지배적이다. 거기에 맞먹는 것이 글로벌 개발에 연료를 공급하는 값비싸고 밀도 높은 검은 금, 석유다.[35] 식량주권은 생태사회주의 그린 뉴딜의 핵심 강령이다. 따라서 식량 무역은 최소화될 것이다. 더 이상 탄화수소를 연소하지 않을 것이기 때문에 탄화수소 무역은 근본적으로 사라질 것이다 예를 들어 자갈의 경우 최대한 지역에서 생산되는 재료로 대체될 것이다. 광석 무역의 양도 지금보다 훨씬 줄어들 것이다. 재생 가능한 지역 재료를 사용할 수 없을 경우에만 광석과 금속 무역이 이루어질 것이기 때문이다. 대규모 재화의 운송을 거부한다는 말이 아니다. 사회적으로 복잡하게 엮여 있는 근대 세계를 거부한다는 의미도 아니다. 대신 대부분의 재화를 운송할 때 풍력 또는 태양에너지와 같은 재생 가능한 자원을 연료로 사용하는 선박과 열차를 활용하게 될 것이다. 스웨덴의 경우 풍력으로 동력을 얻는 화물선을 이용하여 대서양을 12일 만에 횡단할 계획을 수립한 상태다. 12일은 화석연료를 사용하여 대서양을 횡단하는 시간의 2배에 불과하다. 그 밖에도 풍력, 태양에너지, 돛을 이용하여 추진력을 얻는 방법에 대한 연구도 활발히 진행되고 있다.[36] 즉, 장거리 항해 선박에 대해 지금보다 더 신중하게 접근할 필요가 있다는 의미다.

심지어 더 중요한 것은 도시 내 교통이 자전거, 전기자전거, 가능한 경우 전차에서 열차에 이르는 대중교통을 활용하여 이루어지게 될 것이라는 점이다. 자가용은 구급차, 비상수송용 차량 같은 용도에 한정하여 운행될 것이다. 산업 생산은 인간에게 편리한 생활을 보장하는 장점이 있지만 환경에 피해를 입히는 단점이 있다. 사회는 자가용의 사용 시간과 장소를 집단적으로 결정함으로써 환경에 피해를 미치는 산업 생산의 결실을 집단적으로 활용하게 될 것이다. 현재 많은 도시에서 차량의 도심 진입을 금지하거나 혼잡통행료를 징수하는 방식으로 도심으로의 차량 유입 경로를 조정하고 제한하고 있다. 공생공락 계획에서는 거주지와 가까운 곳을 중심으로 일자리가 모여들 것이다. 통근 거리는 일과 관련된 행복도를 측정하는 기본 지표다. 합리적으로 계획된 평등주의적 사회체계에서는 사람들이 거주지에서 멀리 떨어져 있는 직장에 다닐 이유가 없다. 전문화가 필요한 기관에서 근무하는 소수의 사람(예:

물리학 교수 또는 역사가 또는 문서 보관 담당자 등)을 제외하고는 지나치게 깊은 전문성을 가질 필요도 없다. 따라서 계획과 교통이 서로 맞물려 돌아가야 한다. 계획과 도시 경관이 한데 어우러져 에너지집약적이고 시간집약적인 통근 문화로 바뀌 나가야 한다. 연구 결과에 따르면 짧은 거리를 이동할 때 자동차를 타는 대신 걷거나 자전거를 타면 미국의 국내 소비가 최대 35% 줄어들 수 있다. 걷거나 자전거를 타는 사람은 더 건강해지므로 보건 의료 비용도 줄어든다. 따라서 도시 계획은 공공 보건과도 관련된다.[37]

북반구와 남반구의 그린 뉴딜은 손쉽게 전력화할 수 있는 대중교통에 대규모로 투자해야 한다. 구체적으로는 도시 내 버스, 전차, 단궤 철도, 지하철을 꼽을 수 있다. 북반구와 남반구의 그린 뉴딜은 도시를 잇는 국내 철도와 국가를 잇는 국제 철도에도 투자해야 한다. 특히 고속 철도에 막대한 투자를 해야 한다. 비행선, 태양에너지를 이용한 선박을 비롯한 다양한 교통수단에도 투자하여 항공운송과 해상운송 부문에서 탄소 제로를 실현해야 한다. 이와 같은 교통수단은 탈상품화되어야 하고, 생득권으로 인정하여 누구나 자유롭게 접근할 수 있어야 하며, 가능한 최소 단위를 바탕으로 민주적으로 관리되어야 한다. 항공운송 규모는 축소되어야 한다. 대신 항공 산업에 종사하는 모든 노동자의 일자리를 보호할 수 있는 공정한 전환이 보장되어야 할 것이다. 보건 의료, 식량, 주택에 대한 접근을 사회권으로 인정하면 이와 같은 공정한 전환을 쉽게 이룰 수 있을 것이다.

"자동차를 중심으로 구성된" 근대화 모델은 북반구에서는 일반화되어 있고 남반구에서도 확산되고 있는 상황이다. 남반구 국가들이 공공의 부와 북반구로부터 받은 기후 배상금을 자동차집약적 근대화 모델 대신 공공 교통체계에 투자한다면, 자동차집약적인 근대화 모델을 뛰어넘는 계기가 될 것이다. 그러면 공공 교통체계를 통해 경제적으로 복잡한 형태의 사회적 삶을 구현할 수 있게 될 것이다.

산업과 제조: 누가 재화를 만드는가?

대부분의 그린 뉴딜에서 설정의 핵심 목표는 국가를 케인스주의에서 말하는 "주된 계획가"로 활용하는 것이다. 그럼으로써 생산 **대상**, 생산 **방법**, 일자리의 양, 일자리의 질을 통제하고자 한다. 사실 모든 그린 뉴딜은 이러한 특징을 지니고 있다. 그린 뉴딜 자체가 일자리 보장 프로그램에서 출발하여 몸집을 키운 것이기 때문이다. 공정한 글로벌 그린 뉴딜은 전 세계적으로 공정한 미국의 그린 뉴딜을 의미할 수 있다.

민중을 위한 그린 뉴딜은 생산에서 몇 가지 중요한 변화를 의미할 수 있다. 첫째, 생산 지역을 다시 현지화하는 것이 중요하다. 현재의 생산 지형이 불공평한 글로벌 권력관계에 의해 형성된 것이기 때문이다. 덕분에 미국의 소비자는 세계 곳곳에서 생산되는 대상에 대한 권리를 주장할 수 있는 반면 글로벌 빈민은 (그 수가 점점 줄어들고 있는) 미국의 생산품에 대한 권리를 주장할 수 없는 실정이다. 가령 호주 빅토리아주 라트로브 밸리Latrobe Valley에서는 어스워커 에너지 생산협동조합Earthworker Energy Manufacturing Cooperative이 태양에너지를 이용하는 온수기를 생산하여 화석연료에서 재생에너지로의 전환을 추구하고 있다. 어스워커의 두 번째 노동자 협동조합인 레드검 청소 협동조합Redgum Cleaning Cooperative은 멜버른 시민에게 녹색 청소 서비스를 제공한다.

둘째, 대나무 제재의 사례와 비슷하게, 소규모 제조 연구소 또는 다양한 유형의 분산된 제조 중심지를 조성하면 지역에 있는 자재에 접근하는 동안 지식과 도구를 공유하여 생산을 탈집중화할 수 있다. 가축 사육 실무가 중요한 핵심을 이루는 이유가 이것이다.

셋째, 산업화로부터의 이행 또는 강철 같은 무생물 재료의 변형, 목재나 면화 같은 생활자재를 사용한 제조로의 복귀를 실현해야 한다. 실현가능성이 없어 보이기도 하지만 콜린 던컨은 다음과 같이 언급한다. "우리가 살고 있는 근대 경제에서는 아무리 완벽하게 저렴하고 수익성 있는 프로젝트라고 해도 매우 장기적인 계획이라면 거부당합니다." 캐나다의 온타리오호는 저렴하지만 천천히 성장하는 오크나무 숲 대신에 원자력발전소를 선택했다. 1990년대 중반 무렵 온타리오주에 자리 잡은 대학교와 각급 학교의 가구가 모두 강철 소재 가구로 교체되었다. 강철 소재 가구는 만드는 과정에서 엄청난 양의 에너지를 소모한다. 던컨은 다음과 같이 덧붙인다. "장기적인 계획에 대한 무관심 덕분에 오늘날 그리고 앞으로 우리의 삶은 실제로 필요한 것보다 더 많은 비용을 소모하게 될 것입니다."[38] 건설업은 주로 제조된 재화를 소비하는 대표적인 산업이다. 벽돌 외장재, 비닐 소재 창틀, 아스팔트 소재 지붕널, 유리 섬유 단열재를 삼나무 외장재, 목재 창틀, 삼나무 지붕널, 섬유소 소재 단열재로 교체할 경우에 대한 연구가 이루어졌다. 연구 결과, 자재를 교체한 주택은 철거할 때 자재를 매립하는 대신 재활용할 수 있기 때문에 이산화탄소를 순흡수하는 것으로 나타났다.[39] 이와 같은 이행이 이루어지는 방식은 "하향식"과 "상향식"을 모두 아우른다. 지역의 사회운동, 지방자치단체 당국, 지방자치단체 조례는 지역에서 이루어지는 건축물에 다양한 종류의 자재 사용을 의무화할 수 있다. 한편 사회운동은 탄화수소 연소 할당량 축소를 요구하고, 국가에 오염 금지 명령을 요구하여 성취하면서 제3세계 국가의 역량을 점차 높여 나가고 있다. 따라서 국가는 "하향식" 조치를 취할 명분을 가질 수 있다. 이에 따라 오염시킬 권리를 바탕으로 "저렴한 가격"에 공급되는 자재 사용을 중단하고 다른 자재 사용으로 이행하라고 지시할 수 있다. 오염시킬 권리는 모든 그린 뉴딜이 폐지하고자 하는 것이다. 콘크리트에서 플라스틱에 이르는 모든 종류의 탄화수소 기반 자재가 저렴한 가격을 유지할 수 있는 비결은 저렴한 노동력과 미지불 비용에 숨어 있다.

넷째, 그린 뉴딜은 계획적 진부화를 금지하고 계획적 지속성으로 이행하면서 이를 모든 제조업의 기준으로 삼아야 한다. 아울러 어떤 종류의 제품이든 쉽게 수리할 수 있게 만들어야 한다. 오늘날 자본주의적 생산을 통해 제조되는 제품은 빨리 망가진다. 게다가 아예 수리할 수 없거나 수리를 하려면 독점 수리망을 이용해야 하고 큰 비용을 지불해야 한다. 애플이 운영하는 서비스센터인 애플지니어스바를 떠올리면 쉽게 이해할 수 있을 것이다. 엔트로피를 증가시키는 비합리적 사회질서인 자본주의는 사람들이 자기 물건을 수리할 수 있는 환경을 조성하는 데 관심이 없다. 또한 기술자들을 분산 배치하여 각자의 기량, 자재, 도구를 이용하여 물건을 수리할 수 있는 환경을 조성하는 일에도 관심이 없다. 민중을 위한 그린 뉴딜은 계획과 생산 모두가 계급투쟁이라는 민중운동의 사회적 논리를 따를 수 있다. 따라서 변화는 생산을 최대한 분산하는 방향으로, 독점을 통해 권력과 이익을 축적하는 사회-물리적 과정을 제거하는 방향으로 이루어져야 한다. 따라서 각국 및 각지에 수리 권한의 부여를 핵심 강령으로 삼을 수 있다. 한편 민중을 위한 그린 뉴딜은 계획적 진부화를 중단시킬 수 있다. 또는 산업 제조 체계와 자재를 재조정하여 오래 사용할 수 있는 물건을 만드는 환경을 조성할 수 있다. 아이폰 같은 장치는 손쉽게 구입할 수 있는 만큼 고장이 났을 때 수리되지 않고 쉽게 폐기되곤 한다. 이러한 일이 가능한 이유는 가격이 조작되어 있기 때문이다. 구체적으로 광물 가격과 임금, 채굴, 정제, 제조, 수출 과정에서 배출되는 이산화탄소를 통해 생태계에 직간접적으로 미치는 피해 금액을 꼽을 수 있다. 가격 조작 덕분에 중심부 국가에서 생활하는 사람들은 주기적으로 아이폰을 새것으로 교체할 수 있다. 만일 중심부 국가에서 생활하는 사람들이 직접 아이폰을 **생산하는** 노동을 해야 한다면 생산과정 전체를 자동화할 수 있는 지속 가능한 방법을 찾아야 할 것이다. (그러나 생산과정 전체를 자동화할 가능성은 낮아 보이기 때문에) 아이폰의 내구성을 최대한 높이고 쉽게 수리할 수 있게 만들어야 할 것이다. 이는 오늘날의 추세와는 정확히 반대되는 특성이다. 수리와 수선을 급격하게 분산하고 민주화하면 독점 채굴 외부에 자리 잡은 지역 노동에 힘을 불어넣기가 더 쉬워질 것이다.

다섯째, 필수 소비재가 대량생산됨에 따르는 심미적 문제가 있다. 필수 소비재의 대량생산은 비판적으로 탐구되어야 하고 조건부로 수용되어야 한다. 아무리 여러 각도에서 살펴보아도 지구가 과도하게 산업화되었다는 사실을 부인하기 어렵기 때문이다. 한편 사치재는 더 많은 사회적 권력을 가진 사람들만 사용할 수 있는 것으로 간주된다. 눈에 띄는 사실은 사치재가 기량, 애정, 수공예적 관심에서 비롯된 재화일 뿐 아니라 다양한 방식으로 토지에서 출발한 재화라는 점이다. 사치재는 대량생산된 플라스틱 재킷이나 가방이 아니라 수작업으로 만든 가죽 제품이다. 사치재는 플라스틱이 아니라 나무와 유리로 마든 가구다. 사치재는 폴리에스테르와 아크릴이 아니라 품질 좋은 캐시미어와 면화로 만든 제품이다. 사치재는 폴리-O가 아니라 염소젖으로 만든 치즈다. 사치재는 원더 브레드Wonder Bread가 아니라 직접 구운 빵이다. 계급 권력을 손에 쥔 사람들은 산업 부문에서 제조한 소비재보다 소규모 제조를 통해 생산된 소비재를 선호한다. 이들은 광석 같은 무생물 재료 또는 죽은 물질을 소재로 생산하는 산업과 생물 재료를 소재로 생산하는 산업을 가르는 선이 얼마나 모호한지를 항상 염두에 두고 있다. 생물 재료의 구체적인 예로 면화, 아마, 목재를 꼽을 수 있다(면화를 예로 들어 보자. 분산되었거나 산업화 정도가 낮아도 면직물을 생산할 수 있고 고도로 집중되고 산업화된 방식으로도 면직물을 생산할 수 있다. 따라서 두 산업 사이를 가르는 선은 모호하다). 한편 산업적 방식으로 대량생산된 장식용 소품은 중심부 국가에서 생활하는 빈민이 떠안는다. 산업적 방식으로 대량생산된 재화 대신에 장인, 소규모 제조, 분산 제조를 통해 생산된 재화를 더 많이 사용한다고 해서, 토지를 더 신중하게 보살핀다고 해서, 삶의 질이 떨어지는 것은 아니다. 다만 반자본주의적 품질 향상, 즉 단순기술 사치재의 공동 사용으로 나아갈 뿐이다.

마지막으로, 산업적 제조의 시간 논리와 조직 논리가 이행해야 한다. 에너지 사용, 노동, 제조, 산업화 문제가 여기에서 수렴된다. 오늘날의 생산 형태는 끊임없이 이용할 수 있는 특정 종류의 에너지를 바탕으로 구조화되었다. 생태사회주의 계획이 이와 같은 이해를 바탕으로 수립된 더 거대한 조치에 의존한다면, 제조에 더 유연하게 접근하여 간헐성이라는 문제를 대부분을 해결할 수 있을 것이다. 전 세계에서 산업이 사용하는 최종 에너지는 전체 최종 에너지사용량의 절반을 차지한다. 최종 에너지를 사용하는 산업공정 가운데 일부는 순전히 기계적 에너지에 의존한다. 구체적으로는 회전, 연마, 분쇄, 타격, 파쇄, 톱질, 절단을 꼽을 수 있다. 이런 공정은 간헐적인 힘으로 운영될 수 있다. 간헐적인 작업으로는 올리브 압착 또는 곡물 탈곡과 분쇄, 바위 및 광석의 파쇄 또는 섬유 준비, 직물 제작, 직물 연결 같은 직조 작업을 꼽을 수 있다. 크리스 데커Kris Decker는 다음과 같이 언급했다. "간헐적인 에너지 투입은 생산공정에 질적인 영향을 미치지 않습니다. 오직 생산 속도에만 영향을 미칩니다." 다른 곳에서 그는 이렇게 언급했다. "변동이 심한 전력공급원에 의존하는 생산공정을 운영하는 일이 과거에 비해 훨씬 수월해졌습니다. 예를 들어 전통적인 풍차에는 끊임없이 관심을 기울여야 했던 반면 오늘날의 풍력발전소는 완전 자동화가 실현되었습니다." 바람과 태양에서 얻은 에너지로도 얼마든지 공장을 운영할 수 있다. 따라서 이러한 이행이 생산이나 소비의 감소를 의미하는 것은 아니다. 단지 산업과 제조를 조정하여 변화무쌍한 비탄화수소 에너지원에 부합하게 만들 뿐이다. 생산자들은 에너지가 풍부한 계절과 시간에 재화를 생산할 수 있다. 생산한 재화는 저장해 두었다가 "에너지가 적어지는 기간에 소비자에게 판매할 수 있다." 그럼으로써 의복, 가구 또는 면화를 "에너지 저장소"로 효과적으로 전환할 수 있다.[40]

결론

민중을 위한 그린 뉴딜은 생태사회주의 사회의 건설과 관련된다. 새로운 세계가 하룻밤 사이에 구축되지는 않는다. 따라서 새로운 사회를 구축하기 위해서는 우리가 바라는 세계에 대한 발상을 가지고 새로운 세계로 한걸음씩 단계적으로 나아가야 한다. 사람들이 일주일에 몇 시간을 일해야만 하는지 정한 철의 법칙 따위는 없다. 자신이 생산한 실제 가치보다 훨씬 낮은 보상을 받아야 한다는 철의 법칙도 없다. 주 단위 또는 연 단위 생활임금에 대한 요구(예: 주당 40달러에서 연당 10만 달러)는 노동시간을 대폭 감소하라는 요구와 부합할 수 있다. 이런 방식으로 노동자들은 역사적으로 증가해 온 생산성의 상당 부분을 즉시 획득할 수 있다. 추가적으로 증가한 생산성은 노동시간 감소와 기후 부채 상환으로 이어질 수 있다. 자본으로부터 되찾아 온 가치는 탄소를 배출하지 않는 가운데 누리는 자유 시간으로 전환될 수 있다. 이와 같은 대규모 최저임금은 언제나 정치적 요구와 사회적 투쟁을 통해 얻은 결실이었다. 이 요구를 불합리하다고 단정할 이유는 없다.

포괄적인 사회적 권리, 특히 주택과 보건 의료, 가장 많은 비중을 차지하는 노동하는 가족을 위한 예산도 필요하다. (상한선이 임금의 15%를 넘지 않는) 저렴한 주택은 엄격한 임대통제법, 노동조합의 자산을 활용한 주택조합 또는 정부 보조금을 통해 실현할 수 있다. 부동산 투기와 부동산 투자는 사라질 것이다. 나아가 생활임금을 지급하는 지역 협동조합과 계약을 체결하여, 지역에서 생산되는 재생 가능한 자재를 사용하여 주택을 건설한 뒤, 주, 도시 또는 마을이 그 주택을 소유할 수 있다. 정부는 자재 확보와 관련된 기준을 마련하는 과정에 환경적 비용과 그 결과를 포함할 수 있다.

이와 마찬가지로 보건 의료를 무료 또는 적은 비용으로 누릴 수 있어야 한다. 보건 의료 체계를 전환하여 쿠바 또는 인도 케랄라주를 연상시키는 가볍고 지식집약적인 환경을 조성해야 한다. 또한 보건 의료를 탈상품화하고 지역적으로 운영되도록 전환해야 한다. 여기에 드는 비용은 낮은 세율(주택 비용이 높은 대도시에서 50만 달러가량)의 복지세와 부동산세를 통해 충당할 수 있다. 가장 부유한 사람들이 보건 의료에 대한 보편적 무료 접근 비용을 충당하는 셈이다. 장거리 여행 역시 이와 비슷한 방식으로 탈상품화할 수 있을 것이다. 여행의 경우에는 이미 시장이 장악하고 있는 부문이기 때문에 따로 할당할 필요가 있을 것으로 예상된다. 제조 및 건설 부문은 높은 임금을 지급하기 때문에 더 많은 사람들이 관심을 보이는 부문이자 지역에 더 많은 가치가 순환하도록 지원하는 부문이다. 제조 및 건설 부문은 지역 내부 시장을 확장할 수 있을 뿐 아니라 지역에서 사회적으로 유용한 일자리, 탄소 제로 또는 탄소 흡수 일자리를 창출할 수 있다. 한편 아동을 돌보고 기르며 가르치는 일에도 숙련노동과 같은 비율의 임금이 지급될 것이다. 나아가 자본에 대항하는 노동의 힘을 증진하고 탄소집약적 일자리 대신 탄소 제로 일자리를 활성화할 것이다.

사회적 권력을 재분배하는 일과 더불어 기술에도 더 많은 관심을 기울일 필요가 있다. 그럼에도 불구하고 사회적 권력을 재분배하라는 요구 중 대다수가 사실상 사회민주주의의 기본 요구이자 핵심 요구다. 사회적 권력을 재분배하라는 요구는 오늘날 선거를 통해 선출된 인사들이 내거는 진보적인 정책 강령을 훌쩍 뛰어넘는다. 그러나 사회주의 또는 생태사회주의를 재정의할 때 사회적 권력의 재분배 요구를 좌파가 펼 수 있는 최대한의 요구와 동일시해서는 안 된다. 오히려 사회주의는 정치 프로그램과 깔끔하게 분리되어야 한다. 정치 프로그램은 자본과 일종의 협정을 맺으려고 시도하는 과정에서 자본의 여러 부문에 직면하면서 일부 부문은 제한하고 일부 부문은 보존하려고 시도한다. 객관적으로 보았을 때 더 급진적인 요구도 실현 불가능한 것은 아니다. 다만 실현하기 어려울 뿐이다. 그 이유는 사회적 권력과 정치권력이 부를 소유한 사람들과 결탁하고 있기 때문이다.

민중을 위한 그린 뉴딜이 사회민주주의적 녹색 프로그램과 실질적으로 차별화되는 부문은 기후 부채 문제와 국민/민족 문제를 통한 토지 계획, 농업, 제3세계와의 관계다. 다음 2개 장에서는 이 주제들을 크게 두 가지로 묶어서 다룰 예정이다.

6
농지로 뒤덮인 지구

도시에 많은 뜰이 있다고 생각해 보자. 도시는 다채로운 색상을 뽐낼 것이다. 도시에 자리 잡은 뜰에 밤나무, 피칸나무 또는 빵나무를 심는다. 키가 큰 이 나무들 아래에는 다년생 라즈베리 관목이나 탁한 진홍색과 옅은 노란색 석류나무가 자란다. 울타리에는 포도 넝쿨과 호박 넝쿨이 기어간다. 더 아래쪽에 자리 잡은 흑요석같이 검은 건강한 표토 위로 토종 토마토와 고추가 삐죽이 솟아 있다. 지붕에는 흙을 덮어 풀을 심어 놓았다. 옆 마당에는 양어장으로 사용되는 연못이 조성되어 있다. 농장에서 나오는 온갖 종류의 배설물은 연못에 사는 물고기의 먹이가 된다. 민중이 세운 계획을 통해 마구잡이로 뻗어 나가는 교외 지역을 농지를 비롯한 초지로 전환함에 따라 도시 주변을 녹지가 에워싸게 된다. 고속철도가 더 큰 도시와 더 작은 도시를 연결한다. 더 작은 도시는 모세혈관처럼 뻗은 철도망을 따라 고속 인터넷을 갖춘 촌락으로 이어진다. 목축업자는 다양한 토종 가축들이 어슬렁거리는 초지를 관리한다. 가축들은 섬유소 물질을 소화시킨 뒤 땅으로 되돌려 보낸다. 덕분에 이산화탄소를 흡수한 우유와 육류가 생산된다. 숲과 농지가 뒤섞여 있는 들판에는 호두, 사료용 풀, 무수히 많은 품종의 옥수수와 밀이 자라면서 풍성한 수확을 안긴다. 일부 지역에서는 단순기술로도 잘 자라는 다년생 곡물이 대초원의 땅속 깊이 뿌리를 내린다. 뿌리의 길이가 사람 키를 훌쩍 넘길 정도다. 농업 부문 외에도 다양한 일자리가 생겨난다. 시골과 작은 마을에서 생활하는 숙련된 기술자는 고전압 스마트 전력망, 지역의 재생에너지 저장 체계, 분산된 풍력터빈을 관리할 것이다. 소상공업과 분산된 제조는 지역 농산물을 처리할 것이다. 그리고 가능한 경우 대규모 대중 시장을 겨냥한 산업 재화를 보충하고 교체할 것이다.

이러한 미래를 실현하는 방법은 무엇일까? 토지반환 운동은 토착 원주민이 누려야 하는 조약상의 권리를 복원하고 대륙을 탈식민화한다. 경자유전 원칙에 따른 농업 개혁은 자본주의적 논리에 따라 대규모로 구획된 토지를 소규모 토지로 분할할 것이다. 분할된 토지의 규모는 가부장적이지 않은 가족 단위 또는 농업 협동조합 단위에서 경작할 수 있는 규모가 될 것이다. 경자유전 원칙에 따른 농업 개혁은 당연히 역사를 존중한다. 특히 과거 흑인이 상실한 토지에 주목한다. 농산물 가격에도 변화가 있을 것이다. 현재 농산물 가격은 대중의 요구를 반영하는 정치적 결정에 따라 고정되어 있다. 그러나 앞으로는 각국이 물가를 반영하여 농산물 가격을 설정하게 될 것이다. 그러면 농산물 가격에 노동 비용이 반영될 것이다. 이 노동 비용에는 생태 회복 농업에 필요한 노동 비용이 반영된다. 그렇게 되면 농업, 제조업, 서비스업이 각자의 전문성을 발휘하면서 분리되어 있는 경우 각국의 농업, 제조업, 서비스업 사이의 교환이 투입된 노동 비용을 토대로 산정된 가격을 바탕으로 이루어지게 될 것이다. 여기에는 환경을 보호하는 데 필요한 노동 비용도 포함된다.

사회민주주의적 권리를 담은 선물 꾸러미에는 일자리를 찾아 이리저리 떠도는 농촌 노동자의 일자리 보장이라는 선물이 들어 있다. 거기에 생활임금 보장을 더하면 어느 지역에서 생활하든 자기가 원하는 일자리를 얻을 수 있게 되는 바람직한 결과를 낳을 것이다. 토지를 바탕으로 한 일자리를 원하는 사람이 거의 없다면 더 많은 임금을 제공하여 농촌 일자리로 노동자를 끌어들여야 한다. 더 많은 임금에는 토지(농업 관련 토지 포함) 관리를 통해서 환경을 보호하는 이들이 사회에 제공하는 무한한 유용성이 반영되어야 한다. 토지 회복, 농생태학, 목축은 이산화탄소 흡수를 보장하는 소중한 사회적 노동이다. 그 덕분으로 지구와 미래를 구할 수 있기 때문이다. 식품은 생태적으로 우수하고 한결같은 농장에서 재배되어야 한다. 식습관과 관련되어 발생할 수 있는 질병을 예방하는 일종의 예방 의약품 역할을 농장이 하기 때문이다. 또한 일반적으로 지역에서 식품을 조달하는 경우가 더 많으므로, 사람들은 건강에 유익한 식품 생산의 가치를 이해할 수 있을 뿐 아니라 생태 농업의 보호가 경관에 미치는 영향도 이해할 수 있다. 벌목이 금지되고 치명적인 토양 손실은 자취를 감출 것이다. 이윤만을 추구하는 경제학자들이 맬서스주의를 소환하거나 굶주리는 인구의 통계를 수집할 필요가 사라질 것이다. 가축집중사육시설, 개벌림開伐林, 산업적 가축 사육 부문에서 마법사의 제자Sorcerer's Apprentice가 대량 번식시킨 유전적으로 동일한 가축 같은 동물 매개 전염병의 온상은 사라질 것이다. 반면 대기 중 이산화탄소환산량CO_{2e} 감축 같은 진정한 마법은 마법으로 취급받지 못하는 형편이다. 그러나 각각의 작은 기적이 모이면 산업화 이전 수준인 300ppm을 달성할 수 있을 것이다.

이와 같은 이행은 혁명이라고 해도 과언이 아니다. 자본주의-식민주의의 사슬을 갈가리 찢어 버린 20세기의 모든 혁명과 마찬가지로 이제 일어날 혁명 역시 사회주의적 농업에 의지하게 될 것이다. 빈민은 자신의 삶, 노동, 환경, 토지를 통제하게 될 것이다. 이에 따라 빈민은 불공평한 교환으로 인해 발생하는 생태계의 출혈과 가치 출혈을 멈출 수 있다. 중심부 국가에서는 전환으로 짊어진 부담 가운데 일부를 사회주의적이고 공정하며 민중을 위한 토지 관리 체계로 이행한다. 덕분에 사회주의 문명의 노동의 일부로서 대기 중 이산화탄소를 토지에 주입하게 될 것이다.

"농지로 뒤덮인 지구"라는 계획은 도시농업을 더 활성화하여 농생태학으로의 완전한 이행을 추구한다. 농업은 더 즐거운 활동이 될 것이고 농촌 지역은 조금 더 도시화될 것이다. 덕분에 도시는 도시의 배후 지역과 더 지속 가능한 관계를 맺게 될 것이다. 가치와 관련된 국가 수준의 계획과 법률의 지향점이 조정되어 대지에 이산화탄소를 주입하는 일이 우선 순위의 윗자리에 오를 것이다. 아울러 농업은 축적만을 추구하는 서양의 목구멍으로 흘러 들어가는 교환가치가 아니라 민중의 사용가치를 위해 식량을 생산할 것이다. 지구를 농지로 뒤덮는 계획은 과거를 교훈으로 삼아 더 나은 미래를 만들어 갈 경로를 찾을 것이다. 이는 특이한 일이거나 향수병, 진부한 전통주의로의 역행이 아니다.

이러한 임무를 달성하기 위해서는 많은 조치가 필요하다. 첫째, 서구에서 유래한 마르크스주의 사상과 자유주의 사상은 식민 세계관 속에서 태어나고 자라났다. 이 사상들은 식민 세계관을 통해 반농촌이라는 석회화된 편견을 물려받았다. 대대로 물려받은 이 무거운 짐을 떨쳐 버리거나 초월해야 한다. 유토피아의 모습이 도시보다 농촌에 가깝다면 어떻겠는가? "농지로 뒤덮인 지구" 계획이 추구하는 모습이 유토피아에 가장 가까운 모습이라면 어떻게 하겠는가?[1] 이 말에 충격을 받는 사람도 있을 것이고 아무런 충격을 받지 않는 사람도 있을 것이다. 인류학자 카일 포이스 화이트Kyle Powys Whyte에 따르면 토착 원주민에게 "기후 변화에 관련된 주제 가운데 가장 무거운 것"은 언제나 "식품과 의약품" 문제였다.[2] 농업은 중요하다. 식량은 인간에게 매우 중요한 문제이기 때문이다. "모든 문화에서" 식량은 민족정체성과 "가장 강력하게" 결부된 "요소"이자 "'바람직한 삶'을 이루는 요소 가운데" 하나다. 식량은 인류가 함께 번영을 누릴 수 있는 방법이다.[3] 이러한 식량의 보편성 덕분에 남반구와 북반구 모두 식량주권이라는 급진적인 깃발을 내걸게 되었다.[4] 토지반환 운동이 내건 깃발이 점점 더 거세게 나부낄수록, 이 운동에서 외치는 요구를 건성으로 흘리지 않고 진지하게 귀 기울여야 할 것이다. 그리고 토지반환 운동의 깃발을 높이 든 사람들, 즉 서양이 품었던 이상의 희생자들에게서 정치적, 생태적 교훈과 지침을 얻어야 할 것이다.

전통적인 농업: 수확량

오늘날의 자본주의-제국주의 식량체계를 설명하기 전에 먼저 식민지 이전 세계가 지금과 얼마나 다른 모습이었는지 되짚어 보는 것이 바람직할 것이다. 식민지 정복 이전 시대에 미국 대부분은 관리되는 숲-정원이었다. 들소가 내달리는 들판에 둑을 쌓고 계단식 농지를 조성했다. 화전은 통제되었다. 토착 원주민은 대륙 곳곳을 누비며 사냥과 농업을 병행했다. 수렵채집사회와 정착농업사회의 중간쯤 되는 형태였다. 아메리카 대륙은 때묻지 않은 "최초의 자연"도 아니었고 야생이나 사람이 살지 않는 땅도 아니었다.[5] 토착 원주민은 아메리카 대륙에서 생활하면서 자연을 재창조했다.

서쪽 지역에서 소비되는 것은 놀라울 정도로 달랐다. 구체적으로는 "갈증이 싹 가시는 달콤한 만자티나 열매즙, 눈살이 절로 찌푸려지는 시큼한 사우어베리, 톡 쏘는 맛이 나는 염생초, 연어 맛이 나는 담자균류, 강한 풍미를 내는 타르위드 씨앗, 약간 쓴 맛이 감도는 마황麻黃으로 만든 빵"을 꼽을 수 있다.[6] 투입한 노동, 토지, 에너지 단위당 수확량은 인상적인 수준이었다. 정착식민지 침략이 이루어지기 전 미국 동부에 살던 토착 원주민은 농업에 투입한 칼로리당 약 5에서 15칼로리의 수확을 거둬들였다.[7] 미국 서부에서 원주민들은 트림으로 메탄을 배출하는 들소를 비롯한 경관을 관리했다. 어느 시대든 미국 서부 들판에는 약 천만 마리에 이르는 들소가 그 존재를 뽐냈다. 원주민들은 "세 자매"로도 불리는 옥수수, 콩, 호박을 간작했다. 경운하지 않았음에도 불구하고 간작 덕분에 토양 유기물의 산화와 토양 침식이 줄어들고 생산성이 높아졌다. 옥수수, 콩, 호박의 간작은 서로를 보완하면서 동반 상승효과를 일으켜 한 가지 작물을 단작할 때보다 더 많은 수확을 거둘 수 있었다. 구체적으로는 헥타르당 1,220만 칼로리, 단백질 349킬로그램을 얻을 수 있었다(오늘날 옥수수 수확량은 헥타르당 약 3천만 칼로리다. 인간이 다 소모할 수 없는 양이다).[8] 옥수수, 콩, 호박의 간작은 이런 곡물을 섭취하는 사람들에게 영양학적으로 무수히 많은 이점을 안겼다. 하와이에서는 토란과 고구마를 재배했고 돌로 조성한 양어장에서 물고기를 키웠다. 덕분에 백만 명에 달하는 사람들에게 식량을 공급할 수 있었다.[9] 그 결과 "북아메리카 토착 원주민은 세계에서 가장 건강한 민족이 되었다."[10]

산업적 농업의 정치경제학

근대 농업체계와 식량체계는 정착식민지, 자본주의의 본원적 축적, 세계적 규모의 축적이 진행된 결과다. 근대 농업체계와 식량체계가 자리 잡은 결과, 생태 학살이나 다름없을 만큼 자연경관이 심하게 파괴되었으며 사람들의 건강도 나빠졌다. 호주와 (캐나다를 포함한) 아메리카 대륙의 거대한 평원이 세계의 곡창지대로서 모습을 드러냈다. 그러기 위해 식민지에서는 토착 원주민에 대한 대량학살이 자행되었다.[11]

미국의 식량체계 그리고 정도는 덜하지만 세계의 식량체계는 사람을 위해 식량을 생산하지 않는다. 이윤을 위해 생산한다. 전 세계 농장의 84%가 2헥타르 미만의 소규모 농장이다. 그러나 이들이 운영하는 농지는 12%에 불과하다. 농장 규모 상위 1%에 해당하는 농장이 전 세계 농지의 70%를 운영한다. 이와 같은 추세는 북반구와 남반구에서 모두 악화되고 있다. 개선의 기미는 보이지 않는다. 미국에서는 농장 규모 상위 7%가 생산하는 가치가 전체 생산 가치의 80%를 차지한다. EU에서는 농장 규모 상위 3%의 농장이 농지의 50% 이상을 차지하고 있다. 농업이 주요 산업인 탄자니아의 경우 최근 대규모 투자를 유치한 농장 108곳이 운영하는 농지가 농장 규모 하위를 차지하는 농장 200만 곳에서 운영하는 농지보다 더 많다.[12] 자본주의 농업은 가장 기본적인 생산요소인 토지에 대한 사적소유와 고도 집중을 바탕으로 한다.

이와 같은 현실에도 불구하고 글로벌 수준에서는 적어도 50%가 넘는 식량, 어쩌면 그보다 더 많은 식량이 소규모 가족농장에서 재배된다. 이때 다양한 수준의 자본집약적인 투입이 이루어진다.[13] 대부분의 농장은 농생태학에도 발을 담그고 있다.[14] 나머지 식량은 대규모 농기업이 운영하는 농장이나 농산물을 농기업에 직접 판매하는 훨씬 큰 규모의 농장에서 생산한다. 이렇게 대규모 농장은 계속해서 덩치를 키우고 있다. 이들은 이웃한 토지를 게걸스럽게 집어삼키면서 전 세계에서 그 어느 때보다 많은 자산을 집중하고 있다. 대규모 농기업이나 농장은 자본집약적인 방법에 크게 의존한다. 이들의 목표는 달러 가격 기준으로 최대한 저렴한 비용을 들여 식량을 생산하는 것이다. 이와 동시에 대규모 농기업이나 농장은 글로벌 기업 체계에 엮여 있다. 종자, 비료, 살충제, 농장의 장비, 관개 기술 기업이 고도로 집중되어 있다. 이런 기업들은 최대한 많은 농민이 자기들의 기술을 구입하고 사용하기를 원한다. 그러기 위해 농민들의 기술 의존성을 높이려고 노력한다. 콩, 밀, 옥수수 같은 농산물 상품의 구매자와 슈퍼마켓에 농산물 상품을 공급하는 기업은 최대한 낮은 가격에 농산물을 구입하기를 원한다. 농민이나 농장 노동자가 생활임금을 받는지 여부에 관심을 가지는 기업은 없다. 사람들이 섭취하는 식품이 건강에 유익한 작물로 만들어진 것인지 여부에 관심을 가지는 기업도 없다.

나아가 이익이 매우 낮은 경우가 다반사이기 때문에, 농기업은 이윤을 남기려면 곡물을 대규모로 거래해야 한다. 이와 같은 방식으로 자본주의는 농업 생산에 진입하여 생산의 모습을 바꿨다. 더 큰 규모의 농장이든 소규모 농장이든 모두 생산과 과잉생산을 반복한다. 부채에서 벗어나기 위한 노력도 생산과 과잉생산을 반복하는 이유 가운데 하나다. 정부가 곡물에 지원하는 보조금도 과잉생산을 초래하는 원인이다. 정부보조금이 지원되는 곡물(예: 옥수수)은 건강에 매우 해로운 상품(예: 옥수수 시럽)으로 재탄생하는 경우가 많다. 정부보조금이 지원되는 또 다른 곡물인 콩은 콩기름으로 재탄생한다. 밀과 콩을 과잉생산한 미국은 1950년대부터 제3세계에 대량의 밀과 콩기름을 헐값에 떠넘겨 왔다. 덕분에 콜롬비아, 튀니지, 이집트 같은 국가에서는 소규모 농장이 피해를 입었다. 경자유전 원칙에 따른 농업 개혁은 궁지에 몰렸고 자국민에게 식량을 공급할 각국의 역량은 파괴되었다. 1970년대 이후 아프리카는 구조적 식량 수입국으로 전락했다.[15] 대부분의 제3세계 국가는 농업 수출에 중점을 두는 전략을 선택했다. 1960년대 이후 제3세계 국가 대부분이 곡물 생산 부문에 녹색혁명을 적용했다. 각국 고유의 역량을 활용하는 다양한 방법을 개발하려고 노력하는 대신에 투입집약적인 방법을 선택한 것이다. 이와 같은 결정은 북반구의 지원에 따른 것이었다. 이런 식으로 투입물을 공급하는 일에 관계된 북반구의 대규모 기업은 큰 기회를 얻게 되었다. 1980년대와 1990년대에 들어서면서 이 과정의 진행 속도가 빨라졌다. 국제 금융기관의 압력에 따른 구조조정 정책의 결과 남반구 국가의 농업 시장은 전보다 더 활짝 열렸다. 각국은 중간 규모 농민에 대한 지원조차 중단했다. 전략적 곡물 보유 정책도 폐기했다. 서양이 크게 반겼던 소비에트 진영의 붕괴로 인해 전 세계 곡물 수요가 붕괴했다. 덕분에 곡물 가격은 더 낮아졌다. 곡물가가 낮아진 대가는 과거의 제2세계에서 생활하는 사람들의 목숨으로 치렀다.[16] 1995년 세계

무역기구는 전 세계에 유전자 조작 대두와 옥수수의 "지식재산권"에 대해 홍보하기 시작했다. 덕분에 남반구 국가의 농업은 북반구에 자리 잡은 대규모 기업이 공급하는 투입물에 더 깊이 의존하게 되었다. 그 과정에서 몬산토, 바이어, 신젠타를 비롯해 카길, 코카콜라, 아처대니얼스미들랜드Archerdanielsmidland, 테스코, 월마트, 까르푸가 세계 식량체계에 대한 권력을 더욱 확장했다.[17] 당연하게도 이 기업들 모두가 북반구에 있다.

마지막으로 제국 내 노동분업에 대해 생각해 보자. 식민지 시대를 거치면서 제3세계는 향신료 또는 커피와 같은 상품을 생산했다. 제1세계의 환경 조건에서는 단 한번도 볼 수 없었던 상품이었다. 향신료나 커피 같은 상품은 제1세계로 흘러 들어갔고 제3세계는 기아에 시달렸다.[18] 이후 탈식민이 이루어졌다. 그러나 제3세계에서 제1세계로 상품이 흘러 들어가는 속도가 느려졌을 뿐 이와 같은 현상 자체가 사라지지는 않았다. 덕분에 식량체계 개혁의 중심에 민족해방이 자리 잡고 있다는 주장이 제기되었다. 신자유주의가 출현하면서 제3세계에서 재배하는 열대 식량(예: 제철이 아닌 과일, 채소, 그 밖의 열대 식품 등)이 그 어느 때보다 많아졌다. 모두 달러 가치로는 저렴하지만 토지집약적이고 노동집약적인 방식으로 생산되는 식량이다.[19] 이와 같은 작물은 (농업용 온실에서 소량 재배하는 것 말고는) 말 그대로 북반구에서는 생산할 수 없다. 열대 식량의 재배는 주변부의 아주 낮은 임금, 아주 저렴한 토지, 아주 저렴한 물에 의존하여 생산되고 주변부 국가에서 살아가는 사람들의 생명을 위험에 빠뜨린다. 임금을 아주 낮게 유지할 수 있는 비결 가운데 하나는 막대한 수의 노동예비군이다. 아울러 농촌의 농업 구조를 불평등하게 유지하여 수출용으로 봉쇄한 덕분에 농촌에서는 영양실조 현상이 광범위하게 나타났다. 당연하게도 자본주의 농업 구조 또는 식민지 농업 구조에 저항하는 국가에 대해서는 처벌과 경제봉쇄가 뒤따랐다.[20] 이와 같은 식량체계가 자리 잡으려면 농업 개혁은 저지되어야 한다. 앞으로 살펴보게 될 것처럼 식량체계와 농업체계를 변화시킨다는 것은 토지를 소유한 사람을 바꾼다는 말과 같기 때문이다.

　이러한 정책이 생태와 사회에 가져온 결과는 막대했다. 근대 농업은 인공 비료를 사용한다. 자원집약적이고 에너지집약적인 인공 비료는 지하수에 침투하여 오염을 일으킨다. 대규모로 유출된 인공 비료는 강으로 흘러들어가 조류의 엄청난 증식을 유발한다. 거기다 근대 농업은 토양을 다지거나 과도하게 경운한다. 덕분에 토양 침식이 일어나거나 그 밖의 형태로 토양이 피해를 입게 된다. 이제 토지는 더 이상 물을 흡수할 수 없는 상태에까지 이르렀다. 반면 다양한 가축을 함께 기르고 복작작물, 피복작물을 이용하며 무경운 농업을 실천한다면 토양이 건강해져 많은 물을 흡수할 수 있다. 이런 상황에는 미국도 영향을 받는다. 이는 절대 상상의 산물이 아니다. 토양이 건강했다면 2019년에 미국 중서부 지역에서 일어났던 대규모 홍수도 피할 수 있었을 것이다. 전통적인 농업은 건강한 먹이사슬을 촉진하여 해충을 억제한다. 반면에 산업적 농업은 들판과 분수계에 살충제를 뿌린다. 살충제로 인해 새와 곤충이 사라졌다. 인간의 피부에도 살충제가 스며들었다.[21] 곤충이 사라지자 수분 활동이 감소했고 영양 순환 과정도 경색되었다. 곤충을 먹이로 삼아 살아가는 동물(예: 새)도 자취를 감췄다. 사라진 것들 모두 종자를 퍼뜨리는 데 중요한 역할을 하는 존재다.

　나아가 농업의 에너지 기반도 엉망진창이 되었다. 이른바 "전통적인" 농업은 태양에너지를 효율적으로 수집하는 식물의 능력에 의존한다. 식물은 수집한 태양에너지를 인간이 활용할 수 있는 형태로 전환한다. 식물은 정말 멋지고 기품 있는 유기적 기계다. 그러나 근대 농업이 추구하는 새로운 에너지 기반은 에너지 흐름의 논리를 거꾸로 뒤집어 버린다. 화석연료 형태로 저장된 과거의 태양열과 태양빛의 흐름을 사용하기 때문이다. 즉, "'태양과 물을 이용하여 땅콩을 재배하는 것'이 아니라 '석유를 이용하여 땅콩버터를 제조'하는 것"이다.[22] 1970년에 미국은 옥수수 생산에 투입한 칼로리당 2.6칼로리를 얻었다.[23] 오늘날 선진 산업사회에서 옥수수를 생산하여 1칼로리를 얻으려면 4에서 15칼로리를 투입해야 하는 것으로 추정된다(흥미로운 사실은 그중 적어도 8%가 기계화의 영향이라는 점이다).[24] 식량체계에서 사용되는 에너지 중 3분의 1은 식량 생산에 사용되고, 3분의 1은 가공과 포장에 사용되며, 3분의 1은 유통과 식재료 준비에 사용된다. 이와 같이 상호 연계된 유통망은 민중과 환경에 족쇄를 채운다. 그러나 중요한 것은 족쇄의 강도가 "저개발" 국가의 민중과 환경에 채워진 족쇄에는 미치지 못한다는 것이다.[25]

북반구는 곡물 재배에 "능숙"해졌다. 그러나 그러는 사이에 다양한 현상이 나타났다. 표토가 유실되어 강바닥에 퇴적되었다. 질소 비료 덕분에 멕시코만에는 산소가 부족한 죽음의 구역이 생겨났다. 공장이나 다름없는 들판에서 생물다양성이 사라짐에 따라 침묵의 봄이라는 망령이 나타났다. 북반구의 농업 기술은 살아 있는 토양을 죽은 존재로 취급한다. 토양을 죽은 존재로 취급한 장본인이 바로 인간이기 때문에 앞으로 더 많은 묘지가 생겨나 확산되더라도 놀랄 일은 아닐 것이다.

나아가 인간이 섭취하는 식량 대부분의 품질이 저하되어 풍미가 떨어지고 영양가가 부족해졌다. 계급과 인종에 따라 병충해도 더욱 심화되었다. 빈민은 (다른 부문의 빈민이 제공하는) 고도로 가공된 패스트푸드를 섭취하거나 그렇지 않으면 트랜스지방으로 가득하고 설탕에 푹 절은 식품 또는 터무니없이 건강에 해로운 식품을 섭취한다. 저렴하기 때문이다. 미국의 농산업 식품체계에서 생산된 제품을 섭취하도록 강요당하는 사람들도 대체로 빈민이다. 이들이 섭취하는 식품은 곡물을 먹고 호르몬을 맞으며 자란 가축으로 만든 것이다. 풀을 뜯으며 지속 가능한 방식으로 자란 소는 환경에는 더 유익하지만 값이 비싸다. 빈민은 그 가격을 감당할 수 없다.

또한 근대의 식품 유통망은 낭비적이다. 자본주의적 과잉생산 때문이다. 필요한 양 이상으로 생산하고 대부분이 버려진다. 과일과 채소는 (과잉) 가공되어 에탄올이 되거나 영양가라고는 없는 스폰지 빵이 되고 이런저런 심미적 기준을 충족시키지 못한다는 이유로 버려진다.[26] 미국에서는 매일 1인당 약 6천 칼로리가 생산된다. 그 가운데 30에서 40%가 자본주의적 생산과 운송 과정에 결부되어 있는 여러 단계를 거치면서 사라진다. 약 10%는 가축의 사료로 쓰인다. 그렇게 하면 매일 1인당 3,700칼로리가 남는다. 사실 인간에게 필요한 칼로리는 그것보다 훨씬 적다. 한편 이런 상황에서도 자연에 더 밀접하게 더 적극적으로 관여하는 사람들은 오히려 굶주림에 시달릴 가능성이 높다. 글로벌 기준에서, 특히 중국과 그리스를 포함한 제3세계에서 1인당 활용할 수 있는 총 칼로리는 약 3,100칼로리이다. 이는 미국에서 버려지는 칼로리보다도 적은 수치다. 식품 폐기는 산업적 단작과 도시 소비자와 빈민가에 사는 소비자를 연결하는 생산 증후군과 밀접하게 관련되어 있다. 가늘고 길게 늘어진 생산의 고리 가운데 연계가 약한 부분은 녹이 슬어 끊어진다. 독점의 관점에서 바라보지 않으면, 이와 같은 현상을 이해할 수 없다. 이러한 생산 고리를 벼려 내어 지구와 지구에 깃들어 살아가는 빈민의 목을 조르는 데 활용하는 장본인이 바로 독점이기 때문이다. 농촌 지역에서는 폐기되는 식품이 훨씬 적다. 상품의 순환 고리가 더 길어질수록 폐기되는 식품은 더 많아질 것이다. 폐기되는 식품은 토양으로 돌아갈 수 없으므로 토양 비옥도 회복에 기여할 수 없다. 이런 식품이 배와 비행기를 타고 전 세계를 이동하는 사이 더 많은 이산화탄소가 대기 중에 배출된다. 이런 점에서 도시 계획은 폐기되는 식품량의 증가에 기여하고 있지만, 반대로 영양주기를 거치는 동안 폐기되는 식품이 없게 하는 일에도 기여할 수 있다.

산업적 농업은 사람 없이도 농장을 운영할 수 있다. 1940년에서

1970년 사이, 미국에서는 농장 수가 절반으로 줄어들었다. 이러한 현상을 유발한 주요 요인으로는 석유를 토대로 움직이는 기계가 농촌 노동을 대체한 점, 근대의 상징인 교외 개발의 유혹이 컸다는 점, 농촌 생활이 어렵다는 점을 꼽을 수 있다. 미국에서는 약 600만 개에 달했던 농장 숫자가 300만 개로 감소했다. 과거에는 미국 인구의 23%가 농장일에 종사했지만, 1970년에는 4.7%로 줄어들었다. 1995년, 미국의 농장 수는 220만 개, 종사하는 사람의 수는 1.8%로 다시 줄어들었다. 인종을 기준으로 살펴보면 탈농업화의 심각성이 더 잘 드러난다. 1920년에는 흑인 농민이 농장 운영자의 14.3%를 차지했지만 2000년에는 1%를 차지하는 데 그쳤다.[27] 농장에서 일하는 노동자들 대부분이 라틴아메리카 출신이다. 자유무역협정을 통해 라틴아메리카의 시골을 공격한 것도 이러한 현상이 나타나는 데 일부 기여했다.[28] 아울러 미국은 말 그대로 탈농업화되었다. 그러나 미국에서 식품 사슬 또는 패스트푸드 산업 또는 미국에서 가장 많은 인력을 고용하는 월마트 식품 부문에 종사하는 인구 비중이 제3세계 국가에서 농업 부문에 종사하는 인구 비중보다 반드시 적다고는 할 수 없다. 한편 식품업의 대표적인 업종으로 도축장을 빼놓을 수 없다. 페미니스트 지리학자 캐리 프레셔Carrie Freshour가 생생하게 증언한 것처럼 도축장에서 일하는 사람들은 손목터널증후군에 걸려 팔을 덜덜 떨면서도 기계적으로 닭고기를 자른다.[29] 식품 가공에 종사하는 노동자들이 대개 기계로 대체되었다고는 하지만 아직도 식품체계에 종사하는 노동자가 존재한다. 그리고 다시 한번 말하지만, 이들은 매우 고된 노동을 하고 있다. "근대화"가 반드시 민중의 생활을 개선하는 것은 아니다.

마지막으로 농업 "근대화"가 사람들을 굶주림에서 구원하지 못했다는 점을 말하고 싶다. 2019년에도 전 세계에서 영양가 있는, 안전한, 충분한 양의 음식에 정기적으로 접근할 수 없는 인구가 20억 명에 달했다. 이때 굶주림에 시달린 20억 인구 대부분이 제3세계에 집중되어 있었다. 이들 중에는 인도가 경험한 것과 같은 녹색혁명을 통해 농업 "근대화"에 성공한 것으로 알려진 국가에 사는 사람들도 포함되어 있다.[30] 인도와 필리핀 인구의 14%는 영양결핍에 시달리고 있다.[31] 미국의 계획적인 공격에 시달리고 있는 예멘에서는 1,600만 명이 식량 불안에 시달리고 있다.[32] 이와 같은 현실은 "국가의 문제" 또는 외국의 개입으로부터 자유로운 국가야말로 민중 개발의 기초라는 이유를 명확하게 설명해 준다. 한편 식량 공급에 관련된 자본주의 기구는 식품의 양뿐 아니라 질에 대해서도 문제를 제기한다. 식량농업기구FAO는 다음과 같이 보고했다. "중저소득 국가에서 과체중 인구가 증가하는 현상은 주로 매우 급격하게 변화한 식품체계에 기인한다. 특히 고도로 가공된 저렴한 식품과 설탕으로 맛을 낸 달콤한 음료를 접하게 된 것이 가장 큰 원인이다."[33]

농생태학을 계획의 중심에 배치하자

민중을 위한 그린 뉴딜 계획의 중심에 농업이 자리 잡아야 한다. 그래야만 북반구 민중만을 위한 그린 뉴딜이 국제주의적 그린 뉴딜, 생태사회주의적 그린 뉴딜이 될 수 있다. 그래야만 민중을 위한 조항을 통해 신식민지의 상품 사슬을 깨부술 수 있다. 미국은 자신이 소비하는 것을 스스로 생산해야 할 것이다. 그러나 그러는 데 필요한 노동을 불법 이주자 노동계급에 떠넘겨서는 안 된다. 전 세계 상품 순환 고리를 둘러싼 다툼이 벌어지고 있다. 따라서 미국 본토에서도 더 이상 전 세계에서 가장 가난한 사람들에게 최악의 임금을 지급하면서 고된 일을 떠넘길 수 없게 될 것이다. 대신 전 세계에서 가장 가난한 사람들이 최악의 임금을 받으면서 수행하던 노동을 없애고 그 일을 미국에서 생활하는 모든 이들 사이에 공평하게 분배해야 한다.[34] (오늘날 세계는 중심부 국가의 에너지 사용량을 줄여야 할 필요성에 직면해 있다. 이런 세계에서 기술-미래주의는 에너지를 더 많이 잡아먹는 기술을 쌓아올리려는 노력을 기울이고 있다. 이런 노력은 헛수고에 불과하다.)

　　새로운 계획 체계는 이와 같은 전환의 기초다. 이행을 이루는 방법 가운데 하나는 탄소배출할당량의 축소를 바탕으로 설정된 명령과 통제 조치를 시행하는 것이다. 사유재산의 점진적인 사회화와 사회계획을 달성하기 위해서는 고도로 조직된 조치가 필요할 것이다. 일반적으로 사회적 부를 할당하는 기준은 투입된 노동이다. 그렇다면 비교적 노동집약도가 높은 농생태학은 더 많은 보상을 받아야 할 것이다. 급진적인 농촌 개혁으로 중심부와 주변부 모두에서 대규모 농장이 소규모로 분할되면 토지에 노동을 연계하는 일이 상당히 수월해질 것이다. 명령 조치는 산업적 농업을 퇴출시키는 데까지 확대되어야 한다. 산업적 농업이 존재해야 할 정당한 이유가 없기 때문이다. 한편 명령 조치는 연구 부문으로도 확대되어야 한다. 이에 따라 전통적인 농업 연구에서 벗어나 농생태학 연구로 완전히 이행하게 될 것이다.

　　특히 북반부 자본주의 국가에 자리 잡은 농장은 최대한 빨리 생산을 멈추고 생산 할당을 받아야 한다. 생산할당량은 영구적으로 지속 가능한 생산 방법을 활용하여 생산할 수 있는 양을 토대로 산정될 것이다. 영구적으로 지속 가능한 생산 방법에는 윤작과 보존 식재를 통해 토양을 재생하고 생물다양성을 지키는 방법이 포함된다. 농기업은 해체하여 국영화해야 한다. 농기업이 운영하던 연구소를 활용하여 민중이 중심이 되는 농생태학을 연구해야 한다. 전 세계 어느 곳에서든 토지를 재분배해야 한다. 각국은 식량 수입과 수출 무역에 대한 통제권을 가져야 한다. 그러면 식량을 대량으로 헐값에 떠넘기는 일이 벌어지지 않을 것이다. 물, 종자, 토지에 대한 통제권은 농장이 아니라 공동체가 가져야 한다.[35]

바로 이것이 식량주권에 관련된 의제다.[36]

농생태학을 비롯한 근대 농업은 해결해야 할 어려운 문제 하나를 안고 있다. 바로 인류가 공동으로 수행해야 할 노동 가운데서도 고된 손노동을 어느 정도 범위까지 감당할 것인지를 결정하는 문제다. 진정한 균형을 이루었는지 아닌지는 보는 관점에 따라 달라질 것이다. 서구는 반농민, 반손노동 관점을 지니고 있다. 따라서 서구 관점에서 농업은 아주 힘겨운 일처럼 보인다(흥미로운 사실은 이런 사람들이 헬스장에 가서 하는 힘든 운동은 즐긴다는 것이다). 오늘날 미국에서 농업에 종사하는 인구는 고작 2%에 불과하다. 따라서 농업에 종사하는 인구 비율을 더 높일 필요가 있다. 우선 그 이외에 마땅한 대안이 없다. 북반구 사람들은 임금 체계에 휘둘리지 않는 자유 시간에 주로 정원을 돌보거나 요리를 하고 집안을 꾸미면서 시간을 보내고는 한다. 이런 현실을 감안할 때 농업에 종사하는 인구의 비율을 더 높이자는 제안이 청천벽력 같은 이행으로 인식되지는 않을 것이다. 공동체 정원에 모여서 열매를 따고 함께 요리를 하는 것이다. 요리는 사회적 재생산의 핵심 요소다. 요리를 자동화하자고 진지하게 제안하는 사람은 거의 없다. 요리는 거의 대부분 여성과 더 낮은 계급이 수행하는 노동이다.[37] 나아가 생산물에 대한 가격에 노동 비용을 반영해야 한다. 그러면 오늘날 농민들이 겪는 어려움이 줄어들 것이다. 노동을 줄이는 데 도움이 되는 적정 규모의 기술이 지금보다 더 널리 확장되고 농민을 대상으로 농민에게 도움이 될 만한 연구가 더 많이 이루어지면 농민의 노동 강도가 낮아질 것이다.

농업을 계획의 중심에 둔다는 말이 곧 산업화 이전 문명으로 돌아가자는 뜻은 아니다. 농업을 계획의 중심에 두려면 자본가들이 지구를 과잉 산업화했고, 그 과정에서 지구가 금속 폐기물과 화학 폐기물, 쓸데없는 기술 구조로 몸살을 앓고 있다는 사실을 인식해야 한다. 인간 또한 하나의 생물종이다. 따라서 인간에게는 적절한 양과 최대한 높은 품질의 주거지, 식량, 의료적 돌봄이 필요하다. 그리고 이 세 가지에 접근할 수 있도록 지원하는 산업공정 또는 제조공정도 필요하다. 인간에게는 문화 수단도 필요하다. 대부분의 문화(책, 예술, 문학, 연극, 영화 등)는 산업에 크게 의존하지 않는다.[38] 물론 의료적 돌봄, 컴퓨터, 교통 같은 측면은 산업공정이 절대적으로 우선시되어야 할 것이다.

농생태학으로의 이동

세계의 재구성은 민족-민중이 식량과 농업을 통제하는 데서부터 시작된다. 식량은 가정생활의 이면을 뒷받침하는 사회적 재생산의 출발점이자 사회적 재생산의 더 거대한 요소를 이해하고 관리할 수 있도록 지원하는 창구 역할을 한다. 즉, 인간은 식량을 통해 비인간 세계와 관계를 맺는다. 농업은 독특한 생산체계다. 농업은 자연주기에 자연스럽게 통합될 수 있을 뿐더러 무엇이든 예측에서 벗어나면 경고를 보내준다. 한편 다른 생산 부문과 다르게 농업에서는 절충이 최소화되어야 한다. 사람들은 효율성과 전염병처럼 번지는 암 사이의 장단점, 광석 가공과 관련된 더 많은 기술, 더 새로운 기술과 슬러리slurry*웅덩이 사이의 장단점을 샅샅이 조사하여 저울질할 필요가 없다. 농생태학에는 이와 같은 유형의 갈등을 봉합할 절충점이 없기 때문이다. 농생태학은 농민이 생활하는 농가를 훨씬 더 너른 생태학 영역을 위한 안식처로 바꿀 수 있을 뿐이다. 동물들 대부분은 관리되는 생태 경관과 수확의 대상이 아닌 숲과 초지 사이의 차이에 대해서 무관심하다. 따라서 농생태학적 생산은 생물다양성의 피난처가 된다. 한편 생물학자 롭 월러스에 따르면 농생태학적 생산은 새로운 전염병을 막기 위한 "방화대"[39] 역할을 한다. 다

---

* 고체와 액체의 혼합물 또는 미세한 고체입자가 물속에 현탁된 것.

른 모든 조건이 동일한 경우 생물다양성을 증진하고 물을 보호하는 농생태학은 식량 가용성에 영향을 미치지 않는다.[40] 토지를 올바르게 보살 피면 홍수, 이류泥流, 가뭄에서 회복하는 능력이 향상된다. 나아가 광합성을 이용한 농업은 인간이 태양에너지를 수집하고 사회가 사용할 수 있는 형태로 전환하는 가장 우수하고 효과적인 방법이다.

또한 농업은 고도로 민주적이고 분산될 수 있는 잠재력을 갖춘 부문인 동시에 중앙집중적인 성격의 생태사회주의 계획과 선택적 친화력을 갖춘 부문이기도 하다. 지속 가능한 농업은 생산자들이 스스로 조직하는 지식집약적인 농업이다. 농생태학은 아래로부터 이루어지는 대전환의 기술적인 핵심 요소다. 농생태학이라는 용어는 과학적 실험을 적용하며 전통적인 농업체계의 바탕에 자리 잡고 있는 공정을 형식화한다는 것을 의미한다.[41] 세계에는 다양한 농업체계가 존재한다. 구체적으로 복작에서 피복작물 재배, 다층 숲-정원에서 상자 텃밭, 베트남 전통 정원-양어장-축사Vuon-Ao-Chuong에서 가베스Gabès의 해양정원에 이르기까지 다양한 형태를 꼽을 수 있다. 이와 같은 다양한 농업체계가 지니고 있는 여러 가지 특성을 서로 엮어서 전 세계 농업체계를 혁명적으로 변혁하는 초벽初壁으로 삼을 수 있을 것이다.[42] 가장 바람직한 형태의 농업은 무경운 농업 기술을 활용하여 지극히 평범한 산업적 농업이 요구하는 일의 무게를 줄이는 것이다. 농생태학은 이와 같은 "단순기술"에, 지역에서 차곡차곡 쌓아 온 정말 놀라운 집합적 지식과 경험에 의존한다. 해결해야 하는 과제는 지식집약적인 농업으로의 전환을 통해 훨씬 더 높은 인구밀도를 지원하는 동시에 동일한 노동 에너지 투입 대비 산출 비율을 달성하기 위해 노력하는 실무를 발굴하는 일이다.

환경보호와 관련하여 근대 농생태학 체계는 여러 가지 핵심 특성이 있다. 첫째, 근대 농생태학 체계는 바이오매스를 재활용한다. 둘째, 농생태학적 농업 방식은 자연 상태에서 존재하는 해충의 천적을 촉진하여 더 너른 농업체계의 "면역체계"를 강화한다. 셋째, 근대 농생태학 체계는 건강한 토양을 촉진하여 토양에 유기물을 추가한다. 넷째, 근대 농생태학 체계는 토양, 물, 생물다양성을 보존하고 재생하여 물과 에너지 또는 영양소의 손실을 최소화한다. 다섯째, 근대 농생태학 체계는 시간과 공간에 걸쳐 종 수준, 유전자 수준에서 다양성을 촉진한다. 여섯째, 근대 농생태학 체계는 다양한 생태 과정과 생물 과정에서 일어나는 동반 상승 효과를 향상한다. 근대 농생태학 체계는 자연체계가 보여주는 경향에 맞서기보다 자연체계가 보이는 경향 안에서 작동하면서 복작을 실천하고 폐기물을 재활용한다. 농생태학은 곡물 농업이든 혼농임업이든 관계없이 한계 토지에서 전통적인 농업체계보다 많은 수확을 거둘 수 있을 것으로 보인다. 또한 농생태학은 기후 변화가 유발한 재해에 잘 견딜 수 있기 때문에 단작에 비해 실패할 확률이 낮다. 아울러 극한의 날씨가 찾아오더라도 금세 회복할 수 있다.[43] 나아가 농생태학은 동물 바이러스가 인간에게로 넘어오는 경로를 차단하는 방화대 역할을 한다.[44] 마지막으로 농생태학은 민중을 보호하는 개발 형태를 활용하여 북반구에 대한 남반구의 과학과 기술 의존도를 낮춘다.

오늘날의 체계를 벗어남으로써 즉시 실현할 수 있는 몇 가지 사회적·기술적 변화가 있다. 화학비료를 사용하지 않으려면 이것을 유기 비료 또는 녹색 거름 심지어 분뇨로 대체해야 한다. 남반구에서는 이와 같은 실무를 실행에 옮기기가 더 수월하다. 질소주기를 폐쇄적인 형태로 되돌리려면 북반구에서도 이와 같은 실천을 반드시 실행에 옮겨야 한다. 즉, 인구밀도가 더 높은 곳에서 발생하는 질소와 인산이 풍부한 폐기물을 재활용할 수 있다는 의미에서 말이다. 구체적으로는 도시정원, 도시 근교의 농장 또는 교외 또는 준 교외의 재구조화를 통해 이를 실행에 옮길 수 있을 것이다. 도쿄는 이미 수백 년 전인 에도 시대에 이와 같은 실천을 실행에 옮겼다. 중국인은 토기에 폐기물을 모았다.[45] 화장실의 분뇨를 퇴비화하여 물질대사 균열을 메우는 방법으로 무너진 질소 주기를 회복할 수 있었기 때문이다. 농업과 도시농업을 부분적으로 다시 현지화함으로써 개별적인 요소들이 완벽한 네트워크로 맞물림에 따라 생태적으로 폐쇄적인 질소주기가 활성화될 것이다.

나아가 도시 계획은 주위를 둘러싼 생태계에 깃들어야 한다. 되도록 많은 공원을 조성하고 도시의 작은 공간 하나까지도 잔디밭보다는 정원으로 가꾸며 녹색 지붕을 설치해야 한다. 도시 계획은 도시를 변혁한다. 그렇더라도 도시는 여전히 상대적으로 비농업적 성격을 띨 것이다. 그러나 또한 도시는 생물학자 이베트 페르펙토Ivette Perfecto, 존 밴더미어 John Vandermeer, 앵거스 라이트Angus Wright가 자연의 매트릭스라고 부른 것의 요소가 될 것이다. 자연의 매트릭스란 각양각색의 아름다운 토지가 펼쳐져 있는 모습을 표현한 용어다. 자연의 매트릭스는 농생태학적으로 양질의 광활한 토지, 혼농임업이 이루어지는 토지, 비농지가 한데 어우러지는 가운데 공동체가 꽃피우는 공간이다.[46] 숲을 품은 도시는 올리브색과 녹색이 어우러진 공간이 될 것이다. 도시의 거리에는 나무가 늘어서게 될 것이다. 모든 주택, 가로수가 늘어선 도로, 옥상, 파사드, 지붕, 일반 토지 등 도시의 곳곳에 공동체 텃밭이 꾸며질 것이다. 제2차 세계대전 이후 미국의 녹색 공간은 미국인들의 어리석은 삶의 방식으로 얼룩지고 말았다. 오늘날 도시 속에서 찾아볼 수 있는 녹색 공간에는 잔디나 장식용 나무가 심겨 있다. 아니면 공동체 공원이나 공공 공원으로 사용되고 있다. 옥상과 뒤뜰에서도 녹색 공간을 찾아볼 수 있는데, 도시 속의 녹색 공간이라고 하면 골프장도 빼놓을 수 없다. 그러나 이제 도시에서 혼농임업을 실현하여 이와 같은 녹색 공간의 모습을 바꿔야 한다. 밤나무, 주엽나무, 캐롭나무를 심어 다른 지역에서 유입되는 곡물을 대체할 수 있을 것이다. 혼농임업을 통해 도시농업의 성장 속도를 높여야 한다. 북반구에서는 밤나무, 호두나무, 아몬드나무, 다년생 나무를 심고 남반구에서는 바나나, 무화과나무, 코코넛나무, 빵나무breadfruit tree*를 심을 수 있을 것이다. 도시에 버섯 정원을 가꾸으로써 도시에서 나오는 폐기물을 처리하는 데 사용해야 한다. 이러한 작업은 사회적으로도 환경적으로도 합리적인 작업이다. 사람들은 공원과 공동체 정원을 아끼고 사랑한다. 따라서 이 작업은 사람들에게도 즐거움을 줄 것이다.

토마토 같은 일년생 채소나 배나무 같은 다년생식물을 심어 다른 지역에서 수확하여 트럭에 실어 들여오는 청과물을 대체할 수 있을 것이다. 그러면 운송에 사용되는 트럭들과 연료가 필요 없어질 것이다. 아바나의 도시정원, 특히 오르가노포니코스Organoponicos는 아바나에 필요한 청과물의 70%를 공급한다.[47] 남아프리카공화국 통가트Tongaat에서 이루어지는 도시농업은 남아프리카공화국의 식량안보 수준을 높힌다. 도시농업은 남아프리카공화국과 가나를 비롯하여 아프리카 대륙에 자리 잡은 여러 국가 도시에서 생활하는 많은 이들의 사회적 재생산을 지원하는 핵심 요소다. 여기에는 여성의 역할이 큰 비중을 차지한다.[48] 이탈리아 볼로냐에서는 필요한 채소의 77%를 도시농업을 통해 생산하며 인구밀도가 높은 미국 보스턴에서는 필요한 채소의 30%를 도시농업을 통해 생산한다.[49] 지역에서 식량을 생산하는 동안 해당 도시에서 생활하는 사람들은 초보 농부가 되어 짧게는 1년, 길게는 10여 년에 이르는 기간 동안 자신의 시간 일부를 떼어 농장에서 보내야 할 것이다. 그렇게 해서 사람들이 농장에서의 작업을 즐기게 되면 자발적이고 집합적인 결정을 토대로 농장 작업을 공평하게 할당하지 않아도 괜찮을 것이다. 나아가 탈상품화된 도시에서의 식량 생산을 통해 만성적인 불완전고용 문제도 해결할 수 있을 것이다.

녹지가 많은 도시는 더 시원하다. 따라서 전력 비용이 줄어들고 생

---

* 쌍떡잎식물 쐐기풀목 뽕나무과의 상록교목이다. 익힌 열매에서 감자나 갓 구운 빵과 비슷한 맛이 난다.

활 터전을 떠나는 사람도 줄어들 것이다. 사용하지 않는 에너지는 에너지를 반드시 사용해야 하는 더 긴급한 상황에 사용할 수 있을 것이다.[50] 도시의 녹지를 도구로 사용하여 열섬효과를 억제할 수 있을 것이다. 도시의 녹지는 그늘을 제공하여 주변의 온도를 낮춤으로써 직접적인 방법으로 에너지 비용을 줄여 줄 것이다. 아울러 반드시 에너지를 사용하여 냉방해야 하는 공간과 장소를 줄임으로써 간접적인 방법으로 에너지 비용을 줄일 수 있다. 그러면 도시는 적어도 지금보다는 더 자급자족에 가까워질 것이다. 오늘날 일부 대도시는 규모가 너무 거대해져서 도시에서 요구하는 식량의 대부분을 생산하지 못하고 있지만, 아무도 도시에서 생활하는 사람들을 도시 밖으로 재배치하려고 시도조차 하지 않는다. 따라서 일단 도시농업에 도전한다면 이와 같은 대도시일수록 자급자족에 가까워지기 더 쉬울 것이다.

섬유소 속에 이산화탄소를 가둠으로써 도시의 이산화탄소 배출을 감축할 수 있을 것이다. 도시에 나무, 관목, 야생화를 섞어 심고 화학물질을 투입하지 않는 방식으로 식물을 복작하면 "도시"라는 인간미 없고 딱딱하기만 한 산업적 공간의 성격을 바꿀 수 있다. 도시는 생물다양성을 강화하는 풍부한 토대가 될 수 있다. 150제곱미터가량의 작은 녹색 공간이라도 도시에 서식하는 조류 종의 증가에 기여할 수 있다. 옥상정원도 비슷한 이점을 제공한다. 지붕은 도시에서 물을 흡수할 수 없는 면적의 절반가량을 차지한다. 따라서 녹색 공간과 관련해 옥상정원의 중요성은 매우 크다고 할 수 있다. 옥상정원을 구현한 살아 있는 녹색 지붕은 이산화탄소를 흡수하고 건물의 에너지 사용을 급격하게 줄일 수 있다. 유럽 남부 지중해 인근에 자리 잡은 도시의 경우 에너지 사용이 최대 50%, 심지어 70% 감소했다. 또한 옥상정원은 오염을 정화하고 홍수가 일어났을 때 도시 하수 체계가 짊어져야 할 부담을 줄인다. 이미 폭우가 지구온난화로 인한 기후 이행의 핵심 현상 가운데 하나가 될 것으로 예상되고 있지 않은가?[51] 또한 옥상정원은 열섬효과를 줄이고 식량을 생산하는 공간으로 활용될 잠재력을 지니고 있다. 옥상정원이 확대되고 건물 벽과 서로 엮이면서 연결된 녹색 구조를 창출한다면, 옥상정원은 자연의 매트릭스를 도시로 "확장"하는 수단이 될 것이다.[52] 싱가포르는 크고 낮은 건물 지붕, 낮은 인구밀도, 자동차 흐름을 방해하지 않는 대체로 낮은 건물을 자랑한다. 덕분에 싱가포르는 새와 나비의 고향이 되어 생물다양성을 촉진하고 있다.[53] 도시정원 하나만으로 녹색 도시를 확장할 수 있는 것은 아니다. 그러나 이를 활용하면 생물다양성을 촉진하고 기온을 조절하는 복잡한 매트릭스의 일원으로 도시를 끌어들일 수 있는 가능성이 높아진다. 또한 도시정원을 활용하면 집에서 먹을 식량을 조금이나마 생산할 수 있다. 북반구의 경우 계획경제와 환경 관리의 일환으로 농생태학적 텃밭을 활성화하는 것이 바람직할 것이다.

이산화탄소 감축과 농업

기후 변화 예방과 관련하여 가장 눈길을 끄는 측면은 농업과 토지 관리가 대기 중 이산화탄소를 줄일 수 있다는 사실이다. 오늘날의 토지 관리 기술은 총체적인 감축 경로의 일환으로 이용될 수 있다. 현재 농업 부문의 주요 배출은 토지 이용 변화에 기인한 것이다. 거기에는 토탄층 파괴와 벌목이 포함된다. 한편 비료 사용, 쌀, 가축이 배출하는 메탄과 아산화질소도 온실기체 배출의 주범으로 꼽힌다(당분간은 가축이 메탄 배출의 주범이라는 신화가 유지될 것 같다). 인도네시아에 조성되는 기름야자 플랜테이션이나 브라질에 조성되는 콩 플랜테이션 등이 벌목과 토탄층 유실을 일으키는 일차적인 원인이다. 플랜테이션에서 생산된 기름야자와 콩은 생산망에 결합되거나 농기업을 통해 북반구 소비자들에게 판매된다. 이와 같은 생산물은 낮은 비용에 판매되어 전 세계 노동 가격을 비교적 낮게 유지하는 데 기여한다(대부분의 콩은 가축 생산망의 일부다. "농지로 뒤덮인 지구" 계획은 가축에 콩을 먹이는 일을 거부한다). 따라서 (이 계획을 실천에 옮긴다면) 배출 중 상당 부분을 비교적 수월하게 멈출 수 있다.

이미 대기 중에 배출된 이산화탄소를 흡수하는 것은 더 까다롭지만 더 흥미로운 일이기도 하다. 토양이 질적으로 저하되고, 벌목이 이루어지며, 초지가 손상되고, 그 밖의 생물군계의 능력이 낮아진 탓에 대기 중에 과도하게 배출된 이산화탄소를 흡수하는 능력은 떨어지고 있다. IPCC는 자연적인 기후 해결책을 통해 흡수할 수 있는 이산화탄소의 범위를 추정했다. 추정에 따르면 그 범위는 지극히 넓었다. 적게는 이산화탄소환산량CO_{2e} 1기가톤 이하 또는 현재의 이산화탄소 배출 예방과 이미 대기 중에 배출된 이산화탄소 흡수, 많게는 이산화탄소환산량 20기가톤 이상으로 추정되었다.[54] 그 밖의 추정에 따르면 자연적인 기후 해결책을 통해 흡수할 수 있는 이산화탄소량은 이산화탄소환산량 20.3기가톤에서 37.4기가톤 사이였다. 물론 모든 방법이 "경제적인" 것은 아니다.[55] 참고로 오늘날 전 세계에서 배출하는 이산화탄소량은 이산화탄소환산량 기준 매년 36.4기가톤이다. 이 수치는 토지 이용 변화를 감안하지 않은 것이다.[56] 토지 이용 변화를 감안하면 수치가 이산화탄소환산량 기준으로 매년 약 50기가톤에 달한다. 토지를 활용할 경우 흡수할 수 있는 이산화탄소의 범위가 이렇게 넓은 것은 인간의 무지에서 비롯된 것이다. 이는 인간이 스스로 지닌 정치경제학적 인식론을 바탕으로 토지 관리, 더 나은 농업 실천과 목축 실천을 통해 성공적으로 흡수할 수 있는 이산화탄소량에 대해 제대로 이해하지 못하고 있다는 사실을 방증한다. 따라서 최근까지도 자연적인 탄소 감축 방법을 활성화하는 일에 대한 투자가 거의 이루어지지 않는 것이 현실이다.

자연적인 방향을 지향하는 연구가 빠르게 진행되고 사회적 계획이 신속하게 수립되면 전체 배출량의 21에서 37%가량을 줄일 수 있다. 아주 높게 잡은 추정치에 따르면 현재 배출되는 이산화탄소량의 약 3분의 1가량을 흡수하는 것도 가능하다.[57] 산업화 이전의 이산화탄소 수준으로 되돌아가기를 바란다면 대기에서 이산화탄소 1조 톤을 흡수해야 한다. 또는 매년 이산화탄소를 15기가톤씩 흡수한다면 70년이 소요될 것이다. 현재 인간이 지닌 지식 수준으로는 가능한 것이 무엇이고 불가능한 것이 무엇인지 식별하기 어렵다. 분명한 것은 이와 같은 조치가 실질적인 상쇄로 이어지지 않는 경향을 보인다는 것이다. 대신 이와 같은 조치는 환경적 성과와 사회적 성과를 동시에 개선할 수 있다. 기술적으로 볼 때 무수한 가능성이 있다. 토양은 지상에서 탄소를 저장하는 거대한 창고다. 토양이 머금은 탄소량이 아주 조금 변화하더라도 대기 중 이산화탄소는 대규모로 감소할 수 있다. 감축 프로젝트 웹사이트https://drawdown.org에는 최고의 기후 변화 해결책 100가지가 제시되어 있다. 그 가운데 85개가 퍼머컬처permaculture와 관련되어 있다. 이 해결책들은 "본질적으로 한 가지 결과로 귀결된다. 바로 토양을 구하는 일"이다.[58] 그 밖의 조치로는 버려진 농지에 (잡초든 나무든) 아무 식물이라도 소규모로 다시 심어 저하된 토지를 회복하는 작업, 핵심 생물종을 도입하여 "야생을 복원"하는 노동집약적인 작업 등을 꼽을 수 있다. 도입하는 생물종은 대량학살당한 포식자든 초식동물이든 관계없다. 초식동물은 "생태공학자"다. 이들이 저하되거나 파괴된 영역을 재창조하여 방목을 통해 유지되는 목초지와 숲으로 전환할 수 있기 때문이다.[59]

숲-정원

탄소를 감축하고 완화하는 등 자연 기반 방법을 활용하려고 할 때 가장 중요한 단계 가운데 하나는 숲을 보살피는 일이다. 벌목을 중단하면 다양한 이점을 누릴 수 있다. 노숙림에는 커다란 나무가 많고 생물다양성이 풍부하다. 그렇기에 오래된 숲은 빠르게 자라도록 유전자 조작된 나무를 단작하는 플랜테이션보다 훨씬 더 많은 탄소를 저장한다.[60] 따라서 숲을 관리하고 보살피는 일은 중요하다. 숲이 나무 및 나무와 무관한 생산물을 비롯한 다양한 선물을 얻을 수 있는 공간이기 때문이다. 가장 좋은 방법은 숲이 그 자체로 노숙림으로 발전하도록 내버려두는 것이다. 그 밖의 다른 경로도 있다. 수확 횟수를 줄이고 윤작 주기를 늘이는 방법이다. 더 중요한 것은 생산 사슬 가운데 제조 단계에서 목재 생산의 효율성을 최대한 높이는 일과 더 오래 사용할 수 있는 재료를 개발해 나무를 대체하는 일이다. 한편 합판으로 만들었거나 이케아에서 파는 제품처럼 조금만 움직여도 산산이 부서지는 부실한 제품은 이제 그만 사용해야 한다. 나아가 숲을 연료로 사용하지 말아야 한다. 그러려면 동반 상승 효과를 고려하여 체계적인 수준에서 (숲 만들기에) 접근해야 한다. 즉, 뛰어난 수용 능력을 보유한 숲을 보존하여 귀중한 이산화탄소 저장소로 사용하려면 첨단기술과 전력의 분배가 필요하다. 따라서 어느 정도 수준의 산업화가 요구된다고 할 수 있다. 또한 가구를 제작하는 목수를 다시금 양성하여 지역에서 사용하는 가구는 지역에서 생산된 목재를 이용해 지역의 목수가 제작하는 분위기를 정착시켜야 한다.

예전에는 숲이 있었지만 벌목으로 인해 지금은 숲이 사라진 곳에 다시 숲을 조성하는 재조림은 이산화탄소 감축 전략의 핵심이다. 그러나 재조림을 통한 숲의 급격한 확장이 자연을 봉쇄하는 방법을 통해 이루어지거나 지구의 절반을 차지하는 제3세계에서 생활하는 가난한 소비자와 생산자들을 잔인하게 대우하는 방식으로 이루어져서는 안 된다.[61] 제3세계에서 생활하는 가난한 소비자와 생산자들이 본 적조차 없는 나무를 심어서는 안 된다. 수백 년 전에 그 자리에서 자랐을 것으로 짐작되는 나무를 심는 우를 범해서도 안 된다.[62] 재조림은 숲-정원을 조성하는 방식으로 이루어져야 한다. 숲-정원의 조성은 복작을 기반으로 하는 귀중한 개발 모델이다. 나아가 재조림은 예전에는 숲이 있었지만 벌목되어 지금은 숲이 사라진 것이 확실한 지역에 숲을 복원하거나 복합 성장을 복원하는 방식으로 이루어져야 한다. 사회개발과 환경보호를 동시에 실현해야 한다. 남반구에 위치한 인도네시아 수마트라섬을 예로 들어 보자. 수마트라섬에서는 과거 산업 노동자로 일했던 노동자들이 토지를 점유한 뒤 "가치가 높은 과일, 향신료, 견목堅木을 조금씩 나눠" 심어 "다양한 혼농임업을 실천"하고 있다.[63] 크뤼 나무에서 다마르 수지(반투명한 레몬색의 하늘하늘한 물질)를 얻는 지역도 있다. 어느 숲의 농부는 다음과 같이 설명했다. "다마르 나무는 지난 수백 년 동안 생산을 이어 왔습니다. 임금을 받고 일하는 건설 노동이나 기름야자 농장에서의 노동과 다르게 다마르 수지 수확은 힘들지 않습니다." 브라질 바히아Bahia의 카야포Kayapo 복작 숲-정원에서는 바나나, 잭프루트, 카카오, 파인애플을 혼합하여 심는다. 탄소 배출은 거의 없도록 관리된다. 여기서는 인근에서 카카오를 단작하는 플랜테이션과는 대조적으로 톱밥과 석회를 비료로 사용한다. 카야포 복작 숲-정원의 수확량은 카카오를 단작하는 플랜테이션의 카카오 수확량에 맞먹는다. 그럼에도 "카야포 복작 숲-정원"은 육지 면적을 기준으로 했을 때 "전반적인 생산성이 더 높게" 나타난다. 한편 연구 기간 동안 이 지역에 계곡이 다시 흐르기 시작했다. 이와 같은 현상을 통해 숲-정원이 어떤 방식으로 물 순환주기를 개선하는지 확인할 수 있다.[64] 인도네시아 서자바주Jawa Barat에서는 다양한 혼농임업 체계를 통해 카유프트 오일을 생산하면서 단작보다 훨씬 더 많은 이산화탄소를 격리한다.[65] 숲을 기반으로 하는 가정 정원은 후계림이 봉인하는 것만큼의 탄소를 지표와 지하의 탄소 주기에 봉인할 수 있다. 따라서 이산화탄소를 최대한 감축하려고 인간이 아니라 자연을 위해 토지를 재창조하거나 인간이 차지하고 있던 토지를 줄일 필요가 사라진다.[66] 마찬가지로 브라질 바이아의 카카오 숲-농장에서는 다년생 작물을 심는 혼농임업을 통해 토양에 상당한 양의 탄소를 가둔다.[67] 인도 과학자들은 300만 헥타르에 달하는 면적에 자리 잡은 하이브리드 네이피어Napier(가축 사료용 풀)와 뽕나무 산지 축산 체계가 건조 생산물과 단백질 7,200만 톤을 추가 공급할 수 있다고 추정한다. 이는 인도 가축 산업이 제공하지 못하여 부족한 건조 생산물과 단백질의 3분의 1에 해당하는 양이다. 아울러 현재 인도가 매년 배출하는 이산화탄소의 10분의 1가량을 흡수할 수 있다고 추정된다.[68]

아직 불명확하지만 혼농임업은 대부분의 곡물을 다년생 곡물로 대체하여 지금보다 더 많은 이산화탄소를 고정시킬 가능성을 지니고 있다. 바나나와 코코넛을 간작하면 쌀보다 더 많은 칼로리가 생산된다(쌀은 메탄 배출 문제를 일으키지 않는데도 메탄 배출의 주범으로 알려져 있다). 상품용 사과 생산은 헥타르당 2,400만 칼로리를 생산하고 옥수수는 헥타르당 1,400만 칼로리에서 최대 3천만 칼로리를 생산한다.[69] 주로 열대에서 생산되는 빵나무는 옥수수보다 적어도 3배 많은 헥타르당 칼로리를 생산한다.[70]

미국을 비롯한 "제1세계" 국가에서 혼농임업을 구현하기란 더 어려울 것이다. 주된 이유는 혼농임업이 보다 더 노동집약적이기 때문이다. 그러나 혼농임업이 완전히 새로운 토지 관리 방법인 것은 아니다. 이 방법은 오랫동안 토착 원주민의 가축 사육 실무 가운데 일부였다. 일부 연구자들은 다섯 가지 전략을 통해 미국 본토에서 매년 530테라그램의 이산화탄소를 흡수하거나 2019년 배출량의 약 11%를 흡수할 수 있다고 추정하는데, 구체적으로는 다음과 같다. 우선 산지 축산은 방목 체계에 나무를 통합하거나 나무 밑에 사료 작물을 심는 농업이다. 두 번째는 소로 재배, 세 번째는 방품림, 네 번째는 강 주변과 개울 인근 고지대 사이

완충지대, 다섯 번째는 임업이다. 이와 같은 조치는 대기에서 이산화탄소를 흡수하는 탁월한 능력을 발휘할 뿐 아니라 다양한 사회적 이점과 생태적 이점도 제공한다. 구체적으로는 서식지 복원, 화재 예방, 소득과 수확량 증가, 침식 통제, 분수계 보호, 소득 다각화를 꼽을 수 있다.[71] 산지 축산은 가축에게 적당하게 기온을 조절할 뿐 아니라 사료의 필요성도 줄인다. 나무가 가축이 먹을 사료를 제공하기 때문인데, 예를 들면 호두나무 아래에서는 사료량이 2배가 된다. 따라서 가격 측면에서 더 많은 가치가 생산된다.[72] 한편 어린 나무가 빨리 자라도록 밑동까지 자르는 저목림 작업을 하면 거기에서 자라난 나뭇잎이 가축의 먹이가 될 수 있다.[73]

또한 나무는 북반구에서도 많은 식량을 생산할 수 있다. 밤에서 얻을 수 있는 헥타르당 칼로리는 밀에서 얻을 수 있는 헥타르당 칼로리의 3분의 2에 달한다. 게다가 밤나무는 나무의 몸통과 뿌리와 토양에 밀보다 더 많은 이산화탄소를 저장한다. 호두에서 얻을 수 있는 단백질은 콩보다 약간 적지만 기름을 더 많이 얻을 수 있다. 게다가 호두나무는 콩보다 훨씬 더 많은 이산화탄소를 저장한다.[74] 미국 일리노이주에서 약밤나무, 유럽개암나무, 까막까치밥나무, 건초 작물을 기반으로 모델링을 수행한 결과, 이런 나무와 작물이 성숙할 경우 얻을 수 있는 수확량이 근대적인 방식으로 경작되는 옥수수밭과 대두밭 수확량의 절반이 넘는다는 결론에 도달했다. 게다가 이 결과는 단순한 구상이나 실험실의 공상이 아니다.[75] 사바나연구소Savanna Institute가 미국 중서부에 혼농임업을 (재)도입한 결과 경제적, 생태적, 사회적으로 탁월한 결과를 얻었기 때문이다. 농경제학적 측면에서 볼 때 견과류 나무의 수확량에 대한 연구는 산업적 방식으로 단작하는 곡물에 대한 연구에 비해 지극히 적은 실정이다. 즉, 인간을 중심에 둔 혼농임업 연구 프로그램이 진행된다면 견과류의 수확량을 확실히 늘릴 수 있다는 의미다.

이와 같은 변화는 곡물 생산에 치우쳐 있는 전 세계 농업에서 부분적인 이행이 일어날 수 있음을 의미한다. 이행에 대해 놀랄 필요는 없다. 그 이유는 다음과 같다. 첫째, 특정 유형의 나무를 심은 밭이나 복작하는 밭은 에이커당 수확량이 곡물과 같거나 높다. 둘째, 오늘날에는 인간에 필요한 것보다 더 많은 식량이 생산되고 있다. 만일 단순기술이 확대되고 농민들이 연구와 육종에 참여하면서 많은 농민이 지금보다 훨씬 더 적은 양의 식량을 생산한다고 하더라도, 식량은 여전히 인간이 필요한 것보다 더 많이 생산될 것이다.[76] 오늘날 곡물 농업은 다음과 같은 이유로 매우 넓게 확산되어 있다. 첫째, 곡물을 키우는 동안 투입되는 노동의 양에 비해 곡물의 칼로리 생산량이 더 높다. 둘째, 칼로리라는 측면에서 볼 때 곡물은 밀도가 아주 높고(물론 가장 높은 것은 아니다) 저장이 수월하다. 셋째, 근대 정착식민 자본주의에서 막대한 보조금을 지원받고 곡물을 재배하는 농민에게 비료와 종자를 판매하여 막대한 이윤을 누릴 수 있다. 마지막으로 곡물을 재배하는 농민이 생산한 곡물과 옥수수를 구입한 뒤 영양가는 별로 없지만 칼로리 밀도는 매우 높은 식량으로 가공하여 막대한 이윤을 누릴 수 있다.

전 세계 대부분 지역에서 일년생식물인 곡물을 단작하는 대신 혼농임업으로 이행하면 세계 대부분 지역이 농생태학적 생산으로 전환하게 될 것이다. 혼농임업으로 전환되지 않은 곡물 농업을 폐기해야 한다거나 곡물 농업을 반드시 최소화해야 한다는 말이 아니다. 곡물 농업에서 농생태학적 농업으로 전환해야 한다는 말이다. 농생태학적 방법을 채택할 경우에 대한 광범위한 실험이 이루어졌다. 이와 같은 실험을 통해 북반구의 옥수수, 밀, 쌀 수확량을 약 25% 줄이면 들판에 투입하는 비료, 살충제, 제초제와 관련하여 배출되는 이산화탄소환산량이 제로가 된다는 사실을 확인할 수 있었다.[77] 한편 토지연구소Land Institute는 50개년 계획을 수립했다. 목적은 미국과 전 세계에 자리 잡은 곡물 농장을 몇 미터까지 깊이 뿌리내리는 다년생식물이 자라는 대초원으로 되돌리는 것이다. 그 일환으로 토지연구소는 매우 다른 접근법을 도입하여 밀 종류를 다년생 작물로 재배하는 데 성공했다. 이것은 농생태학을 실천하는 또 다른 방법이다. 즉, 대초원의 생물학적 생산양식을 직접 모방하는 것이다. 얽키고설킨 뿌리를 가늘고 길게 내리는 식물, 그 식물 아래에 자리 잡은 토양, 그 위에서 살아 숨쉬는 생물다양성을 모방하려는 노력이다.[78]

농업과 육류

곡물은 인간의 영양 섭취와 관련한 주요 쟁점이다. 그러나 배출 문제와 관련해서는 주요 쟁점이 아니다. 배출 문제와 관련하여 구심점을 이루는 쟁점은 가축 사육이다. 그 덕분에 완전채식주의에 대한 요구가 전 세계에서 부상하고 인간의 식단에서 육류를 완전히 제거해야 한다는 요구도 이어지고 있는 형편이다. 이러한 요구는 조지 몽비오 같은 자유주의자나 자칭 마르크스주의자 등 여러 사람들에게서 이념과는 무관하게 제기되고 있다. 몽비오는 "인간에게 육류와 낙농 식품은 사치"라고 주장하고 자칭 마르크스주의자들은 "육류 없는 사회"를 토대로 지구의 절반 전략을 추구한다.[79] 이러한 요구가 완전채식을 강요하는 것인지 아닌지에 대한 판단은 독자들의 몫이다. 육류 없는 사회를 만들어야 한다고 주장하는 사람들은 도덕적 정당성을 내세워 몇몇 이들, 특히 제3세계 목축업자들에게 가축 사육과 육류 생산을 중단하라고 요구한다. 아마도 더 중요한 사실은 앞서 1장에서 확인한 것처럼 육류 없는 사회와 관련된 대부분의 의제가 지배계급의 의제라는 사실일 것이다. 이러한 사실을 현대의 "적색" 완전채식주의 작가 나부랭이들은 거의 인식하지 못한다. 육류 없는 사회라는 의제가 이들을 통해 전파됨으로써 지배계급의 의제에 명백하게 맞서는 좌파 조직을 와해시키고 혼란에 빠뜨리고 있다.

이제 육류 없는 사회라는 의제가 주장하는 내용을 살펴보자. 어쨌든 이러한 의제를 구성하거나 형성하는 것이 바람직한 발상일까?[80] 우선 동의할 수 있는 주장에서 시작해 보자. 초지와 숲을 경작지로 전환하고 암소에게 석유를 쏟아부어 생산한 옥수수를 먹이는 일은 반드시 중단되어야 한다. 돼지 수천 마리와 가금류 수천 마리를 마구 욱여넣는 가축집중사육시설 역시 완전히 없애야 한다.

동의할 수 없는 주장도 있다. 바로 명령과 통제를 바탕으로 하는, 전시 공산주의와 같은 방식으로 육류 섭취의 중단을 요구하겠다는 끔찍한 발상이다. 첫째, 이와 같은 요구는 생태에 대한 무지의 발로다. 들소가 한창이던 시절에는 초식동물들이 세상천지를 활보했다. 들소를 비롯해 풀을 뜯으며 돌아다니는 초식동물들은 생태계의 일부다. "초식동물 생태계에서 토양 미생물과 관련 식물군 집락은 아무 것도 없는 상태에서 진화한 것이 아니었다. 토양 미생물과 관련 식물군 집락은 풀, 토양 생물군, 초식동물, 포식자로 구성된 복잡하고 역동적인 생태계에서 공진화한 것이다."[81] 심지어 인간이 사육하는 유제류가 사라지더라도 그 밖의 대형 초식동물이 그 자리를 차지하고 들어올 것이다. 결국 가축이 사라지더라도 메탄 주기는 그대로일 것이다. 이와 같은 초식동물들은 오래전부터 미국과 전 세계의 초지를 어슬렁거리고 있었다. 초식동물이 트림을 하고 배에 들어찬 기체를 내보내며 초지에 배설하는 것은 자연스러운 일이다. 따라서 이와 같은 현상을 근거로 인간의 육식을 극악무도한 행위로 낙인찍는다는 것은 이상한 일이다. 육류를 추방하려는 위대한 활동은 잘못된 근거에서 시작된 것임에 틀림없다. 육류 추방을 요구하는 사람들은 초식동물이 없는 꿈의 생태계를 지닌 국가가 "자연적인” 국가라고 주장한다. 그러나 메탄 배출량을 추정하여 기준으로 삼으려면 초식동물과 흰개미가 과거 배출한 메탄의 양을 추적해야 한다.[82] 식민지 침략이 이루어지기 전에 들소, 엘크, 사슴이 배출한 메탄의 양은 오늘날 미국에서 “사육하는 반추동물”이 배출하는 양 대비 86% 수준이었다.[83] 나아가 새로운 기체 계산법은 육식 반대의 기치를 든 십자군이 딛고 있는 기반을 위태롭게 만든다. 이산화탄소와 다르게 메탄은 반감기가 매우 짧은 기체다. 따라서 전년 대비 가축 수를 조금만 줄이더라도 동물이 매년 배출하는 메탄의 감축으로 금세 이어져 전반적인 지구온난화 효과를 즉시 줄일 수 있을 것이다.[84]

게다가 문제는 “육류”라는 범주가 깔끔하게 정의되는 것처럼 보인다는 것이다. 그러나 온실기체 배출 원인으로 “육류”를 지목함으로써 사하라 지역의 목동이나 캔자스주에서 집약적인 순환방목을 실천하는 소규모 가축 사육 농가와 노스캐롤라이나주에서 암소 플랜테이션이나 돼지 집중사육시설을 운영하면서 독점자본주의라는 피라미드의 꼭대기에 앉아 있는 사람들 사이의 차이를 구분할 수 없게 되었다. 사실 각각의 부류는 근본적으로 다른 형태의 삶을 영위하고 있다.[85] 1장에서 확인한 바와 같이 권위 있는 학계와 그보다 더 막강한 힘을 지닌 연구소들에서 육식 중단을 요구하고 있다. 오늘날 육류를 생산하고 섭취하는 이들에게 육류 섭취를 그만두라고 제안하는 것이다. 무슨 의도가 숨어 있든 아니면 순수하게 규범적인 차원에서 하는 주장이든 관계없이 이러한 제안은 북반구에서 호응을 얻으면서 민중의 생활을 강압적으로 또는 그 밖의 방법으로 변혁하도록 부추긴다. 또한 이러한 제안은 자연적이지 않은 “기후 해결책”을 정당화한다. 즉, 바이오연료, 바이오에너지 또는 쓸모없는 나무를 단작하는 플랜테이션을 “조림”하겠다는 것이다. 이런 해결책을 활용하면 대규모 석유 기업은 이미 보유하고 있는 자연을 계속 불태우면서 커다란 이윤을 창출할 수 있다. 거기에 따르는 고통은 모두 빈민의 몫이 될 것이다. 남반구와 동남아시아에서는 반추동물 대부분을 소규모 농가에서 기른다. 소규모 농가는 가축을 이용해 짐을 나르고 가축에서 우유와 육류를 얻는다. 반건조 지역인 서아프리카의 경우, 가축은 농촌 사람들의 복리에 중요한 역할을 담당한다. 마그레브 지역에서 가축은 대부분 빈민이 기르며 동물들은 혼합농업에 활용된다.[86] 또한 육식 중단을 명령하면 이누이트족과 사미족 사람들은 생활 터전을 잃고 세상에서 사라질 것이다. 목축업을 중단하고 생활 터전을 잃은 사람들에게 제공할 일자리가 거의 없으므로 임금이 더 낮아지게 될 것이고 인간의 고통은 더욱 심화될 것이다. 산업적 목축업에 초점을 맞추지 않고 무엇으로도 쉽게 바뀔 수 있는 "육류"에 초점을 맞춘다면, "전세계 완전채식 의무화"를 옹호하는 사람들의 주요 관심사가 무엇이든 관계없이 이러한 일이 쉽게 일어날 것이다.[87]

　나아가 육식 반대를 옹호하는 이들 중 일부는 맬서스주의적 관념에 의존한다. 바로 물, 토지 또는 식량 같은 자원이 고갈되어 가고 있다는 것이다. 그러나 맬서스주의는 항상 엉성한 경험론에 기대고 있다. 예를 들어 호주에서 주로 식단에 오르는 말린 살구와 아몬드는 물을 게걸스럽게 빨아들이는 주요 원인이 된다.[88] 육류를 제공하는 가축 먹이의 86%는 인간이 먹지 못하는 것이다. 심지어 미국에서도 가축 대다수가 살아 있는 동안 대부분의 시간을 풀을 먹으면서 보낸다. 가축의 먹이와 인간의 식량 사이에서 절충점을 찾으려는 발상은 식량 부족이라는 신화에 의존하고 있을 뿐 아니라 동물의 먹이에 대한 지식이 부족함을 드러낸다. 바로 이것이 식량 고갈이라는 부상을 입었다는 환상에 빠져 완전채식이라는 부러진 목발에 의존해서는 안 되는 또 다른 이유이다.[89]

　대신 가축은 경관 관리의 일부가 될 수 있고, 일부가 되어야 한다. 가축은 토양에 이산화탄소를 저장하는 일을 지원하고 토양을 풍부하게 만들며 기후의 작은 변화에 직면한 토양의 회복력을 높일 수 있다. 기후의 작은 변화가 나중에 더 큰 기후 변화로 확대될 수 있기 때문이다. 북반구의 가축 사육 지역에서 활용할 수 있는 농생태학적 선택지는 다음과 같다. 하나는 가축 건강의 통합 관리이고 다른 하나는 가축집중사육시설이나 자본주의적 농업으로부터 번지는 끔찍한 전염병의 온상을 제거하는 일이다. 가축 사육 체계 내에서 종 다양성을 높여 회복력을 높여야 한다(자연이 단작을 혐오한다는 사실을 기억하자). 그럼으로써 생물다양성을 보호하고 동일한 DNA를 공유하는 동물 사이에 전염될 수 있는 바이러스가 전파되는 일을 막아 낼 방화벽을 구축해야 한다. 가축은 농장의 일부가 될 수 있고, 일부가 되어야 한다.[90] 낙관적인 미래를 점쳐 볼 수 있게 하는 모범 사례로 농업-목축 통합 실무, 가금류를 농장에 통합, 평소에 동물이 먹이를 먹는 방법을 모방한 방목 기법을 꼽을 수 있다. 이 기법들은 가축 무리 체계 또는 적응형 다중-방목장 체계라고 불린다. 적응형 다중-방목장 체계에서 가축은 몇 시간 또는 며칠 동안 열심히 풀을 뜯는다. 풀을 뜯으면서 토양을 짓밟아 씨앗과 거름을 토양에 밀어 넣는다. 그런 뒤 다음 방목장으로 이동한다. 적응형 다중-방목장 체계는 야생 반추동물이 자연에서 풀을 뜯는 방식을 모방한 것이다. 또한 이 체계는 케냐와 탄자니아의 마사이 공동체와 바베이그 공동체가 활용하는 방법이기도 하다.[91] 적응형 다중-방목장 체계를 운영하려면 식민지의 비합리적인 울타리 대신 적극적인 가축 관리가 필요하다. 적응형 다중-방목장 체계를 활용하면 풀을 재생시켜 가축의 먹이로 다시 사용할 수 있다. 사실상 풀은 잎이라는 태양광 패널을 재생할 수 있다. 자기복제가 가능한 유기적 기계인 셈이다.[92] 적응형 다중-방목장 체계에서 풀은 섬유소가 풍부한 뿌리를 밀도 높게 내릴 수 있으므로 이산화탄소를 토양에 저장하는 데 도움을 준다. 적응형 다중-방목장 체계는 수명 주기를 기반으로 하는 이산화탄소 배출 균형을 뒤집을 수 있다. 지금까지 가축 사육 활동은 이산화탄소를 순배출하는 부문이었다. 그러나 앞으로는 이산화

탄소 배출 제로 또는 이산화탄소를 순흡수하는 부문으로 변모할 수 있을 것이다.[93]

인간과 환경 모두에게 유익한 복잡한 생산체계에 자연스럽게 엮여 있는 가축이 많이 있다. 예를 들어 이베리아 돼지는 스페인 목장dehesa 체계의 핵심 요소다. 이베리아반도에는 인간이 조성한 오크나무 사바나가 점점이 흩어져 있다. 코르크 나무와 털가시나무가 풍부한 오크나무 사바나에서는 코르크, 이베리아 돼지고기, 야생동물, 버섯, 꿀이 생산된다. 이와 같은 농생태학 체계는 4,500년의 역사를 이어 왔다. 사람들은 중석기 시대에 인위적으로 불을 질러 견과류 나무 사바나를 조성한 뒤 야생 수퇘지와 야생 소를 몰아내고 돼지와 소를 키우기 시작했다.[94] 스페인 남부에서 여러 가지 지속 가능한 방법을 사용하여 암소를 사육하는 농장에 대한 연구를 수행한 결과 배출된 총 이산화탄소환산량 대비 탄소 격리 비율이 89%인 것으로 확인되었다. 낙농 염소의 경우 탄소 격리 비율이 100%였고 이베리아 몬타네라 돼지 농장에서도 탄소 격리 비율이 100%인 것으로 나타났다(이와 같은 연구들은 전통적인 메탄 회계에 따라 이루어졌다).[95] 미국 미시건주에서는 적응형 다중-방목장 체계를 대상으로 실험이 이루어졌다. 적응형 다중-방목장 체계의 "도축" 단계에서 생산된 육류 1킬로그램당 이산화탄소 배출량을 측정한 결과 총 이산화탄소환산량 기준 9.62킬로그램을 6.65킬로그램으로 줄인 사실이 확인되었다. 단, 적응형 다중-방목장의 경우 다른 유형의 도축 시설에 비해 육류 단위당 더 많은 토지가 필요했다. 연구자들은 다음과 같이 결론 내렸다. "지금까지는 집약적인 비육장을 운영하는 방법이 소고기의 생산성을 높이는 가운데 소고기를 얻는 과정에서 배출되는 전반적인 온실기체 발자국을 줄이는 유일한 방법이라고 여겨져 왔다. 그러나 이번 연구 결과는 이런 생각에 의문을 던진다."[96] 남부의 대평원에서 수행된 여러 실험 결과도 이와 같은 결론을 뒷받침한다.[97] 방목에 좋은 땅은 대부분 곡물 재배에 적합하지 않다. 따라서 적응형 다중-방목장 체계를 도입한다고 해도 인간의 식량이 되는 곡물 생산에 부정적인 영향을 미치지는 않는다.

적응형 다중-방목장 체계가 생태계에 제공하는 이점은 이것이 전부가 아니다. 대평원 북부에 서식하는 들소와 관련된 연구에서(맞다. 들소가 복원되었다!) 적응형 다중-방목장 체계는 물 침투력 개선, 토지 구성 요소 향상, 사료 활용도 향상, 생태계 교란 식물 감소와 같은 이점을 제공하는 것으로 나타났다. 물 침투력 개선은 특히 중요한 이점이다. 더워지고 있는 세계에서 갑작스럽게 큰 비가 내리는 경우가 잦아지고 있기 때문이다. 물 침투력이 개선되면 폭풍우로 인한 토양 침식을 막을 수 있다.[98] 또한 적응형 다중-방목장 체계는 불확실한 기후 조건에서 토지당 수용할 수 있는 가축 비율이 더 높다.[99] 나아가 방목장에 탄소를 저장하는 방법이 언제든 불타 없어질 수 있는 나무에 저장하는 것보다 더 안전한 봉쇄 방법이다.[100]

경제성은 어떨까? 투입량이 많은 체계에서 투입량이 적은 체계로 전환한 프랑스 농장의 사례를 예로 들어 보자. 이 농장에서는 질소 부하가 급격하게 낮아졌고 살충제 투입이 3분의 2 감소했으며 에너지 소비는 3분의 1로 줄어들었다. 반면 우유 생산은 약 5% 감소하는 데 그쳤다. 투입이 대폭 감소하여 투입 비용이 크게 낮아졌으므로 생산성이 약간 감소했음에도 불구하고 농장의 이윤은 더 높아졌다. 그 밖의 연구 결과에서도 농장의 투입을 줄이고 노동력마저 적게 투입했음에도 불구하고 농민의 이윤이 늘어난 것을 확인할 수 있다.[101] 콜럼비아의 엘 아티코 El Hatico 자연보호구역에서는 지난 수십 년 동안 적응형 다중-방목장 기술을 적용해 왔다. 덕분에 가축 수가 늘어났고 우유 생산이 2배 이상 증가했다. 화학비료는 더 이상 사용하지 않게 되었다.[102] 미국과 유럽에서 생활하는 사람들은 육류 소비를 줄여야 하는지 여부에 대해서는 지식이 많지 않다. 직관적으로 생각해 볼 때 중심부 국가에서 소비되는 육류의 양을 줄여야만 한다는 것은 분명하다. 그리고 실제로 육류 소비를 급격하게 줄이는 것이 가능하다는 점도 충분히 예측이 가능하다. 일부에서는 육류를 지속 가능한 방식으로 생산할 경우 생산된 육류의 최대 70%를 섭취해야 할 것이라고 주장하기도 한다.[103] 일부 농경제학자와 목축업자들은 미국에서 현재 생산하는 양보다 더 많은 육류를 생산할 수 있을 것이라고 추정하기도 한다.[104] 이와 같은 주장은 앞으로 확인해 봐야 할 영역이다. 우리는 생태주기와 씨름하기보다 생태주기와 더불어 걸어 나갈 경우 농업에서 가능한 일과 불가능한 일이 무엇인지 아직 정확하게 알지 못한다. 그 이유는 소수의 권력자가 아니라 전 세계 모든 민중을 위한 농업, 전통적인 농업 기법, 많은 연구를 거친 농업 기법을 미국이든 전 세계 어디서든 단 한번도 실천하려고 시도해 본 적이 없기 때문이다.

농생태학과 수확량

이제 농업 부문에서 이러한 대이행이 이루어질 경우 (우리가) 굶어 죽는 것은 아닌지, 수확량과 생산량을 따져 보도록 하자. 첫째, 오늘날 세계는 보수적으로 추정해도 1인당 약 3,100칼로리의 식량을 생산하고 있다. 그 가운데 약 절반을 남반구의 소농들이 비교적 이산화탄소를 적게 배출하는 방법으로 생산한다. 나머지 절반은 이산화탄소 집약적 기술을 사용하여 생산된다. 즉, 토양 방제, 제초, 경운이 이루어지고 피복 작물, 인공 비료를 사용해 생산되는 것이다.[105]

이 책에서는 주로 북반구 민중을 위한 그린 뉴딜을 강조했지만 농생태학과 철저한 경자유전 원칙에 따른 농업 개혁을 바탕으로 식량주권을 확립하는 일이 제3세계 생태사회주의에 초석이 된다는 사실을 짧게나마 언급해 두고자 한다. 환경적인 관점에서 볼 때, 농생태학은 대기에서 이산화탄소를 흡수한다. 에너지를 많이 투입해야 하는 별도의 기계를 발명할 필요도 없다. 이미 보유하고 있는 지식을 활용하면 농생태학을 실현할 수 있다. 비아캄페시나의 추정에 따르면 농생태학을 토대로 전 세계 농업을 개혁하면 토양에 유기물질을 퍼뜨릴 수 있을 뿐 아니라 대기 중 이산화탄소를 대규모로 빨아들일 수 있다.[106] 복작은 좀 더 노동 집약적이다. 복작을 통해 수확한 헥타르당 칼로리는 단작을 통해 수확한 헥타르당 칼로리보다 크게 낮지 않다. 성장을 촉진하는 비료를 투입하여 옥수수를 단작하는 경우와 멕시코의 윤작식 화전인 밀파milpa에서 1년 내내 옥수수를 재배하는 경우를 비교해 보면, 단작하는 경우가 헥타르당 수확량이 더 많기는 하다. 밀파에서는 질소를 고정하는 검은콩을 함께 재배하여 옥수수 재배에 쓰일 양분을 보충한다. "세 자매" 중 두 자매인 옥수수와 검은콩이 나머지 자매인 호박과 더불어 멕시코의 대부분을 차지하는 농민들의 사회에서 균형 있고 건강하며 암을 유발하지 않고 영구적으로 지속 가능한 식단을 구성한다. 산업적 농업의 중심에 자리 잡고 있는 옥수수나 밀 같은 작물의 경우, 단작과 윤작의 수확량 차이가 크다. 그러나 약 25% 정도의 차이이기 때문에 그 차이가 매우 크다고 할 수는 없다.[107]

쿠바는 농생태학의 등대와도 같은 존재다. 쿠바에서 재배하는 주요 작물인 콩, 쌀, 플랜틴, 감자의 수확량은 2007년 이후 꾸준히 증가해 왔다.[108] 농생태학적 기법은 다양하다. 구체적으로 지렁이 농법, 토양 보존, 간작 설계 혁신, 지역 토종 종자의 보관과 복원, 농민의 종자 선택과 교배, 식물 육종에 농민 참여, 작물/가축 통합 확대, 지역의 가축 먹이와 목초지 개선을 꼽을 수 있다. 이와 같은 농생태학적 기법은 농민 부문에서 국가적 식량 공급에 이르는 부문에 크게 기여해 왔다. 나아가 상크티스피리투스Sancti Spiritus주에서는 농생태학을 집약적으로 적용한 농장이 농생태학을 가볍게 적용한 농장에 비해 생산량이 헥타르당 4배, 투입한 노동시간당 3배 더 많은 것으로 나타났다.[109] 이와 같은 농생태학을 실천한다고 하더라도 식량체계에서 배출되는 이산화탄소를 완전히 제거하지는 못한다. 그러나 이렇게 농생태학을 실천함으로써 이산화탄소 배출을 급격하게 줄이고 고정되는 이산화탄소량을 높일 수 있다.

쿠바 이외의 지역, 예를 들어 1950년대 중반에 멕시코의 전통 경작지인 치남파스chinampas에서는 전통적인 농업 기법을 사용하여 헥타르당 3.6톤에서 6.3톤을 생산했다. 1헥타르를 경작하여 15명에서 20명이 충분히 먹을 수 있는 식량을 생산한다면, 농민 한 사람이 1년 동안 농사를 지을 경우 12명에서 15명이 충분히 먹을 수 있는 식량을 생산할 수 있었다. 전통적으로 멕시코 농민들은 세 자매, 즉 옥수수, 호박, 콩을 재배했다. 1헥타르에서 생산되는 세 자매의 생산량은 동일한 조건으로 1.73헥타르에서 생산된 옥수수의 생산량과 맞먹는다. 페루의 계단식 밭bench terraces에서는 감자와 보리 수확량이 40% 증가했다. 볼리비아에서는 감자와 루핀을 간작한 결과 헥타르당 11.4톤의 감자를 수확했다. 이 수치는 훨씬 더 높은 에너지 효율을 나타낸다. 농민의 소득도 늘어났다. 많은 투입물을 활용하는 "근대적" 농업체계에 비해 수확량이 낮은 것은 사실이지만 비용이 그보다 훨씬 더 낮아졌기 때문이다. 게다가 재생 불가능한 비료를 사용하지 않으므로 토양의 질을 떨어뜨리는 "외부효과"도 발생하지 않는다. 브라질 산타 카타리나Santa Catarina 지역의 소농들은 녹색 거름, 등고선 경작, 간작을 도입했다. 그러자 헥타르당 3톤이던 옥수수 수확량이 5톤으로 증가했다. 대두 수확량은 헥타르당 2.8톤에서 4.7톤으로 증가했다. 그러면서도 토양의 색이 더 검게 변했고 생물다양성도 풍부해졌다. 김매기와 경운의 필요성이 줄어들면서 노동력을 더 적게 투입해도 수확량이 늘어났다.[110] 방글라데시에서는 쌀 수확량이 4에서 11%가량으로 증가했다. 반면 비용은 25% 줄었고 수확량 변동 폭도 급격하게 줄었다. 논에서 물고기를 기르고 논두렁에 채소를 재배하여 농민 소득이 더욱 증가했다. 모든 농가에서 물고기와 채소 소비가 2배 증가했다.[111] 과테말라의 엘 파라이소El Paraiso에서는 배수로와 닭 배설물을 활용하여 콩과 옥수수 수확량이 700% 증가했다. 옥수수의 경우 헥타르당 5톤 이상의 수확량을 낸 적도 있다. 덕분에 과일, 채소, 커피 농사를 지을 수 있게 된 농가가 늘어났다. 일부 경우에는 화학비료에 의존하여 동일한 작물을 재배하는 농장보다 극적으로 많은 생산량을 보이기도 했다. 토양의 전반적인 생물다양성이 높아졌고 특히 지렁이가 많아졌다.[112] 닭 사육 농민이 닭의 배설물을 제공하는 비용을 농민들이 감당하기 어려울 만큼 높이 청구하지만 않는다면 앞으로도 괜찮을 것이다.

　　인도 안드라프라데시주 농민들은 무예산 자연농법을 활용한다. 피복, 비잠리타Bijamrita(암소 똥과 오줌으로 종자와 묘목을 전처리하는 방법), 지밤리타Jivamrita(고체와 액체 접종 물질을 사용하여 곰팡이를 차단하고 토양 유기 물질을 증가시키는 방법) 같은 농법을 활용하자 쌀, 옥수수, 땅콩, 기장의 생산량이 약 16.5% 증가한 반면 비용은 줄어들었다. 덕분에 농민 소득은 50% 증가했다. 가뭄과 사이클론의 충격에 대한 저항력도 향상되었다. 토양 내 생물은 놀라울 정도로 늘어났다. 연구자들이 무예산 자연농법을 실천한 농지와 실천하지 않은 농지를 비교한 결과 토양 1제곱미터당 지렁이 수가 각각 232마리, 32마리로 나타났다. 수분 활동을 하는 곤충에서 해충의 천적, 꿀벌에서 풀잠자리(무당벌레, "진딧물, 멸구, 가루이, 벚나무깍지벌레"의 천적)에 이르는 유익한 곤충의 수도 막대하게 증가했다.[113] 인도 트리푸라주에서는 시비 관리, 물 관리, 잡초 관리를 활용한 농생태학적 기법을 도입하여 집약적 쌀 농업체계를 구축했다. 덕분에 수확량이 2배 증가했고 투입된 노동과 투입된 비용 대비 수익이 막대하게 증가했다. 생태계도 크게 활성화되었다.[114] 실험을 통해 이모작을 하는 동안 논에 거름을 주는 방법이 토양 내 탄소 물질을 증가시키는 가장 좋은 방법이라는 사실이 확인되었다. 즉, 대기 중 탄소가 토양으로 침투된다는 의미다.[115] 카르나타카주, 오리사주, 마디아프라데시주에서 집약적 쌀 농업체계로 수확량은 99%, 소득은 109% 늘어났다.[116] 케냐, 우간다, 탄자니아에서는 "기피-유인" 해충 통제 기술을 사용한다. 경작지에는 해충을 쫓는 식물을 활용하고 경작지가 아닌 곳에는 해충을 끌어들이는 식물을 활용하는 방법이다. 덕분에 옥수수 수확량이 헥타르당 1톤에서 3.5톤으로 증가했고 수수는 헥타르당 1톤에서 2톤으로 증가했다.[117]

이러한 기적 같은 성과들은 남반구에서 나온 것이지만 북반구 민중을 위한 그린 뉴딜과도 관련된다. 이 기적 같은 성과들은 농업을 급진적으로 개혁하고, 국가가 농생태학 연구를 지원하며, 농생태학에 기반을 둔 농업 실천을 지원할 강력한 인프라를 구축한다면, 남반구가 그곳에서 생활하는 이들에게 식량을 충분히 공급하고도 남을 만큼의 역량을 지니고 있다는 사실을 분명히 보여준다. 제3세계에서 민중의 생태-농업 사회주의를 실현하면 같은 규모의 토지에서 노동을 더 적게 투입하면서 더 많은 식량을 생산하고 더 높은 소득을 올릴 수 있을 것으로 보인다. 미국/유럽에서 잉여 식량을 생산할 필요가 없다는 것이다. 사실 미국/유럽에서 생산되는 잉여 식량이야말로 제3세계의 식량체계에 피해를 입혀 온 장본인이다.[118]

미국의 탄소 제로 식량체계: 몇 가지 사례

미국의 식량체계를 탄소-이산화탄소-마이너스 농생태학으로 전환하려면 어떤 종류의 이행이 필요할까? 앞서 혼농임업과 양심적인 방목으로의 이행과 관련된 통계 수치를 언급한 바 있다. 이 통계 수치를 통해 토지 관리를 병행하는 농업이 아니라 토지 관리 그 자체인 농업의 실현가능성을 확인할 수 있다. 크리스 스매지Chris Smaje가 영국을 대상으로 수행한 모델링을 예로 들어 보자. 스매지의 모델링에 따르면 곡물 수확량이 지극히 낮은 경우(예: 현재 수확량의 25%)에도 영국은 오늘날의 인구보다 2천만 명 더 많은 인구에 식량을 제공할 수 있다. 노동력 가운데 15%만 투입하면 된다. 즉, 2050년 8,300만 명에 달할 것으로 추정되는 인구 가운데 농업에 종사하는 노동자는 700만 명이면 충분할 것이다.[119] 이 수치를 미국에 대입하면 농업 부문 노동자 숫자는 2,300만 명으로 나올 것이다. 내 생각에 2,300만 명은 너무 많은 것 같다. 근대 사회체계가 붕괴되지 않는 한 달성하기 어려운 수치로 보인다. 게다가 근대 사회체계의 붕괴는 이 책이 다루는 주제 범위를 넘어선다. 아무튼 상관없다. 민중을 위한 그린 뉴딜은 시골에 가고 싶지 않은 이들을 억지로 시골로 보내지는 않을 것이다. 대신 오늘날 미국에 약 260만 명의 농민이 존재하고, 거기에 200에서 300만 명의 이주노동자가 추가된다는 사실을 염두에 두자.[120] 나아가 오늘날 미국 성인은 뒤뜰이나 공동체 정원을 가꾸고 잔디를 돌보는 데 하루 보통 10여 분을 투자한다. 그 비용 또한 본인이 부담한다. 이런 점에서 볼 때 자기주도적으로 노동을 수행하고 사회적 임금을 받는다면, 농업에 종사하는 인구를 쉽게 늘릴 수 있을 것으로 보인다. 모든 사람이 식량 생산에 참여하게 될 것이라는 의미는 아니다. 환경을 복원하는 농생태학을 비롯한 토지 회복 노동이 사람들의 마음을 사로잡기에 충분한 사회적 기반을 갖추고 있다는 의미에서 그렇다는 것이다. 물론 토지 회복 노동이 다른 유형의 노동보다 특별히 더 매력적인 노동은 아닐 수 있다. 이와 같은 결정을 내리려면 그 전에 먼저 토지 복원과 농생태학적 농업을 수행하는 데 필요한 노동력의 규모를 포괄적으로 계획해야 한다. 또한 이와 같은 노동이 공정하게 분배되도록 보장해야 한다. 그리고 거기에서부터 작업을 시작해야 한다.

물론 오늘날 북반구에서 활동하는 반체제 세력이 지닌 역량을 감안할 때 국가 주도 계획을 실현한다는 것은 너무 야무진 꿈이다. 오히려 국가 단위보다는 지방자치단체에서 농업을 바탕으로 수립하는 계획이 실현 가능성이 더 높을 것으로 보인다. 앞서 설명한 것처럼 이상적인 경우에 식량은 지역에서 생산되어 주변 지역에 유통되어야 한다. 그 범위는 분수계가 영향을 미치는 범위와 비슷할 것이다. 따라서 분수계는 생물지역주의bioregional의 이상을 펼 생태학적 기반이 될 것이다.[121] 물론 토양 자체도 근본적으로 지역적이다.

> 그들 자신만의 고유한 "풍토"에서 지역적으로 고유한 작물을 창조하는 진화적 육종은 지역 수준에서 생산자와 소비자를 재연결하는 추세와 궤를 같이 한다. … 이러한 연결을 확립하기 위해서는 진화적 육종 과정을 다양한 위치로 분산해야 한다. 예를 들면 중앙집중화된 장소에서 육종하는 것이 아니라 농장에서 육종해야 한다.[122]

제국의 심장부에서도 농생태학 실험이 활발하게 진행되고 있다. 예를 들어 사바나연구소에서는 혼농임업 체계를 인내심을 가지고 꾸준히 개발하고 있고 캔자스주에 자리 잡은 토지연구소에서는 다년생 곡물 실험을 진행하고 있다. 지속가능한 아이오와 토지 트러스트Sustainable Iowa Land Trust는 토지의 탈상품화를 시도하고 있다. 미시시피주의 잭슨협동조합도 토지의 탈상품화를 시도하면서 오랜 역사를 지닌 흑인 민족주의 토지균분론의 유산을 이어가고 있다. 흑인 민족주의 토지균분론은 흑인의 혁명 활동 구조에 이데올로기적으로 엮여 있는 이념이다.[123] 세 번째로 소울파이어 농장Soul Fire Farms이 있다. 이곳에서는 아이티와 나미비아의 농업 기법을 활용하여 사람들에게 식량을 공급하고 운동으로 발전시켜 나가며 농민 교육을 진행한다. 네 번째로 하와이의 이케아이컨소시

엄'Ike 'Ai Consortium이 있다. 여기서는 지역에서 소유하는 가족 단위 농장을 위한 견고하고 안전한 기반을 구축하는 작업을 하고 있다. 그러기 위해 생태적 생산 실무와 지역으로의 투입을 활용한다. 여기에 단순기술을 적용하여 돌로 조성한 양어장을 비롯해 "하와이의 전통적인 토지 경관과 바다 경관의 생물 문화적 복원"이 동반된다.[124] 오늘날의 맥락에서 볼 때 식량 생산에 관여하는 소수의 사람들보다 더 눈에 띄는 것은 가부장적인 것, 등골이 빠지도록 수고로운 것으로 치부되는 노동 또는 기피 대상 노동을 형성하기 위해 혼신을 힘을 다하는 집단이나 조직, 단체가 매우 많다는 점이다. 소울파이어 농장의 레아 페니맨Leah Penniman은 어느 여름날 농장에서 작업을 마친 뒤 다음과 같이 언급했다. "제 손으로 생산한 것이 누군가의 식탁에 오른다고 생각하면 정말 뿌듯합니다. 우리가 많은 것을 시도해 보고 있다고 생각해요. 하지만 무엇보다 근본적인 것은 누구나 존엄하기를 바란다는 사실입니다. 그리고 누구나 가치를 생산할 수 있기를, 자신의 존재감을 느낄 수 있기를 바란다는 것입니다."[125]

무엇을 할 것인가

앞서 설명한 내용을 통해 농생태학으로의 전환이라는 문제가 수확량의 문제도 아니고, 생태적 합리성의 문제도 아니라는 사실을 확인할 수 있었다. 충분한 수의 사람들이 농업 부문 일에 "객관적인" 호감을 느끼게 만드는 것이 절대 불가능한 일은 아닐 것이다. 오히려 농생태학으로의 전환을 가로막는 장애물은 구조에 있다. 바로 자본주의적이고 제국주의적으로 조직된 식량체계와 농업체계가 문제인 것이다. 해결책은 반자본주의와 반제국주의로 구조를 바꾸는 것이다.

민중을 위한 그린 뉴딜의 농업 부문에서 가장 기본적인 요소는 다음과 같다.

1) 아처대니얼스미들랜드, 몬산토와 같은 농업 관련 대기업을 해체하거나 국영화하고 개편해야 한다. 이런 대기업들을 노동자 소유 연구소로 변모시켜 농생태학적 혁신 이끌고 적절한 규모의 기계화를 이뤄야 한다.
2) 대규모 농업 개혁을 추진하고 거대한 농장을 소규모 단위로 나누어서 가족이나 협동조합이 농생태학적 방법을 사용하여 보살필 수 있도록 지원해야 한다.
3) 물가를 반영하여 농산물 가격을 설정해야 한다. 그러면 농민들이 과잉 생산할 필요가 사라질 것이다. 노동에 대해서는 적절한 보상이 제공되며 시골에서도 훌륭한 생활을 누릴 수 있을 것이다. 비산업적 농업이 제공하는 생태적 이점이 가격 체계에 완전히 반영될 것이다.
4) 단작을 지원하는 보조금을 비롯하여 산업적 농업을 지원하는 보조금을 폐지해야 한다. 특히 바이오연료를 생산하고 가축 사료를 생산하기 위해 이루어지는 단작에 대한 보조금을 즉시 철폐해야 한다.
5) 녹색 전환에 대규모로 투자해야 한다. 그러면 농민들이 농생태학적 생산으로 전환하는 과정에서 겪을 수 있는 "위기를 극복"할 수 있을 것이다.
6) 식품체계를 다시 현지화하는 데 필요한 모든 인프라에 대한 공공 투자가 이루어져야 한다. 구체적으로는 지역 가공소, 도축장, 그 밖에 필요한 물리적 시설을 꼽을 수 있다. 인프라에 대한 공공 투자가 이루어지면 지역 노동자 가운데 농업에 종사하지 않는 노동자에게도 힘을 불어넣을 수 있을 것이다.

민중을 위한 그린 뉴딜은 높은 품질의 사회 주택, 보건 의료, 유기농 식품을 탈상품화할 것이다. 민중은 이러한 재화들을 권리로서 누릴 수 있을 것이다. 민중을 위한 그린 뉴딜은 사회적 부를 추가하는 사람들에게 보상을 제공하는 사회계획을 실현할 수 있을 것이다. 사회적 부는 사용가치를 창출하거나 자연이 "무료"로 제공하는 "선물"을 복원하는 작업을 통해 추가할 수 있다. 문제는 사람들이 이와 같은 작업을 수행하기 위해 나설 것인지 여부이다. 사람들이 자유 시간, 즉 타인의 강요에 시달리지 않는 시간에 무슨 일을 하는지 생각해 보자. 보통은 자기 집 정원을 가꾸거나 공동체 정원을 가꾸며 시간을 보낸다. 수공예 작업이나 예술 작업을 하면서 시간을 보낸다. 이와 같은 프로그램은 생태사회주의적 전환의 일환이 될 수 있다. 생태사회주의적 전환은 생산수단의 사적소유를 최대한 제거하고 가격 연동을 통해 식량, 주택, 보건 의료에 대한 접근성을 높일 것이다. 또한 민중을 위한 그린 뉴딜은 종자 주권을 요구한다. 유전 물질은 기업이 아니라 민중이 소유해야 한다. 오늘날 미국을 비롯한 전 세계의 토지는 불공평하게 분배되어 있고, 이는 더 이상 참을 수 없는 수준에 이르렀다. 미국, 나아가 세계에서 보다 광범위한 농업 개혁을 추진해야 한다. 농업 개혁은 토지반환 또는 정착식민지 토지 기반의 탈식민을 바탕으로 시작되어야 한다.

시골에도 문화를 확산해야 한다. 정보혁명의 적어도 한 가지 측면은 유익한 것으로 밝혀졌다. 바로 문화에 대한 접근이 민주화되고 분산되었다는 것이다. 지구상에서 살아가는 사람이라면 누구나, 최소한 원칙적으로는 눈 깜짝할 사이에 인간의 지식을 담은 백과사전을 통째로 사용할 수 있다. 글로벌 수준에서 모든 민중은 누구나 무료로 고속 인터넷에 접근할 수 있어야 한다. 전력에 대한 완전하고 평등한 접근을 보장해야 한다. 제3세계 국가의 주권을 존중하고 보장해야 한다. 제3세계 국가들은 토지를 재분배하고, 수출용 작물 재배를 중단하며, 잉여 생산을 국내에서만 유통시킬 권리가 있다. 각국에서 독립적으로 수행하는 농생태학 연구는 이와 같은 조치를 취하는 경로를 보여주는 등대다. 이 등대가 비추는 희망의 빛은 인도 남부의 무예산 자연농법에서 아바나, 콜럼비아의 라틴아메리카농생태학회La Sociedad Científica Latinoamericana de Agroecología, 미국의 농생태학연구단Agro-Ecology and Research Corps으로 이어지고 있다. 기술을 이전할 때는 보조금도 포함되어야 한다. 각국은 보조금을 활용하여 국민주권 차원에서 농업 연구를 수행하고 확장 체계를 구축해 나갈 것이다(바로 여기에서 국민/민족 문제로 되돌아간다. 왜냐하면 경자유전 원칙에 따른 농업 개혁이야말로 미국 자본과 군대의 이목을 끌 수 있는 가장 확실한 방법이기 때문이다). 또한 이와 같은 이행을 통해 도둑질이나 다름없는 "자유무역"을 허물어야 한다. "자유무역" 덕분에 남반구 농업이 산산조각 나고 말았기 때문이다. "자유무역"을 허물어뜨리고 관세 장벽을 설치하며 보조금을 지급해야 한다. 그럼으로써 식량안보라는 키메라를 추구하는 대신 식량주권을 강화할 수 있다.

남반구 국가에 이와 같은 농생태학적 혁명은 꿈을 넘어서는 선물이 될 것이다. 그러나 농생태학적 혁명은 거기에서 더 나아가야 한다. 미국 내에 자리 잡고 있는 "제4세계"에서는 토착 원주민 공동체를 중심으로 "회복탄력정원resilience gardens"[126]에 대한 관심이 만발하고 있다. 그 밖에도 사우스센트럴 공동체정원South Central Community Garden에서는 청소년들이 구아바 원종, 옥수수, 강낭콩을 재배하기도 했다.*

> (토착 원주민 믹스텍족Mixtec, 토호로발족Tojolobal, 트리퀴족Triqui, 첼탈족Tzeltal, 야퀴족Yaqui과 그 후손들이 포함된) 공동체는 지난 13년 동안 도시의 소규모 개방 공간을 이용하여 식량을 재배했다. 그럼으로써 자립적인 공동체를 구축해 왔다. 사우스센트럴 식량자급 농민조직South Central Farmers Feeding Families은 360가정으로 이루어진 풀뿌리 농민 조직이다.[127]

---

* 위키피디아에 따르면 로스앤젤레스에 있는 이 공동체 농장은 1994-2006년 운영되었고 지주에 의한 소송으로 현재까지 사용과 관련한 싸움이 이어지고 있다.

이러한 공동체 대부분은 종말에 맞선 싸움에 익숙하다. 한편 이러한 공동체들이 벌이는 싸움의 성격은 기본적으로 또는 순수하게 방어적인 것이 아니다. 이들이 벌이는 싸움은 더 나은 세상을 준비하는 최종 예행연습일 수 있다. 이 싸움은 미국의 식량체계뿐 아니라 미국 사회 전체를 완전히 새로운 방식으로 조직하기 위한 기초를 이루는 제도의 초석일 수 있다. 완전히 새로운 방식으로 조직된 식량체계는 바이러스와 병충해에 취약하지 않을 것이다. 이 체계는 빈민의 건강을 보호할 것이다. 이 체계는 남반구 국가의 토지와 그곳에서 생활하는 민중을 착취하지 않을 것이다. 농장의 지도자 짐 굿맨Jim Goodman은 다음과 같이 기록했다. "우리에게는 언제나 해결책이 있었습니다." 이제 우리가 해야 할 일은 그 해결책을 실천에 옮기는 것이다.[128]

7
녹색 반제국주의와 국민/민족 문제

　민중을 위한 그린 뉴딜의 기초에는 국민/민족national 문제가 자리 잡고 있다. 즉, 이는 정치적 주권과 경제적 주권에 대해 스스로 결정할 권리에 관한 문제다. 국민/민족 문제는 국가, 식민주의, 자기결정, 민족해방 등 억압받는 민족에 관련된 여러 정치적 문제의 집합이다. 국민/민족 "문제"가 수면 위로 떠오르게 된 계기는 사회주의 운동사를 통해 확인할 수 있다. 특히 레닌이 주도한 제3인터내셔널이 식민지와 속국에 대한 정책 원칙을 확립하려고 애쓰면서 국민/민족 "문제"가 부상했다. 이 맥락에서 보자면 국민/민족 문제는 제국주의의 정치적 지형을 이해하는 방법이었다. "국민/민족 문제"의 핵심 가운데 하나는 "억압받고 종속된 종속 국민/민족과 억압하고 착취하는 주권국가를 구분"하면서 등장한다. 억압하고 착취하는 주권국가는 "전 세계 인구 대다수를 식민지 노예, 금전적 노예로 만드는" 작업을 수행했다.[1] 즉, 국민/민족 문제는 민중 해방의 추구와 계급투쟁과 연계된다. 오늘날 국민/민족 문제는 다양한 형태로 등장한다. 구체적인 사례로 현재 이스라엘, 미국 같은 정착식민지 내에서 진행되고 있는 정치주권과 경제주권에 대한 탈식민과 자기결정권 쟁취 투쟁을 꼽을 수 있다.[2] 나아가 남반구에서 북반구로 가치가 흘러나가는 현상을 막으려는 투쟁 역시 국민/민족 문제의 일부다. 이러한 투쟁들은 억압하는 국가와 억압받는 국민/민족 간 관계의 본질을 이루

는 가치의 흐름을 끊어 내려는 싸움과도 연계되어 있다.[3]

　이러한 이유로 국민/민족 문제는 남반구와 북반구에서 모두 등장한다. 국민/민족 문제는 민중을 위한 그린 뉴딜의 기초다. 이 문제가 정착식민 제국 내 민중 의제의 주춧돌을 이룬다는 것이 특이하게 보일 수도 있겠지만, 정확한 핵심은 미국이 다른 국민/민족의 주권을 업신여긴다는 데 있다. 그 밖에도 민중의 국가라는 문제, 예를 들어 토착 원주민 문제는 미국의 영토 안팎에 살고 있는 정착식민지 민중을 위한 그린 뉴딜의 기초가 되어야 한다. 왜냐하면 국가의 생산적 자원에 대한 접근에서 가장 배제된 사람들이 이렇게 자원에 대한 통제권을 얻어야만 생태 사회를 건설할 수 있기 때문이다.

　안일한 생태주의에 입각해서 보면 국민/민족 문제를 모르는 체 외면하거나 은폐하기 너무 쉽다. 또는 국민/민족 문제를 환경 관리라는 정치적 문제로 축소하거나 환원하기 십상이다. 이런 목적을 달성하기 위한 대응 가운데 첫 번째는 제국주의 중심부가 이산화탄소를 비롯한 여러 환경 독소를 세계에 쏟아 버리는 속도를 늦추는 것이 바로 국제주의이기 때문에 이산화탄소를 비롯한 여러 환경 독소의 배출을 줄이는 데 집중하는 것이 낫다는 주장이다. 그러자 다음으로 더 부유한 세계의 탈성장이 가장 효과적인 국제주의라는 제안이 등장했다. 탈성장을 통해 더 부유한 세계를 제외한 나머지 세계에 물질이 미치는 영향을 줄임으로써 더 부유한 세계를 제외한 나머지 세계에서 생활하는 이들에게 더 많은 공간을 제공할 수 있다는 것이다.[4] 그러나 제국적 삶의 방식을 특징으로 하는 국가에서 신중함과 근시안적인 것(현실을 부정하고 내면으로 파고드는 타조 증후군)은 종이 한 장 차이에 불과하다.[5] 이러한 움직임은 정치적 선택 범위를 축소하고 성장 기계를 개편하는 방향으로 나아가는 경로에 대한 요구를 줄일 수 있다. 이와 같은 국제주의는 본의 아니게 기후 배상에 대한 요구를 잠잠하게 만든다. 유사한 주장이지만 더 유럽

중심적이고 오만한 주장은 북반구의 산업 부문과 서비스 부문을 위한 정치가 곧 "노동계급"을 위한 생태 정치라는 주장이다(이와 같은 관점에서 볼 때 인도의 면화 농민, 이란의 석류 농민, 튀니지의 인산염 광부를 비롯한 많은 이들은 "노동계급"이 아니라 세계 자본주의 체계와 그 가격 체계에서 다소 벗어나 있는 특이한 존재로 여겨진다. 자본주의 체계는 그 가운데 일부에 많은 관심을 보이는데, 그 증거는 바로 제재 조치다). 이 접근법은 변혁적인 열망을 묵살한다. 이 접근법은 생태 부채를 효과적으로 제거한다. 마키/오카시오코르테스 그린 뉴딜 결의안을 칭찬하는 이와 같은 접근법은 또 하나의 가짜 녹색사회민주주의일 뿐이다.[6] 세 번째 접근법은 공급망 정의와 국가 간 노동자들의 연대에 기대를 건다. 국가 간 노동자들의 연대는 "아래로부터의" 공정한 전환을 통해 개발의 격차를 수렴하고 차이를 존중하는 가운데 통합을 요구할 것이다. 그러는 한편 세 번째 접근법은 두 번째 접근법과 마찬가지로 역사적으로 유서 깊은 기후 부채라는 용어를 완전히 묵살할 뿐 아니라 국민/민족 문제를 제국주의와 식민주의에 대한 심미적 표현의 문제로 탈바꿈한다.[7] 네 번째이자 마지막 접근법은 유엔무역개발회의UN Conference on Trade and Development[8] 같은 기관의 입장이다. 이 접근법은 "재생에너지 기술에 대한 낙관론을 중심으로 하는 북반구식 '녹색 전환' 이데올로기와 틀"을 구성한다. 이 접근법이 구상하는 "미래는 글로벌 남반구의 현실에 부합하지 않을 뿐 아니라 정의를 중심에 두지도 않는다. 심지어 진지한 태도로 글로벌 남반구에 동의를 구하지도 않는다."[9]

탈성장론을 지지하는 사람들 대부분이 기후 부채 상환에 공감하지만 이를 전면적으로 지지하지는 않는다. 그리고 그들은 제3세계 마르크스주의에 가장 개방적인 태도를 보인다. 반면 탈성장론을 제외한 국제주의는 국민/민족국가nation-states를 중심으로 위계질서에 따라 조직된 국제 체계의 과거, 현재, 미래에 진지하게 관여하기를 꺼린다. 탈성장론을 제외한 국제주의는 양극화가 녹색자본주의 세계체계든 아니든 관계없이 자본주의 세계체계에 고유한 것이라는 사실을 부인한다. 탈성장론을 제외한 국제주의는 국민/민족 문제가 해방적 지평을 향한 자율적인 형태의 저항에 관한 사상을 조직하는 데 필요하다는 사실을 부정한다. 미국에서 이루어지는 그린 뉴딜에 대한 논의는 절대 미국에 대한 것이 될 수 없다. 왜냐하면 미국의 부는 아메리카 대륙의 토지에 대한 본원적 축적 과정과 끊임없는 전쟁을 토대로 구축된 것이기 때문이다. 전쟁에서 스러진 목숨은 주식시장에서 미국 기업의 가치로 전환되었다.[10] 미국의 축적 회로는 국경을 가로지르고 세계를 누빈다. 오래전부터 미국은 저렴한 석유와 석탄을 태워서 편리한 인프라를 막대하게 구축해 왔다. 그 대신에 그들은 동일한 자원을 동일한 방식으로 활용하려는 다른 국가의 역량을 부정해 왔다. 그동안 미국이 자원을 대규모로 태워 온 덕분에 다른 국가의 개발은 난장판이 되었고 지금까지도 탈개발 상태에 머무르고 있다. 천년에 한번 찾아올까 말까 한 사이클론이 모잠비크를 덮치고, 방글라데시에 폭우가 쏟아지며, 세이셸은 물에 잠기기 일보 직전이다. 앞으로 얼마나 많은 리튬을 사용할 것인지, 기후 부채를 상환할 것인지 아닌지, 미국 영토 안에서 생활하는 사람들 개개인에게 얼마나 많은 에너지를 할당할 것인지와 관련하여 미국이 내리는 결정은 반드시 전 세계에서 반향을 불러일으킬 것이다.

국민/민족 문제: 이론

제국주의 세계에서 환경 정치는 국가적 측면이 특히 두드러진다.[11] 공식적인 탈식민의 거대한 물결이 한 차례 지나간 이후에도 제국주의, 남반구로부터 북반구로의 가치 이전, 거기에 따른 불균등 발전이 지속

됨에 따라 국민/민족 문제는 한물간 시대착오적인 역사의 유물이 아닌 현실로 남아 있다.

첫째, 식민주의 자체가 아직 끝나지 않았다. 식민주의는 넘쳐나는 정착식민 국가의 법 테두리 안에서 살아남아 주변부 국가를 유령처럼 떠돈다.[12] 공식적인 탈식민과 법적 탈식민이 신식민주의에 자리를 내주면서 각국은 자국의 경제주권을 통제할 능력을 상실했다. 민족해방을 이룬 뒤 경제주권을 되찾고자 했지만, 그 꿈은 실현되지 않았다. 국민/민족국가는 정치적 그릇으로 이용된다. 국민/민족국가를 통해 세계적 차원에서 이루어지는 축적과 불균등 발전이, 전 세계에서 생산된 결실에 대한 불균등한 접근이 유지되고 지속되며 심화되고 구조화된다. 콩고민주공화국, 이라크, 베네수엘라, 예멘 같은 국가들은 제재, 전쟁 위협 또는 전쟁 자체로 인해 국가적 생산력을 상실할 위기에 직면해 있다. 이러한 이유로 국민/민족 문제는 지속된다. 한편 국가는 억압에 저항하려는 사람들이 조직하는 정치적 단위와 사회적 단위 가운데 하나이기도 하다. 가장 역동적인 투쟁은 1980년대에 시작되어 오늘날에 이르는 시기에 베네수엘라에서 볼리비아에 이르는 지역에서 일어났다. 이 투쟁은 민족-민중이라는 표현을 활용하여 자신의 정치색을 명확하게 표현하고 국내의 부를 농민 계급, 노동자 계급, 주변화된 계급이 마음껏 이용할 수 있도록 조치했다.[13] 오늘날 세계에서 전 세계의 해방과 정의를 추구하는 투쟁 가운데서도 가장 소중한 투쟁은 팔레스타인 사람들의 투쟁일 것이다. 팔레스타인 사람들의 투쟁은 토지, 해방, 복귀를 목표로 예속된 **국민/민족**nation이 벌이는 투쟁이지만, 아직 제대로 인정받지 못하고 있는 실정이다. 미래에 대해 사고하기 위해서는 국민주권national sovereignty이라는 정치적 외피가 필요하다. 따라서 법적으로 그리고 사실상의 국민주권을 되찾지 못하는 한 팔레스타인 사람들(또는 예멘 사람들)이 기후 부채를 배상받거나 기후 부채 배상 문제를 직접 통제할 가능성은 거의 없을 것으로 보인다.

　사회적 재화에 대한 투자와 보조금을 지원하는 결정, 동맹을 구축하는 결정, 국제주의를 구성하는 결정은 국가의 정치 영역 안에서 그리고 그 영역을 통해서 이루어져야 한다. 누가 볼리비아를 통제할 것인지의 문제를 예로 들어 보자. 볼리비아는 민족-민중의 기치를 내건 토착 원주민이 이끄는 민족국가였다. 볼리비아는 2010년 4월 말 개최된 회의에서 모습을 드러낸 코차밤바 문서를 모신 성소였다. 코차밤바 문서는 남반구에 대한 북반구의 광범위한 배상을 요구했고 급진적인 기후 의제를 제기했다. 이와 같은 요구는 모두 대지와 빈민의 욕구를 충족하기 위한 것이다.[14] 한편 생태 부태 계산은 국가 체계를 통해서 이루어져야 한다. 생태 부채를 상환하라는 요구는 세계 정치 무대에서 이루어져야 한다. 국민/민족 문제에 주목함으로써 역사 과정에 대한 민중의 통제권 회복을 강조할 수 있다. 즉, 어떻게 생활하고 누구와 함께 생활할 것인지를 결정할 권리는 민중에게 있다. 더 상위에 있는 계급이나 더 많은 권력을 지닌 식민 국가가 이를 대신 결정해서는 안 된다. 여기에는 토착 원주민도 포함된다. 토착 원주민이 오늘날의 생태를 에덴동산 시절의 생태로 복원하는 일의 단순한 수혜자로 환원되어서는 안 될 것이다. 토착 원주민 학자인 앤드류 컬리Andrew Curley와 멀리 리스터Majerle Lister가 단호하게 기록한 대로 "토착 원주민은 지속적으로 이루어지는 식민지 과정을 통해 정치적으로 주변화되었다. 그리고 그것이 오늘날 살아가는 민중인 토착 원주민을 위협하는 가장 큰 요소이다."[15]

　국민/민족 문제의 중요성을 강조한다고 해서 사회문제나 민주주의 문제를 부정한다는 말은 아니다. 사회문제나 민주주의 문제는 국가 내에서 누가 무엇을 가질 것인지, 국가 내에서 누가 무엇을 가질 것인지를 누가 결정할 것인지, 국가 내 그리고 국가 간 생산과 분배 환경 구조를 누가 형성하는지에 관한 문제다. 사회문제나 민주주의 문제는 세계체계의 위계질서 구조를 반영한다. 미국이 자국 영토 밖의 주권에 대한 권리를 주장하고 행사하는 과정에서 다른 국가는 상당한 "주권 침해"를 당해 자국의 권력과 주권 행사에 제한을 받았다. 바로 이것이 지금도 현재진행형인 정착식민주의이다. 정착식민주의는 조약에만 존재하는 탈식민 또는 식민 세력과의 광범위한 대화를 통해서만 실현되는 탈식민이다. 여기에는 상당한 규모의 국민주권 종속이 뒤따른다. 정착식민주의는 신식민주의이다. 덕분에 빈민은 자신의 삶을 구축하는 데 필요한 물리적 자원을 충분히 확보할 수 없었다.[16] 심지어 탈식민이 한창 고조되었던 1947년부터 1980년 사이에도 농지, 숲, 은행, 통화, 공장, 소금, 철광, 채석장, 유전은 여전히 식민 권력이 움켜쥐고 있었다. 탈식민이 성공적으로 이루어진 경우는 거의 없었다. 따라서 식민지 민중은 자기 민족국가 내에서조차 자기 역사를 온전히 결정할 수 없었다.

나아가 국민/민족 문제는 양면을 지닌 동전과 같다. 따라서 전환, 계획, 투쟁에 따르는 정치적 부담과 사회적 부담은 북반구와 남반구(토착 원주민을 의미하는 "제4세계" 포함)에 서로 다르게 부과된다.[17] 왜냐하면 권리는 소유물도 아니고 추상적인 관념도 아니기 때문이다. 권리는 관계다. 제1세계가 제3세계 또는 제4세계의 권리를 존중할 때 제3세계 또는 제4세계가 권리를 행사할 수 있다. 제3세계 또는 제4세계의 권리에는 제1세계의 존중을 이끌어 내기 위한 정치적 투쟁이 포함되어 있다. 한편 권리에는 책임이 따른다. 스탠딩 록에 대한 권리는 수족Sioux에게 있다. 즉, 모든 민중은 스탠딩 록에 대한 수족의 권리를 지키기 위해 수족, 라코타족Lakota을 비롯한 여러 토착 원주민과 함께 싸워야 한다. 팔레스타인 사람들에게 민족해방의 권리와 자기결정권이 있다고 생각한다면 모든 민중은 각자의 자리에서 팔레스타인 사람들의 투쟁을 지원할 의무가 있다. 팔레스타인 사람들의 투쟁에는 팔레스타인 사람들을 중심부 국가에 속박하기 위해 벼린 족쇄를 식별하는 일이 포함된다. 그린

민중을 위한 그린 뉴딜

뉴딜은 지역 계획의 형식을 취할 수도 있고 공정한 전환을 위한 새로운 글로벌 구조의 형식을 취할 수도 있다. 그린 뉴딜이 어떤 형식을 취하든 관계없이, 모든 당사자는 공정한 전환에 따르는 부담을 짊어져야 한다. 공정한 전환에 따르는 부담은 제1세계가 오늘날의 모습으로 존재할 수 있게 되기까지 치른 비용을 평가하는 일과 관련된다. 고층 건물, 대중교통 체계, 대리석과 화강암으로 아름답게 꾸민 대도시, 생태적 폐허를 양산하는 산업적 생산에서 점점 더 멀어져 가는 시골은 세계 경제질서 주변부에 자리 잡은 민중과 토착 원주민의 여러 권리를 부정하고서 얻은 결과다. 그리고 이제 제1세계는 자신들이 부정한 권리에 대한 보상을 시도하고 있다.

국민/민족 문제를 구성하는 최소 세 가지 요소는 공정한 전환의 핵심이다. 첫째, 기후 부채와 생태 부채 개념을 진지하게 받아들이도록 촉구하는 것. 둘째, 비무장화를 실현하고 대도시로 가득한 중심부 국가에 평시경제를 구축하는 것. 셋째, 정착식민화에 맞선 투쟁을 진행하여 주권 활성화를 시도하고 인류 공동의 집인 세계와 글로벌 환경을 보호하는 것. 이 세 가지 요소는 완전히 다른 세계를 약속한다는 점에서 중첩된다. 비무장화를 실현하면 파괴적인 노력에 투입되던 사회적 지출을 생산적인 (심지어 창조적인) 노력에 투입할 수 있고 주변부의 주권과 민중 개발을 부정해 온 중심부 국가의 물질적 기반을 청산할 수 있을 것이다. "토지반환" 기획이 실현되면 마찬가지 결과를 얻을 수 있을 것이다. 토지야말로 탈식민의 기본적인 물리적 기반이기 때문이다. 따라서 주권의 활성화는 곧 토지반환을 의미한다. 한편 주변주에 자리 잡은 국가들은 생태 부채라는 수단을 통해 주권을 발휘하여 자국에 적합한 산업화를 진행하고 인도적인 민중 개발을 추진할 수 있을 것이다. 몇 세대에 걸친 식민 지배와 신식민 지배를 통해 빼앗긴 소중한 유산을 복원할 수 있을 것이다. 생태 부채는 경제적 주권을 꽃피우는 유기적인 밑거름으로 작용할 것이다.

기후 부채와 생태 부채

생태 부채 개념은 자본주의적 생산과 소비가 대기를 포함한 전 세계 공간을 폐기물로 가득 채우고 있다는 진단을 바탕으로 한다. 화석자본주의가 생산한 가장 중요한 부산물은 바로 이산화탄소다. 기후 부채 개념은 온실기체를 흡수할 수 있는 세계의 역량을 전유하거나 봉쇄하는 문제에 관심을 가진다. 이산화탄소 흡수 역량의 감소가 전 세계 빈민의 개발 전망과 그 경로를 훼손할 수 있기 때문이다. 일각에서는 "적응 부채"라는 이름의 해결책을 요구한다. 적응 부채는 빈국이 해수면 상승, 점차 증가하는 태풍, 생태적으로 파괴적인 자본주의가 유발한 다양한 문제를 통제하거나 대처하는 데 필요한 자원을 의미한다.[18]

기후 부채 상황은 "공동으로 책임지되 책임 수위를 차별화"해야 한다는 국제법의 원칙을 물질적으로 구현하는 것이다. 이 원칙은 모든 국가에 글로벌 환경 파괴를 해결할 책임이 있지만 모두가 똑같은 수준의 책임을 지는 것은 아니라는 사실을 규정한다. 법적 의무나 책임을 설계할 때는 국가 간 경제 격차와 그 밖의 격차를 반드시 고려하여 각국의 경제 자원과 제도 역량에 적합한 의무와 책임을 부과해야 한다.

북반구에서 이루어지는 대부분의 기후 담론에서는 기후 부채에 대한 요구를 거의 찾아볼 수 없다. 이와 같은 현상은 최근 장뤽 멜랑숑, 제러미 코빈, 버니 샌더스 같은 화신들과 더불어 사회민주주의가 부상한 현상과 무관하지 않다. 이 세 명의 화신과 뜻을 같이하는 지식인들이 제안한 기후 정책 담론에는 대체로 기후 부채가 누락되어 있다. 고전적 형태의 사회민주주의는 혁명을 방지하기 위한 예방책이었다. 이러한 사실

민중을 위한 그린 뉴딜

을 감안해 보면 대부분의 그린 뉴딜 성명서에 특히 제3세계 노동계급이 요구하는 기후 부채 문제가 누락되어 있는 것도 무리가 아니다. 국제주의를 존중하고 각종 프로그램에서 정착식민주의, 글로벌 인종차별주의, 글로벌 아파르트헤이드를 언급함에도 불구하고, 그 바탕에는 식민주의, 신식민주의, 제국주의가 져야 할 책임을 부정하는 태도가 자리 잡고 있다.

이러한 새로운 입장은 과거 좌파가 주장한 기후 정치와는 뚜렷한 대조를 보인다. 10여 년 전 개최된 코차밤바 민중회의는 기후 부채 논의의 틀을 마련했다. 코차밤바 민중회의는 유엔기후변화협약의 두 가지 핵심 원칙을 바탕으로 실무 집단을 구성하고 기후 부채 쟁점을 논의하는 일에 온 힘을 기울였다. 유엔기후변화협약에서 나온 두 가지 핵심 원칙은 바로 공동으로 책임지되 책임 수위를 차별화한다는 원칙과 형평성의 원칙이다. 유엔기후변화협약은 1992년 6월에 최초로 공개되어 서명에 들어갔다. 다자 간 조약인 유엔기후변화협약에는 최신의 정치적 이해관계와 과학적 이해가 반영되어 있다. 주제의 범위도 놀라울 정도로 넓었다. 구체적으로 기후 변화에서 자본주의 세계체계의 불균등한 통합, 복잡하고 다양한 식민주의의 유산, 국가를 토대로 하는 글로벌 정치조직, 자국의 자원을 개발할 각국의 주권, 각자가 지닌 주권을 "국가 사법권의 한계를 넘어서" 이웃 국가에 피해를 입히는 방식으로 행사하지 않을 의무에 이르기까지 광범위한 주제를 다루고 있다.[19] 1992년 유엔기후변화협약은 반드시 기후를 보호해야 한다고 선언했다.

형평성을 바탕으로 그리고 공동으로 책임지되 각국의 역량을 고려하여 책임 수위를 차별화한다는 원칙에 따라 현재 세대와 미래 세대의 이익을 도모한다. 따라서 선진 당사국은 기후 변화와 기후 변화가 유발한 악영향을 줄이는 활동을 선도해야 한다.[20]

1992년 유엔기후변화협약 부속서 I에 이름을 올린 국가는 경제협력개발기구OECD 회원국 또는 "전환경제"(예: 국가사회주의State Socialism에서 전환되고 있는 경제) 국가였다. 이런 국가들은 과거의 배출에 책임이 있는 국가로 분류되어 특별배출감축목표를 부여받았다. 볼리비아를 비롯해 이른바 "석유국"이라고 불리는 여러 국가들은 "채굴주의" 산업에 전념하면서 빈민 수백만 명을 가난에서 벗어날 수 있도록 지원할 방법을 모색해 왔다. 이와 같은 국가들은 부속서 I 국가로 분류되지 않았다. 중국도 부속서 I 국가로 분류되지 않았다.

유엔기후변화협약을 토대로 구성된 코차밤바 민중회의 실무 집단은 기후 부채를 고려한 프로그램을 마련하고 다섯 가지 사항을 요구했다. 단순히 금융에만 집중하는 것이 아니라 "회복적 정의" 또는 "모든 사람, 그 가운데에서도 특히 기후 변화 유발에 주된 책임이 있고 그것을 수정할 역량이 있는 사람들이 역사적 책임과 오늘날의 책임을 존중할 수 있는 수단"에도 집중하라는 요구였다. "이와 같은 수단은 공동으로 유발한 문제를 해결하려는 공동 노력의 일부이다. 궁극적으로 기후 부채의 보상은 모두의 안전을 보장하는 방법이다."[21] 국제주의자와 생태사회주의자는 "'각자의 능력에 따라'를 '각자의 수단에 따라'"로 갱신하고 노동계급의 지극히 물질적인 요구를 다음과 같이 갱신했다. 억압받는 사람들이 원하는 것은 무엇인가? 가정과 삶의 안전을 확보하는 것 이외에 더 필요한 것은 무엇인가? 다섯 가지 핵심 요구 사항은 다음과 같다.

첫 번째로 "점령당한" 대기 공간의 반환이라는 어려운 과제를 이행하라고 요구한다. 즉, 배출량을 줄이고 제거하여 대기를 "탈식민화"하라는 것이다. 대기 공간을 공정하게 할당하라는 것이다. "대지와 평형을 이루는 가운데 공간을 개발"하겠다는 이중적 욕구, 즉 상충할 가능성이 있는 욕구를 설명하라는 요구다. 두 번째로 빈국이 잃어버린 개발의 기회를 부채에 반영하라고 요구한다. 부유한 국가가 자국 인프라를 구축하기 위해 저렴한 개발 경로를 불태워 버렸기에 빈국이 동일한 경로를 다시 걸어갈 수 없게 되었기 때문이다. 세 번째로 기후 변화가 유발한 파괴와 관련된 부채를 존중하라고 요구한다. 거기에는 이민 제한을 폐지하라는 요구가 포함된다. 네 번째로 "적응 부채"를 존중하라고 요구한다. 적응 부채는 그 나라에 머무는 사람들이 자국 내에서 품위 있는 생활을 하는 데 필요한 자원을 제공하기 위해 필요한 비용이다. 다섯 번째이자 마지막 요구는 더 너른 생태 위기에서 기후 위기만을 분리해내려는 모든 시도를 중단하고 적응 부채와 기후 부채를 "대지에 대한 더 너른 생태 부채"에 대한 약속어음으로서 존중하라는 것이다.[22]

기후 변화 관련 회의를 통해 국제적 부채를 상환받으려고 벌인 전투의 역사는 미래에 대한 빈민의 권리를 확보하기 위해 벌인 전투의 역사와 같다. 볼리비아의 급진 정부를 이끈 에보 모랄레스 대통령과 알바로 가르시아 리네라 부통령은 미국이 주도한 쿠데타에 의해 권좌에서 물러났다(그러나 당시 집권당은 민중 조직의 힘을 과시하면서 화려하게 복귀했다). 미국이 벌인 쿠데타가 일어나기 전 아마존 열대우림에 화재가 발생했다. 불타는 아마존 열대우림에 대한 거짓 정보가 횡행했고 일말의 진실이 덮이고 말았다. 아마존 열대우림 화재는 모랄레스 정부가 생태를 잘못 관리하고 있다는 담론으로 발전했다. 이와 같은 선행 사건이 없었다면 미국의 쿠데타는 성공하지 못했을 것이다. 당연하게도 전 세계 차원에서 보았을 때 볼리비아의 환경 프로그램의 명성은 훼손되지 않았고 더욱 눈부신 빛을 발휘했다. 볼리비아는 인류의 미래를 위한 싸움에 기여했다. 구체적인 예를 들면 볼리비아는 기존에 고려되어 온 것보다 더 많은 기술과 금융 자원의 이전을 요구했다. 볼리비아의 제안은 개발도상국의 개발권을 실현하면서 개발도상국의 온실기체 배출량을 억제하도록 설계되었다.[23]

스웨덴 사회과학자 리카르드 바를레니우스Rickard Warlenius는 코차밤바 민중회의의 입장을 기후 부채 평가의 기초로 삼았다. 바를레니우스는 안전하게 배출할 수 있고 흡수될 수 있는 이산화탄소 배출량을 토대로 대기 공간을 공정하게 계산했다고 주장한다. 계산 결과에 따르면 "북반구"(또는 부속서 I 국가)는 실제로 배출한 이산화탄소의 15%만 배출할 수 있다. 반면 "남반구"는 지금까지 배출한 이산화탄소보다 더 많은 이산화탄소를 배출할 수 있다. 더 배출할 수 있는 이산화탄소량이 그리 많은 것은 아니어서 총 4.4%에 불과하다. 2008년 기준으로 북반구는 이미 이산화탄소 746.5기가톤을 초과 배출한 상태였다.[24] 2008년 기준 이산화탄소 가격은 톤당 50달러다. 따라서 역사적으로 쌓인 탄소 부채의 가치는 약 37조 3,250억 달러에 달했을 것이다. IPCC는 탄소 가격을 150달러에서 600달러 사이로 유지해야 한다고 추정한다. 그래야만 지구온난화 수준을 섭씨 1.5도 이내로 유지할 수 있을 것이기 때문이다. 최저 150달러, 최대 600달러라는 탄소 가격은 북반구가 남반구에 진 탄소 부채의 규모를 확대하여 최저 가격에서 111조 9,750억 달러, 최고 가격에서 447조 9천억 달러가 될 것이다.[25] 더욱 구체적으로 볼리비아는 다음과 같이 요구했다. "선진국은 개발도상국 GDP 가치의 최소 6% 이상의 금융 자원을 제공해야 한다. 이와 같은 자금은 적응, 기술 이전, 역량 구축, 완화를 위한 것이다."[26] 2019년 미국의 GDP는 21조 5,800억 달러였다. 그것의 6%는 1조 2,900억 달러에 해당한다. (부속서 I 국가를 구성하는) OECD 전체 회원국의 2019년 GDP는 약 54조 달러였다. 그것의 6%는 연간 3조 2,400억 달러에 해당한다.

믿어지지 않을 만큼 큰 수치에서 특히 중요한 측면은 두 가지다. 첫째, 이와 같은 수치는 거대한 영토를 지닌 중국을 포함해 하나의 집합으로 취급되었던 제3세계가 적어도 기후 위기에 관해서는 2008년 무렵 죄를 씻게 되었다는 사실을 시사한다(다만, 그 뒤로도 중국이 배출을 지속하면서 상황이 달라졌다). 제3세계가 배출하는 이산화탄소량은 이산화탄소를 흡수하는 환경의 역량을 넘어서지 않는다. 따라서 기후 위기는 기본적으로 제국주의 북반구의 자식이다. 둘째, GDP의 6%는 산업 세계의 연간 "성장"을 훨씬 상회하는 수치다. 성장을 수치화하는 지표가 골치 아프고 GDP 단위당 물리적 물질 사용량의 증가에 비해 깔끔하지 못한 방법으로 표현됨에도 불구하고 자산, 기술(목재, 물, 농지, 밀, 석류, 숄, 트랜지스터, 국민총생산이 의미하는 모든 것)에 대한 권리 가운데 상당히 많은 양이 북반구에서 남반구로 넘어가게 될 것이 분명하다.

볼리비아가 제안한 문서에 기록된 수치는 충격적이다. 아마 고의로 그랬을 것이다. 볼리비아가 제안한 수치는 자본주의와 양립하지 않고 양극화되고 고도로 불균등한 세계체계와도 양립하지 않는다. 볼리비아가 제안한 수치는 전 세계적인 생태 혁명과 사회 혁명 그리고 북반구-남반구 관계에 혁명이 필요하다는 사실을 입증하는 산술적 증거다. 사실 기후 부채는 "폭탄"으로 묘사되어 왔다.[27] 기후 부채를 폭력에 빗댄 것은 적절한 은유다. 남반구와 북반구로 양극화된 세계체계에서 북반구가 남반구에 대규모 부채를 상환하는 상황을 떠올리기가 너무나도 어렵기 때문이다. 볼리비아가 제안한 수치는 반박할 수 없고 기각할 수 없다. 그렇기에 북반구는 대체로 이 수치를 무시하거나 최대한 효과적인 방법(예: 쿠데타)을 동원하여 억누름으로써 목소리를 내지 못하게 만들었다. 남반구에 자리 잡은 국가들이 주권을 상실하고 힘을 잃어버린 단순한 신식민지로 전락한다면, 기후 부채는 자신을 대변할 가장 강한 투사와 사회적 동인 가운데 일부를 잃게 될 것이다.

비무장화와 평시경제

기후 위기에 대한 진지한 대응은 북반구를 구조적으로 변혁하는 핵심 무대가 된다. 기후 위기에 진지하게 대응하려면 미군이 지금과 같이 글로벌 경찰력으로 활동해서는 안 된다. 이와 동시에 미국 경제를 평시경제로 전환해야 한다. 이러한 이행은 남반구 국민주권의 증강, 탈식민의 진척, 기후 부채를 진지하게 고려할 필요성의 광범위한 수용의 핵심이 되어야 한다. 이 투쟁은 서로 얽혀 있으면서 체계를 심대하게 변화시키는 사회적 구조와 정치적 구조를 구성한다.

미군은 남반구 국가의 주권 행사를 제한하는 수단이다. 이런 사실을 차치하더라도 미군은 오염물질인 이산화탄소를 마구 내뿜는 거대한 분수나 다름없다. 미군이 하나의 독립 국가였다면 이산화탄소 배출량 기준으로 전 세계 약 47위를 차지할 텐데, 이는 페루와 포르투갈 사이에 자리 잡을 수 있는 수준이다.[28] 그 밖에도 미군은 세계에 수치를 파악할 수조차 없는 폐기물을 엄청나게 쏟아 놓는다. 이들은 중금속으로 수로와 초지를 오염시키고 제트 연료로 식수를 오염시킨다. 미군 기지는 슈퍼 펀드 명단의 단골 고객인데, 슈퍼 펀드 명단이란 심하게 오염되어 장기적인 유해물질 정화 절차를 거칠 필요가 있는 장소의 목록을 말한다. 팔루자, 라카, 가자 지구에 미군이 남기고 간 탄약고에는 백린과 감손우라늄이 가득하다. 덕분에 그 지역에서 선천적 결손증이 큰 폭으로 증가했다. 미국 뉴멕시코주 그랜츠미네랄벨트Grants Mineral Belt는 세계 최대 천연우라늄 광상 가운데 하나다. 여기에서 채굴되는 원료로 미국은 전 세계 사람들을 살해할 무기를 만든다. 채굴은 디네족Diné 공동체가 자리 잡은 곳 인근에서 이루어진다. 디네족, 아코마족Acoma, 라구나족Laguna, 주니족Zuni, 히스패닉 민족들이 광산에서 노동자로 일한다. 덕분에 미국의 식민자본주의 통치가 유발하는 사회적, 생태적 비용을 이 사람들이 모두 떠안고 있다.[29]

미군은 온갖 폐기물을 양산하는 주범이다. 미군이 더 이상 폐기물을 양산하지 못하도록 막는 일이 시급하다. 미군이 고용한 노동자를 개편하고 미군이 운영하는 산업을 개편하여 사회적으로 유용한 재화를 생산해야 한다. 이를 예로 들면 태양광 패널, 풍력터빈, 고속열차를 꼽을 수 있다. 미군을 개편하라는 요구는 시간과의 싸움이다. 미군이 이미 이산화탄소를 너무 많이 대기에 쏟아 놓았기 때문에 그리고 제국주의와 자본주의의 앞잡이로 기능한 미군의 손에 이미 너무 많은 목숨이 스러졌기 때문에, 글로벌 안보를 주무르고 있는 미국 국방부 체계는 즉시 제거되어야 한다. 미국 국방부는 물리적인 폐기물만 양산하는 데 그치지 않는다. 그들은 인간의 목숨을 앗아 간다. 스러진 목숨 이면에는 전 세계 규모의 축적이 자리 잡고 있다. 나아가 미국의 산업 역량 대부분은 글로벌 체계 변화에 기여할 수 있는 청정 기술 생산에 투입되어야 한다. 국방부 체계와 제멋대로 뻗어 나가는 국방부의 제조망은 청정 기술 공장으로 전환되어야 한다. 바로 이것이 기후정의 운동이 근본적으로 요구하는 것이다.

이와 같은 맥락에서 마키/오카시오코르테스의 "생태사회주의" 그린 뉴딜 결의안을 되짚어 볼 필요가 있다. 결의안은 안보를 호소하면서도 안보 국가에 대해서는 사실상 침묵한다. 비슷한 것 같지만 비슷하지 않은 버니 샌더스에 대해 생각해 보자. 샌더스는 다음과 같이 권고했다. "글로벌 석유 의존성을 유지하기 위해 지출하는 군사 예산을 줄여야 한다."[30] 사실, 샌더스는 더 광범위한 예산 조정을 요청했다. 즉, 연간 글로벌 군사 예산에서 1조 5천억 달러를 청정 화석연료 인프라로 돌리자고 제안한 것이다. 그러나 정책에는 이와 같은 수치가 반영되지 않았다.[31] 한편 새로 대통령에 당선된 바이든 행정부는 국가안보에 푹 절어 있다. 바이든 행정부는 "지역 불안정성으로 인해 … 특정 지역은 테러 활동에 더 취약해질 가능성이 있다"고 경고한다. 거기에 대한 대응은 "미군 기지의 기후 회복력에 대한 투자"이다. 이와 같은 투자는 "군사적 대응"이 필요한 경우 필요해질 것이다.[32] 미국 녹색당의 그린 뉴딜은 국방부 예산

삭감을 더 분명하고 더 명확하게 옹호한다. 미국 녹색당의 그린 뉴딜은 현재 무려 1조 달러에 달하는 거대한 국방부 예산을 그 절반인 5천억 달러로 줄이자고 제안한다.[33] 토착 원주민 단체 레드네이션은 더 대담하게 선언한다. "글로벌 수준에서 이루어지는 자본주의-식민주의"를 끝장내야 한다. 거기에는 "경찰, 감옥, 군대, 화석연료에 대한 투자 철회"가 포함되어야 한다.[34] 이러한 차이는 중요하다. 이 차이를 통해 그린 뉴딜이 피상적이고 명목상으로만 반인종차별주의인지 "탈식민"을 외치는 미국 녹색사회민주주의의 도구일 뿐인지 아닌지 또는 그린 뉴딜이 더 너른 반제국주의 프로그램에 포함될 것인지 아닌지를 가늠해 볼 수 있다. 더 너른 반제국주의 프로그램은 제국주의에 반대하고 미국 국방부 체계에 반대하는 가운데 서반구를 비롯한 여러 곳에 자리 잡은 정착식민 국가를 탈식민화하는 일과 관련된다.

주권

라틴아메리카, 아랍 지역, 아프리카는 외세의 개입으로 고통받고 있다. 제국주의 중심부 국가는 마치 다른 민족을 지배할 주체를 결정할 권리를 보유하고 있다는 듯, 수 세기 동안 그 권리를 행사해 왔다. 식민주의하에서 각 민족은 역사에 대한 권리를 부정당했다. 즉, 역사 과정을 통제할 권리를 부정당했고 영토 내 토지, 광산, 무역과 관련된 행위를 비롯한 사회적 삶과 경제적 삶을 통제할 권리를 부정당했다.[35] 19세기와 20세기 초 각 민족의 역사를 부정한 결과 빅토리아 시대 후기에 대량학살이 일어났고, 식민지의 부가 대규모로 빠져나갔으며, 식민지는 기아에 시달렸다.[36] 민중은 과잉 착취에 시달렸다. 생존하고 번영하기 위해 필요한 최소한의 임금조차 받지 못했다.[37] 탁월한 반식민 이론가이자 지도자였던 아밀카르 카브랄Amilcar Cabral에 따르면 반식민 투쟁은 "민족해방, 즉 민족의 역사적 성격을 회복하는 일"이다. 반식민 투쟁은 "민족을 속박하는 제국주의의 통치에서 벗어나 역사를 되찾는 일이다."[38] 공식적인 식민 지배는 막을 내렸지만 제국주의의 통치는 끝나지 않았다.

가장 멋지게 빛나는 민족해방 투쟁을 주도한 이들의 관점에서 보더라도 공식적인 탈식민은 초기 단계에 불과했다. 직접적인 식민의 족쇄가 산산이 부서지고 나서야 정치기구가 전환될 터였다. 그러나 대부분의 경제기구는 계속 "전前" 식민 권력의 법적 통제를 받았다.[39] 식민기구를 깨뜨리려면 독자 개발(아랍어로는 알탄미야 알무스타킬라التنمية المستقلة)에 나서야 한다는 인식이 남반구 전역에서 생겨났다.[40] 해방의 열망을 바탕으로 개발의 윤곽을 잡고 개발의 기틀을 마련하기 위한 투쟁이 과거 점령당했던 공간에서 모습을 드러냈다.[41]

이내 제국의 중심부에서 제3세계와 사실상 현존하는 사회주의의 심장부를 겨냥한 세계 반혁명이 펼쳐졌다. 반혁명으로 인해 독자 개발이라는 제3세계의 꿈은 흩어지고 말았다. 그 꿈은 제3세계를 위한 제3의 길을 표방한 반둥에서의 비동맹운동 프로젝트와 마찬가지로 세계체계 내에서 그에 맞서는, 세계체계를 넘어선 국민/민족-자본주의 개발이라는 꿈이었다.[42] 물론 전쟁, 침략, 뜨거운 자본의 흐름, 금융화, 쿠데타도 제3세계의 희망을 불태워 재로 만드는 데 일조했다. 미국은 글로벌 수준에서 반란 진압에 나섰다. 덕분에 가장 강력한 민족주의-공산주의 프로젝트조차 왜곡되어 일부는 "시장 개혁", "시장사회주의"의 길을 걷게 되었고 일부에서는 전면적인 테르미도르 반동이 일어났다.[43] 이와 같은 민족해방 투쟁과 비동맹 사회주의는 제국주의가 일으키는 폭풍을 견딜 만큼 급진적이지 못했다(쿠바의 회복력은 남달랐다. 오늘날 쿠바는 지구상에서 생태적으로 가장 진보한 국가로 다른 국가의 귀감이다).[44]

제국주의는 신자유주의적 개혁과 구조조정 같은 금융의 갈고리 또는 전쟁, 제재, 포위, 쿠데타 같은 폭력의 갈고리를 이용하여 투쟁에 나선 제3세계 정부를 서서히 무너뜨렸다.[45] 제3세계에는 각자의 정치적 경로와 경제적 경로를 설정할 권리, 우방과 동맹을 선택할 권리, 전 세계 곳곳에 자리 잡은 식민주의에 개입할 권리, 개혁을 통해 재분배를 수행할 권리, 정착식민 도둑들이 빼앗아 간 토지를 되찾아 올 권리가 있었다. 그러나 제국주의는 이와 같은 제3세계의 권리를 모두 부정했다. 1990년대로 접어들면서 보호하고 개입할 권리, 보호할 책임을 비롯한 제국주의의 온갖 위선적인 용어가 새로운 "문명화 임무"로 입길에 오르게 되었다.[46] 2010년대 내내 잘못된 생태 관리와 채굴주의를 비난하는 목소리가 21세기의 포함외교와 쿠데타에 대한 서양의 여론을 누그러뜨렸다.[47] 2000년대에 접어들어 세 번째 맞이하는 10년이 시작되기 전까지도 제3세계는 서양의 여론에 밀려 사실상 자기결정권 또는 주권을 행사할 수 없었다. 물론 이와 관련된 언급은 거의 없었다. 공식적으로는 제3세계의 자기결정권과 주권이 인정되었기 때문이다. 대중은 자국이 타국에 대해 일방적으로 강압을 행사하지 못하도록 적극적으로 막아야 한다. 그럼으로써 변혁의 부담을 나눠 질 수 있다. 그러나 서양의 정치는 미국과 EU가 제3세계의 권리를 침해하는 현실을 수수방관하고 있는 실정이다.

자연을 채굴하는 정치조직은 새롭게 부상하는 제국주의적 합의의 주요 요소다. 구체적으로는 녹색 축적, 환경 서비스 상품화, 나무를 단작하는 플랜테이션, 바이오연료를 꼽을 수 있다.[48] 이와 같은 일을 실현하기 위해서는 국가를 해체하고 국가의 내부 역학을 재구성하여 북반구 자본주의의 관심사를 충족시킬 수 있는 컨베이어 벨트로 전환하며 "저탄소 경제로의 공정한 전환을 설계할 수 있는 녹색 개발 국가로 나아갈 기회"를 박탈해야 한다.[49] 국유화 또는 중과세 등을 통해 주권을 행사하려는 남반구 국가는 외국 투자자들에게 보상을 해 줘야 한다. 이러한 현실은 남반구 국가의 주권 축소를 여실히 보여준다. 남반구 국가와 엮여 있는 북반구 국가의 독점이 남반구 국가의 주권을 잠식함에 따라 남반구 국가의 주권은 낡은 종이 위 빛바랜 글씨처럼 퇴색해 버리고 말았다.

자연을 채굴하는 북반구의 제도와 계급에 맞서 남반구가 벌이는 투쟁은 북반구에 맞서는 남반구의 전반적인 투쟁과 결합하고 서로를 보완해야 한다. 그럼으로써 남반구 국가가 북반구에 맞서 활동할 수 있는 정치적 공간을 확보하고 보복을 당할 여지를 줄여야 한다. 북반구에 맞서는 남반구 국가의 활동으로는 생산 공장 국영화, 인도적인 임금 지급, 생산력에 대한 국가의 통제 범위 확대, 국내 민중 계급이 증가한 사회적 권력을 통해 통제력을 발휘할 수 있도록 보장하는 일을 꼽을 수 있다. 주권은 반드시 강화되어야 한다. 현재의 역사적 시점에서 민중의 이익을 도모하는 데 필요한 견인차이기 때문이다. 국가를 중심으로 법적 계약이 이루어지는 기후 문제와 같은 경우에는 특히 더 그러하다. 남반구 국가가 세계 무대에서 자유롭고 집합적으로 행동할 수 없다면 기후 배상을 받기는커녕 요구조차 하지 못할 것이다. 남반구 입장에서 이는 민족-민중 빈민의 환경주의와 생태사회주의를 의미한다. 북반구 입장에서 이는 남반구 국가의 자기결정권 침해에 저항하는 인정투쟁을 의미한다. 채권국의 주권을 존중하지 않는 상황에서 부채 상환 논의는 의미가 없다. 남반구 국가의 지도력이 충분히 무장되어 있지 않다면, 논의는 금세 무력화되고 말 것이다.[50]

정착식민주의

주권은 또 다른 국민/민족 문제와 연결된다. 바로 제1세계 내 정착식민지와 탈식민의 문제 그리고 제3세계 정착식민지의 사회질서 파괴

문제다. 이 문제는 서로 매우 긴밀하게 연계되어 있는 토지, 환경과 관련된다. 왜냐하면 정착식민주의를 통한 토지 소외는 환경에 매우 직접적인 영향을 미치기 때문이다. 환경이 직접적인 영향을 받는다는 말은 인간의 활동으로 세계 전체가 파국적인 붕괴를 맞이할 수 있다는 말이나 다름없다.[51] 카일 포이스 화이트는 다음과 같이 주장한다. 정치적 과정으로서 "정착식민주의는 **환경 부정의**의 한 형태로 해석될 수 있다. 정착식민주의는 사회생태학적 맥락을 부당하게 방해하고 말소한다. 토착 원주민이 세계를 인간, 비인간, 생태계에 대한 책임이 스며들어 있는 공간으로서 경험하려면 이와 같은 사회생태학적 맥락이 필요하다."[52] 따라서 토지에 대한 통제권을 되찾기 위한 반식민 투쟁은 전 세계 환경을 복원하는 경로이자 환경 부흥을 이끄는 경로다. 그리고 그 밖의 정착식민 국가 또는 정치적 탈식민 정착식민 국가에서는 무엇보다 우선적으로 토지를 요구한다. 예를 들어 냉전이 끝난 뒤 짐바브웨는 가장 급진적인 농업 개혁을 추진했다. 덕분에 짐바브웨는 전 세계의 "냉랭한" 시선 속에서 악마 취급을 받으면서 고립되었다. 짐바브웨가 어쩌면 농업 개혁을 포기할지도 모르겠다.[53] 남아프리카공화국의 경우 농업 개혁이 정책 의제로 올라 있는 가운데 도시, 빈민가, 시골 모두의 강력한 정치적 요구를 받고 있다.[54]

북아메리카 정착식민 국가의 경우 스탠딩 록의 토착 원주민 투쟁과 토착 원주민이 중심이 된 아이들노모어Idle No More 투쟁이 촉매제로 작용했다. 덕분에 국민/민족 문제가 중요한 쟁점이라는 더 너른 인식이 비토착 원주민 급진주의자들 사이에 생겨났다.[55] 나아가 환경에 접근하고 환경을 사용할 권리가 토지에 대한 권리와 토지반환에 얽혀 있다는 더 광범위한 인식이 토착 원주민 사이에 생겨났다. 이렇게 북아메리카, 북극, 아시아, 태평양, 라틴아메리카, 아프리카, 카리브해의 토착 원주민 대표들이 모인 자리에서 앵커리지 선언Anchorage Declaration이 탄생했다. 앵커리지 선언은 각국이 "집합적인 권리(전통적인 토지, 공기, 숲, 물, 대양, 해빙, 신성한 장소를 소유하고 사용하며 접근하고 점유하고 이름을 붙일 권리)를 포함하여 토착 원주민의 근본적인 인권과 지위를 인식하고 구현"할 것을 촉구했다.[56] 앵커리지 선언은 배상을 촉구한다. 이 선언에서는 "토지, 영토, 물" 그리고 "토착 원주민이 신성하게 여기는 장소를 복구하여 반환"하라고 촉구한다.[57] 앵커리지 선언은 국가가 행동에 나설 것을 촉구한다. 국가의 행동을 촉구하는 깃발은 탈식민이다. 여기에는 정착식민 국가에서 생활하는 사람들의 투쟁에서부터 정부에 토지 복원과 조약상의 권리 회복을 요구하는 투쟁에 이르는 다양한 투쟁이 포함된다. 한편 토지는 정착식민 국가 편제의 바탕을 이루는 관계다. 이 관계는 식민지에서 이루어진 본원적 축적이 유발한 것이다. 따라서 배상은 전 세계 자산 구조의 혁명적 변화를 의미한다. 이와 마찬가지로 기후변화에 대한 국제 토착원주민 포럼International Indigenous Peoples Forum on Climate Change은 레드를 비롯한 여러 탄소-상쇄 활동과 청정 개발 메커니즘 기획을 비판하면서 이와 같은 배상 요구를 연결한다. 이 포럼은 레드 또는 레드플러스 같은 탄소 보상을 고려하기 전에 먼저 토착 원주민의 "토지와 자원에 대한 권리"를 존중하라고 요구한다.[58] 즉, 토착 원주민이 내부의 사회-생태 구조를 결정하는 정치적 경로를 결정할 수 있어야 한다는 것이다. 이와 마찬가지로 레드네이션은 다음과 같이 요구한다.

> 조약상의 권리와 토착 원주민의 권리는 보호구역과 연방 신탁토지 안팎에서 적용되고 유지되어야 한다. 북아메리카 전역, 서반구, 태평양 전역이 토착 원주민의 토지다. 토착 원주민의 권리는 제국이 강요한 국경에서 시작되는 것도 아니고 거기서 끝나는 것도 아니다. 토착 원주민은 제국이 강요한 국경을 만든 적도 동의한 적도 없기 때문이다.[59]

나아가 레드네이션은 정치와 환경 관리를 명확하게 연결한다. 레드네이션은 국가의 자기결정권이 근본이 되는 이유와 그것이 윤리적인 차원에서 자연의 관리인으로서 행동하는 것보다 우선하는 이유를 부각한다. "드디어 토착 원주민이 품위 있는 삶을 인정받을 수 있는 계기가 마련되었다. 토착 원주민이 인간과 가까운 관계를 맺고 있는 비인간 자연(토지, 물, 공기, 식물, 동물)을 보호하고 존중할 수 있으려면, 토착 원주민 본인이 생명의 수호자로서 자신의 목적을 이행할 자유를 누리는 존재로 인정받아야 한다."[60]

탈식민과 자연보호

역사적인 시적 정의에서 과소평가되어 온 대목은 지구상의 생물다양성이 토착 원주민이 자리 잡고 있는 지역에서 가장 번성한다는 사실이다. 정치적 장벽이나 법적 장벽으로 에워싸서 생물종을 보호하려는 발상이나 부유한 사람들만 접근할 수 있는 보호구역에 생물종을 가둬두고 보호하려는 발상은 바람직하지 않다. 비인간 자연은 인간과 함께 그리고 인간 사이에서 공존할 수 있다.

전 세계에서 토착 원주민들이 자리 잡고 있는 토지는 "보호구역"과 동등하거나 "보호구역"보다 더 높은 생물다양성을 자랑한다.[61] 생태학자 빅토르 톨레도는 포유류, 조류, 파충류, 양서류, 민물고기, 나비, 길앞잡이, 꽃을 피우는 식물을 포함하는 생물종과 토종 생물종의 수가 가장 많은 국가로 12개국을 꼽았다. 바로 브라질, 인도네시아, 콜롬비아, 호주, 멕시코, 마다가스카르, 페루, 중국, 필리핀, 인도, 에콰도르, 베네수엘라다. 12개국 가운데 9개국은 가장 많은 수의 토착어를 보유한 25개국 목록에도 이름을 올렸다. 다양한 생물종과 서식지를 갖춘 233개의 해양, 민물,

육상 생물 지역 가운데 토착 원주민이 자리 잡고 있는 생물 지역은 136개에 달한다. 전 세계 3천여 토착 원주민 민족 가운데 절반이 이와 같은 생물 지역에서 생활하고 있다.[62] 캐나다, 브라질, 호주는 토착 원주민을 대량학살한 역사를 지니고 있다. 최근 이 세 나라를 대상으로 수행한 연구 결과 토착 원주민이 관리하는 토지에서 회색곰에서 캥거루, 개구리에서 명금류에 이르는 생물종 다양성이 가장 높고 풍부한 것으로 나타났다.[63]

토지 조약상의 권리를 보호하고 존중하는 일(토지반환)은 미래를 보호하는 빠른 길이다. 토착 원주민이 자연과 조화롭고 평화롭게 생활할 수 있는, 세월이 흘러도 변치 않는 원초적인 역량을 지니고 있기 때문만이 아니다. 토착 원주민이 일반적인 의미의 일차 생산에 종사하는 경우가 많기 때문이다. 토착 원주민은 토지와의 인도적인 관계를 바탕으로 하는 우주론을 가지고 있다. 토착 원주민은 토지에서, 토지와 더불어, 토지를 활용하여 생활하는 방법, 생태주기에 맞춰서 생활하면서 생태주기를 조심스럽게 바꿔 나가는 방법에 대한 지식을 조상으로부터 대대로 물려받았다. 토착 원주민은 이러한 지식을 바탕으로 사냥, 수렵, 원예 같은 형태의 생산에 종사한다. 토착 원주민은 화학물질을 동원하여 생태주기를 비틀지 않는다. 토착 원주민은 유전자에 손을 대거나 유전자를 조작하지 않는다. 토착 원주민은 식물에 화학물질을 들이붓지 않는다.[64]

토착 원주민 대부분이 앞으로 영원히 일차 생산에만 종사해야 한다는 말은 아니다. 지구상의 다른 모든 사람들과 마찬가지로 토착 원주민은 산업화에 대한 주권을 행사할 권리가 있다. 단지 토착 원주민의 토지 관리가 정착식민 당국의 토지 관리보다 우수하다는 말이다. 토착 원주민의 조약상 권리를 방어하고 토지의 회복이나 배상을 방어하면 모든 인류가 더 안전하게 살아갈 수 있는 세계를 창조할 수 있다.[65] (예를 들어 캐나다 서부에서는 웨스트모벌리족West Moberly과 사울테아우족Saulteau이 토착 원주민의 경관 관리 방법과 생물다양성 보전 방법이 지닌 장점을 교훈으로 삼

아 공동으로 카리부 복원에 나서고 있다.[66])

　나는 역사적 시의 한 대목에서 이와 같은 단어들을 사용하여 마치 종말을 알리듯 하늘을 온통 붉은색 연기로 물들이면서 미국 서부 해안을 휩쓸었던 화재를 표현한 바 있다. 유로크족 토착 원주민인 엘리자베스 아주즈Elizabeth Azzuz에 따르면 토착 원주민의 토지 관리 기법 가운데는 화재를 활용하는 기법도 있다. 자연 위에 군림하면서 자연을 통제하는 기법이 아니라 살아 있는 모든 것을 고려한 총체적인 방법론을 토대로 화재를 통제하는 기법이다. 토착 원주민은 화재를 활용해 "바구니 재료, 약용식물, 도토리나무, 사냥터"를 유지하곤 했다. 정착식민지 침략이 이루어지기 전 토착 원주민은 큰 규모의 화재를 자주 일으켰다. 화재의 연료가 될 만한 땔감을 미리 태우는 행동이었다. 그렇게 하면 예기치 못한 화재가 발생했을 때 서서히 확산되다가 연료 부족으로 저절로 꺼져 버린다. 정착자본주의 침략이 일어난 뒤에는 인위적으로 화재를 일으키는 일이 금지되었다. 초지와 혼농임업이 이루어지던 알록달록한 경관은 나무를 단작하는 플랜테이션으로 바뀌었다. 캘리포니아주 북서부에 자리 잡은 클래머스 분지Klamath Basin에서 카루크족Karuk과 유로크족은 통제된 화재 기법을 계속 실천하고 있다. 여러 세대에 걸쳐 물려받은 화재에 대한 과학 지식을 보존하고 다음 세대에게 물려주기 위함이다. 토착 원주민 사회주의자인 재키 필더Jackie Fielder 캘리포니아주 상원의원 후보는 최근 카루크족이 기울이는 노력을 높이 평가했다. 구체적으로 혁명적인 토지 보유 체계, 탈식민, 토지 관리 실무의 신속한 변화를 꼽을 수 있다. 토지 관리 실무의 경우 추후 대화재가 발생하지 않도록 예방하는 토착 원주민의 기술적 지식을 폐기하지 않고 오히려 적극 활용한다.[67] 토지반환은 굴복도 아니고 희생도 아니다. 토지반환은 우리 모두를 품을 수 있을 만큼 충분히 큰 세계를 창조하는 이행이다.

결론

    이 책은 민중을 위한 그린 뉴딜에 관한 것이다. 그러나 단순히 여러 가지 그린 뉴딜 프로그램을 소개하는 데 그치지 않았다. 민중을 위한 그린 뉴딜은 생태사회주의여야 하고 생태사회주의가 무엇인지를 설명해야 한다. 민중을 위한 그린 뉴딜은 생태사회주의를 우리의 지향점과 동일시하고 이를 달성할 수 있는 방법에 대해 생각해야 한다. 생태사회주의는 녹색사회민주주의와는 다르다. 생태사회주의는 평등주의를 토대로 한 재분배와 생산수단의 공유를 추구한다. 생태사회주의는 인간과 비인간 자연의 상호작용을 존중하고 둘 사이의 상호작용을 신중하게 인도적으로 관리하려고 한다. 생태사회주의는 어느 지역에 국한하지 않고 전 세계에서 사회적 삶의 탈상품화를 추구하고 자본주의를 제거를 열망한다. 생태사회주의는 반제국주의를 명백하게 표방한다. 생태사회주의는 제3세계 국가의 주권을 명백하게 옹호한다. 왜냐하면 제3세계 민중의 개발이 실현되고 기후 부채 상환이 이루어지는 역사적 순간에 이와 같은 이행을 이끌어 갈 주체로서 국가가 필요하기 때문이다.

    이러한 지향점으로 다가가려면 현재의 위치를 제대로 이해해야 한다. 북반구와 남반구는 자본주의 체계라는 하나의 세계에 속해 있다. 그럼에도 불구하고 북반구와 남반구는 동일한 방식으로 구성되어 있지 않다. 북반구와 남반구에 서로 차이가 있다고 하더라도 북반구와 남반구의 개발 단계가 서로 다르지는 않았다. 즉, 북반구가 남반구보다 더 진보했다고 볼 수 없다. 현재 북반구는 부유하다. 이는 남반구가 가난하기 때문이다. 자본주의 체계에서 북반구의 부를 유지하려면 남반구는 제국주의의 지배를 받으면서 계속 가난한 상태로 남아 있어야 한다. 나아가 북반구의 축적과 개발은 남반구의 축적과는 질적으로 다르다. 북반구의 축적과 개발은 광범위한 국내시장과 그 광범위한 국내시장을 위한 자본주의적 생산에 의존한다. 반면 남반구의 축적은 북반구로의 재화 수출에 대부분 의존하고 있다. 이와 같은 방식으로 남반구 민중은 일반적으로 북반구 민중보다 더 많은 착취에 시달린다. 첫 번째로 남반구는 과잉 착취에 시달리고 있다. 두 번째로 남반구 사회는 완전히 파괴되어 소멸할 위기에 처해 있다. 이러한 현상이 아랍 지역 또는 미국을 비롯한 정착식민주의 국가의 지배 아래 있는 곳에서 일어나고 있다. 세 번째로 남반구는 대기 공간의 활용을 비롯한 본원적 축적에 이용되고 있다. 덕분에 기후 부채가 생겨났다. 마지막으로 남반구는 대규모 자원 전유에 시달리고 있다.

생태사회주의 전략은 이와 같은 근본적인 차이점과 씨름해야 한다. 젠더 억압이 여성과 남성의 충돌을, 흑백 갈등이 흑인과 백인의 충돌을 의미하지 않는 것처럼 북반구의 관점이나 남반구의 관점은 서로 상충하지 않는다. 이는 오히려 포괄적인 사회주의 기획을 수립함으로써 가장 억압받는 이들과 가장 많이 빼앗긴 이들의 관점과 요구를 분석과 전략의 기초로 삼아야 한다는 사실을 시사한다.

그러려면 글로벌 북반구의 기후 정치, 환경 정치를 넘어서서 보다 광범위한 정치 일반에 자리 잡고 있는 근본적인 문제를 들여다보아야 한다. 존재는 의식을 결정하는 경향이 있다. 북반구에서 생활하는 사람들은 남반구에서 생활하는 사람들에 비해 비교적 적은 억압에 시달린다. 그 이유는 북반구 사회가 남반구 사회보다 평균적으로 훨씬 더 부유하기 때문이고 제국적 삶의 방식에 익숙한 중간계급이 두껍게 형성되어 있기 때문이다. 바로 그런 이유 때문에 북반구의 사회민주주의를 제국주의에서 떼어내기 어려운 것이다. 그 결과 많은 이들이 어려운 과제는 피하고 실용주의로 눈을 돌리게 되었다. 실용주의는 북반구 기후 정치에서 반복해서 나타나는 경향이다. 실용주의 덕분에 보다 광범위한 정치 일반에서 반제국주의적 변혁이라는 부담을 떠안지 않게 되었다. 북반구의 광범위한 정치 일반은 실용주의를 바탕으로 기후 부채 상황을 뒤로 미룬다. 실용주의 덕분에 오늘날 좌파 기후 정치에서 반제국주의 세력은 약화되었거나 아예 존재하지 않는다. 반제국주의 세력은 서양이 일으키는 전쟁과 그들이 부과하는 제재에 전력을 다해 맞서기 때문이다.

이와 같은 상황은 불가피한 것이 아니다. 시애틀에서 벌어진 전투에서부터 이라크전쟁 반대, 코차밤바 민중 협정에 이르는 광범위한 투쟁은 북반구와 남반구가 이념적, 조직적, 정치적으로 서로에게 다가갈 수 있다는 사실을 보여주었다. 헌신적인 반제국주의와 국제주의는 지구의 필요와 지구에 깃들어 살아가는 모든 이들의 필요를 급진적인 방식으로 추구하는 인본주의와 품위에서 비롯된다. 예로부터 북반구와 남반구 사이의 거리를 결정하는 것은 민중의 투쟁이다. 투쟁하지 않거나 굴복해 버리면 북반구와 남반구 사이의 거리는 더 멀어질 것이다. 굴복하지 않고 투쟁을 이어 나간다면 북반구와 남반구 사이의 거리를 없앨 수도 있을 것이다.

그렇다면 그 방법은 무엇일까? 오늘날 점점 더 많은 사람들이 수긍하듯이, 사회민주주의는 나아가야 할 지평에서 너무 멀리 떨어져 있는 듯하다. 다른 관점에서 보면 버니 샌더스, 제러미 코빈, 장뤽 멜랑숑 같은 반란자들의 노력을 통해 사실상 사회민주주의가 지평을 살짝 엿보고 있다는 사실을 확인할 수 있다. 사회민주주의가 지평 가까이에 있다면 수십 명의 자칭 사회주의자 후보를 공직 선거에 내보내야 할 것이다. 포퓰리즘을 표방하는 사회민주주의적 그린 뉴딜을 추진해서는 안 될 것이다. 자본주의, 제국주의와의 싸움을 조금 뒤로 미루어서도 안 될 것이다. 이러한 요구는 북반구에서 큰 호응을 얻고 있다. 특히 교도소와 거리에서 굶주리는 사람들을 쉽게 만날 수 있고 심지어 코로나19가 유행하기 전부터 이미 실패한 의료체계로 인해 수많은 사람들이 죽어 가고 있는 미국에서 더 큰 호응을 얻고 있다. 중심부 국가라 해서 인도적인 사회인 것은 아니다. 이 국가들은 심지어 자국 시민조차 인도적으로 대우하지 않는다.

상황이 나쁜 것은 사실이다. 따라서 나쁜 상황을 타개하려는 노력을 기울여야 한다. 미국과 유럽 전역에서 버니 샌더스 혹은 그와 비슷한 부류의 후보와 운동이 인기를 얻고 있다 해서 사회민주주의의 모든 것이 당장 임박한 것은 아니다. 사실 시리자에서 포데모스에 이르는 운동이나 제러미 코빈에서 샌더스에 이르는 인사들이 차례차례 실패하고 무너졌다. 이러한 현상을 경고로 받아들여야 한다. 앞서 중심부 국가에서 사회민주주의 또는 1940년대에서 1960년대 사이에 사회복지 프로그램이 탄생하게 된 역사적 환경을 설명한 이유가 바로 이것 때문이다. 이와 같은 주제를 다루는 글들 대부분은 사회민주주의가 승리한 이유를 노동운동이나 민중운동, (이해하기는 힘들지만) "냉전"에서 찾는다. 냉전은 1917년의 사건과 특히 소련이 나치 독일에 치명적으로 타격한 것이 계기가 되어 남반구와 북반구 모두에서 공산주의가 믿을 수 없을 만큼 높은 정당성을 인정받았던 일을 의미한다. 남반구에 공산주의가 확산되지 못하도록 방지하기 위해 북반구는 "개발 프로젝트"를 장려했다. 각국에서 좌파와 대치할 완충장치로 활용하기 위해 냉정한 태도로 각국의 민족-민중 지도자들을 용인했다. 이러한 분위기는 대량학살을 의미하는 자카르타 방법Jakarta Method을 통해 좌파를 제거하고 쿠데타를 통해 민족-민중 지도자를 권좌에서 끌어내리면서 막을 내렸다.[1] 개량주의적 프로그램을 도입하여 선출된 북반구의 정치 지도자들은 북반구에서 공산주의가 확산되지 못하도록 방지하기 위해 온갖 종류의 복지국가를 정착시켰다. 유럽 전역을 비롯한 전 세계 곳곳에 붉은 그림자가 드리우지 못하도록 막으려면 활용할 만한 다른 방법이 없었다.

여기서 세 가지 요점을 얻을 수 있다. 첫째, 민중의 개발은 계급투쟁의 결과라는 것. 민중의 개발은 위에서 하향식으로 허락해 준 것이 아니라 아래에서 상향식으로 성취한 것이다. 둘째, 인과관계를 확인하기 어려운 것이 사실이지만, 그럼에도 불구하고 계급투쟁은 전 세계적이라는 것. 셋째, 예로부터 글로벌 계급투쟁에 자본주의 완화가 아니라 자본주의 철폐를 목표로 하는 싸움이 포함되어 왔다는 것.

이 세 가지 요점이 오늘날 의미하는 바는 무엇일까? 진정한 반제국주의적 국제주의를 벗어난 녹색사회민주주의를 전환 단계로 여기는 미국 내 녹색사회민주주의 투쟁은 본질적으로 실패하고 말 것이라는 점이다. 북반구나 남반구, 국내 전선이나 해외에서나 훨씬 더 급진적인 목표를 위해 투쟁하지 않고 민중의 개발이 진행되었던 사례는 단 한번도 없었다. 한편 축소된 지평을 목표로 삼는 이론과 이념을 둘러싼 투쟁을 구축하면, 타협하여 축소된 목표조차도 달성하지 못할 것이다. 그러면 심지어 직접적으로 국가권력을 차지한 자칭 혁명정당조차도 목표를 달성하지 못할 것이다. 훨씬 더 개량적인 목표를 지향하는 정당이나 개인이 의회의 일부를 차지하거나 국가의 집행권 자체를 차지한다면 급진적이지 않은 지평에조차 다가갈 수 없을 것이다. 바로 이것이 자본주의 세계에서 일어나는 변화의 본질이다. 자본주의는 속일 수 없다. 오늘날에는 의회를 통해 순전히 적법한 방법을 통해 개혁을 시도하는 것이 유행이다. 그러나 그러한 방식으로는 축적 회로를 물어뜯을 수 없다.

나아가 타협이 불가능한 것으로 여겨지는 사람들과 그 사람들이 추진하는 프로그램은 배제된다. 포함되지 않은 사람들은 북반구의 개량주의와 기회주의가 유발한 비용을 떠안고 고통에 시달리고 있다. 만일 자본이 사회운동이나 정당의 압력을 받는다면 그리고 국내 중간계급에게 무언가를 내어줄 방법을 찾아야만 한다면, 내어줄 무언가를 다른 곳에서 가져와야만 한다. 그리고 바로 그 다른 곳이야말로 거기에 포함되지 않는 사람들이 사회적 투쟁과 정치적 투쟁을 벌이는 장이 될 것이다. 구체적으로 말하면 그 장소가 바로 남반구다. 이와 같은 경고는 절대 상상의 산물이 아니다. 북반구의 그린 뉴딜 담론에는 기후 부채 상환 의제가 빠져 있다. 이러한 현실은 일부 북반구 좌파가 이미 남반구가 제기하는 가장 근본적이고 가장 통일된 요구를 배제하는 프로그램을 준비하고 있다는 사실을 잘 드러내 준다. 버니 샌더스의 계획은 원료 채굴을 매우 강조한다. 그러면서 기후 부채 상환 문제는 거의 다루지 않는다. 샌더스의 계획에서는 군사 예산이 꾸준히 유지된다. 이러한 사실을 통해 샌더스가 수립한 계획의 목적이 세계체계의 변혁이 아니라는 사실을 확인할 수 있다(어쨌든 샌더스의 계획은 이미 사문이 되어 버렸다). 샌더스의 계획은 광물 채굴을 강조한다. 그러면 남반구는 북반구의 청정 전환이 유발한 비용을 떠안고 고통에 시달리게 될 것이다. 그렇다면 대안은 무엇일까?

운동의 이동을 향하여?

민중을 위한 그린 뉴딜은 지구사회주의, 생태사회주의가 되어야 한다. 그러기 위해 민중을 위한 그린 뉴딜은 처음부터 반제국주의와 국제주의를 구축해야 한다. 반제국주의와 국제주의를 구축하기 어려운 까닭은 북반구의 자본주의와 소비주의가 북반구-남반구 가치 흐름에 의존하는 정도에 달려 있기 때문이다. 즉, 자본은 남반구에서 북반구로 흘러들어간다. 북반구는 남반구의 평원, 사바나, 소나무 숲 그리고 저렴한 땅기, 사과, 사탕수수, 대두, 망간, 리튬, 구리, 석유, 물을 마음껏 사용한다. 북반구는 남반구를 오염시킬 특권을 누린다. 북반구는 과일과 채소를 수확하고, 광물을 채굴하며, 아이폰을 생산하는 노동을 과잉 착취한다. 무수히 많은 교환을 통해 북반구에 부가 쌓이는 것이다.

　남반구에서 북반구로 자본이 지속적으로 흘러 들어가는 구조에 맞선 싸움은 경제적 형태, 생산적 형태, 정치적 형태를 취할 수 있다. 사실 이 세 가지 형태의 투쟁이 결합될 필요가 있다. 북반구는 남반구의 토지, 노동, 생명을 채굴하여 못 쓰게 만드는 과정에 의존하지 않고도 지금보다 더 많이 생산할 수 있다. 그럼으로써 북반구는 남반구의 생산기반을 보충하는 방식으로 생산기반을 재구축할 수 있을 것이다. 그럼으로써 북반구는 남반구의 자원에 더 이상 의존하지 않게 될 것이고 기후 부채를 청산하게 될 것이다. 이와 동시에 북반구 생산 부문을 재조정하는 데도 초점을 맞춰야 한다. 그러면 공정한 전환을 이끄는 정치적 동인이 희미하게나마 그 모습을 드러낼 것이다. 민중은 기존의 장점을 바탕으로 노동자와 함께 녹색 이행을 추구하며 제국주의와 맞서 싸움으로써 삶을 개선할 수 있다는 사실을 알게 될 것이다. 한편 이와 같은 이행은 명백한 국제주의와 결합될 수 있다. 국제주의는 기후 부채 상환을 주장하고 주변부 국가의 정치적 주권을 존중한다. 민중이 이와 같은 사실을 알게 되면 국제주의를 실현하는 데 필요한 동맹과 사회적 기반을 벼려 낼 가능성이 더 높아질 것이다. 그리고 이와 같은 국제주의는 대중을 기반으로 영구적인 사회 변화를 추구해 나갈 것이다.

　이러한 전환이 이루어진다고 해서 북반구에서 생활하는 사람들의 삶의 질이 떨어지는 것은 아니다. 사실 오늘날의 사회체계는 남반구에 대한 대규모 약탈에 기반하고 있다. 그럼에도 불구하고 북반구에서 생활하는 이들의 삶의 질 또한 형편없는 상황이다. 즉, 오늘날의 사회체계는 일부 부문을 제거함으로써 나머지가 성장하는 구조이며 인류를 위해 지구와 남반구의 산업화를 통제하는 구조다. 산업화 통제가 곧 산업화 제거를 의미하는 것은 아니다. 복잡한 형태로 이루어지는 경제적 상호교환과 경제적 상호의존도 사라지지 않을 것이다. 산업화 통제는 북반구가 불필요할 정도로 과잉 산업화되었으면서도 노동계급의 생활에 아무런 이점을 제공하지 못하는 현실에 대한 이해와 맞닿아 있다. 북반구 산업자본과 이들이 장려하는 소비는 남반구의 탈개발과 저개발에 크게 의존한다. 산업화 통제는 이와 같은 현실을 인정하는 일과 맞닿아 있다. 산업은 글로벌 과정의 일부다. 글로벌 과정을 통해 첨단 재화가 중심부 국가에 모여들고 폐기물, 오염, 빈곤은 주변부 국가에 집중된다. 바로 이와 같은 현실에 힘입어 탈성장 담론이 등장했다. 아마도 모든 사람이 중심부 국가의 경제 부문 가운데 일부를 크게 개편하거나 제거해야 한다는 데 동의할 수 있을 것이다.

　자본주의는 유용한 것을 생산하는 체계가 아니다. 자본주의는 폐기물을 생산하는 체계다.[2] 바로 이 생각이 이 책에서 수행한 분석의 주춧돌이다. 자본주의 체계의 기존 기술과 생산력을 감안할 때, 자본주의 체계가 강조하는 기술과 이 체계가 기술을 분배하는 방식 때문에 민중이 본인에게 주어진 수명을 모두 누리지 못하고 사망한다. 결국 자본주의는 생산력에 족쇄를 채운다. 자본주의는 이윤을 얻기 위해 생산하는 체계다. 따라서 자본주의가 사라지면 이윤을 얻는 과정에서 발생하는 무수한 비효율성과 비합리성도 사라질 것이다. 농업에서 제조업에 이르는 부문에서 인간이 현재 보유하고 생산하고 있는 재화의 종류를 바꿔야 한다. 산업화를 운송, 보건 의료, 교육의 수단으로 바꿔야 한다. 그러면 더 적은 자원을 사용해서 인류에게 유용한 재화를 더 많이 생산할 수 있을 것이다. 오염 처리와 정화에 자원을 사용하여 인류가 원하는 수준으로 폐기물을 줄일 수 있을 것이다.

민중의 보호를 통한 개발

북반구에서 이루어지는 민중 개발은 북반구와 남반구 민중의 삶을 모두 개선하는 방식으로 나아가야 한다. 북반구에서 이와 같은 민중 개발을 시작하려면 빈민에게 유용한 재화를 생산해야 하고 그 과정에서 남반구의 사회와 환경에 피해를 유발해서는 안 될 것이다. 따라서 어떤 부문, 어떤 산업의 재화 생산을 늘려야 할지 생각해 보아야 한다. 목표 선정은 어렵지 않다. 자본주의 체계에는 오직 이윤을 만들어 내는 자본주의의 역량을 보호할 목적으로만 존재하는 부문이 많기 때문이다. 무엇보다 순전히 폐기물만 양산하는 북반구의 생산 능력을 제거해야 한다. 바로 군대를 제거하자. 군수물자를 빨아들이던 거대한 싱크홀이 폐쇄되면 북반구의 생산자원을 활용하여 북반구에서 생활하는 사람들의 필요에 부응하기가 훨씬 수월해질 것이다.

녹색-에너지 식민주의를 바탕으로 몰수한 토지에서 바이오연료를 생산하거나 핵 또는 석유와 석탄을 채굴하는 방식보다 전적으로 국내에서 재생에너지를 생산하여 공급하고 기계를 제작하는 방식이 더 선호될 것이다. 국내에서 생산한 기계에 투입할 원료는 최대한 지역에서 조달되어야 한다(지역에서 원료를 조달하지 못한다면 원료는 국제시장에서 가격 협상의 대상이 된다. 물론 국제시장에서 이뤄지는 가격 협상을 더 공정하게 만들 방법도 있다). 노동과 생산은 수렴할 것이다. 중심부 국가의 실업자와 불완전고용 노동자를 위한 일자리가 더 많이 창출될 것이기 때문이다. 물론 창출된 일자리의 물적 기반이 본원적 축적 또는 불공평 교환을 통해 남반구에서 약탈한 것이어서는 안 된다.

보건 의료는 산업중심적인 형태에서 지식중심적인 형태로 이행할 것이다. 이와 같은 형태의 보건 의료는 중심부 국가에서 더 많은 일자리를 창출할 것이다. 보건 의료 부문 숙련 노동자 및 보건 의료 노동자를 교육하는 부문에서 일자리가 창출될 것이다. 산업화된 의료, 대응 의료에 집중하는 대신 영양 공급을 비롯한 일차의료를 바탕으로 하는 공동체 중심의 예방 의료에 초점을 맞추면 보건 의료의 성과도 훨씬 높아질 것이다. 오늘날 보건 의료는 이윤을 창출할 수 있는 방식으로 조직되어 있다. 그러나 환경에 미치는 영향을 최소화하고 글로벌 수준에서 인간의 복리를 극대화하려는 목표에 초점을 맞춘다면, 근대 의료 연구 체계의 형태를 갖추지 않더라도 일차의료를 바탕으로 하는 공동체 중심의 예방 의료를 실현할 수 있을 것이다.

농업 부문이 중요하다. 주변부의 자원이나 노동을 사용하지 않고서도 수행할 수 있는 부문이기 때문이다. 국내의 자원과 노동만을 활용하여 농업을 실천하는 농생태학을 활용하면 자연 환경과 생물다양성을 보호하고 토지를 돌보며 글로벌 수준에서 빈민을 더 가난하게 만드는 바이러스를 물리치거나 바이러스를 막을 완충장치를 구축할 수 있다.

그렇다면 누가 무엇을 해야 할 것인가? 구체적으로는 다음과 같다. 전국 곳곳에 포진해 있는 공동체 에너지 협동조합. 전국적인 무료 예방 보건 의료를 요구하는 의사, 간호사와 평범한 사람들. 제3세계 연대의 심장부에서 생활 터전을 잃은 이들, 불법 이민에 내몰린 이들, 난민 공동체와 민중에 복무하는 일에 초점을 맞추는 레닌주의자와 자율주의자들의 편제. 책임성 있는 경관 관리를 위한 지적 토대를 재구축하려는 연구 집단과 농업 연구소. 적절한 재료를 사용하여 작업하는 생태 민중주의 설계자와 건축가, 예술가, 수공예 장인. 회색 공간에 이산화탄소를 흡수하는 화초를 접목하는 지방자치단체. 부락, 마을, 도시 수준에서 대규모 대중교통 투자에 대한 주민투표를 시행하고 자전거 타기와 걷기로 이행하여 인간에게 적당한 규모의 도시 조성.

이러한 모든 활동은 기후 부채 상환 요구, 제3세계 국가의 주권 존중 요구, 정착식민 국가의 탈식민 요구와 함께 국제주의적 관점에서 수행될 수 있다. 이러한 일들이 실제로 수행될 수 있을지의 문제는 정치에 달려 있다. 즉, 우리의 선택과 투쟁에 달려 있다.

후주

1   Robinson Meyer, "So Has the Green New Deal Won Yet?," *The Atlantic*, November 15, 2019에서 재인용, www.theatlantic.com/science/archive/2019/11/did-green-new-deal-win-look-after-one-year/602032/.

2   Stephen R. Gliessman, *Agroecología: procesos ecológicos en agricultura sostenible* (CATIE, 2002), 13.

3   Thomas L. Friedman, "Thomas L. Friedman: The Power of Green," *The New York Times*, April 15, 2007, sec. Opinion, www.nytimes.com/2007/04/15/opinion/15iht-web-0415edgreen-full.5291830.html.

4   "A Green New Deal for Europe," Election platform, 2009, https://dnpprepo.ub.rug.nl/562/.

5   Charlotte Kates, "Criminalizing Resistance," *Jacobin* (블로그), January 27, 2014, www.jacobinmag.com/2014/01/criminalizing-resistance/.

6   Alexandria Ocasio-Cortez, "Text – H.Res.109 – 116th Congress (2019–2020): Recognizing the Duty of the Federal Government to Create a Green New Deal," 웹페이지, February 12, 2019, 2019/2020, www.congress.gov/bill/116th-congress/house-resolution/109/text.

7   Ocasio-Cortez.

8   "DSA's Green New Deal Principles – DSA Ecosocialists," accessed February 1, 2021, https://ecosocialists.dsausa.org/2019/02/28/gnd-principles/

9   Zak Cope, *The Wealth of (Some) Nations: Imperialism and the Mechanics of Value Transfer* (Pluto Press, 2019).

10   "Call;," *World People's Conference on Climate Change and the Rights of Mother Earth* (블로그), January 15, 2010, https://pwccc.wordpress.com/2010/01/15/call/.

11   Naomi Klein, "A New Climate Movement in Bolivia," *The Nation,* accessed August 20, 2020, www.thenation.com/article/archive/new-climate-movementbolivia/.

12   "Rights of Mother Earth," *World People's Conference on Climate Change and the Rights of Mother Earth* (블로그), January 4, 2010, https://pwccc.wordpress.com/programa/.

13   "People's Agreement of Cochabamba," World People's Conference on Climate Change and the Rights of Mother Earth (블로그), April 24, 2010, https://pwccc.wordpress.com/2010/04/24/peoples-agreement/. 선언문 직접 인용.

14   Caspar A. Hallmann et al., "More than 75 Percent Decline over 27 Years in Total Flying Insect Biomass in Protected Areas," *PLOS ONE* 12, no. 10 (October 18, 2017): e0185809, https://doi.org/10.1371/journal.pone.0185809.

15   Sam Moyo, Praveen Jha, and Paris Yeros, "The Classical Agrarian Question: Myth, Reality and Relevance Today," *Agrarian South: Journal of Political Economy* 2, no. 1 (2013): 113.

16   Samir Amin, "Accumulation and Development: A Theoretical Model," *Review of African Political Economy,* no. 1 (August 1, 1974): 9, https://doi.org/10.2307/3997857.

17   Samir Amin, *Accumulation on a World Scale: A Critique of the Theory of Underdevelopment* (Monthly Review Press, 1974) [국역: 《세계적 규모의 자본축적 1, 2》, 김대환 옮김, 한길사, 1986]; Giovanni Arrighi and Jessica Drangel, "The Stratification of the World-Economy: An Exploration of the Semiperipheral Zone," *Review* (Fernand Braudel Center) 10, no. 1 (1986): 9–74.

18   Frantz Fanon, *The Wretched of the Earth*, tr. from the French by Constance Farrington (Grove Press, 1963), 102. [국역: 《대지의 저주받은 사람들》, 남경태 옮김, 그린비, 2010]

19   Walter Rodney, *How Europe Underdeveloped Africa* (Fahamu/Pambazuka, 2012); Eduardo Galeano, *Open Veins of Latin America: Five Centuries of the Pillage of a Continent* (NYU Press, 1997). [국역: 《수탈된 대지: 라틴아메리카 5백년사》, 박광순 옮김, 범우사, 1999]

20   Frantz Fanon, *The Wretched of the Earth*, tr. from the French by Constance Farrington (Grove Press, 1963), 102.

1장

1   Jonathan Woetzel et al., "Climate Risk and Response, Physical Hazards and Socioeconomic Impacts" (McKinsey Consulting, January 2020).

2   Robert W. McChesney, *The Political Economy of Media: Enduring Issues, Emerging Dilemmas* (Monthly Review Press, 2008).

3   "Nature Risk Rising: Why the Crisis Engulfing Nature Matters for Business and the Economy," World Economic Forum, 8, accessed October 17, 2020, www.weforum.org/reports/nature-risk-rising-why-the-crisis-engulfing-nature-matters-for-business-and-the-economy/.

4   Philip McMichael, "Commentary: Food Regime for Thought," *The Journal of Peasant Studies* 43, no. 3 (2016): 660.

5   Daniela Gabor, "The Wall Street Consensus," July 2020, https://osf.io/preprints/socarxiv/wab8m/.

6   Angela Mitropoulos, "Playing With Fire: Securing the Borders of a Green New Deal," *New Socialist*, January 12, 2020, http://newsocialist.org.uk/playing-fire-securing-borders/.

7 Walter Benjamin, "On the Concept of History," 1940, www.marxists.org/reference/archive/benjamin/1940/history.htm. [국역:《역사의 개념에 대하여 / 폭력 비판을 위하여 / 초현실주의 외》, 최성만 옮김, 길, 2008]

8 "Nature Risk Rising," 20–21.

9 Giovanni Batz, "Destabilized by US Imperialism, Central America Now Faces Climate Catastrophes," *The Red Nation* (블로그), November 20, 2020, http://therednation.org/destabilized-by-us-imperialism-central-america-now-faces-climate-catastrophes/.

10 Andres Schipani, "Bolivia's 'Environmentalist' President Morales under Fire over Amazon," August 30, 2019, www.ft.com/content/a7bd5aea-c92d-11e9-a1f4-3669401ba76f; 생태계에 대한 무책임한 행동이라는 주장을 반박하는 논리에 대해서는 다음을 참고하라. "Federico Fuentes on Twitter," Twitter, accessed October 30, 2020, https://twitter.com/FredFuentesGLW/status/1169516326227808256.

11 Nick Estes, *Our History Is the Future: Standing Rock Versus the Dakota Access Pipeline, and the Long Tradition of Indigenous Resistance* (Verso Books, 2019); Roxanne Dunbar-Ortiz, *An Indigenous Peoples' History of the United States* (Beacon Press, 2014).

12 Arun Kundnani, *The Muslims Are Coming!: Islamophobia, Extremism, and the Domestic War on Terror* (Verso Books, 2014).

13 Amar Bhattacharya et al., "Aligning G20 Infrastructure Investment with Climate Goals & the 2030 Agenda," Foundations 20 Platform, a Report to the G20 (The Brookings Institution & Global Development Policy Center, 2019).

14 "Future We Want – Outcome Document. Sustainable Development Knowledge Platform," accessed October 18, 2020, https://sustainabledevelopment.un.org/futurewewant.html.

15   Bridget O'Laughlin, "Book Reviews," *Development and Change* 35, no. 2 (2004): 387, https://doi.org/10.1111/j.1467-7660.2004.00357.x.

16   David Spratt and Ian Dunlop, "What Lies Beneath: The Understatement of Existential Climate Risk," *Breakthrough (National Centre for Climate Restoration)*, 2018.

17   Martin Glaberman, Wartime *Strikes: The Struggle Against the NoStrike Pledge in the UAW During World War II* (Bewick/Ed, 1980); Bruce Nelson, "Organized Labor and the Struggle for Black Equality in Mobile during World War II," *The Journal of American History* 80, no. 3 (1993): 952–88.

18   John Bellamy Foster, "Malthus' Essay on Population at Age 200: A Marxian View," *Monthly Review* 50, no. 7 (1998): 1. [국역:《생태계의 파괴자 자본주의》, 추선영 옮김, 책갈피, 2007 수록]

19   Amartya Sen, "Ingredients of Famine Analysis: Availability and Entitlements," *The Quarterly Journal of Economics* 96, no. 3 (August 1, 1981): 433–64, https://doi.org/10.2307/1882681.

20   Utsa Patnaik, "Profit Inflation, Keynes and the Holocaust in Bengal, 1943–44," *Economic & Political Weekly* 53, no. 42 (2018): 33; Mike Davis, *Late Victorian Holocausts: El Nino Famines and the Making of the Third World* (Verso Books, 2002). [국역:《엘니뇨와 제국주의로 본 빈곤의 역사》, 정병선 옮김, 이후, 2008]

21   Frances Moore Lappe et al., *World Hunger: 12 Myths* (Grove Press, 1998). [국역:《굶주리는 세계: 식량에 관한 열두 가지 신화》, 허남혁 옮김, 창비, 2003]

22   William J. Ripple et al., "World Scientists' Warning of a Climate Emergency," *BioScience,* accessed December 2, 2019, https://doi.org/10.1093/biosci/biz088.

23   "Our Patrons," Population Matters | Every Choice Counts | Sustainable World Population, September 19, 2018, https://populationmatters.org/our-patrons.

24   Betsy Hartmann, "Converging on Disaster: Climate Security and the Malthusian Anticipatory Regime for Africa," *Geopolitics* 19, no. 4 (2014): 757–83; Diana Ojeda, Jade S. Sasser, and Elizabeth Lunstrum, "Malthus's Specter and the Anthropocene," *Gender, Place & Culture* 27, no. 3 (2020): 316–32.

25   Amanda Shaw and Kalpana Wilson, "The Bill and Melinda Gates Foundation and the Necro-Populationism of 'Climate-Smart' Agriculture," *Gender, Place & Culture* 27, no. 3 (August 7, 2019): 370–93, https://doi.org/10.1080/096636 9X.2019.1609426.

26   Ruy Mauro Marini, "Subdesarrollo y Revolución" (Siglo Veintiuno Editores Mexico City, 1969).

27   Ali Kadri, *Arab Development Denied: Dynamics of Accumulation by Wars of Encroachment* (Anthem Press, 2015); Ali Kadri, *Imperialism with Reference to Syria* (Springer, 2019).

28   Benjamin Neimark, Oliver Belcher, and Patrick Bigger, "US Military is a Bigger Polluter than as Many as 140 Countries – Shrinking This War Machine Is a Must," *The Conversation*, accessed January 13, 2021, http://theconversation.com/ us-military-is-a-bigger-polluter-than-as-many-as-140-countries-shrinking-this-war-machine-is-a-must-119269.

29   "Plan for Climate Change and Environmental Justice | Joe Biden," Joe Biden for President: 공식 선거운동 웹사이트, accessed November 16, 2020, https:// joebiden.com/climate-plan/.

30   Department of Defense, "National Security Implications of Climate-Related Risks and a Changing Climate" (Department of Defense, July 23, 2015), 3–4.

31   Office of the Under Secretary of Defense for Acquisition and Sustainment, "Report on Effects of a Changing Climate to the Department of Defense," January 2019, 5.

32   Office of the Under Secretary of Defense for Acquisition and Sustainment, 10–13.

33   https://medium.com/@teamwarren/our-military-can-help-lead-the-fight-in-
      combating-climate-change-2955003555a3.

34   "Department of Defense Climate Resiliency and Readiness Act (S. 1498),"
      GovTrack.us, accessed February 19, 2020, www.govtrack.us/congress/bills/116/
      s1498.

35   "Department of Defense Climate Resiliency and Readiness Act (S. 1498),"
      23–24.

36   "Department of Defense Climate Resiliency and Readiness Act (S. 1498),"
      26–27.

37   Jeremy Rifkin, *The Green New Deal: Why the Fossil Fuel Civilization Will
      Collapse by 2028, and the Bold Economic Plan to Save Life on Earth* (St Martin's
      Publishing Group, 2019), 132–39. [국역: 《글로벌 그린 뉴딜》, 안진환 옮
      김, 민음사, 2020]

38   Bhattacharya et al., "Aligning G20 Infrastructure Investment with Climate Goals
      & the 2030 Agenda," 3.

39   Werner Hoyer, "Without Private Finance, There Will Be No Green Transition.
      Here Is What Needs to Happen," World Economic Forum, accessed February 19,
      2020, https://www.weforum.org/agenda/2019/09/how-we-should-be-investing-
      in-the-green-transition/.

40   Climate Finance Leadership Initiative, "Financing the Low-Carbon Future: A
      Private-Sector View on Mobilizing Climate Finance," September 2019, 8.

41   Climate Finance Leadership Initiative, 10.

42   Climate Finance Leadership Initiative, 47.

43   "Technology Transfer Will be Part of Copenhagen Climate Deal," *Intellectual
      Property Watch* (블로그), September 16, 2009, www.ip-watch.org/2009/09/16/
      technology-transfer-will-be-part-of-copenhagen-climate-deal/.

44   Climate Finance Leadership Initiative, 11.

45   Rifkin, *The Green New Deal*, 24.

46   Rifkin, 141.

47   Rifkin, 185.

48   Caroline Lucas, "A Green New Deal Offers Hope for a Better Future – We Need to Set out a Positive Vision," *The Green New Deal Group* (블로그), October 22, 2019, https://greennewdealgroup.org/a-green-new-deal-offers-hope-for-a-better-future-we-need-to-set-out-a-positive-vision/.

49   Mariana Mazzucato, "How Industrial Strategy Can Drive a Green New Deal," IPPR, October 23, 2019, www.ippr.org/blog/industrial-strategy-drive-green-new-deal-mariana-mazzucato.

50   Gabor, "The Wall Street Consensus," 20.

51   Edward O. Wilson, *Half-Earth: Our Planet's Fight for Life* (W. W. Norton & Company, 2016). [국역:《지구의 절반》, 이한음 옮김, 사이언스북스, 2017]

52   https://allianceforscience.cornell.edu/blog/2018/08/sparing-half-earth-nature-still-feeding-humanity/. https://allianceforscience.cornell.edu/about/funders/.

53   Bram Büscher, "Reassessing Fortress Conservation? New Media and the Politics of Distinction in Kruger National Park," *Annals of the Association Of American Geographers* 106, no. 1 (2016): 114–29, https://doi.org/10.1080/00045608.2015.1095061.

54   A. Deutz and G. Heal, "Financing Nature: Closing the Global Biodiversity Finance Gap Report," The Paulson Institute, The Nature Conservancy and the Cornell Atkinson Center for Sustainability, 2020, www.nature.org/en-us/what-we-do/our-insights/reports/financing-nature-biodiversity-report/.

55   John Lynch and Raymond Pierrehumbert, "Climate Impacts of Cultured Meat

and Beef Cattle," *Frontiers in Sustainable Food Systems* 3 (2019), https://doi.org/10.3389/fsufs.2019.00005.

56   "Stordalen Foundation," Stordalen Foundation, accessed October 18, 2020, www.stordalenfoundation.no; "What Is EAT," EAT, accessed October 18, 2020, https://eatforum.org/about/who-we-are/what-is-eat/.

57   Diana K. Davis, *Resurrecting the Granary of Rome: Environmental History and French Colonial Expansion in North Africa* (Ohio University Press, 2007).

58   "Intensive Monoculture Is Putting Water Systems in Peril," accessed January 24, 2021, https://phys.org/news/2020-09-intensive-monoculture-peril.html.

59   Vera, Grazing *Ecology and Forest History.*

60   Prafulla Kalokar and Kanna Siripurapu, "Is the Environment for Taking From or for Giving To? A Young Indigenous Economist Finds Answers in His Own Culture," *Terralingua* (블로그), Otober 16, 2020, https://terralingua.org/langscape_articles/is-the-environment-for-taking-from-or-for-giving-to-a-young-indigenous-economist-finds-answers-in-his-own-culture/.

61   "Stordalen Foundation," Stordalen Foundation, accessed October 18, 2020, www.stordalenfoundation.no; "What Is EAT," EAT, accessed October 18, 2020, https://eatforum.org/about/who-we-are/what-is-eat/.

62   https://www.wbcsd.org/Overview/About-us.

63   The Food and Land Use Coalition, "Growing Better:Ten Critical Transitions to Transform Food and Land Use," September 2019, 122.

64   Walter Willett et al., "Food in the Anthropocene: The EAT–ancet Commission on Healthy Diets from Sustainable Food Systems," *The Lancet* 393, no. 10170 (February 2, 2019): 447–92, https://doi.org/10.1016/S0140-6736(18)31788-4.

65   Wim Carton, "Carbon Unicorns and Fossil Futures. Whose Emission Reduction Pathways is the IPCC Performing?," 2020.

66   "Australian Industry Energy Transitions Initiative | ETC," *Energy Transitions Commission* (블로그), accessed October 7, 2020, www.energy-transitions.org/publications/australian-industry-energy-transitions-initiative/.

67   European Commission, "Powering a Climate-Neutral Economy: An EU Strategy for Energy System Integration" (European Union, July 2020).

68   Senate Democrats' Special Committee on the Climate Crisis, "The Case for Climate Action," August 25 2020, www.schatz.senate.gov/imo/media/doc/SCCC_Climate_Crisis_Report.pdf.

69   Energy Transitions Commission, "Towards a Low-Carbon Steel Sector," *Energy Transitions Commission* (블로그), 2019, www.energy-transitions.org/publications/towards-a-low-carbon-steel-sector/.

70   Corporate Europe Observatory, "Research and Destroy: The Factories of the Industrial Bioeconomy Threaten the Climate and Biodiversity," 2020.

71   "Making Mission Possible: Delivering a Net-Zero Economy" (Energy Transitions Commission, 2020), www.energy-transitions.org/publications/making-mission-possible/.

72   Thibaud Clisson, "Is Carbon Capture and Storage a Complete Waste of Time and Effort?," *Investors' Corner, BNP Paribas* (블로그), May 29, 2018, https://investors-corner.bnpparibas-am.com/investing/carbon-capture-storage/.

2장

1   Arnim Scheidel et al., "Ecological Distribution Conflicts as Forces for Sustainability: An Overview and Conceptual Framework," *Sustainability Science* 13, no. 3 (2018): 585–98.

2   제야드 엘 나불시 덕분에 명확한 논거를 제시할 수 있었다.

3   David F. Noble, "Social Choice in Machine Design: The Case of Automatically
     Controlled Machine Tools, and a Challenge for Labor," *Politics & Society* 8, no.
     3–4 (1978): 313–47; Andreas Malm, *Fossil Capital: The Rise of Steam-Power
     and the Roots of Global Warming* (Verso, 2016). [국역:《화석 자본: 증기력의
     발흥과 지구온난화의 기원》, 위대현 옮김, 두번째테제, 2023]

4   Amiya Kumar Bagchi, *Perilous Passage: Mankind and the Global Ascendancy of
     Capital* (Rowman & Littlefield Publishers, 2008).

5   Mike Davis, *Late Victorian Holocausts: El Nino Famines and the Making of the
     Third World* (Verso Books, 2002).

6   Fernando Estenssoro and Eduardo Deves Valdés, "Antecedentes históricos
     del debate ambiental global: Los primeros aportes latinoamericanos al origen
     del concepto de Medio Ambiente y Desarrollo (1970–1980)," *Estudos Ibero-
     Americanos* 39, no. 2 (2013): 237–61; Max Ajl, "Delinking's Ecological Turn:
     The Hidden Legacy of Samir Amin," ed. Ushehwedu Kufakurinani, Ingrid
     Harvold Kvangraven, and Maria Dyveke Styve, *Review of African Political
     Economy,* no. Samir Amin and Beyond: Development, Dependence and
     Delinking in the Contemporary World (2021).

7   Clifford D. Conner, *A People's History of Science: Miners, Midwives, and Low
     Mechanicks* (Hachette UK, 2009). [국역:《과학의 민중사》, 김명진, 안성우,
     최형섭 옮김, 사이언스북스, 2014]

8   Mark Elvin, "Why China Failed to Create an Endogenous Industrial Capitalism,"
     Theory and Society 13, no. 3 (1984): 379–91.

9   "People's Agreement of Cochabamba"; Rikard Warlenius, Gregory Pierce, and
     Vasna Ramasar, "Reversing the Arrow of Arrears: The Concept of 'Ecological
     Debt' and Its Value for Environmental Justice," *Global Environmental Change*
     30 (2015): 21–30.

10 Utsa Patnaik, "Revisiting the 'Drain', or Transfers from India to Britain in the Context of Global Diffusion of Capitalism," in *Agrarian and Other Histories: Essays for Binay Bhushan Chaudhuri*, ed. Shubhra Chakrabarti and Utsa Patnaik (Tulika Books, 2017), 277–318; Alec Gordon, "Netherlands East Indies: The Large Colonial Surplus of Indonesia, 1878–1939," *Journal of Contemporary Asia* 40, no. 3 (August 1, 2010): 425–43, https://doi.org/10.1080/00472331003798392; Sidney Wilfred Mintz, *Sweetness and Power: The Place of Sugar in Modern History* (Penguin Books, 1986) [국역: 《설탕과 권력》, 김문호 옮김, 지호, 1998]; Alf Hornborg, "Footprints in the Cotton Fields: The Industrial Revolution as Time–Space Appropriation and Environmental Load Displacement," *Ecological Economics* 59, no. 1 (2006): 74–81; Eric Williams, *Capitalism and Slavery* (UNC Press Books, 2014). [국역: 《자본주의와 노예제도》, 김성균 옮김, 우물이있는집, 2014]

11 Rodney, *How Europe Underdeveloped Africa; Amin, Accumulation on a World Scale*; Celso Furtado, "Development and Stagnation in Latin America: A Structuralist Approach," *Studies in Comparative International Development* 1, no. 11 (November 1965): 159–75, https://doi.org/10.1007/BF02800594; Vania Bambirra, *El Capitalismo Dependiente Latinoamericano* (Siglo XXI, 1999).

12 Chad Montrie, *A People's History of Environmentalism in the United States* (A&C Black, 2011), 119–30.

13 Max Ajl, "Auto-Centered Development and Indigenous Technics: Slaheddine El-Amami and Tunisian Delinking," *Journal of Peasant Studies* 46, no. 6 (2019): 1240–63; Max Ajl and Divya Sharma, "Transversal Countermovements: The Afterlives of the Green Revolution in Tunisia and India." (15th Meeting of International Society for Ecological Economics, Puebla, Mexico, September 10, 2018); Artemio Cruz León et al., "La Obra Escrita de Efraín Hernández

Xolocotzi, Patrimonio y Legado," *Revista de Geografía Agrícola*, no. 50–51 (2013): 7–29; Vandana Shiva, *The Violence of the Green Revolution: Third World Agriculture, Ecology, and Politics* (University Press of Kentucky, 2016); Victor M. Toledo and Narciso Barrera-Bassols, *La Memoria Biocultural: La Importancia Ecológica de Las Sabidurías Tradicionales*, vol. 3 (Icaria editorial, 2008); Azzam Mahjoub, "Technologie et Developpement" (Universite d'Aix-Marseille-II, 1982).

14   Fernando Estenssoro and Eduardo Deves Valdés, "Antecedentes históricos del debate ambiental global: Los primeros aportes latinoamericanos al origen del concepto de Medio Ambiente y Desarrollo (1970–1980)," *Estudos Ibero-Americanos* 39, no. 2 (2013): 237–61; Max Ajl, "Delinking's Ecological Turn: The Hidden Legacy of Samir Amin," ed. Ushehwedu Kufakurinani, Ingrid Harvold Kvangraven, and Maria Dyveke Styve, *Review of African Political Economy*, no. Samir Amin and Beyond: Development, Dependence and Delinking in the Contemporary World (2021).

15   Arthur P. J. Mol, "Ecological Modernisation and Institutional Reflexivity: Environmental Reform in the Late Modern Age," *Environmental Politics* 5, no. 2 (June 1, 1996): 310, https://doi.org/10.1080/09644019608414266.

16   Maarten Hajer, "Ecological Modernisation as Cultural Politics," *Risk, Environment and Modernity: Towards a New Ecology* 253 (1996).

17   John Bellamy Foster, "The Planetary Rift an the New Human Exemptionalism: A Political-Economic Critique of Ecological Modernization Theory," *Organization & Environment* 25, no. 3 (2012): 228.

18   Michael Shellenberger and Ted Nordhaus, "The Death of Environmentalism," *Geopolitics, History, and International Relations* 1, no. 1 (2009): 121–63.

19   "An Ecomodernist Manifesto," accessed February 10, 2020, www.ecomodernism. org.

20   "An Ecomodernist Manifesto," 6–7.

21   "An Ecomodernist Manifesto," 7, 9.

22   "An Ecomodernist Manifesto," 12.

23   "An Ecomodernist Manifesto," 17.

24   "An Ecomodernist Manifesto," 20.

25   "An Ecomodernist Manifesto," 29.

26   Carolyn Merchant, *The Death of Nature: Women, Ecology, and the Scientific Revolution* (HarperCollins, 1990). [국역:《자연의 죽음: 여성과 생태학, 그리고 과학혁명》, 전규찬 옮김, 미토, 2005]

27   Dina Gilio-Whitaker, *As Long As Grass Grows: The Indigenous Fight for Environmental Justice from Colonization to Standing Rock* (Beacon Press, 2019).

28   Aaron Bastani, *Fully Automated Luxury Communism: A Manifesto* (Verso Books, 2020), 117–31. [국역:《완전히 자동화된 화려한 공산주의: 21세기 공산주의 선언》, 김민수, 윤종은 옮김, 황소걸음, 2020]

29   "Asteroid Mining to Shape the Future of Our Wealth," *Interesting Engineering*, November 6, 2020에서 인용, https://interestingengineering.com/asteroid-mining-to-shape-the-future-of-our-wealth.

30   Marc M. Cohen, "Robotic Asteroid Prospector (RAP)," n.d., 86.

31   Aaron Bastani, *Fully Automated Luxury Communism: A Manifesto* (Verso Books, 2020), 165–67.

32   Harry M. Cleaver, "The Contradictions of the Green Revolution," *The American Economic Review* 62, no. 1/2 (1972): 177–86; Raj Patel, "The Long Green Revolution," *The Journal of Peasant Studies* 40, no. 1 (2013): 1–63; Divya Sharma, "Techno-Politics, Agrarian Work and Resistance in Post-Green Revolution Punjab, India" (Dissertation, Cornell University, 2017).

33   Sigrid Schmalzer, *Red Revolution, Green Revolution: Scientific Farming in Socialist China* (University of Chicago Press, 2016), 2에서 인용.

34 Ann Raeboline Lincy Eliazer Nelson, Kavitha Ravichandran, and Usha Antony, "The Impact of the Green Revolution on Indigenous Crops of India," *Journal of Ethnic Foods* 6, no. 1 (October 1, 2019): 8, https://doi.org/10.1186/s42779-019-0011-9.

35 Richa Kumar, "India's Green Revolution and Beyond," *Economic and Political Weekly* 54, no. 34 (2019): 41.

36 Max Ajl and Divya Sharma, "Transversal Countermovements: The Afterlives of the Green Revolution in Tunisia and India." (15th Meeting of International Society for Ecological Economics, Puebla, Mexico, September 10, 2018).

37 Aaron Bastani, *Fully Automated Luxury Communism: A Manifesto* (Verso Books, 2020), 169.

38 "Nutrition Country Profiles: Bangladesh Summary," accessed January 31, 2021, www.fao.org/ag/agn/nutrition/bgd_en.stm.

39 Aaron Bastani, *Fully Automated Luxury Communism: A Manifesto* (Verso Books, 2020), 169–70.

40 "U.S. Could Feed 800 Million People with Grain That Livestock Eat, Cornell Ecologist Advises Animal Scientists," *Cornell Chronicle*, August 7, 1997, https://news.cornell.edu/stories/1997/08/us-could-feed-800-million-people-grain-livestock-eat.

41 Hannah Ritchie and Max Roser, "Land Use," *Our World in Data*, November 13, 2013, https://ourworldindata.org/land-use.

42 Aaron Bastani, *Fully Automated Luxury Communism: A Manifesto* (Verso Books, 2020), 170.

43 Carolyn S. Mattick et al., "Anticipatory Life Cycle Analysis of In Vitro Biomass Cultivation for Cultured Meat Production in the United States," *Environmental Science & Technology* 49, no. 19 (October 6, 2015): 11941–49, https://doi.org/10.1021/acs.est.5b01614.

44   Jason Hickel and Giorgos Kallis, "Is Green Growth Possible?," *New Political Economy*, 2019, 1–18.

45   Xujia Jiang et al., "Revealing the Hidden Health Costs Embodied in Chinese Exports," *Environmental Science & Technology* 49, no. 7 (April 7, 2015): 4381–88, https://doi.org/10.1021/es506121s.

46   T. Wiedmann and M. Lenzen, "Environmental and Social Footprints of International Trade," *Nature Geoscience* 11 (2018), 314–21.

47   Alexander Dunlap, "Counterinsurgency for Wind Energy: The Bii Hioxo Wind Park in Juchitan, Mexico," *The Journal of Peasant Studies* 45, no. 3 (March 19, 2018): 630–52, https://doi.org/10.1080/03066150.2016.1259221.

48   Giovanni Arrighi, Beverly J. Silver, and Benjamin D. Brewer, "Industrial Convergence, Globalization, and the Persistence of the North–South Divide," *Studies in Comparative International Development* 38, no. 1 (2003): 3–31.

49   IPCC, "Climate Change and Land: Summary for Policymakers," August 2019, www.ipcc.ch/site/assets/uploads/2019/08/4.-SPM_Approved_Microsite_FINAL.pdf.

50   Amin, *Accumulation on a World Scale*.

51   David F. Noble, *Progress Without People: New Technology, Unemployment, and the Message of Resistance* (Between The Lines, 1995), 65.

52   Emmanuel Arghiri, *Unequal Exchange: A Study of the Imperialism of Trade* (Monthly Review Press, 1972); Alf Hornborg, "Towards an Ecological Theory of Unequal Exchange: Articulating World System Theory and Ecological Economics," *Ecological Economics* 25, no. 1 (1998): 127–36.

3장

1   Ali Kadri, *Arab Development Denied: Dynamics of Accumulation* by Wars of
     Encroachment (Anthem Press, 2015); Sara Roy, *The Gaza Strip: The Political
     Economy of De-Development* (Institute for Palestine Studies, 2016); Utsa Patnaik
     and Prabhat Patnaik, *A Theory of Imperialism* (Columbia University Press,
     2016); Max Ajl, "Does the Arab Region Have an Agrarian Question?," *Journal
     of Peasant Studies,* 2020, https://doi.org/10.1080/03066150.2020.17 53706;
     Richard White, *The Roots of Dependency: Subsistence, Environment, and Social
     Change Among the Choctaws, Pawnees, and Navajos* (University of Nebraska
     Press, 1988).

2   Gallup Inc, "Preference for Environment Over Economy Largest Since 2000,"
     Gallup.com, April 4, 2019, https://news.gallup.com/poll/248243/preference-
     environment-economy-largest-2000.aspx.

3   Max Ajl, "Degrowth Considered," *Brooklyn Rail*, September 2018. 그렇다고
     해서 탈성장론이 이론이 아닌 이념적 동맹이라는 말은 아니다. 예를
     들어 불균등한 지구Uneven Earth라는 웹사이트는 기후 제국주의를 다루는
     많은 게시물을 게시하는 한편 현재 베네수엘라에서 진행되고 있는 국
     가-민중의 투쟁에 대한 상당한 양의 정보를 수집하고 배포한다.

4   Joan Martinez-Alier, *The Environmentalism of the Poor: A Study of Ecological
     Conflicts and Valuation* (Edward Elgar Publishing, 2003).

5   Giorgos Kallis, Christian Kerschner, and Joan Martinez-Alier, "The Economics
     of Degrowth," *Ecological Economics* 84 (December 2012): 172–80, https://
     doi.org/10.1016/j.ecolecon.2012.08.017; Christine Corlet Walker, "Review: In
     Defense of Degrowth: Opinions and Manifestos, by Giorgos Kallis, edited by
     Aaron Vansintjan, Uneven Earth Press, 2018," *Ecological Economics* 156 (2018):

431–2; Giacomo D'Alisa, Federico Demaria, and Giorgos Kallis, *Degrowth: A Vocabulary for a New Era* (Routledge, 2014). [국역:《탈성장 개념어 사전》, 강이현 옮김, 그물코, 2018]

6   "Socialism, Capitalism and the Transition Away from Fossil Fuels," *open-Democracy*, accessed January 30, 2020, www.opendemocracy.net/en/oureconomy/socialism-capitalism-and-transition-away-fossil-fuels/?fbclid=IwAR1tvCa0rruCZ13b4Irrqp Rc_V04VxcAX9aefmknPeTB7ucErZMMbn4koR8.

7   Keynyn Brysse et al., "Climate Change Prediction: Erring on the Side of Least Drama?," *Global Environmental Change* 23, no. 1 (February 1, 2013): 327–37, https://doi.org/10.1016/j.gloenvcha.2012.10.008.

8   Jasmine E. Livingston and Markku Rummukainen, "Taking Science by Surprise: The Knowledge Politics of the IPCC Special Report on 1.5 Degrees," *Environmental Science & Policy* 112 (October 1, 2020): 10–16, https://doi.org/10.1016/j.envsci.2020.05.020.

9   Anton Vaks et al., "Speleothems Reveal 500,000-Year History of Siberian Permafrost," *Science* 340, no. 6129 (2013): 183–86.

10   IPCC, "Chapter 2 – Global Warming of 1.5oC," 2018, www.ipcc.ch/sr15/chapter/chapter-2/.

11   J. Timmons Roberts and Bradley Parks, *A Climate of Injustice: Global Inequality, North-South Politics, and Climate Policy* (MIT Press, 2006), 77.

12   "Forced from Home: Climate-Fuelled Displacement," *Oxfam International*, December 2, 2019, https://www.oxfam.org/en/research/forced-home-climate-fuelled-displacement.

13   Rehad Desai, "Catastrophe Is upon Us–the Grim View from Southern Africa," *MR Online* (블로그), February 13, 2020, https://mronline.org/2020/02/13/catastrophe-is-upon-us-the-grim-view-from-southern-africa/.

14   "Did Climate Change Cause the Flooding in the Midwest and Plains?," *Yale Climate Connections* (블로그), April 2, 2019, www.yaleclimateconnections.org/2019/04/did-climate-change-cause-midwest-flooding/.

15   Natalie Delgadillo, "MAP: How Much Climate Change Will Cost Each U.S. County," accessed January 26, 2021, www.governing.com/archive/gov-counties-climate-change-damages-economic-effects-map.html.

16   "Chapter 2 – Global Warming of 1.5oC," 100, accessed February 18, 2020, www.ipcc.ch/sr15/chapter/chapter-2/.

17   Catriona McKinnon, "Runaway Climate Change: A Justice-Based Case for Precautions," *Journal of Social Philosophy* 40, no. 2 (2009): 187–203.

18   D. Kriebel et al., "The Precautionary Principle in Environmental Science," *Environmental Health Perspectives* 109, no. 9 (September 1, 2001): 871–76, https://doi.org/10.1289/ehp.01109871.

19   Robert Pollin, "De-Growth vs a Green New Deal," *New Left Review II*, no. 112 (2018): 5–25.

20   "A Response to Pollin and Chomsky: We Need a Green New Deal without Growth," Jason Hickel, accessed February 1, 2021, www.jasonhickel.org/blog/2020/10/19/we-need-a-green-new-deal-without-growth.

21   Ted Trainer, "Estimating the EROI of Whole Systems for 100% Renewable Electricity Supply Capable of Dealing with Intermittency," *Energy Policy* 119 (August 1, 2018): 648–53, https://doi.org/10.1016/j.enpol.2018.04.045.

22   Ted Trainer, "Can Australia Run on Renewable Energy? The Negative Case," *Energy Policy*, Special Section: Past and Prospective Energy Transitions – Insights from History, 50 (November 1, 2012): 306–14, https://doi.org/10.1016/j.enpol.2012.07.024.

23   Antoine Beylot et al., "Mineral Raw Material Requirements and Associated

Climate-Change Impacts of the French Energy Transition by 2050," *Journal of Cleaner Production* 208 (January 2019): 1198–1205, https://doi.org/10.1016/j.jclepro.2018.10.154.

24   Ryan Stock and Trevor Birkenholtz, "The Sun and the Scythe: Energy Dispossessions and the Agrarian Question of Labor in Solar Parks," *Journal of Peasant Studies*, accessed November 24, 2020, www.tandfonline.com/doi/abs/10.1080/03066150.2019.1683002.

25   Owen Dowling, "The Political Economy of Super-Exploitation in Congolese Mineral Mining" (Cambridge University, 2020).

26   Eric Bonds and Liam Downey, "Green" Technology and Ecologically Unequal Exchange: The Environmental and Social Consequences of Ecological Modernization in the World-System," *Journal of World-Systems Research* 18, no. 2 (August 26, 2012): 167–86, https://doi.org/10.5195/jwsr.2012.482.

27   Roldan Muradian, Mauricio Folchi, and Joan Martinez-Alier, "'Remoteness' and Environmental Conflicts: Some Insights from the Political Ecology and Economic Geography of Copper," n.d., 20.

28   Max Ajl, "Stories About Oil and War," *Journal of Labor and Society*, 2021.

29   Tim Crownshaw, "Energy and the Green New Deal–Uneven Earth," accessed February 10, 2020, http://unevenearth.org/2020/01/energy-and-the-green-new-deal/.

30   Pollin, "De-Growth vs a Green New Deal."

31   Robert Pollin, "De-Growth vs a Green New Deal," *New Left Review*, no. 112 (August 2018), https://newleftreview.org/issues/ii112/articles/robert-pollin-de-growth-vs-a-green-new-deal.

32   Jennifer E. Givens, Xiaorui Huang, and Andrew K. Jorgenson, "Ecologically Unequal Exchange: A Theory of Global Environmental Injustice," *Sociology Compass* 13, no. 5 (2019): e12693.

33   Robert E. B. Lucas, David Wheeler, and Hemamale Hettige, *Economic Development, Environmental Regulation, and the International Migration of Toxic Industrial Pollution, 1960–88*, vol. 1062 (World Bank Publications, 1992).

34   UNCTAD, *Financing a Global Green New Deal, Trade and Development Report* (United Nations, 2019).

35   Stan Cox, *The Green New Deal and Beyond: Ending the Climate Emergency While We Still Can* (City Lights Books, 2020), 97–98.

36   "Energy Inequality – Conceptual Notes and Declarations – IIASA," accessed January 26, 2021, https://iiasa.ac.at/web/home/research/alg/energy-inequality. html.

37   Stan Cox, "Cornucopian Renewable-Energy Claims Leave Poor Nations in the Dark," *Resilience*, February 26, 2018, www.resilience.org/stories/2018-02-26/ cornucopian-renewable-energy-claims-leave-poor-nations-dark/.

38   Joel Millward-Hopkins et al., "Providing Decent Living with Minimum Energy: A Global Scenario," *Global Environmental Change* 65 (November 1, 2020): 102168, https://doi.org/10.1016/j.gloenvcha.2020.102168.

39   Kris De Decker, "History and Future of the Compressed Air Economy," *LOW-TECH MAGAZINE*, accessed January 25, 2021, www.lowtechmagazine. com/2018/05/history-and-future-of-the-compressed-air-economy.html.

40   Working Group 13, "Final Conclusions Working Group 13: Intercultural Dialogue to Share Knowledge, Skills and Technologies," *World People's Conference on Climate Change and the Rights of Mother Earth* (블로그), April 29, 2010, https://pwccc.wordpress.com/2010/04/29/final-conclusions-working-group13-intercultural-dialogue-to-share-knowledge-skills-and-technologies/.

4장

1   "Global Warming of 1.5oC," accessed January 27, 2021, www.ipcc.ch/sr15/.

2   Basil Davidson, *Scenes from Anti-Nazi War* (New York: Monthly Review Press, 1981).

3   Peter Gowan, *The Global Gamble: Washington's Faustian Bid for World Dominance* (London ; New York: Verso, 1999). [국역:《세계 없는 세계화》, 홍수원 옮김, 시유시, 2001]

4   Patnaik and Patnaik, *A Theory of Imperialism*; Max Ajl, "The Arab Nation, The Chinese Model, and Theories of Self-Reliant Development," in *Non-Nationalist Forms of Nation-Based Radicalism: Nation beyond the State and Developmentalism*, ed. Ilker Corut and Joost Jongerden (Routledge, 2021) 및 인용된 자료.

5   Utsa Patnaik, *The Republic of Hunger and Other Essays* (Merlin Press, 2007).

6   John T. Callaghan, *The Retreat of Social Democracy* (Manchester University Press, 2000); Frances Fox Piven and Richard Cloward, *Poor People's Movements: Why They Succeed, How They Fail* (Knopf Doubleday Publishing Group, 2012).

7   IRENA, "Renewable Energy and Jobs – Annual Review 2019," https://www.irena.org/publications/2019/Jun/Renewable-Energy-and-Jobs-Annual-Review-2019.

8   Laura Pérez-Sánchez, Raúl Velasco-Fernández, and Mario Giampietro, "The International Division of Labor and Embodied Working Time in Trade for the US, the EU and China," *Ecological Economics* 180 (February 1, 2021): 106909, https://doi.org/10.1016/j.ecolecon.2020.106909.

9   Alexander Dunlap, *Renewing Destruction: Wind Energy Development, Conflict and Resistance in a Latin American Context* (Rowman & Littlefield International, 2019).

10   Leah Temper et al., "Movements Shaping Climate Futures: A Systematic Mapping of Protests against Fossil Fuel and Low-Carbon Energy Projects," *Environmental Research Letters* 15, no. 12 (November 2020): 123004, https://doi.org/10.1088/1748-9326/abc197.

11   Gilio-Whitaker, As Long As Grass Grows.

12   Kim Scipes, *AFL-CIO's Secret War Against Developing Country Workers: Solidarity Or Sabotage?* (Lexington Books, 2011).

13   David J. Hess, *Good Green Jobs in a Global Economy: Making and Keeping New Industries in the United States* (MIT Press, 2012), 53.

14   Green Party of the United States, "The Green New Deal," *Green Party of the United States*, January 21, 2019, https://gpus.org/organizing-tools/the-green-new-deal/.

15   Ocasio-Cortez, "Text – H.Res.109 – 116th Congress (2019–2020)."

16   Benjamin Selwyn, "A Green New Deal for Agriculture: For, within, or against Capitalism?," *The Journal of Peasant Studies* (January 29, 2021): 1–29, https://doi.org/10.1080/03066150.2020.1854740.

17   "AOC Says She Follows Democratic Leadership on Issue of US Intervention in Venezuela," accessed January 15, 2021, www.telesurenglish.net//news/AOC-Says-She-Follows-Democratic-Leadership-on-Issue-of-US-Intervention-in-Venezuela-20190504-0029.html.

18   "Pelosi Statement on the Situation in Venezuela," Speaker Nancy Pelosi, February 8, 2019, www.speaker.gov/newsroom/2819-2.

19   Mitropoulos, "Playing With Fire."

20   Climate Finance Leadership Initiative, "Financing the Low-Carbon Future: A Private-Sector View on Mobilizing Climate Finance."

21   "U.S. Will Pay into Climate Fund, but Not Reparations: Todd Stern,"

Reuters, December 9, 2009, www.reuters.com/article/us-climate-copenhagen-stern-idUSTRE5B82R220091209.

22 https://livingwage.mit.edu/articles/61-new-living-wage-data-for-now-available-on-the-tool#:~:text=The%20living%20wage%20in%20the,wage%20for%20most%20American%20families.

23 Meghashyam Mali, "Ocasio-Cortez: Democratic Socialism Is 'Part of What I Am, It's Not All of What I Am,'" *Text, TheHill*, July 1, 2018에서 인용, https://thehill.com/homenews/sunday-talk-shows/395073-ocasio-cortez-socialismis-part-of-what-i-am-its-not-all-of-what-i.

24 "Saikat Chakrabarti on Twitter," Twitter, accessed September 24, 2020, https://twitter.com/saikatc/status/1176624781686378501.

25 "AOC's Chief of Staff Admits the Green New Deal Is Not about ClimateChange," accessed September 24, 2020, https://news.yahoo.com/aoc-chief-staff-admits-green-124408358.html.

26 Jesse Goldstein, *Planetary Improvement: Cleantech Entrepreneurship and the Contradictions of Green Capitalism* (MIT Press, 2018).

27 "AOC's Green New Deal Starts Strong," accessed January 19, 2021, https://jacobinmag.com/2019/02/aoc-green-new-deal-pelosi-democrats-climate.

28 Oscar Reyes, *Change Finance, Not the Climate* (Transnational Institute, 2020), 33–34, 90, www.tni.org/en/changefinance.

29 Kate Aronoff et al., *A Planet to Win: Why We Need a Green New Deal* (Verso Books, 2019); Naomi Klein, *On Fire: The (Burning) Case for a Green New Deal* (Simon & Schuster, 2019). [국역:《미래가 불타고 있다》, 이순희 옮김, 열린책들, 2021]

30 "The Green New Deal," 버니 샌더스 공식 웹사이트, accessed February 1, 2021, https://berniesanders.com/issues/green-new-deal/.

31   Noam Chomsky and Robert Pollin, *Climate Crisis and the Global Green New Deal: The Political Economy of Saving the Planet* (Verso Books, 2020). [국역: 《기후 위기와 글로벌 그린 뉴딜》, 이종민 옮김, 현암사, 2021]

32   Mitropoulos, "Playing With Fire."

33   "350.Org," Rockefeller Brothers Fund, August 25, 2015, www.rbf.org/grantees/350org; Cécile, "Why ECF - European Climate Foundation," https://europeanclimate.org/, accessed September 26, 2020, https://europeanclimate.org/why-ecf/; "2019 Annual Report: Financial Data," 350.org, accessed September 26, 2020, https://350.org/2019-annual-report-financials/.

34   "The Arkay Foundation," accessed September 26, 2020, www.arkayfoundation.org/reducing_2017.html.

35   Bill McKibben, "이제 연방정부 전반에서 일관성 있는 행동을 취할 가능성이 높아진 것으로 보인다. 그럼으로써 전면적인 변화를 이룰 수 있을 것으로 기대된다. 물론 재촉하고, 공간을 확보하며, 성과에 대해서는 격려하여 추진력을 생성하는 사회운동이 필요하다. 바로 그것이 일반 시민이 할 일이다." Tweet, @billmckibben (블로그), December 17, 2020, ttps://twitter.com/billmckibben/status/1339689008646004744.

36   "Plan for Climate Change and Environmental Justice | Joe Biden," Joe Biden for President: Official Campaign Website, accessed January 26, 2021, https://joebiden.com/climate-plan/.

37   "Extinction Rebellion UK on Twitter," Twitter, accessed September 26, 2020, https://twitter.com/XRebellionUK/status/1300794775138906114.

38   Naomi Klein, *On Fire: The (Burning) Case for a Green New Deal* (Simon & Schuster, 2019).

39   Benjamin Selwyn, "A Green New Deal for Agriculture: For, within, or against Capitalism?," *The Journal of Peasant Studies* (January 29, 2021): 1–29, https://doi.org/10.1080/03066150.2020.1854740.

40   Cira Pascual Marquina and Chris Gilbert, *Venezuela, the Present as Struggle: Voices from the Bolivarian Revolution* (Monthly Review Press, 2020).

41   Kate Aronoff et al., *A Planet to Win: Why We Need a Green New Deal* (Verso Books, 2019).

42   LVC, "La Via Campesina in Action for Climate Justice," FAO, 2019, www.fao. org/agroecology/database/detail/en/c/1199383/.

43   "The Covid-19 Pandemic Shows We Must Transform the Global Food System | Jan Dutkiewicz, Astra Taylor and Troy Vettese," *The Guardian*, April 16, 2020, www.theguardian.com/commentisfree/2020/apr/16/coronavirus-covid-19-pandemic-food-animals.

44   Kate Aronoff et al., *A Planet to Win: Why We Need a Green New Deal* (Verso Books, 2019).

45   Keston Perry, "Financing a Global Green New Deal: Between Techno-Optimist Renewable Energy Futures and Taming Financialization for a New 'Civilizing' Multilateralism," *Development and Change*, Forthcoming, 5.

5장

1   Ebenezer Howard, *Garden Cities of To-Morrow* (Routledge, 2013); Ivan Illich, *Tools for Conviviality* (Boyars, 1985) [국역:《절제의 사회》, 박홍규 옮김, 생각의나무, 2010]; Ismail-Sabri Abdallah, "Dépaysanisation Ou Développement Rural? Un Choix Lourd de Conséquences," in *IFDA Dossier*, vol. 9 (Nyon, Switzerland: International Foundation for Development Alternatives, 1979), 1–15; Lewis Mumford, "Authoritarian and Democratic Technics," *Technology and Culture* 5, no. 1 (1964): 1–8; Ursula K. Le Guin, *The Dispossessed: An Ambiguous Utopia* (EOS, 1999). [국역:《빼앗긴 자들》, 이수현 옮김, 황금가지, 2002]

2   Samir Amin, *Delinking: Towards a Polycentric World* (Zed Books, 1990); Samir Amin, *The Future of Maoism* (Monthly Review Pr, 1983) [국역:《모택동주의의 미래》, 편집부 옮김, 한울림, 1985]; Fawzy Mansour, "Third World Revolt and Self-Reliant Auto-Centered Strategy of Development," in *Toward a New Strategy for Development: A Rothko Chapel Colloquium* (Pergamon, 1979); Mohamed Dowidar, "The Self-Reliance Strategy of Development and the New International Economic Order," *Mondes En Développement* 26 (1979): 249–54; Abdul Rahman Mohamed Babu, *The Future That Works: Selected Writings of A.M. Babu* (Africa World Press, 2002), 18–23; Max Ajl, "Auto-Centered Development and Indigenous Technics: Slaheddine El-Amami and Tunisian Delinking," *Journal of Peasant Studies* 46, no. 6 (2019): 1240–63; Max Ajl, "Delinking, Food Sovereignty, and Populist Agronomy: Notes on an Intellectual History of the Peasant Path in the Global South," *Review of African Political Economy* 45, no. 155 (2018): 64–84.

3   Kali Akuno, "Build and Fight: The Program and Strategy of Cooperation Jackson," in *Jackson Rising: The Struggle for Economic Democracy and Black Self-Determination in Jackson, Mississippi*, ed. Kali Akuno and Ajamu Nangwaya (Daraja Press, 2017), 3–41.

4   Adel Samara, *Al-Tanmīyya b-al-Hamāyya Al-Shaʾbīyya* (Al-Quds: Markaz al-Zahrāʾ lil-Dirāsāt w al-Ābhāth, 1990); Adel Samara, *Beyond De-Linking: Development by. Popular Protection vs. Development by State* (Palestine Research and Publishing Foundation, 2005); Max Ajl, "Development by Popular Protection and Tunisia: The Case of Tataouine," *Globalizations* 16, no. 7 (2019): 1215–31.

5   Ivan Illich, *Tools for Conviviality* (Harper & Row, 1973).

6   Jan Douwe van der Ploeg, *Born from Within: Practice and Perspectives of Endogenous Rural Development* (Uitgeverij Van Gorcum, 1994).

7   Stefania Barca, "The Labor(s) of Degrowth," *Capitalism Nature Socialism* 30, no. 2 (April 3, 2019): 207–16, https://doi.org/10.1080/10455752.2017.1373300

8   Leonidas Oikonomakis, "Vio.Me: The Greek Factory without Bosses – an Interview," *ROAR Magazine*, accessed November 24, 2020, https://roarmag.org/essays/vio-me-factory-without-bosses/

9   Frederick H. Buttel, "The Treadmill of Production: An Appreciation, Assessment, and Agenda for Research," *Organization & Environment* 17, no. 3 (September 1, 2004): 323–36, https://doi.org/10.1177/1086026604267938.

10   Anders Hayden and John M. Shandra, "Hours of Work and the Ecological Footprint of Nations: An Exploratory Analysis," *Local Environment* 14, no. 6 (July 1, 2009): 575–600, https://doi.org/10.1080/13549830902904185.

11   Jeanette W. Chung and David O. Meltzer, "Estimate of the Carbon Footprint of the US Health Care Sector," *JAMA* 302, no. 18 (November 11, 2009): 1970, https://doi.org/10.1001/jama.2009.1610.

12   Carol Lynn Esposito et al., "Against All Odds: Cuba Achieves Healthcare for All – an Analysis of Cuban Healthcare," *JNY State Nurses Assoc* 45, no. 1 (2016): 29–38.

13   Salimah Valiani, *Rethinking Unequal Exchange: The Global Integration of Nursing Labour Markets* (University of Toronto Press, 2012).

14   Jose Maria Sison, *Foundation for Resuming the Philippine Revolution: Selected Writings, 1968 to 1972* (International Network for Philippine Studies, 2013).

15   World Bank, selected indicators.

16   Selma James, *Sex, Race and Class, the Perspective of Winning: A Selection of Writings 1952–2011* (PM Press, 2012); Silvia Federici, *Revolution at Point Zero: Housework, Reproduction, and Feminist Struggle* (PM Press, 2012). [국역:《혁명의 영점: 가사노동, 재생산, 여성주의 투쟁》, 황성원 옮김, 갈무리, 2012]

17   Alf Hornborg, "Zero-Sum World: Challenges in Conceptualizing Environmental Load Displacement and Ecologically Unequal Exchange in the World-System," *International Journal of Comparative Sociology* 50, no. 3–4 (2009): 237–62.

18   Sandra Halperin, *Re-Envisioning Global Development: A Horizontal Perspective* (Routledge, 2013); Janet L. Abu-Lughod, *Before European Hegemony: The World System A.d. 1250–1350* (Oxford University Press, 1991) [국역: 《유럽 패권 이전》, 박흥식, 이은정 옮김, 까치, 2006]; Neil Brenner, *New State Spaces: Urban Governance and the Rescaling of Statehood* (Oxford University Press, 2004).

19   Ricardo Jacobs, "An Urban Proletariat with Peasant Characteristics: Land Occupations and Livestock Raising in South Africa," *The Journal of Peasant Studies* 45, no. 5–6 (2018): 884–903.

20   "One Way To Close The Black Homeownership Gap: Housing As Reparations," *KQED*, accessed November 21, 2020, www.kqed.org/news/11841801/what-we-owe-housing-as-reparations.

21   Nandini Bagchee and The Advanced Design Students (Spring 2019) CUNY, "Building a Transition City_Landscape Online Version | Jackson | Sustainability" (CUNY), accessed November 24, 2020, www.scribd.com/document/431893329/Building-a-Transition-City-Landscape-Online-Version.

22   Max Ajl, "The Hypertrophic City versus the Planet of Fields," in *Implosions/Explosions. Berlin: Jovis*, ed. Neil Brenner (Jovis, 2014), 533–50; Ivan Kremnev, "The Journey of My Brother Alexei to the Land of Peasant Utopia," *Journal of Peasant Studies* 4, no. 1 (1976): 63–108, https://doi.org/10.1080/03066157608438004.

23   Rowan Moore, "Wasteful, Damaging and Outmoded: Is it Time to Stop Building Skyscrapers?," *The Guardian*, July 11, 2020, www.theguardian.com/

artanddesign/2020/jul/11/skyscrapers-wasteful-damaging-outmodedtime-to-stop-tall-buildings.

24   Seungtaek Lee and Wai Oswald Chong, "Causal Relationships of Energy Consumption, Price, and CO_2 Emissions in the US Building Sector," *Resources, Conservation and Recycling* 107 (2016): 220–26.

25   J. F. Correal, "State-of-the-Art of Practice in Colombia on Engineered Guadua Bamboo Structures," in *Modern Engineered Bamboo Structures: Proceedings of the Third International Conference on Modern Bamboo Structures* (ICBS 2018), June 25–27, 2018, Beijing, China (CRC Press, 2019), 23.

26   "Feature// ShamsArd – Furniture," *HKZ|MENA Design Magazine* (블로그), September 3, 2013, www.herskhazeen.com/feature-shamsard-furniture/.

27   Zach Mortice, "Bamboo Transcends the Tropics for Carbon-Negative Construction," *Redshift EN* (blog), August 7, 2019, www.autodesk.com/redshift/bamboo-construction/.

28   David Roberts, "The Hottest New Thing in Sustainable Building Is, Uh, Wood," *Vox*, January 15, 2020, www.vox.com/energy-and-environ-ment/2020/1/15/21058051/climate-change-building-materials-mass-timber-cross-laminated-clt.

29   Tarun Jami, Deepak M. E Phd, and Yadvendra Agrawal, "Hemp Concrete: Carbon Negative Construction," *Emerging Materials Research* 5 (July 1, 2016), https://doi.org/10.1680/jemmr.16.00122; Tuomas Mattila et al., "Is Biochar or Straw-Bale Construction a Better Carbon Storage from a Life Cycle Perspective?," *Process Safety and Environmental Protection, Special Issue: Negative emissions technology*, 90, no. 6 (November 1, 2012): 452–58, https://doi.org/10.1016/j.psep.2012.10.006.

30   OAR US EPA, "Sources of Greenhouse Gas Emissions," Overviews and

Factsheets, US EPA, December 29, 2015, www.epa.gov/ghgemissions/sources-greenhouse-gas-emissions.

31   "Transport – IPCC," accessed January 16, 2021, www.ipcc.ch/report/ar5/wg3/transport/.

32   "Leading Scientists Set out Resource Challenge of Meeting Net Zero Emissions in the UK by 2050," accessed January 16, 2021, www.nhm.ac.uk/press-office/press-releases/leading-scientists-set-out-resource-challenge-of-meeting-net-zer.html.

33   CBS News, "Apple, Google, Microsoft, Tesla and Dell Sued over Child-Mined Cobalt from Africa," December 17, 2019, www.cbsnews.com/news/apple-google-microsoft-tesla-dell-sued-over-cobalt-mining-children-in-congo-for-batteries-2019-12-17/.

34   Ivan Illich, *Tools for Conviviality* (Boyars, 1985).

35   Bureau of Transportation Statistics, "Freight Facts and Figures 2017" (Department of Transportation, 2017).

36   Matthew Beedham, "Swedes to Build Wind-Powered Transatlantic Cargo Ship (Yes, It's a Sailboat)," Shift | *The Next Web*, September 10, 2020, https://thenextweb.com/shift/2020/09/10/swedes-boat-powered-by-wind-sailboat-ship-cargo-transatlantic/.

37   Paul A. T. Higgins and Millicent Higgins, "A Healthy Reduction in Oil Consumption and Carbon Emissions," *Energy Policy* 33, no. 1 (January 1, 2005): 1–4, https://doi.org/10.1016/S0301-4215(03)00201-5.

38   Colin A. M. Duncan, "On Identifying a Sound Environmental Ethic in History: Prolegomena to Any Future Environmental History," *Environmental History Review* (1991), 21.

39   James Salazar and Jamie Meil, "Prospects for Carbon-Neutral Housing: The Influence of Greater Wood Use on the Carbon Footprint of a Single-Family

Residence," *Journal of Cleaner Production* 17, no. 17 (November 1, 2009): 1563–71, https://doi.org/10.1016/j.jclepro.2009.06.006.

40   Kris De Decker, *Low-Tech Magazine* 2012–2018 (Kris De Decker, 2019).

6장

1   Ajl, "The Hypertrophic City versus the Planet of Fields." 이 장을 다시 써 보라고 권한 에릭 홀트히메네스에게 특별히 감사 인사를 드린다.

2   Kyle Powys Whyte, "Indigenous Climate Justice and Food Sovereignty," in *Indigenous Food Sovereignty in the United States: Restoring Cultural Knowledge, Protecting Environments, and Regaining Health*, ed. Devon A. Mihesuah and Elizabeth Hoover (University of Oklahoma Press, 2019), 327.

3   Colin A. M. Duncan, *Centrality of Agriculture: Between Humankind and the Rest of Nature* (McGill-Queen's Press-MQUP, 1996), 181.

4   Raj Patel, "Food Sovereignty," *The Journal of Peasant Studies* 36, no. 3 (2009): 663–706.

5   William M. Denevan, "The Pristine Myth: The Landscape of the Americas in 1492," *Annals of the Association of American Geographers* 82, no. 3 (1992): 369–85.

6   Kat Anderson, *Tending the Wild: Native American Knowledge and the Management of California's Natural Resources* (University of California Press, 2005), 245.

7   Dennis Michael Warren, "Indigenous Agricultural Knowledge, Technology, and Social Change," in *Sustainable Agriculture in the American Midwest: Lessons from the Past, Prospects for the Future*, ed. Gregory McIsaac and William R. Edwards (University of Illinois Press, 1994), 35–53.

8   Jane Mt Pleasant, "Food Yields and Nutrient Analyses of the Three Sisters: A Haudenosaunee Cropping System," *Ethnobiology Letters* 7, no. 1 (2016): 87–98.

9   Natalie Kurashima, Lucas Fortini, and Tamara Ticktin, "The Potential of Indigenous Agricultural Food Production under Climate Change in Hawaiʻi," *Nature Sustainability* 2, no. 3 (2019): 191–99. 이 쟁점에 대해 짚어 준 앨비 마일스Albie Miles에게 감사드린다.

10   Gilio-Whitaker, *As Long As Grass Grows*, 76.

11   Harriet Friedmann and Philip McMichael, "Agriculture and the State System," *Landwirtschaft Und Staatliches System: Aufstieg Und Niedergang Der Nationalen Landwirtschaft von 1870 Biz Zur Gegenwart*. 29, no. 2 (April 1989): 93.

12   "Research Findings from the Land Inequality Initiative," *global*, accessed February 8, 2021, www.landcoalition.org/en/uneven-ground/.

13   Benjamin E. Graeub et al., "The State of Family Farms in the World," *World Development* 87 (November 1, 2016): 1–15, https://doi.org/10.1016/j.worlddev.2015.05.012.

14   Miguel A. Altieri and Victor Manuel Toledo, "The Agroecological Revolution in Latin America: Rescuing Nature, Ensuring Food Sovereignty and Empowering Peasants," *Journal of Peasant Studies* 38, no. 3 (2011): 587–612, www.tandfonline.com/doi/abs/10.1080/03066150.2011.582947; Ashlesha Khadse et al., "Taking Agroecology to Scale: The Zero Budget Natural Farming Peasant Movement in Karnataka, India," *The Journal of Peasant Studies* 45, no. 1 (January 2, 2018): 192–219, https://doi.org/10.1080/03066150.2016.1276450.

15   Leonard Dudley and Roger J. Sandilands, "The Side Effects of Foreign Aid: The Case of Public Law 480 Wheat in Colombia," *Economic Development and Cultural Change* 23, no. 2 (1975): 325–36; Max Ajl, "Farmers, Fellaga, and Frenchmen" (PhD, Cornell University, 2019); Harriet Friedmann et al., "The

Origins of Third World Food Dependence," *Food Question: Profits versus People?* (1990), 13–31.

16 Arindam Banerjee, "The Longer 'Food Crisis' and Consequences for Economic Theory and Policy in the South," in *Rethinking the Social Sciences with Sam Moyo*, ed. Praveen Jha, Paris Yeros, and Walter Chambati (New Delhi: Tulika Books, 2020), 152–79.

17 Eric Holt-Giménez, *A Foodie's Guide to Capitalism* (Monthly Review Press, 2017). [국역:《한 미식가의 자본주의 가이드》, 박형신 옮김, 한울, 2019]

18 Utsa Patnaik, "Revisiting the 'Drain', or Transfers from India to Britain in the Context of Global Diffusion of Capitalism," in *Agrarian and Other Histories: Essays for Binay Bhushan Chaudhuri*, ed. Shubhra Chakrabarti and Utsa Patnaik (Tulika Books, 2017), 277–318; Alec Gordon, "Netherlands East Indies: The Large Colonial Surplus of Indonesia, 1878–1939," *Journal of Contemporary Asia* 40, no. 3 (August 1, 2010): 425–43, https://doi. org/10.1080/00472331003798392; Alec Gordon, "A Last Word: Amendments and Corrections to Indonesia's Colonial Surplus 1880–1939," *Journal of Contemporary Asia* 48, no. 3 (May 27, 2018): 508–18, https://doi.org/10.10 80/00472336.2018.1433865; Utsa Patnaik, "Profit Inflation, Keynes and the Holocaust in Bengal, 1943–4," *Economic & Political Weekly* 53, no. 42 (2018): 33.

19 Utsa Patnaik, *The Republic of Hunger and Other Essays* (Merlin Press, 2007); Christian Zlolniski, *Made in Baja* (University of California Press, 2019), www.ucpress.edu/book/9780520300637/made-in-baja.

20 Patnaik and Patnaik, *A Theory of Imperialism*; Utsa Patnaik, "The Origins and Continuation of First World Import Dependence on Developing Countries for Agricultural Products," *Agrarian South: Journal of Political Economy* 4, no. 1 (April 1, 2015): 1–21; Sam Moyo and Paris Yeros, "Intervention: The Zimbabwe

Question and the Two Lefts," *Historical Materialism* 15 (August 31, 2007): 171–204; Freedom Mazwi and George T. Mudimu, "Why are Zimbabwe's Land Reforms Being Reversed?," *Economic and Political Weekly* 54 (August 13, 2019); Ana Felicien, Christina Schiavoni, and Liccia Romero, "The Politics of Food in Venezuela," *Monthly Review*, June 2018, https://monthlyreview.org/2018/06/01/the-politics-of-food-in-venezuela/.

21   Caspar A. Hallmann et al., "More than 75 Percent Decline over 27 Years in Total Flying Insect Biomass in Protected Areas," *PLOS ONE* 12, no. 10 (October 18, 2017): e0185809, https://doi.org/10.1371/journal.pone.0185809; Annie Shattuck, "Toxic Uncertainties and Epistemic Emergence: Understanding Pesticides and Health in Lao PDR," *Annals of the American Association of Geographers* (June 10, 2020): 1–15, https://doi.org/10.1080/24694452.2020.1761285; Divya Sharma, "Techno-Politics, Agrarian Work and Resistance in Post-Green Revolution Punjab, India" (Dissertation, Cornell University, 2017); Wolfgang Boedeker et al., "The Global Distribution of Acute Unintentional Pesticide Poisoning: Estimations Based on a Systematic Review," *BMC Public Health* 20, no. 1 (December 7, 2020): 1875, https://doi.org/10.1186/s12889-020-09939-0.

22   Joan Martinez-Alier, "The EROI of Agriculture and Its Use by the Via Campesina," *Journal of Peasant Studies* 38, no. 1 (2011): 145–60에서 인용, https://doi.org/10.1080/03066150.2010.538582.

23   Gerald Leach, "Energy and Food Production," *Food Policy* 1, no. 1 (1975): 62–73.

24   Mads V. Markussen and Hanne Østergaard, "Energy Analysis of the Danish Food Production System: Food-EROI and Fossil Fuel Dependency," *Energies* 6, no. 8 (2013): 4177, 4179.

25   Nathan Pelletier et al., "Energy Intensity of Agriculture and Food Systems," *Annual Review of Environment and Resources* 36, no. 1 (2011): 223–46, https://doi.org/10.1146/annurev-environ-081710-161014.

26   Eric Holt-Giménez, *A Foodie's Guide to Capitalism* (Monthly Review Press, 2017), 195–200.

27   Wendell Berry, *The Unsettling of America: Culture and Agriculture* (San Val, Incorporated, 1996) [국역:《소농, 문명의 뿌리: 미국의 뿌리는 어떻게 뽑혔는가》, 이승렬 옮김, 한티재, 2016]; Linda Lobao and Katherine Meyer, "The Great Agricultural Transition: Crisis, Change, and Social Consequences of Twentieth Century US Farming," *Annual Review of Sociology* 27, no. 1 (2001): 108–9, https://doi.org/10.1146/annurev.soc.27.1.103.

28   Trish Hernandez and Susan Gabbard, "Findings from the National Agricultural Workers Survey (NAWS) 2015-2016," *NAWS Research Report*, accessed February 7, 2021, www.dol.gov/sites/dolgov/files/ETA/naws/pdfs/NAWS_Research_Report_13.pdf; Ronald L. Mize and Alicia C. S. Swords, *Consuming Mexican Labor: From the Bracero Program to NAFTA* (University of Toronto Press, 2010).

29   Carrie Freshour, "'Ain't No Life for a Mother': Racial Capitalism and the Making of Poultry Workers in the US South" (Dissertation, Cornell University, 2018).

30   Nick Cullather, *The Hungry World* (Harvard University Press, 2010).

31   "The State of Food Security and Nutrition in the World 2020 | FAO | Food and Agriculture Organization of the United Nations," 169, accessed February 7, 2021, https://doi.org/10.4060/CA9692EN.

32   "Yemen Emergency | World Food Programme," accessed February 7, 2021, www.wfp.org/emergencies/yemen-emergency.

33   "The State of Food Security and Nutrition in the World 2020 | FAO | Food and

Agriculture Organization of the United Nations," 67, accessed February 7, 2021, https://doi.org/10.4060/CA9692EN.

34 이와 관련된 논의는 다음에 수록되어 있다. Max Ajl, "How Much Will the US Way of Life c Have to Change? On the Future of Farming, Socialist Science, and Utopia," *Uneven Earth*, June 10, 2019, www.researchgate.net/publication/334508917_How_much_will_the_US_Way_of_Life_C_have_to_change_On_the_future_of_farming_socialist_science_and_utopia.

35 Eric Holt-Giménez, *A Foodie's Guide to Capitalism* (Monthly Review Press, 2017).

36 Via Campesina, "VIIth International Conference, Euskal Herria Declaration," *Via Campesina English* (블로그), July 26, 2017, https://viacampesina.org/en/viith-international-conference-la-via-campesina-euskal-herria-declaration/.

37 John Bellamy Foster, "The Meaning of Work in a Sustainable Society," *Monthly Review*, September 2017.

38 Duncan, *Centrality of Agriculture*, 181–82.

39 Ivette Perfecto, John H. Vandermeer, and Angus Lindsay Wright, *Nature's Matrix: Linking Agriculture, Conservation and Food Sovereignty* (Earthscan, 2009).

40 Giovanni Tamburini et al., "Agricultural Diversification Promotes Multiple Ecosystem Services without Compromising Yield," *Science Advances* 6, no. 45 (2020): eaba1715.

41 이어지는 논의는 다음에서 참고한 것이다. Peter Rosset and Miguel A. Altieri, *Agroecology: Science and Politics* (Practical Action Publishing, 2017).

42 Habib Ayeb, *Gabes Labess*(만사형통 가베스)(Tunis, Tunisia, 2014), www.youtube.com/watch?v=j_wkggqYCBg.

43 Miguel A. Altieri and Clara I. Nicholls, "The Adaptation and Mitigation Potential

of Traditional Agriculture in a Changing Climate," *Climatic Change* 140, no. 1 (2017): 33–45; Eric Holt-Giménez, "Measuring Farmers' Agroecological Resistance after Hurricane Mitch in Nicaragua: A Case Study in Participatory, Sustainable Land Management Impact Monitoring," *Agriculture, Ecosystems & Environment* 93, no. 1–3 (December 2002): 87–105, https://doi.org/10.1016/S0167-8809(02)00006-3.

44   Rob Wallace, *Dead Epidemiologists: On the Origins of COVID-19* (Monthly Review Press, 2020). [국역:《죽은 역학자들: 코로나19의 기원과 맑스주의 역학자의 지도》, 구정은, 이지선 옮김, 너머북스, 2021], https://monthlyreview.org/product/dead-epidemiologists-on-the-origins-of-covid-19/.

45   Kayo Tajima, "The Marketing of Urban Human Waste in the Early Modern Edo/Tokyo Metropolitan Area," *Environnement Urbain / Urban Environment*, no. Volume 1 (September 9, 2007), http://journals.openedition.org/eue/1039; "Recycling Animal and Human Dung Is the Key to Sustainable Farming," *LOW-TECH MAGAZINE*, accessed October 21, 2020, www.lowtechmagazine.com/2010/09/recycling-animal-and-human-dung-is-the-key-to-sustainable-farming.html.

46   Ivette Perfecto, John H. Vandermeer, and Angus Lindsay Wright, *Nature's Matrix: Linking Agriculture, Conservation and Food Sovereignty* (Earthscan, 2009).

47   Christina Ergas, "Cuban Urban Agriculture as a Strategy for Food Sovereignty," *Monthly Review* 64, no. 10 (March 1, 2013), https://monthlyreview.org/2013/03/01/cuban-urban-agriculture-as-a-strategy-for-food-sovereignty/.

48   Nolwazi Zanele Khumalo, "An Assessment of the Contribution of Peri-Urban Agriculture on Household Food Security in Tongaat, EThekwini Municipality" (Thesis, University of Zululand, 2018), http://uzspace.unizulu.ac.za/xmlui/handle/10530/1817; Godwin Arku et al., "Africa's Quest for Food Security: What is the Role of Urban Agriculture?," 2012.

49   Mithun Saha and Matthew J. Eckelman, "Growing Fresh Fruits and Vege-
        tables in an Urban Landscape: A Geospatial Assessment of Ground Level
        and Rooftop Urban Agriculture Potential in Boston, USA," *Landscape and
        Urban Planning* 165 (September 1, 2017): 130–41, https://doi.org/10.1016/
        j.landurbplan.2017.04.015; Francesco Orsini et al., "Exploring the Production
        Capacity of Rooftop Gardens (RTGs) in Urban Agriculture: The Potential Impact
        on Food and Nutrition Security, Biodiversity and Other Ecosystem Services in the
        City of Bologna," *Food Security* 6, no. 6 (December 1, 2014): 781–92, https://
        doi.org/10.1007/s12571-014-0389-6.

50   Aaron Vansintjan, "Cool People's Movements: Why Air Conditioners Aren't
        Good Enough for the Working Class," *The Ecologist*, September 24, 2018,
        https://theecologist.org/2018/sep/24/cool-peoples-movements-why-air-
        conditioners-arent-good-enough-working-class.

51   Muhammad Shafique, Xiaolong Xue, and Xiaowei Luo, "An Overview of Carbon
        Sequestration of Green Roofs in Urban Areas," *Urban Forestry & Urban Greening*
        47 (January 1, 2020): 126515, https://doi.org/10.1016/j.ufug.2019.126515.

52   Flavie Mayrand and Philippe Clergeau, "Green Roofs and Green Walls
        for Biodiversity Conservation: A Contribution to Urban Connectivity?,"
        Sustainability 10, no. 4 (April 2018): 985, https://doi.org/10.3390/su10040985.

53   James Wei Wang et al., "Building Biodiversity: Drivers of Bird and Butterfly
        Diversity on Tropical Urban Roof Gardens," *Ecosphere* 8, no. 9 (2017): e01905,
        https://doi.org/10.1002/ecs2.1905.

54   Gensuo Jia et al., "Land-Climate Interactions," in *Climate Change and Land*,
        IPCC, 2019, 189.

55   Bronson W. Griscom et al., "Natural Climate Solutions," *Proceedings of the
        National Academy of Sciences* 114, no. 44 (October 31, 2017): 11645–50,
        https://doi.org/10.1073/pnas.1710465114.

56   Hannah Ritchie and Max Roser, "CO_2 and Greenhouse Gas Emissions," *Our World in Data*, May 11, 2017, https://ourworldindata.org/co2-and-other-greenhouse-gas-emissions.

57   Keith Paustian et al., "Soil C Sequestration as a Biological Negative Emission Strategy," *Frontiers in Climate* 1 (2019), https://doi.org/10.3389/fclim.2019.00008.

58   Robert Blakemore, "Humic Carbon to Fix Food, Climate and Health," 2019.

59   Jamie Lorimer and Clemens Driessen, "Wild Experiments at the Oostvaardersplassen: Rethinking Environmentalism in the Anthropocene," *Transactions of the Institute of British Geographers* 39, no. 2 (2014): 169–81; Vera, *Grazing Ecology and Forest History*.

60   "The Greatest Climate-Protecting Technology Ever Devised," *Wired*, accessed February 7, 2021, www.wired.com/story/trees-plants-nature-best-carbon-capture-technology-ever/.

61   Bram Büscher and Robert Fletcher, "Towards Convivial Conservation," *Conservation & Society* 17, no. 3 (2019): 283–96; Bram Büscher et al., "Half-Earth or Whole Earth? Radical Ideas for Conservation, and Their Implications," *Oryx* 51, no. 3 (2017): 407–10.

62   Franciscus Wilhelmus Maria Vera, *Grazing Ecology and Forest History* (CABI publishing, 2000).

63   David E. Gilbert, "Laborers Becoming 'Peasants': Agroecological Politics in a Sumatran Plantation Zone," *The Journal of Peasant Studies* (July 15, 2019): 1–22, https://doi.org/10.1080/03066150.2019.1602521.

64   B. Schulz, B. Becker, and E. Götsch, "Indigenous Knowledge in a 'Modern' Sustainable Agroforestry System – a Case Study from Eastern Brazil," *Agroforestry Systems* 25, no. 1 (January 1, 1994): 59–69, https://doi.org/10.1007/BF00705706.

65   Budiadi and H. T. Ishii, "Comparison of Carbon Sequestration Between Multiple-Crop, Single-Crop and Monoculture Agroforestry Systems of Melaleuca in Java, Indonesia," *Journal of Tropical Forest Science* 22, no. 4 (2010): 378–88.

66   James M. Roshetko et al., "Carbon Stocks in Indonesian Homegarden Systems: Can Smallholder Systems Be Targeted for Increased Carbon Storage?," *American Journal of Alternative Agriculture* 17, no. 3 (September 2002): 138–48, https://doi.org/10.1079/AJAA200116.

67   Emanuela F. Gama-Rodrigues et al., "Carbon Storage in Soil Size Fractions Under Two Cacao Agroforestry Systems in Bahia, Brazil," *Environmental Management* 45, no. 2 (February 1, 2010): 274–83, https://doi.org/10.1007/s00267-009-9420-7.

68   K. Varsha et al., "High Density Silvopasture Systems for Quality Forage Production and Carbon Sequestration in Humid Tropics of Southern India," *Agroforestry Systems* (January 3, 2017), https://doi.org/10.1007/s10457-016-0059-0.

69   H. A. J. Gunathilake, "Coconut Based Farming Systems for Increasing Productivity and Profitability of Smallholder Coconut Plantation in Sri Lanka," n.d., https://library.apccsec.org/paneladmin/doc/20180406081240Dr.%20H.A.J.%20Gunathilake.91.pdf.

70   Ying Liu, "Evaluation of Breadfruit (Artocarpus Altilis and A. Altilis X A. Mariannensis) as a Dietary Protein Source" (University of British Columbia, 2016), https://doi.org/10.14288/1.0300337.

71   Ranjith P. Udawatta and Shibu Jose, "Agroforestry Strategies to Sequester Carbon in Temperate North America," *Agroforestry Systems* 86, no. 2 (October 2012): 225–42, https://doi.org/10.1007/s10457-012-9561-1.

72   H. E. Garrett et al., "Hardwood Silvopasture Management in North

America," *Agroforestry Systems* 61–62, no. 1–3 (July 2004): 21–33, https://doi.org/10.1023/B:AGFO.0000028987.09206.6b.

73   T. G. Papachristou, P. D. Platis, and A. S. Nastis, "Foraging Behaviour of Cattle and Goats in Oak Forest Stands of Varying Coppicing Age in Northern Greece," *Small Ruminant Research, Special Issue: Methodology nutrition and products quality in grazing sheep and goats*, 59, no. 2 (August 1, 2005): 181–89, https://doi.org/10.1016/j.smallrumres.2005.05.006.

74   Simon Fairlie, *Meat: A Benign Extravagance* (Chelsea Green Publishing Company, 2010), 236–38.

75   Udawatta and Jose, "Agroforestry Strategies to Sequester Carbon in Temperate North America."

76   "Selected Writings from Members of WSU Breadlab | WSU Breadlab | Washington State University," accessed February 8, 2021, http://thebreadlab.wsu.edu/writings-from-the-bread-lab/. 이를 추천해 준 마야 몬테네그로에게 감사드린다.

77   Tomek de Ponti, Bert Rijk, and Martin K. van Ittersum, "The Crop Yield Gap between Organic and Conventional Agriculture," *Agricultural Systems* 108 (April 1, 2012): 1–9, https://doi.org/10.1016/j.agsy.2011.12.004.

78   Wes Jackson, *New Roots for Agriculture* (University of Nebraska Press, 1980).

79   George Monbiot, "The Best Way to Save the Planet? Drop Meat and Dairy | George Monbiot," *The Guardian*, June 8, 2018, sec. Opinion, www.theguardian.com/commentisfree/2018/jun/08/save-planet-meat-dairy-livestock-food-free-range-steak; "Troy Vettese, To Freeze the Thames, *NLR* 111, May–June 2018," *New Left Review*, accessed February 11, 2020, https://newleftreview.org/issues/II111/articles/troy-vettese-to-freeze-the-thames; Troy Vettese, "The Last Man to Know Everything," *Text, Boston Review*, September 25, 2018.

80 여기에서 비환경주의가 완전채식주의와 관련하여 제시하는 윤리적 논거는 고려하지 않는다.

81 Steven L. Dowhower et al., "Soil Greenhouse Gas Emissions as Impacted by Soil Moisture and Temperature under Continuous and Holistic Planned Grazing in Native Tallgrass Prairie," *Agriculture, Ecosystems & Environment* 287 (January 1, 2020): 106647, https://doi.org/10.1016/j.agee.2019.106647.

82 Pablo Manzano and Shannon White, "Intensifying Pastoralism May Not Reduce Greenhouse Gas Emissions: Wildlife-Dominated Landscape Scenarios as a Baseline in Life-Cycle Analysis," *Climate Research* 77 (February 21, 2019): 91–97, https://doi.org/10.3354/cr01555.

83 A. N. Hristov, "Historic, Pre-European Settlement, and Present-Day Contribution of Wild Ruminants to Enteric Methane Emissions in the United States," *Journal of Animal Science* 90, no. 4 (April 1, 2012): 1371–75, https://doi.org/10.2527/jas.2011-4539.

84 Myles R. Allen et al., "A Solution to the Misrepresentations of CO_2-Equivalent Emissions of Short-Lived Climate Pollutants under Ambitious Mitigation," *Npj Climate and Atmospheric Science* 1, no. 1 (June 4, 2018): 1–8, https://doi.org/10.1038/s41612-018-0026-8; Michelle Cain, "Guest Post: A New Way to Assess 'Global Warming Potential' of Short-Lived Pollutants," *Carbon Brief,* June 7, 2018, https://www.carbonbrief.org/guest-post-a-new-way-to-assess-global-warming-potential-of-short-lived-pollutants.

85 John H. Vandermeer and Ivette Perfecto, "Syndromes of Production in Agriculture: Prospects for Social-Ecological Regime Change," *Ecology and Society* 17, no. 4 (2012).

86 Matthew D. Turner, John G. McPeak, and Augustine Ayantunde, "The Role of Livestock Mobility in the Livelihood Strategies of Rural Peoples in Semi-Arid West Africa," *Human Ecology* 42, no. 2 (2014): 231–47.

87   이 문구는 다음에 수록되어 있다. Andreas Malm's unfortunate pamphlet, *Corona, Climate, Chronic Emergency: War Communism in the Twenty-First Century* (Verso Books, 2020) [국역: 《코로나, 기후, 오래된 비상사태: 21세기 생태사회주의론》, 우석영, 장석준 옮김, 마농지, 2021]; 이와 관련하여 다음을 참고하라. Max Ajl, "Andreas Malm's Corona, Climate, Chronic Emergency," *The Brooklyn Rail*, November 10, 2020, https://brooklynrail.org/2020/11/field-notes/Corona-Climate-Chronic-Emergency.

88   Brad Ridoutt, "It Takes 21 Litres of Water to Produce a Small Chocolate Bar. How Water-Wise Is Your Diet?," *The Guardian*, October 6, 2019, www.theguardian.com/commentisfree/2019/oct/07/it-takes-21-litres-of-water-to-produce-a-small-chocolate-bar-how-water-wise-is-your-diet.

89   Anne Mottet et al., "Livestock: On Our Plates or Eating at Our Table? A New Analysis of the Feed/Food Debate," *Global Food Security, Food Security Governance in Latin America*, 14 (September 1, 2017): 1–8, https://doi.org/10.1016/j.gfs.2017.01.001.

90   B. Dumont et al., "Prospects from Agroecology and Industrial Ecology for Animal Production in the 21st Century," *Animals* 7, no. 6 (June 2013): 1028–43, https://doi.org/10.1017/S1751731112002418.

91   "The Utilization of Indigenous Knowledge in Range Management and Forage Plants for Improving Livestock Productivity and Food Security in the Maasai and Barbaig Communities," accessed February 7, 2021, www.fao.org/3/a0182e/A0182E07.htm.

92   이와 같은 논의에 영감을 주고 특별히 논평해 준 알렉스 헤프론Alex Heffron에게 감사드린다.

93   Richard Teague and Matt Barnes, "Grazing Management That Regenerates Ecosystem Function and Grazingland Livelihoods," *African Journal of Range & Forage Science* 34, no. 2 (2017): 77–86.

94   Max Paschall, "The Lost Forest Gardens of Europe," *Shelterwood Forest Farm*, accessed October 21, 2020, www.shelterwoodforestfarm.com/blog/the-lost-forest-gardens-of-europe.

95   Andrés Horrillo, Paula Gaspar, and Miguel Escribano, "Organic Farming as a Strategy to Reduce Carbon Footprint in Dehesa Agroecosystems: A Case Study Comparing Different Livestock Products," *Animals* 10, no. 1 (2020): 162.

96   Paige L. Stanley et al., "Impacts of Soil Carbon Sequestration on Life Cycle Greenhouse Gas Emissions in Midwestern USA Beef Finishing Systems," *Agricultural Systems* 162 (May 1, 2018): 249–58, https://doi.org/10.1016/j.agsy.2018.02.003.

97   Tong Wang et al., "GHG Mitigation Potential of Different Grazing Strategies in the United States Southern Great Plains," *Sustainability* 7, no. 10 (October 2015): 13500–521, https://doi.org/10.3390/su71013500.

98   Mimi Hillenbrand et al., "Impacts of Holistic Planned Grazing with Bison Compared to Continuous Grazing with Cattle in South Dakota Shortgrass Prairie," *Agriculture, Ecosystems & Environment* 279 (July 1, 2019): 156–68, https://doi.org/10.1016/j.agee.2019.02.005.

99   Yuting Zhou et al., "Climate Effects on Tallgrass Prairie Responses to Continuous and Rotational Grazing," *Agronomy* 9, no. 5 (May 2019): 219, https://doi.org/10.3390/agronomy9050219.

100   Kat Kerlin, "Grasslands More Reliable Carbon Sink than Trees," *Science and Climate* (블로그), July 9, 2018, https://climatechange.ucdavis.edu/news/grasslands-more-reliable-carbon-sink-than-trees/.

101   Hannah Gosnell, Kerry Grimm, and Bruce E. Goldstein, "A Half Century of Holistic Management: What Does the Evidence Reveal?," *Agriculture and Human Values*, January 23, 2020, https://doi.org/10.1007/s10460-020-10016-w.

102   Enrique Murgueitio et al., "Native Trees and Shrubs for the Productive Rehabilitation of Tropical Cattle Ranching Lands," *Forest Ecology and Management, The Ecology and Ecosystem Services of Native Trees: Implications for Reforestation and Land Restoration in Mesoamerica*, 261, no. 10 (May 15, 2011): 1654–63, https://doi.org/10.1016/j.foreco.2010.09.027; Lisa Palmer, "In the Pastures of Colombia, Cows, Crops and Timber Coexist," *Yale E360,* accessed February 7, 2021, https://e360.yale.edu/features/in_the_pastures_of_colombia_cows_crops_and_timber_coexist.

103   Christian Schader et al., "Impacts of Feeding Less Food-Competing Feedstuffs to Livestock on Global Food System Sustainability," *Journal of The Royal Society Interface* 12, no. 113 (December 6, 2015): 20150891, https://doi.org/10.1098/rsif.2015.0891.

104   Diana Rodgers and Robb Wolf, *Sacred Cow: The Case for (Better) Meat: Why Well-Raised Meat Is Good for You and Good for the Planet*, Illustrated edition (BenBella Books, 2020). [국역:《신성한 소: 채식의 불편한 진실과 육식의 재발견》, 황선영 옮김, 더난출판사, 2021]

105   Benjamin E. Graeub et al., "The State of Family Farms in the World," *World Development* 87 (November 1, 2016): 1–15, https://doi.org/10.1016/j.worlddev.2015.05.012; Catherine Badgley et al., "Organic Agriculture and the Global Food Supply," *Renewable Agriculture and Food Systems* 22, no. 2 (June 2007): 86–108, https://doi.org/10.1017/S1742170507001640.

106   "La Via Campesina Position Paper: Small Scale Sustainable Farmers Are Cooling Down The Earth–Via Campesina," *Via Campesina English*, March 25, 2010, https://viacampesina.org/en/la-via-campesina-position-paper-small-scale-sustainable-farmers-are-cooling-down-the-earth/; "Food Sovereignty: Five Steps to Cool the Planet and Feed Its People," accessed October 28, 2020, www.grain.org/

article/entries/5102-food-sovereignty-five-steps-to-cool-the-planet-and-feed-its-people.

107   Lauren C. Ponisio et al., "Diversification Practices Reduce Organic to Conventional Yield Gap," *Proceedings of the Royal Society B: Biological Sciences* 282, no. 1799 (January 22, 2015): 20141396, https://doi.org/10.1098/rspb.2014.1396.

108   Mario A. Gonzalez-Corzo, "The Evolution of Agricultural Production and Yields in Post-Reform Cuba," *Economics Bulletin* 39, no. 2 (2019): 1586–1601.

109   Peter Michael Rosset et al., "The Campesino-to-Campesino Agroecology Movement of ANAP in Cuba: Social Process Methodology in the Construction of Sustainable Peasant Agriculture and Food Sovereignty," *The Journal of Peasant Studies* 38, no. 1 (2011): 161–91.

110   Miguel A. Altieri, "Applying Agroecology to Enhance the Productivity of Peasant Farming Systems in Latin America," *Environment, Development and Sustainability* 1, no. 3–4 (1999): 197–217.

111   Marc Barzman and Luther Das, "Ecologising Rice-Based Systems in Bangladesh," *ILEIA Newsletter* 16, no. 4 (2000): 16–17; Marc Barzman and Sylvie Desilles, *Diversifying Rice-Based Farming Systems and Empowering Farmers in Bangladesh Using the Farmer Field-School Approach* (Earthscan, 2013).

112   Roland Bunch, "More Productivity with Fewer External Inputs: Central American Case Studies of Agroecological Development and Their Broader Implications," *Environment, Development and Sustainability* 1, no. 3–4 (1999): 219–33.

113   Zareen Pervez Bharucha, Sol Bermejo Mitjans, and Jules Pretty, "Towards Redesign at Scale through Zero Budget Natural Farming in Andhra Pradesh, India," *International Journal of Agricultural Sustainability* 18, no. 1 (January

2, 2020): 12, https://doi.org/10.1080/14735903.2019.1694465; Ashlesha Khadse et al., "Taking Agroecology to Scale: The Zero Budget Natural Farming Peasant Movement in Karnataka, India," *The Journal of Peasant Studies* 45, no. 1 (January 2, 2018): 192–219, https://doi.org/10.1080/030661 50.2016.1276450.

114 Saddam Hossen Majumder, Prodyut Bijoy Gogoi, and Nivedita Deka, "System of Rice Intensification (SRI): An Innovative and Remunerative Method of Rice Cultivation in Tripura, India," *Indian Journal of Agricultural Research* 53, no. 4 (2019): 504–7.

115 Krishna Chaitanya Anantha et al., "Carbon Dynamics, Potential and Cost of Carbon Sequestration in Double Rice Cropping System in Semi Arid Southern India," *Journal of Soil Science and Plant Nutrition* 18, no. 2 (June 2018): 418–34, https://doi.org/10.4067/S0718-95162018005001302.

116 Poornima Varma, "Adoption of System of Rice Intensification under Information Constraints: An Analysis for India," *The Journal of Development Studies* 54, no. 10 (2018): 1838–57.

117 Zeyaur Khan et al., "Push-Pull Technology: A Conservation Agriculture Approach for Integrated Management of Insect Pests, Weeds and Soil Health in Africa: UK Government's Foresight Food and Farming Futures Project," *International Journal of Agricultural Sustainability* 9, no. 1 (2011): 162–70.

118 Harriet Friedmann, "Family Wheat Farms and Third World Diets: A Paradoxical Relationship between Unwaged and Waged Labor," in *Work Without Wages*, ed. Jane L. Collins and Martha Giminez (SUNY Press, 1990), 193–213; Harriet Friedmann and Philip McMichael, "Agriculture and the State System: The Rise and Decline of National Agricultures, 1870 to the Present," *Sociologia Ruralis* 29, no. 2 (1989): 93–117.

119   Chris Smaje, *A Small Farm Future: Making the Case for a Society Built Around Local Economies, Self-Provisioning, Agricultural Diversity and a Shared Earth* (Chelsea Green Publishing, 2020), 160–62.

120   "Agricultural Worker Demographics," *NATIONAL CENTER FOR FARM-WORKER HEALTH*, accessed March 5, 2021, http://www.ncfh.org/agricultural-worker-demographics.html.

121   Kirkpatrick Sale, *Dwellers in the Land: The Bioregional Vision* (University of Georgia Press, 2000).

122   Thomas F. Döring et al., "Evolutionary Plant Breeding in Cereals – into a New Era," *Sustainability* 3, no. 10 (2011): 1961.

123   Monica M. White, *Freedom Farmers: Agricultural Resistance and the Black Freedom Movement* (University of North Carolina Press, 2018); Edward Onaci, *Free the Land: The Republic of New Afrika and the Pursuit of a Black Nation-State* (University of North Carolina Press, 2020), https://muse.jhu.edu/book/74502.

124   Albie Miles, "If We Get Food Right, We Get Everything Right," *Honolulu Civil Beat*, April 11, 2020, www.civilbeat.org/2020/04/if-we-get-food-rightwe-get-everything-right/.

125   "Uprooting Racism, Seeding Sovereignty – Schumacher Center for New Economics," accessed February 13, 2020, https://centerforneweconomics.org/publications/uprooting-racism-seeding-sovereignty/.

126   Elizabeth Hoover, "Native Food Systems Impacted by COVID," *Agriculture and Human Values*, accessed October 28, 2020, www.academia.edu/43022886/Native_food_systems_impacted_by_COVID.

127   Devon G. Peña and M. Foucault, "Farmers Feeding Families: Agroecology in South Central Los Angeles," in *Lecture Presented to the Environmental Science, Policy and Management Colloquium*, 2005.

128   Jim Goodman, "We Have Always Had the Solution to Crises Like COVID-19," *National Family Farm Coalition*, May 7, 2020, https://nffc.net/we-have-always-had-the-solution-crises-covid19/.

7장

1   Vladimir I. Lenin, "Preliminary Draft Theses on the National and Colonial Questions," *Collected Works* 31 (1920): 144–51. [국역:《프롤레타리아 국제주의에 대하여》, 편집부 옮김, 앎과함, 1989 수록]

2   Sam Moyo, Praveen Jha, and Paris Yeros, "The Classical Agrarian Question: Myth, Reality and Relevance Today," *Agrarian South: Journal of Political Economy* 2, no. 1 (2013): 93–119; Amilcar Cabral, *Unity and Struggle: Speeches and Writings of Amilcar Cabral* (Monthly Review Press, 1979).

3   Enrique D. Dussel, *Hacia un Marx desconocido: un comentario de los manuscritos del 61–63* (Siglo XXI, 1988), 312–61. [국역:《미지의 마르크스를 향하여:『자본』 1861-63년 초고 해설》, 염인수 옮김, 갈무리, 2021]

4   Corinna Dengler and Lisa Marie Seebacher, "What About the Global South? Towards a Feminist Decolonial Degrowth Approach," *Ecological Economics* 157 (March 1, 2019): 246–52, https://doi.org/10.1016/j.ecolecon.2018.11.019. 이 논문은 이와 같은 관점에 진지하게 개입한 것 중 하나다. 놀라운 사실은 이 논문이 기후 부채와 생태 부채에 대해 침묵하고 제국주의라는 단어를 사용하지 않는다는 사실이다. 논문은 다음과 같이 언급한다. "식민주의와 북반구의 확장주의적 정치는 오늘날 위계질서에 따라 구조화된 글로벌 체계의 기초를 확립했다. 위계질서에 따라 구조화된 글로벌 체계에서 영토제국주의는 대부분 '지속 가능한 개발'이라는 미명하에 이뤄지는 경제 구조조정 정책으로 대체되었다." 이러한 언급은 미국/EU의 실제 외교 정책과는 동떨어진 것이다.

5   Ulrich Brand and Markus Wissen, "Crisis and Continuity of Capitalist Society–Nature Relationships: The Imperial Mode of Living and the Limits to Environmental Governance," *Review of International Political Economy* 20, no. 4 (2013): 687–711.

6   M. T. Huber, "Ecological Politics for the Working Class," *Catalyst: A Journal of Theory and Strategy* 3, no. 1 (2019).

7   Collective, "Just Transition" (Transnational Institute, February 2020).

8   UNCTAD, *Financing a Global Green New Deal, Trade and Development Report* (United Nations, 2019).

9   Keston Perry, "Financing a Global Green New Deal: Between Techno-Optimist Renewable Energy Futures and Taming Financialization for a New 'Civilizing' Multilateralism," *Development and Change*, Forthcoming, 9.

10   Glen Sean Coulthard, *Red Skin, White Masks: Rejecting the Colonial Politics of Recognition* (University of Minnesota Press, 2014); Ali Kadri, *Imperialism with Reference to Syria* (Springer, 2019).

11   Archana Prasad, "Ecological Crisis, Global Capital and the Reinvention of Nature," in *Rethinking the Social Sciences with Sam Moyo*, ed. Praveen Jha, Paris Yeros, and Walter Chambati (New Delhi: Tulika Books, 2020), 180–97.

12   Samir Amin, *Accumulation on a World Scale: A Critique of the Theory of Underdevelopment* (Monthly Review Press, 1974).

13   Chris Gilbert, "To Recover Strategic Thought and Political Practice," *MR Online*, September 29, 2015, https://mronline.org/2015/09/29/gilbert290915-html/; Sam Moyo and Paris Yeros, "The Fall and Rise of the National Question," in *Reclaiming the Nation: The Return of the National Question in Africa, Asia and Latin America*, ed. Sam Moyo and Paris Yeros (Pluto Press, 2011), 3–28, https://doi.org/10.2307/j.ctt183h0tp.4; Álvaro García Linera, "El Evismo: Lo Nacional-Popular En Acción," *Osal* 7, no. 19 (2006).a, 2011.

14   "People's Agreement of Cochabamba"; "Rights of Mother Earth."

15   Andrew Curley and Majerle Lister, "Already Existing Dystopias: Tribal Sovereignty, Extraction, and Decolonizing the Anthropocene," in *Handbook on the Changing Geographies of the State*, n.d., 251.

16   Sit Tsui et al., "The Development Trap of Financial Capitalism: China's Peasant Path Compared," *Agrarian South: Journal of Political Economy* 2, no. 3 (2013): 247–68.

17   George Manuel, *The Fourth World: An Indian Reality* (University of Minnesota Press, 1974).

18   Matthew Stilwell, *Climate Debt – A Primer* (Third World Network, 2009); Republic of Bolivia, "Commitments for Annex I Parties under Paragraph 1(b) (i) of the Bali Action Plan: Evaluating Developed Countries' Historical Climate Debt to Developing Countries Submission by the Republic of Bolivia to the AWG-LCA," n.d., https://unfccc.int/files/kyoto_protocol/application/pdf/bolivia250409.pdf.

19   United Nations Framework Convention on Climate Change Secretariat, *United Nations Framework Convention on Climate Change* (UNFCCC, 1992).

20   사무국.

21   "Final Conclusions Working Group 8: Climate Debt," *World People's Conference on Climate Change and the Rights of Mother Earth* (블로그), April 30, 2010, https://pwccc.wordpress.com/2010/04/30/final-conclusions-working-group-n%c2%ba-8-climate-debt/.

22   "Final Conclusions Working Group 8."

23   Republic of Bolivia, "Commitments for Annex I Parties under Paragraph 1(b) (i) of the Bali Action Plan: Evaluating Developed Countries' Historical Climate Debt to Developing Countries Submission by the Republic of Bolivia

to the AWG-LCA," n.d., https://unfccc.int/files/kyoto_protocol/application/pdf/bolivia250409.pdf.

24   Rikard Warlenius, "Calculating Climate Debt. A Proposal," 2012, 19–21, www.academia.edu/9167899/Calculating_Climate_Debt_A_Proposal.

25   IPCC, "Chapter 2 – Global Warming of 1.5oC," 80–81.

26   "Submission by the Plurinational State of Bolivia," *World People's Conference on Climate Change and the Rights of Mother Earth* (블로그), June 1, 2010, https://pwccc.wordpress.com/2010/06/01/submission-by-the-plurinational-state-of-bolivia-2/.

27   Rikard Warlenius, "Decolonizing the Atmosphere: The Climate Justice Movement on Climate Debt," *The Journal of Environment & Development* 27, no. 2 (2018).

28   Niall McCarthy, "Report: The U.S. Military Emits More CO_2 Than Many Industrialized Nations [인포그래픽]," *Forbes*, June 13, 2019, https://www.forbes.com/sites/niallmccarthy/2019/06/13/report-the-u-s-military-emits-more-co2-than-many-industrialized-nations-infographic/.

29   Curley and Lister, "Already Existing Dystopias: Tribal Sovereignty, Extraction, and Decolonizing the Anthropocene," 256.

30   Cited in "Bernie Sanders' Climate Plan: Excellent On Electrification, But Concerningly Authoritarian & Populist–#Election2020," *CleanTechnica*, September 28, 2019, https://cleantechnica.com/2019/09/28/bernie-sandersclimate-plan-excellent-on-electrification-but-concerningly-authoritarian-populist-election2020/.

31   Max Ajl, "Report Card on Bernie Sanders' Green New Deal," *Uneven Earth* (블로그), August 27, 2019, http://unevenearth.org/2019/08/report-card-on-bernie-sanders-green-new-deal/.

32 "Plan for Climate Change and Environmental Justice | Joe Biden," Joe Biden for President: Official Campaign Website, accessed November 16, 2020, https:// joebiden.com/climate-plan/.

33 Green Party of the United States, "The Green New Deal," Green Party of the United States, January 21, 2019, https://gpus.org/organizing-tools/the-green-new-deal/.

34 The Red Nation, "The Red Deal, Part Three: Heal Our Planet," April 27, 2020, 9, 12, https://therednation.org/the-red-nation-launches-part-three-heal-our-planet-of-the-red-deal/.

35 Cabral, *Unity and Struggle*.

36 Utsa Patnaik, "Revisiting the 'Drain', or Transfers from India to Britain in the Context of Global Diffusion of Capitalism," in *Agrarian and Other Histories: Essays for Binay Bhushan Chaudhuri*, ed. Shubhra Chakrabarti and Utsa Patnaik (Tulika Books, 2017), 277–318; Utsa Patnaik, "Profit Inflation, Keynes and the Holocaust in Bengal, 1943–44," *Economic & Political Weekly* 53, no. 42 (2018): 33; Alec Gordon, "A Last Word: Amendments and Corrections to Indonesia's Colonial Surplus 1880–1939," *Journal of Contemporary Asia* 48, no. 3 (May 27, 2018): 508–18, https://doi.org/10.1080/00472336.2018.14338 65; Mike Davis, *Late Victorian Holocausts: El Nino Famines and the Making of the Third World* (Verso Books, 2002).

37 Ruy Mauro Marini, "Subdesarrollo y Revolución" (Siglo Veintiuno Editores Mexico City, 1969).

38 Cabral, *Unity and Struggle*, 130.

39 Max Ajl, "Farmers, Fellaga, and Frenchmen" (PhD, Cornell University, 2019); Sam Moyo, *The Land Question in Zimbabwe* (Sapes Books Harare, 1995); Sam Moyo, "Three Decades of Agrarian Reform in Zimbabwe," *Journal of Peasant Studies* 38, no. 3 (2011): 493–531.

40   Max Ajl, "The Arab Nation, The Chinese Model, and Theories of Self-Reliant Development," in *Non-Nationalist Forms of Nation-Based Radicalism: Nation beyond the State and Developmentalism*, ed. Ilker Corut and Joost Jongerden (Routledge, 2021); Ismail-Sabri Abdallah, "Al-tanmīya al-mustaqila: muhāwala litahdīd mafhūm mujahal [Independent Development: An Attempt to Define an Unknown Concept]," in *Al-tanmīya al-mustaqila fial-watan al-'arabī [Independent Development in the Arab Nation]*, ed. Nader Fergany (Center for Arab Unity Studies, 1987), 25–56.

41   Frantz Fanon, *The Wretched of the Earth* (Grove Press, 2007).

42   Max Ajl, "Delinking's Ecological Turn: The Hidden Legacy of Samir Amin," ed. Ushehwedu Kufakurinani, Ingrid Harvold Kvangraven, and Maria Dyveke Styve, *Review of African Political Economy*, no. Samir Amin and Beyond: Development, Dependence and Delinking in the Contemporary World (2021); Samir Amin, *Delinking: Towards a Polycentric World* (Zed Books, 1990).

43   Max Ajl, "The Political Economy of Thermidor in Syria: National and International Dimensions," in *Syria: From National Independence to Proxy War* (Springer, 2019), 209–45; Linda Matar, *The Political Economy of Investment in Syria* (Palgrave Macmillan UK, 2016); Matteo Capasso, "The War and the Economy: The Gradual Destruction of Libya," *Review of African Political Economy* 47, no. 166 (October 1, 2020): 545–67, https://doi.org/10.1080/0305 6244.2020.1801405.

44   Helen Yaffe, *We Are Cuba!: How a Revolutionary People Have Survived in a Post-Soviet World*, illustrated edition (Yale University Press, 2020).

45   Gowan, *The Global Gamble*.

46   Diana Johnstone, *Fools' Crusade: Yugoslavia, Nato, and Western Delusions*, 1st edition (Monthly Review Press, 2002); Edward S. Herman, David

Peterson,and Noam Chomsky, *The Politics of Genocide* (Monthly Review Press, 2010). [국역:《학살의 정치학》, 박종일 옮김, 인간사랑, 2011]

47   "Federico Fuentes on Twitter"; Federico Fuentes, "Bolivia: NGOs Wrong on Morales and Amazon," *Green Left* (Green Left, September 6, 2016), Bolivia, www.greenleft.org.au/content/bolivia-ngos-wrong-morales-and-amazon.

48   Archana Prasad, "Ecological Crisis, Global Capital and the Reinvention of Nature," in *Rethinking the Social Sciences with Sam Moyo*, ed. Praveen Jha, Paris Yeros, and Walter Chambati (Tulika Books, 2020), 180–97.

49   Gabor, "The Wall Street Consensus."

50   Batul Suleiman, "al-wahidat al-sha'biyya al-muslaha»... waraqa al-yasar «alrabiha» fi amrika al-latiniyya," *Al-Akhbar*, February 8, 2020, https://al-akhbar.com/World/284364. 이 논문을 소개해 준 패트릭 히긴스Patrick Higgins에게 감사드린다.

51   William Cronon, *Changes in the Land: Indians, Colonists, and the Ecology of New England* (Macmillan, 2011); Carolyn Merchant, *Ecological Revolutions: Nature, Gender, and Science in New England*, First Edition (Chapel Hill: The University of North Carolina Press, 1989).

52   Kyle Whyte, "Indigenous Experience, Environmental Justice and Settler Colonialism," *SSRN Scholarly Paper* (Social Science Research Network, April 25, 2016), https://doi.org/10.2139/ssrn.2770058.

53   Freedom Mazwi and George T. Mudimu, "Why are Zimbabwe's Land Reforms Being Reversed?," *Economic and Political Weekly* 54 (August 13, 2019); Sam Moyo and Paris Yeros, "Intervention: The Zimbabwe Question and the Two Lefts," *Historical Materialism* 15 (August 31, 2007): 171–204, https://doi.org/10.1163/156920607X225924.

54   Ricardo Jacobs, "An Urban Proletariat with Peasant Characteristics: Land

Occupations and Livestock Raising in South Africa," *The Journal of Peasant Studies* 45, no. 5–6 (2018): 884–903.

55   Nick Estes, *Our History Is the Future: Standing Rock Versus the Dakota Access Pipeline, and the Long Tradition of Indigenous Resistance* (Verso Books, 2019); Roxanne Dunbar-Ortiz, *An Indigenous Peoples' History of the United States* (Beacon Press, 2014).

56   Anchorage Declaration, "Indigenous Peoples' Global Summit on Climate Change, Anchorage Alaska, April 24th 2009," 다음에서 열람했다. www.indigenousportal. com/climate-change/the-anchorage-declaration.html, 2009.

57   Declaration.

58   International Indigenous Peoples Forum on Climate Change, "Policy Proposals on Climate Change," September 27, 2009, www.forestpeoples.org/sites/default/ files/publication/2010/08/iipfccpolicysept09eng.pdf.

59   The Red Nation, "The Red Deal, Part Three: Heal Our Planet."

60   The Red Nation.

61   Richard Schuster et al., "Vertebrate Biodiversity on Indigenous-Managed Lands in Australia, Brazil, and Canada Equals That in Protected Areas," *Environmental Science & Policy* 101 (November 1, 2019): 1–6, https://doi.org/10.1016/ j.envsci.2019.07.002.

62   Victor Toledo, "Indigenous Peoples and Biodiversity," *Encyclopedia of Biodiversity* 3 (January 1, 1999), https://doi.org/10.1016/B978-0-12-384719-5.00299-9.

63   Schuster et al., "Vertebrate Biodiversity on Indigenous-Managed Lands in Australia, Brazil, and Canada Equals That in Protected Areas."

64   Toledo, "Indigenous Peoples and Biodiversity."

65   Monica Evans, "Respect for Indigenous Land Rights Key in Fight against Climate

Change," *CIFOR Forests News*, September 24, 2020, https://forestsnews.cifor. org/67515/respect-for-indigenous-land-rights-key-in-fight-against-climate-change?fnl=en.

66 "Saving Caribou and Preserving Food Traditions Among Canada's First Nations," *Civil Eats*, October 29, 2020, https://civileats.com/2020/10/29/saving-caribou-and-preserving-food-traditions-among-canadas-first-nations/.

67 Tony Marks-Block, "Indigenous Solutions to California's Capitalist Conflagrations," *MR Online* (블로그), October 23, 2020, https://mronline.org/2020/10/23/ indigenous-solutions-to-californias-capitalist-conflagrations/.

결론

1 Philip McMichael, *Development and Social Change: A Global Perspective* (SAGE Publications, 2011) [국역:《거대한 역설》, 조효제 옮김, 교양인, 2013]; Gabriel Kolko, *Confronting the Third World: United States Foreign Policy, 1945-1980* (Pantheon Books, 1986); Vincent Bevins, *The Jakarta Method: Washington's Anticommunist Crusade and the Mass Murder Program That Shaped Our World* (New York: PublicAffairs, 2020).

2 Ali Kadri, *China's Path to Development: Against Neoliberalism* (Springer Singapore, 2021), https://doi.org/10.1007/978-981-15-9551-6.

옮긴이의 말

　몇 년 전에 그린 뉴딜이라는 개념이 국내에서 세간의 주목을 받았다. 그래서 독자들이 이를 새롭게 등장한 개념이라 생각할 수도 있겠다 싶다. 사실 이 개념은 꽤 오래된 개념이다. (이 책에서 지적하듯) 2007년 토머스 프리드먼이 사용하면서 공공 영역에 모습을 드러낸 그린 뉴딜 개념은 2008년 유엔환경계획UNEP의 주목을 받았고 미국 정부의 정책에 반영되었다. 한국도 예외는 아니어서, 당시 정부는 저탄소 녹색성장 정책을 추진했다. 그 뒤 한동안 수면 아래 가라앉아 있었던 이 개념은 2019년 유럽(EU의 유럽 그린딜Green Deal)과 미국(민주당의 마키/오카시오코르테스 그린 뉴딜 결의안)을 통해 다시 수면 위로 떠올랐다. 이에 질세라 한국 정부도 한국판 뉴딜 사업에 그린 뉴딜을 포함시켰다. 이제 그린 뉴딜과 관련해 새롭게 논의할 만한 것이 더는 없어 보인다.

　그럼에도 불구하고 이 책을 선보이는 이유는 무엇일까? 이 책이 기존에 소개된 그린 뉴딜 관련 책들과 무엇이 다를까? 이 책은 기존의 체계를 전제로 하는 그린 뉴딜을 거부한다. 저자 맥스 아일은 자본주의 체계를 인정하고 그 안에서 지배계급의 입장만을 대변하는 방식으로 추진되는 그린 뉴딜, 북반구와 남반구로 나뉘어 있는 세계체계를 인정하고 북반구에서 북반구의 입장만을 대변하는 방식으로 추진되는 그린 뉴딜을 비판한다. 이와 같은 저자의 비판은 좌와 우로 나뉘는 기존의 이념적 진영 구분을 초월한다. 우파의 그린 뉴딜은 말할 것도 없고 아론 바스타니의 《완전히 자동화된 화려한 공산주의》도, 미국 민주당이 입법화를 추진한 마키/오카시오코르테스 그린 뉴딜 결의안도, 생태사회주의를 명백하게 지지하는 나오미 클라인의 《미래가 불타고 있다》도 저자의 가차 없는 비판의 칼날을 피하지 못한다. 그도 그럴 것이, 저자가 서론에서 밝히고 있듯이 이 책은 그린 뉴딜 논의가 다른 쟁점에 비해 농업과 기후 부채 쟁점에 대해서는 지나치게 무관심하다는 인식에서 출발해 제3세계와 시골에서 이루어지는 투쟁과 그 투쟁을 이어 가는 사람들의 요구를 토대로 쓰였기 때문이다.

이와 같은 문제의식에서 시작한 비판은 대안 제시로 이어진다. 저자는 기존 체계를 전제로 하는 그린 뉴딜이 아니라 체계를 전환하는 그린 뉴딜, 지배계급과 북반구의 입장만을 대변하는 그린 뉴딜이 아닌 북반구와 남반구를 모두 아우르는 그린 뉴딜을 제안한다. 이것이 바로 민중을 위한 그린 뉴딜이다. 이는 구체적으로는 산업화를 통제하고, 비산업 재화 또는 자연에서 나온 재료를 사용하여 제조하며, 누구나 공정하게 누릴 수 있도록 교통을 전환하는 그린 뉴딜이다. 저자는 민중을 위한 그린 뉴딜에서는 농업이 중요한 역할을 수행하게 될 것이라 주장한다. 마지막으로 국민/민족 문제와 제국주의 문제를 언급하며 민중을 위한 그린 뉴딜이 기후 부채를 상환하고 각국의 주권을 존중하며 정착식민주의 국가를 해방하는 방향으로 나아가야 한다고 주장한다.

참고로, 책에서 저자는 4장의 거의 절반 남짓을 마키/오카시오코르테스 그린 뉴딜 결의안 비판에 할애하고 있는데, 이 결의안은 미국 하원은 통과했으나 상원을 통과하지 못했다. 이 결의안의 구체적인 내용을 다소 자세히 다루는 이 부분은 저자가 비판의 칼날을 구체적으로 어디로 겨누고 있는지를 살펴볼 수 있다는 점에서 유용할 수 있지만, 아무래도 미국에서 입안된 결의안의 내용을 다루고 있으므로 국내 독자들로서는 다소 무관한 내용이라고 느낄 수도 있겠다. 아울러, 저자는 6장에서 농업 부문을 집중적으로 다룬다. 농업 부문이 중요한 역할을 수행하는 그린 뉴딜을 쉽게 찾아보기 어렵다는 점에서, 6장이야말로 이 책이 그동안 소개된 그린 뉴딜 관련 책들과 크게 차별화되는 지점이지 않을까 생각해 본다.

한때 활발하게 진행되었던 국내의 그린 뉴딜 논의는 적잖이 사그라진 것으로 보인다. 그린 뉴딜 관련 책을 소개하기에는 다소 늦은 감이 없지 않다. 그러나 그렇다고 해서 이 책이 가진 고유한 가치가 사라지는 것은 아닐 것이다. 모든 일에는 때가 있다고 하지만 단지 때를 놓쳤다는 이유만으로 이 책이 독자들에게 외면받지 않기를, 어느 독자에게는 지금이 바로 이 책을 만나볼 때이기를, 그래서 한 권의 어엿한 책이 되기까지 거치는 각 과정마다 손길을 보탠 모든 분의 노고가 헛되지 않기를 하는 바람을 가져 본다.

멀찌감치 물러서서 관망하면 아름답게만 보이는 정원도 가까이 다가가 톺아보면 잡초와 온갖 구저분한 것이 보이기 마련이다. 정원을 샅샅이 훑으면서 잡초를 뽑고 구저분한 것을 부지런히 정리하지만 돌아보면 그것들은 어느새 다시 생겨나 있다. 번역도 비슷하다. 틈틈이 꼼꼼하게 들여다보고 수정하지만, 다시 살피면 성에 차지 않는 부분이 또 눈에 들어오는 것이다. 아무튼, 이 책이 세상의 빛을 보기 전에 미처 발견되지 못한 크고 작은 오류는 그 누구도 아닌 번역자의 탓이다. 중요한 오류는 알려 주시면 검토하여 추후에라도 바로잡을 수 있도록 하겠고 사소한 오류는 너그러운 마음으로 혜량해 주시기를 바란다.

2023년 5월 29일
추선영

찾아보기

민중을 위한 그린 뉴딜

밀파(멕시코)milpa 243

바그치, 아미야 쿠마르Bagchi, Amiya Kumar 82
바르카, 스테파니아Barca, Stefania 10, 180
바스타니, 아론Bastani, Aaron 91-94, 349
바이든, 조Biden, Joe 140, 146, 150, 157
바이오매스 75, 76, 96, 222
바이오매스 숯biochar 191
바이오에너지 72, 75, 99, 237
바이오에너지와 탄소 포집 및 저장 기술BECSS 74
바이오연료 38, 44, 58, 61, 71, 74-77, 168, 190, 193, 237, 250, 272, 287
바이하 카야포 복잡 숲-정원(브라질) 231, 330
바티스토니, 알리사Battistoni, Alyssa 151, 153
반자본주의 24, 142, 144, 152, 154, 156, 157, 201, 250
반제국주의 24, 121, 166, 175, 250, 254, 270, 279, 281, 284
반주변부 국가 35
바를레니우스, 리카르드Warlenius, Rickard 265
발리아니, 살리마Valiani, Salimah 183
밤/밤나무 205, 224, 233
밤비라, 바니아Bambirra, Vania 84
방글라데시 57, 94, 98, 111, 126, 244, 257
배리, 크리스Barrie, Chris 53
밴더미어, 존Vandermeer, John 224
베네수엘라 27, 147, 158, 159, 165, 168, 258, 276, 306
베조스, 제프Bezos, Jeff 11, 12, 13
베티스, 트로이Vettese, Troy 163
벤야민, 발터Benjamin, Walter 50
본원적 축적 7, 50, 62, 71, 84, 210, 257, 275, 280, 287
볼로냐(이탈리아) 225
볼리비아 27, 35, 51, 120-121, 152, 244, 258-259, 264-267
부엔 비비르 168
북반구 7-9, 13, 18, 20-21, 30, 34-36, 39-40, 46, 57, 66-67, 78-79, 80-81, 84-85, 97-98, 100, 104, 106, 108, 112, 119, 126-127, 134, 147, 154, 156, 162-163, 166, 176-178, 182-183, 196, 208, 210, 212-213, 215, 218, 220, 223-224, 227, 233-234, 237, 242, 246, 248, 254-257, 259-260, 262, 266-267, 272-273, 279-287, 339, 348-349
불균등 교환unequal exchange 8, 32, 34-35, 140, 177, 189
브라질 84, 227, 231, 232, 244, 276, 277
브루킹스연구소 52, 63-64

블룸버그, 마이클 R.Bloomberg, Michael R. 65, 77, 78
비아캄페시나La Via Campesina 20, 243
비인간 세계/자연 8, 13, 88-90, 106, 138, 221, 276, 279
비잠리타(인도 안드라프라데시주) 245
빌앤드멜린다게이츠재단 57

사마라, 아델Samara, Adel 180
사바나연구소Savanna Institut 233, 248
사우스센트럴 공동체정원(미국 캘리포니아) 252
《사이언스》(저널) 109
사전 예방 원칙 38, 114-115
사회운동 21, 135, 154, 157, 159-161, 165, 198, 284, 314
산술적 인구주의 57
산업자본주의 7, 64, 80, 106, 143
산업적 농업 35, 37, 71, 174, 210, 214, 216, 219, 222, 243, 250
산지 축산silvopasturing system 164, 232, 240
상티스피리투스주(쿠바) 243-244
샌더스, 버니Sanders, Bernie 15, 21, 22, 136, 153, 160, 167, 177, 262, 269, 281, 282, 284, 313
생물다양성biodiversity 52, 56, 70-72, 74-76, 215, 219, 221, 223, 226-227, 235, 244-245, 276, 277, 288
생태 근대화 38, 79, 83, 85-86, 101, 102, 143
생태 정치 134, 256
생태공산주의 106
생태근대주의 38, 44, 80, 82, 86-91, 97, 100-102, 193
《생태근대주의자 선언》 87-90
생태사회주의 9, 10, 13, 15, 36, 37, 39, 44, 45, 88, 106, 124, 130, 134-136, 142, 144, 147, 149, 151-152, 158, 161, 163, 166, 168-169, 174-175, 185, 188, 194, 201-202, 222, 243, 251, 269, 273, 279-280, 284, 333
생태 부채 27, 30, 32, 36, 102, 151, 165, 179, 256, 259, 261-262, 265, 339
샤르마, 디비야Sharma, Divya 93
샴사드 건축 설계 회사ShamsArd design studio 190
선라이즈 무브먼트 157, 158, 161
세 자매 작물(검은콩, 옥수수, 호박) 209, 243-244
세계경제포럼WEF 46, 50, 77, 88
세계 지속가능개발 기업위원회 73-74
세계무역기구WTO 19, 98, 213
세계체계world-systems 7-8, 18, 32, 47, 82, 102, 183, 257, 263, 267, 271, 284, 348
세계체계론 84, 99